C.F. Vaucher
»AUS MEINER LINKEN SCHUBLADE«
Rotpunktverlag

C.F. Vaucher

»Aus meiner linken Schublade«

Erzählungen eines Lebens

Mit Zwischentexten
von Peter Kamber

Herausgeberin:
Stiftung Studienbibliothek zur Geschichte
der Arbeiterbewegung, Zürich

Rotpunktverlag

Verlag und Autor danken Pro Helvetia, der Stadt Zürich, MIGROS-Kulturprozent und der Stiftung für kulturelle, soziale und humanitäre Experimente, Binningen, ganz herzlich für die finanzielle Unterstützung zur Herausgabe dieses Buches.

Die deutsche Bibliothek – CIP-Einheitsaufnahme
Vaucher, Charles F.:
»Aus meiner linken Schublade« : Erzählungen eines Lebens /
C.F. Vaucher. Mit Zwischentexten von Peter Kamber. Stiftung
Studienbibliothek zur Geschichte der Arbeiterbewegung, Zürich.
- 1. Aufl. - Zürich : Rotpunktverl., 1996
ISBN 3-85869-129-1

September 1996, erste Auflage, Copyright bei rpv, alle Rechte vorbehalten.
Gesetzt in der Garamond bei TypoVision, Zürich; Lektorat: Geri Balsiger, Sabine und Jean Jaques Vaucher, Brigitte Walz-Richter, Peter Brunner; Korrektorat: Neva Richoz; Typographie: Heinz Scheidegger; Umschlag: Agnès Laube; Druck und Bindung: Offizin Andersen Nexö, Leipzig.
Verlagsadresse: Rotpunktverlag, Postfach, CH-8026 Zürich, Telefon und Fax 01/241 84 34.
Auslieferungen Schweiz: AVA (buch 2000); Deutschland: Prolit; Berlin und Umgebung: Rotation; Österreich: Herder.
ISBN 3-85869-129-1

Bitte verlangen Sie unser Gesamtverzeichnis!

INHALT

Prolog	7
I Jahrhundertbeginn	12
II Theater und Leute	42
III ›Unzeitgemässes zum Zeitgeschehen‹	71
IV ›Bildnis meines Vaters‹	87
V ›Schwarz über die Grenze‹	119
VI Spanien, Bürgerkrieg, Hemingway	140
VII Krieg und ›Cornichon‹	180
VIII Geschichten aus dem Garten	231
IX Tränen lachen	256
X ›Die Kunst, Ferien zu machen‹	275
XI ›Mühsal und Musse‹	296
XII Liebesgeschichten	315
Epilog	349
Dank, Fotonachweis, Anmerkungen, Register	351

Prolog

In die linke Schublade kommen die zurückgelegten Dinge, die man zu schreiben nie Zeit hatte, nie Gelegenheit – und nie Geld. Denn um einen Roman schreiben zu können, ein Stück, braucht's Zeit. Und Zeit ist überall immer Geld. Von der rechten Schublade her kommt das Geld. Darinnen sind die Aufträge, eine Sendung für's Radio, ein Chanson für's Cabaret, ein Reklametext für die Nekadnezar-Filterzigarette... Und das Geld aus der rechten Schublade reicht nie, um die linke zu finanzieren. Das wenigstens gilt für die kleinen Schriftsteller. Ich bin einer. Und ich freue mich darüber. Denn grosse Schriftsteller sind verpflichtet, immer gross zu sein. Ihr Leben lang. Das ist ein Leben lang wie eine Verurteilung zu lebenslänglich.

Ich darf dannundwannwiedereinmal schlecht sein. Es wundert dann keinen. Und bin ich mal gut, sagen die Leute: »Eigentlich erstaunlich geschrieben, wenn man bedenkt, dass das der Dings – wie heisst er schon wieder – ist!« Was zu beweisen sein wird.

Der Nachlass hatte in einigen wenigen aufeinandergestapelten Pappkartons Platz. Charles Ferdinand Vaucher, stets abgekürzt C.F. Vaucher, wurde unter Freunden nur »Vauchi« genannt – mit scharfem ›F‹ und helvetischem Rachenlaut. Gefaucht hat er indessen selten. Er war eher ein sanfter Rebell – in jungen Jahren als revolutionär gesinnter Tänzer, Schauspieler und Regisseur, der seinen früh ererbten Reichtum beinahe restlos für Bühne und Film hingab, ebenso wie später, als er sich, durch den Krieg finanziell ruiniert, nur mit Auftragsarbeiten über Wasser zu halten vermochte und kaum noch zum freien Schreiben kam. Es war gänzlich gegen sein Wesen, sich wo und bei wem auch immer aufdrängen zu wollen. Lästig gefallen ist er nie, auch wenn er in den fünfziger und sechziger Jahren am Radio und im Fernsehen oft der einzige war, der, wie die ›Basler Nachrichten‹ in einem Nachruf auf ihn schrieben, aussprach, »was in jenem Augenblick keiner gesagt, keiner gewagt hätte«. Charles Ferdinand Vaucher starb am 28. Februar 1972 an einem Hirnschlag, kurz nach seinem siebzigsten Geburtstag.

C.F. Vaucher zählte zu den Menschen, die letztlich darauf angewiesen sind, dass wir ihrem Charme erliegen und sie dazu verleiten, ganz aus sich herauszukommen. Er gehörte zu jenen, die es ablehnen, sich um jeden Preis Gehör zu verschaffen, und die in sich stets noch eine Seite mehr vereinigen, als von aussen erkennbar ist, selbst wenn sie immer nur mit einer einzigen, unverwechselbaren Stimme zu uns sprechen.

Als ich die Schachteln mit den Texten und Dokumenten in Empfang nahm, dachte ich an all die anderen Nachlässe, welche ich schon vor mir liegen hatte – und die uns so krass die Endlichkeit und mutmassliche Nichtigkeit unserer Anstrengungen vor Augen führen.

Doch kaum hatte ich die ersten, noch von Vaucher selbst beschrifteten Mappen aufgeschlagen und in den Aufzeichnungen zu lesen begonnen, verschwand dieses entsetzliche ›Wie-wenig-von-einem-Leben-bleibt‹-Gefühl, so plötzlich, wie es gekommen war. Ein vollständiges Universum, eine für sich unendlich weite Vorstellungswelt tat sich vor mir auf, und in beinahe lückenloser Chronologie liefen wie in einem Film die Bilder und Szenen der sieben Jahrzehnte seines Lebens vor mir ab.

In Interviews und Gesprächen hatte C.F. Vaucher wiederholt erklärt, noch ein Buch mit dem Titel ›Aus meinem Leben‹ fertigstellen zu wollen. Wahlweise und mit viel Selbstironie betitelte er die in der ›Schublade‹ liegenden Fragmente seiner Memoiren auch mit ›Die Kunst zu leben‹. Gleichzeitig verkündete aber eine leisere Stimme in ihm, dass er drauf und dran war, zu resignieren, lautete doch der

Schlussvers eines – wie die ganze Mappe mit den späten lyrischen Arbeiten – verschollenen Gedichts, dem er den Titel ›Selbstporträt‹ gab: »Das Bücher schreiben, das blieb ihm erspart, sein Werk, das waren leere Wände; und nur sein Antlitz, als es älter ward, das sprach gewissermassen Bände.«

Manche Menschen jedoch – und zu ihnen gehörte C.F. Vaucher – schreiben ihre Memoiren, ohne zu wissen, dass sie sie schreiben. Unablässig hinterlassen sie, fast ohne es zu merken, Erinnerungsspuren. Mal sind es nur kleinste Textfragmente, mal längere Passagen, in denen sie unvermutet oder auf Anfrage Rückschau halten und sich mitteilen. Gelegentlich überlebt ihre Stimme, wie diejenige C.F. Vauchers, auf alten Tonbändern oder Filmspulen, oder sie graviert sich ganz nebenbei ins Gedächtnis von Freunden und Bekannten, die ein Ohr haben, um zuzuhören, und die solche Geschichten am Leben erhalten, indem sie sie weitererzählen.

Nur wenigen Geschichten ist es beschieden, inmitten all des Gehörten und Gesehenen zu überdauern, und solch unvergessliche Geschichten eben erzählte – dies erklärten mir alle, die ihn kannten – C.F. Vaucher. Das mag daran liegen, dass die Wendepunkte seines Lebens zusammenfielen mit den grossen Umbrüchen dieses Jahrhunderts: die Jahre des jugendlichen Aufstandes gegen die grossbürgerliche Steifheit seines Elternhauses deckten sich mit der revolutionären Zeit nach dem Ersten Weltkrieg, und seine intensivste Schaffensphase war in den Jahren des Zweiten Weltkriegs, der umgehend in die Ära des Kalten Krieges mündete. Die aufschlussreichsten Biographien sind keinswegs zufällig jene, bei denen sich die kleine persönliche mit der grossen allgemeinen Geschichte trifft.

Sehr viel schwerer war es, Schriftliches über die zwei Frauen zu finden, welche in Vauchers Leben am meisten zählten: Katja Wulff, die legendäre, die 1992 im Alter von 102 Jahren in Basel starb, und die nicht weniger eindrucksvolle Edith Carola (1908–1970). Beide erlangten im modernen Tanztheater schon als junge Frauen grosse Bekanntheit – die eine in der Tradition Rudolf von Labans, die andere auf den Tourneen der Tanztruppe von Trudi Schoop. Katja Wulff, die ursprünglich aus Hamburg stammte, lebte in den spaten zwanziger und den dreissiger Jahren mit Vaucher; die in Berlin geborene Edith Carola von Anfang der vierziger bis Ende der sechziger Jahre.

Alexandre Dumas der Ältere, der Verfasser von den ›Drei Musketieren‹ und des ›Graf von Monte Christo‹, sagte über das Andenken der Bühnengrössen: »Die Künstler des Theaters hinterlassen nichts von sich selbst, nichts, das der Nachwelt die Reinheit ihres Gesangs, die Grazie ihrer Posen, die Leidenschaft ihrer Gesten übermitteln könnte, nichts ausser den Widerschein, der im Gedächtnis der Zeitgenossen bleibt.« Um dieses Verdikt wenigstens teilweise zu entkräften, waren, in diesem Falle, alle verfügbaren Dokumente zusammenzusuchen und Gespräche mit Menschen zu führen, die Katja Wulff und Edith Carola gut gekannt hatten. Denn ihr Leben spielte sich, um wieder auf Vaucher zu kommen, keineswegs nur an ›seiner‹ Seite ab, und die Geschichte dieser zwei Frauen, die konträrer nicht hätte verlaufen können, wirft ein ganz eigenes Licht auf die bewegten Jahrzehnte der – mittlerweile aus Distanz schon als ›klassisch‹ bezeichneten – ›Moderne‹, in denen dieses Buch spielt.

Beim ersten ausgewählten Text handelt es sich um die Übersetzung einer mündlich und in Dialekt vorgetragenen Erzählung. In drei Sendefolgen zu je einer halben Stunde mit dem Titel ›Aus meinem Leben‹ hatte C.F. Vaucher 1964 am Schweizer Radio im freien Gesprächston Fragen nach seiner eigenen Geschichte beantwortet. Gerade beim Abschreiben der Bänder wurde für mich spürbar, wie Vauchers Stimme, die vom Warmherzigen über die Satire bis zum Rauhen reichte, stets ›miterzählte‹ und genauso dazu beitrug, Inhalt zu vermitteln, wie Wortwahl und Satzstellung. Sie kann hier nicht wiedergegeben werden. »Von meinem Leben, meinem Denken habe ich Dir viel zu sagen und möchte es für das Mündliche sparen. Denn die Schrift ist ärmer als die Sprache«, schrieb schon der 19jährige Vaucher seinem für lange Jahre engsten Freund Eduard Fallet. Die Bilder in diesem Buch sind kein Ersatz für das gesprochene Wort, aber sie lassen vielleicht den Klang von Vauchers Stimme erahnen.

Vorausgeschickt sei: C.F. Vaucher kam am 19. Januar 1902 in Basel zur Welt. Sein Grossvater väterlicherseits wurde 1829 geboren, war Uhrmacher und lebte in Fleurier – im Val de Travers, Kanton Neuenburg. Er kam allem Anschein nach weit in der Welt herum. Die Grossmutter von C.F. Vaucher hiess, wie die Archive enthüllen, Julie Caroline Petitpierre und stammte ebenfalls aus Fleurier. 1831 geboren und 1897 in Italien gestorben, hat Vaucher sie nicht mehr gekannt. In seiner Erinnerung schien er sie für eine Russin zu halten, was aber gemäss alten Gemeindedokumenten nicht der Fall war. Nicht weniger welterfahren als ihr angehender Gatte, hatten die beiden sich jedoch wirklich im fernen Russland kennengelernt – oder wiedergesehen – und verliebt. Aus dieser Verbindung ging 1863 der Vater von C.F. Vaucher hervor.

Wie aus einem überlieferten Lebenslauf des Vaters hervorgeht, half er schon in der Jugend dem Botaniklehrer bei der Herstellung von ätherischen Ölen für die Apotheke in Fleurier. Im elsässischen Mülhausen machte er eine Apothekerlehre und wurde Chemiker. Er fand danach in der Nähe von Troyes, Frankreich, eine Anstellung. Als 24-jähriger übernahm er darauf 1887 in Orlowo bei Moskau die Leitung einer chemischen Fabrik, die zu einem Mülhauser Unternehmen gehörte. Zweieinhalb Jahre blieb er in Russland, ehe er in Basel bei der Chemischen Fabrik ›Durand et Huguenin S.A.‹ eintrat, die sich auf Farbstoffe spezialisierte. Dort kletterte er die Erfolgsleiter bis zum Posten eines Vizedirektors hoch.

C.F. Vauchers Mutter hiess Johanna Diener. Sie wurde 1874 geboren und war, wie sich Vauchers Jugendfreund, der heute schon über 90jährige Eduard Fallet-Castelberg noch erinnert, »die Tochter eines Industriellen aus Mülhausen im Elsass; ihre Familie anerkannte die preussische Domination seit dem Siebzigerkrieg nicht, fühlte sich nach wie vor als französisch und blieb auch dieser Sprache treu.« Sie ging die Ehe mit dem strebsamen und bildungsbeflissenen Chemiker, den sie in ihrer Heimatstadt kennengelernt hatte, am 7. Dezember 1899 ein – rund zwei Jahre vor Charles Ferdinand Vauchers Geburt. »Das Haus an der Arnold Böcklin-Strasse 48 in Basel«, so weiss Fallet-Castelberg noch, »war ein herrschaftliches. Im Erdgeschoss befanden sich zwei sehr grosse Räume: das Esszimmer und der Salon, bei Empfängen als ein Raum dargeboten. Geraucht wurde nur in einem kleinen ›Fumoir‹. Im ersten Obergeschoss befanden sich das Schlafzimmer der Eltern und Wohnstuben, im obersten Geschoss das Zimmer unseres C.F., das Gästezimmer sowie die Zimmer für die Bediensteten. Einrichtung und Mobiliar überall erlesen. Bei Tisch ging es steif und förmlich zu. Man verfügte über eine Köchin und ein Zimmermädchen, beide erste Garnitur. Herr Direktor Vaucher und seine Frau waren sich ihrer sozialen Stellung sehr bewusst und präsentierten sich dementsprechend in jeder Beziehung. Bei Tisch wurde stets französisch gesprochen.« Seine Eltern sprach der Sohn immer mit Sie an.

Ein namentlich nicht mehr bekannter Mitschüler Vauchers im Gymnasium erinnerte sich in einem Nachruf, wie sein Primarlehrer einmal nach einer Wanderung in der Arnold Böcklin-Strasse »in naiver Bewunderung auf ein Einfamilienhaus« – das Elternhaus Vauchers – gezeigt und dazu bemerkt habe: »›Da wohnt ein Millionär.‹ Das klang so, als ob er sagte: ›Da wohnt der König aus dem Märchen.‹ Ich war einer der Mitstaunenden. Noch kannte ich den Märchenprinzen nicht, obwohl er kaum ein Jahr älter war als ich. (...) Es war nicht leicht, in jenen Tagen der Sohn eines solchen Hauses zu sein, besonders, wenn man mit tausend wachen Organen spürte, was um einen herum vorging.«

I JAHRHUNDERTBEGINN

Eine Kindheit in Basel

Curriculum vitae: Geboren bin ich.
Das ist schon ordentlich lange her.

Ich glaube, es wäre nicht falsch, zuerst einmal von den beiden Menschen zu reden, denen ich mein Leben verdanke. Da hätte ich zuerst einmal meinen Vater, der auch Charles Ferdinand hiess. Er war eine eigenartige Mischung zwischen einem Welschen und einem Russen. Sein Vater, also mein Grossvater väterlicherseits, war nämlich in seinen jungen Jahren in Moskau gewesen, als Hauslehrer, und hatte dort eine Hauswirtschaftlerin geheiratet. Das war die Frau, welche dem Gesinde vorstand, und aus dieser Ehe sind dann vier Töchter und zwei Söhne entsprungen, darunter mein Vater als der jüngere Sohn.

Ich muss von meinem Vater sagen, dass er ein sehr schwieriger Herr war, und ich habe das manchmal in Zusammenhang gebracht mit dieser eigenartigen Mischung zwischen einem Riesenreich und dem kleinen Tal: als würde eine von diesen weiten, unendlichen Steppen Russlands ins Val de Travers verlegt – man wüsste nicht recht, wie man sie aufzufalten und hineinzupacken hätte. Nach aussen war mein Vater ein sehr netter, höflicher, freundlicher Mensch – es haben ihn alle gelobt. Nach innen aber, und ich gehörte ja zum ›innen‹, konnte er ungemein launisch sein, so launisch, dass man manchmal nicht verstand, wie ihn irgendein Wort aus einer Art Fröhlichkeit plötzlich in Rage brachte. Er konnte ein Tyrann sein, der fast nichts gestattete, und handkehrum ein äusserst netter, zuvorkommender Mensch. Aber er redete nie im Dialog. Er hat einem seine Meinung aufgezwungen und Gegenargumente nicht gelten lassen, sondern sie immer abgetan: als kindlich, als ›tubelig‹ – was man mit mir in der Jugend noch hat machen können, später vielleicht ein bisschen weniger.

So bestand die Erziehung durch meinen Vater darin, ihm möglichst wenig aufzufallen, und ich hatte mit der Zeit so meine Methode: seinen spontan geäusserten Befehlen einfach ein freundliches ›Ja‹ entgegenzubringen und dann genau das Gegenteil zu machen.

Er hatte als Apotheker angefangen und sehr früh für die Familie aufkommen müssen, denn sein eigener Vater war in Spanien gestorben. Ich habe nie erfahren, unter welchen Umständen. Wahrscheinlich verbarg sich eine kleine Tragödie dahinter – eine jener Familientragödien, über die man in gutbürgerlichen Familien nicht sprach. Sein älterer Bruder wurde ebenfalls nie genannt. Ich hörte dann einmal von meiner Mutter, er habe sich das Leben genommen, weil er ein Fabrikmädchen liebte oder geheiratet hatte, was zu jener Zeit eine grosse Schande war. So kam mein Vater sehr früh für seine vier Schwestern auf. Das war nicht wie heute. Damals durfte ein Mädchen noch nichts tun, sondern musste auf eine gute Partie warten. Später setzte er als Apotheker sein Studium fort und wurde Chemiker. Als Chemiker [war er einmal in Russland und] kehrte noch einmal dahin zurück: mit mir als ganz kleinem Jungen. Ich war damals 0jährig – fast halbjährig – und bin als 2jähriger wieder nach Hause gekommen. Er fand in Basel bei einer der chemischen Fabriken eine Anstellung, blieb da bis zu seinem Lebensende und wurde noch Direktor.

Neben dem sehr schwierigen Erzieher hatte ich eine höchst liebenswerte Mutter. Die Mama war das direkte Gegenteil – zu so einem schwierigen Herrn gehörte ›natürlich‹ eine sehr liebliche, sehr nachgiebige Frau. Sie war Elsässerin, aus Mulhouse, und eine schöne Frau mit goldblondem Haar, ungefähr so golden wie die Ährenfelder im Elsass sein können, mit herrlich blauen Augen – eine Frau, die in lauter Girlanden schrieb, Girlanden, wie man sie manchmal bei Festanlässen an der Bühne aufgehängt sieht. Sie hatte grosses Menschenverständnis und ein sehr liebevolles Herz, und vor allem brachte sie noch eines aus dem Elsass mit: die gute Küche.

Ich bin in einem sehr warmen, sehr wohlhabenden Nest aufgewachsen, einem Haus in einem sehr guten Basler Quartier, nicht in der ›Dalbe‹ (St. Alban Quartier), aber in der ›Aluminiumdalbe‹, wie man das genannt hat – in der Schützenmatt draussen, wo Bankdirektoren und Direktoren von grossen Industrien lebten. Ich wuchs also in einem Haus heran, das bürgerlich war und wohlgeordnet, mit einer blonden Mama, die lieblich war, heiter, immer versöhnlich, der Papa dagegen war herrisch, in straffe Gilets gewandt, den Hals in handbreite, würgende Kragen stranguliert und unter der Nase mit einem Schnauz dekoriert, dessen Spitzen rechteckig abgeklemmt in seine Visage wie zwei vergiftete Pfeilspitzen aufschossen. Bei Tisch, auch während der grössten Sommerhitze, gestattete er sich als einzige Erleichterung, dass er seine Manchetten aus den Ärmeln löste und sie zusammengesteckt auf ein Regal stellte. Eine femme de chambre bediente.

Als einziges Kind war ich wohlbehütet und streng reglementiert: mein Gehen und Kommen wurde uhrgenau geprüft. Für meinen Schulweg bekam ich eine exakte Zeit zubemessen, und für jede Verspätung hatte ich Rechenschaft abzulegen. Nach der Schule mussten als erstes die Aufgaben gemacht, die schriftlichen vorgelegt, die mündlichen abgehört werden, ehe ich mich mit meinen Kumpanen auf der Spielwiese treffen durfte, mit jenen Beneidenswerten, die meistens direkt von der Schule mit einer Brotschnitte in der Hand sich zu Handball, Jägerlis und Versteckenspielen einfanden.

›Die erweinten Rezepte‹

Dienende Personen, welche die niederen Verrichtungen, wie Schuhputzen, Böden wischen, Teppiche klopfen, Betten-Machen, Waschen, Nähen und Bügeln vollzogen, gab es zu jener ziemlich weit zurückliegenden Zeit noch. Gutbürgerliche Häuser hielten sich deren zwei: ein Dienstmädchen und eine Köchin. Darüber waltete die züchtige Hausfrau, uneingeschränkt und nicht immer mildtätig.

Meine Mutter pflegte ihre Köchinnen im Kochen zu unterweisen, indem sie selbst mit Hand anlegte. Wenn sie mich in der Küche ertappte, stellte sie mich resolut vor die Küchentüre mit der Bemerkung: »D'cuisine isch nix für d'Büewe!«

Das Elsass, seit jeher Keller, Scheune, Obstgarten, Rebberg und Speisekammer der es umgebenden Länder, ist zugleich, kulinarisch gesehen, der Tigel, in welchem die eher ›gewichtigen‹ deutschen Speisen verfeinert werden und den subtilen französischen Gerichten mehr Gewicht zugegeben wird. Von solchen Rezepten, welche die deutsche Nahrhaftigkeit mit französischer Schmackhaftigkeit verbinden, hätte ich wohl kaum so viel Grundlegendes erfahren ohne eine Mittelsperson, die unserer Familie angegliedert war, obwohl sie durch keinen genealogischen Ast damit verwachsen war: unsere langjährige Köchin Luise.

Solange die Familie zusammen war, hat Luise mich begleitet. Ihr Äusseres war gekennzeichnet durch einen machtvollen Leibesumfang, ihr Inneres durch ein weiches Herz. Dieses war wohl schuld daran, dass Luise soviel weinte. Sie weinte, wenn sie traurig war, was begreiflich ist, sie weinte, wenn sie glücklich war, was ebenfalls verständlich ist, sie weinte aber auch ohne irgendwelchen erkennbaren Grund: es träufelte aus ihren Augen, im Stehen und beim Kochen, im Sitzen und beim Rüsten, sie hat einfach geheult, wie wir atmen. Der Tränenandrang war bei ihr so gross, dass es immer zum Überquellen kam. Diese sehr sentimentale Note Luises habe ich natürlich als Kind gekannt.

Kinder haben bekanntlich einen Hang zur Küche. Es gibt da allerhand verbotenerweise zu naschen. Kinder sind auch, wenn sie bei Erwachsenen eine Schwäche entdecken, höchst listenreich, um diese zu ihrem Vorteil auszunützen. Sie werden zu kleinen, ebenso ruchlosen wie schamlosen Erpressern. Luise liebte mich wie ihr eigenes Kind. Sie erfüllte mir alle Wünsche, ich brauchte mich nur bedrückt oder traurig zu stellen. Dann weinte die Luise, und ich liess mich von Luisens Tränen anstecken und weinte ebenfalls. Schon hatte ich, was ich wollte. Bei Luise konnte ich immer durchsetzen, was meine Eltern nicht erlaubten. Ich erinnere mich, dass ich in späteren Jahren, als ich mich bereits fürs Kochen interessiert habe, ihr die Rezepte meiner Mutter abverlangte. Ich wusste, dass Luise die Rezepte mit ungelenker Hand in ein Schulheft niederschrieb, dieses aber, mit seinem fett-durchtränkten blauen Umschlag, heimlich verwahrte. Das Rezeptbüchlein war Luisens ›einzigstes‹ Hab und Gut, ihr Stolz und geheimer Tresor. Es war für sie gewissermassen ein heiliges Vermächtnis meiner Mutter. Ich wusste, dass ich Luisens immer träufelnden Tränenregen nur richtig schüren musste, um alles von ihr zu erreichen. Ich habe sie eine Woche lang durch Vorwürfe, dadurch, dass ich ihr den Morgengruss verweigerte, Krokodilstränen heulte, zum Heulen gebracht, und dann hat sie mir schnupfend die Rezepte verraten.

Auf diese Art habe ich die Kochrezepte meiner Mutter erweint. Ich schrieb die Rezepte ab und verkaufte sie einer Zeitung. So besserte ich mir das karge Taschengeld auf – denn mein Vater beharrte auf dem eisernen Prinzip: solange ein Bub nichts verdient, hat er auch nichts in der Tasche herumzutragen. Einige dieser Zettelchen, die mir Luise aushändigte, besitze ich heute noch. Da und dort sind Buchstaben tiefer gefleckt. Das sind Luisens verblasste Tränen.

Aber wenn meine Mutter mich nicht gern in der Küche sah, hatte das noch einen anderen Grund. Neben dieser Luise gab es nämlich sehr schöne Dienstmädchen. Ich glaube, mein Vater bestand immer sehr darauf, dass die Dienstmädchen hübsch zu sein hatten. Zu jener Zeit – vor 1910, ich bin ja 1902 geboren – hatte man oft ›invitations‹, Einladungen. Es kamen sehr viele gute Familien aus dem Elsass, und da musste so ein Mädchen präsentieren können.

Diese hübschen Mädchen – ich bin mit der Zeit ja auch ein bisschen älter geworden – haben natürlich keine geringe Rolle gespielt in meinem Leben als Heranwachsender. Es war in Bürgerhäusern, ich weiss nicht, ob bewusst oder unbewusst, so, dass die Kinder, deren erste Regungen und das allmähliche Erwachen, das Frühlingserwachen, über welches nie ein Wort verloren wurde, dem obersten Stock überlassen wurden. Und der oberste Stock bestand aus den Kinderzimmern und den Mägdezimmern. Ich kann, glaube ich, ohne weiteres sagen, dass diese Aufklärung nicht allzu theoretisch war, sondern allmählich auch in eine Praxis überging.

›Liebe Lehrer‹

Mein Leben hat sich ziemlich geradlinig abgespielt, in so einem Bürgerhaus. Es gehört vielleicht zum Leidensweg eines Jungen oder eines Mädchens, wenn sie allein bleiben – und ich hatte keine Geschwister –, dass sie mit der Zeit alle Ambitionen der Eltern erfüllen müssen. Der Wunsch der Erzeuger, dem Kind alles zu vermitteln, was sie selbst nicht hatten, ruht dann auf diesen schwachen Schultern.

Vielfach wird man dadurch zuerst einmal in falsche Bahnen gelenkt. Das war glaube ich bei mir der Fall. Ich war noch ein anständig guter Schüler im Unteren Gymnasium, und da hätte ich wahrscheinlich aufhören sollen. Doch dann musste ich aufs Obere Gymnasium und bin zuerst einmal ›geflogen‹, was mir sehr gut tat, denn nachher kam ich in eine ausgezeichnete Klasse.

Ich war nie ein Musterschüler. Es haperte bei mir am Fleiss. Dieser für das Vorwärtskommen so entscheidende Motor bockte bei mir meistens. Unter Fleiss verstehe ich die Bewältigung einer Materie, eines Stoffes, der unliebsam, unerquicklich, unerspriesslich, aber unerlässlich ist, um unter Umständen auf ein erspriessliches, erquickliches, sogar liebsames Resultat zu kommen. Fleiss ist eine freudlose Betätigung auf ein weitentferntes freudiges Ziel hin. Fleiss ist eine Kasteiung auf eine eventuelle postume Heiligsprechung, ein würdeloses Büffeln auf eine spätere würdevolle Ehrung. Das alles ist Fleiss, und von dem hatte ich so ganz wenig, ausgerechnet an einem Institut, wo nur sein ausgiebigster Gebrauch Gewähr dafür bot, dass man keinen vorzeitigen Abschied nehmen musste. Heute noch frage ich mich halb entsetzt, halb belustigt, was ich so lange Jahre an dieser Lehranstalt suchte.

Die Lehrerschaft bestand damals aus einer ganzen Gilde von Unikums – Lehrer, die an einen lieblichen Irrsinn grenzten. Das Obere Gymnasium war der Ort eines heldenhaften Kriegs der halberwachsenen pubertätsranken Jünglinge gegen jede Art von sagenumwobenen Ungeheuern, wie sie in Form von Drachen, von Schlangenhäuptern, Höllenhunden, Giganten in der

Mythologie der alten Völker beschrieben sind. Und jede Stufe dieser höheren Schule war mindestens von einer dieser Sagengestalten bewacht. Diese Dämonen – also alle jene Lehrer, denen der Ruf von Ungeheuerlichkeit, von Schinderei, von satanischer Quälgeisterei voranging – waren aus der Nähe betrachtet viel weniger arg, als die paar sechsmal korrekten, 105prozentigen Lehrmeister, die ganz kühl und unpathetisch nur den Fleiss, nie das Bubengesicht, nur die Leistung, nie das Bubenherz, nur das geistige Produkt, nie das geplagte Bubenkörperchen sahen und das Kind in langen Hosen in ein ausgeklügeltes Netz von Noten und Bewertungen verwickelten – nie Partei, immer unparteiisch, nie einmal schwach, nur immer hart.

Wer vom Unteren Gymnasium ins Obere geschleust wurde, musste durch einen Engpass, der nicht zu umgehen war. Denn dem Latein wie dem Griechischen stand ein Mann vor, vor dem jeder zu zittern anfing, lange bevor er noch in der ersten Stunde mit diesem Unheimlichen zusammentraf. Diese erste Stunde hat sich Jahr für Jahr mit immer gleicher Zeremonie vollzogen: Hereingekommen ist ein Männchen, das einem schon flüchtig bekannt war, weil es gelegentlich in Riesenschritten ohne einen Blick nach links oder rechts zu verlieren, durch den Hof wetzte, eine fliehend-flüchtige Erscheinung, und diese stand da in der ersten Stunde plötzlich leibhaftig, hörbar, greifbar vor einem, mit einer Glatze, die von seitlichen, lang wachsenden Haaren überkämmt war, mit einem struppigen, kurzen Graubart, tiefliegenden grauen Äuglein hinter einer billigen Stahlbrille, in einem grauen Bratenrock, unweigerlich seit Jahrzehnten immer dem gleichen, wie die Hose aus undefinierbarem braun-beigegräulichem Drillich, stand plötzlich vor rund zwanzig aufgeregten Bubenköpfen im Alter von 14 Jahren und sagte: »Mein Name ist Grob, G-r-o-b-Punkt.« Dann hat er die Schösse seines Gehrocks in je einer Hand nach vorne gewendet, so dass sie Vertiefungen bildeten, deutete mit der einen Hand zuerst in die eine, dann in die andere: »Da drin habe ich den Frieden, da den Krieg«, und nach einer kleine Pause: »Jetzt könnt ihr wählen, was ihr lieber habt, Krieg oder Frieden. Punktum.« Das war seine Begrüssungszeremonie, durch Jahrzehnte immer die gleiche, und dann fing die Stunde an, in einem monotonen Hochdeutsch, fast einer Liturgie ähnlich, begann die Lektüre und die Übersetzung von Xenophons ›Anabasis‹.

Ich glaube, wir haben in unserer Klasse bei ihm den ›Frieden‹ gewählt. Aber dieser Frieden nahm schon Formen an, wie sie erst unter der Bezeichnung ›Kaltem Krieg‹ bekannt wurden. Dr. Grobs Lehrmethode war unerbittlich. Wer eine Fremdsprache lernt, weiss, wie unumgänglich die Vokabeln oder Wörtchen sind – ihre Deklination und Konjugation. Seine Methode erforderte den höchsten Grad an Konzentration: Er liess einen an die Tafel vortreten und fragte mit abgewendetem Gesicht irgend ein griechisches oder lateinisches Verbum ab. Die Antwort musste blitzartig kommen. Kam sie nicht wie aus der Pistole geschossen, begann er mit dem Bleistift auf dem Pult zu kratzen. Blieb die Antwort weiterhin aus, rief er: »Ein ›Schupf‹« – jeder ›Schupf‹ ›stiess‹ die Note um einen Punkt herunter – und wenn die Antworten auf seine Fragen nicht Schlag auf Schlag kamen, tönte es von seinem Pult herab: »Zwei Schupf, drei, vier, fünf Schupf – fort! ab!« – womit man je nach Empfindlichkeit mehr oder weniger belämmert seinen Platz aufsuchte.

Beim Reichtum der griechische Sprache an unregelmässigen Verben bewahrte nur blinde, sture, exklusive Büffelei – der Fleiss – vor dem definitiven Ausscheiden aus dem humanistischen Bildungsgang. Mancher scheiterte an der Härte dieser Methode und suchte den praktischen Weg ins Leben oder an eine andere Schule.

Ich hatte mit unserem Dr. Grob dann auch einmal ›den Krieg‹ – einen harten und ausschliesslichen. Nach vorne an die Tafel gerufen, verlangte er mir eine Vokabel ab, die ich nicht gelernt hatte, worauf ich ohne seine ›Schupferei‹ abzuwarten einfach sagte: »Eins, zwei, drei, vier, fünf Schüpf.« Ein paar meiner Kameraden hatten gerade noch zu einem kleinen dünnen Lächeln ansetzen können, dann erstarrte alles. Dr. Grob wendete seinen Kopf zu mir, sah mich an, was er sonst vermied – sein Blick hatte etwas von einem wilden Tier, das über einen hinweg oder durch einen durch sah –, und sagte: »Frecher Bengel!« Ich

19

bin in einer absoluten Stille, in einer Lautlosigkeit, wie es sie nur im luftfreien Raum geben kann, an meinen Platz zurück. Ich verspürte merkwürdigerweise so etwas wie Mitleid mit unserem Peiniger oben auf seinem Katheder – Mitleid mehr für ihn als für mich. Ich war unglücklich über das Unglück, das ich bei ihm angerichtet hatte. Ich spürte, dass durch meinen jugendlichen Übermut etwas mühsam Aufrechtgehaltenes bei diesem alten Mann ins Wanken geraten war, als wäre eine sorgfältig gekittete Miniatur zu Boden gefallen.

Er sah unablässig durch das Fenster auf den Münsterplatz, und seine Lippen formten unverständliche Wortgebilde, aus denen nur immer der Satz zu hören war: »Zu dem werden sie gemacht! Zu dem werden sie gemacht. Jawohl!« Es war in der Klasse immer noch mucksmäuschenstill, da begann vor den Fenstern plötzlich ein Kind mit einem Eisenreifen zu spielen, und der Reifen hoppelte – dingedingeding – über das Kopfsteinpflaster des Münsterplatzes, fiel dann, sich auf einmal überschlagend, seitwärts in diese seltsamen Schwingbewegungen mit dem ganzen Konzert von musikalischen Läufen, bis er mit einem abgedämpften ›Doing‹ am Boden lag.

Gesehen hatte ich es nicht, denn die Scheiben von unseren Klassenzimmern waren bis über die Hälfte hinaus verputzt, aber ich hatte es gehört... und hatte aus Verlegenheit und Scham den Kopf ein bisschen dem blinden Fensterglas zugekehrt, heilfroh, dass in dieser dräuenden Stille plötzlich das Reifenliedchen erklungen war. Das musste Dr. Grob bemerkt haben, denn plötzlich vernahm ich seine Stimme, die in einem eigenartig schleppenden und unleidenschaftlichen Ton sagte: »Vaucher, gang usse go reifle!« Ich ging dann hinaus, und es sei nichts Aufregendes mehr passiert in dieser Stunde, nur dass die Pausen zwischen seinen Korrekturen und Bemerkungen manchmal länger ausgefallen seien als gewöhnlich, erzählten mir meine Schulkameraden später.

So sass ich in der nächsten Stunde, tags darauf, bester Dinge wieder in der Klasse. Dr. Grob kam herein, hängte wie immer seinen Lodenmantel, der unabänderlich derselbe war, und seine Kopfbedeckung, ein Prunkstück von einem Filzdeckel, an den

Nagel hinter der Schiefertafel und fragte, ohne sich umzudrehen: »Hockt der Vaucher do inne?« Ich rief mit der unbekümmerten Gelassenheit jener Jahre nach vorne: »Jawohl! Herr Doktor!« Kaum gesagt, kam die Antwort: »Gang usse go reifle!« Und so war es am nächsten Tag, am übernächsten, eine Woche lang, Tag für Tag: »Gang usse go reifle!«

Dieser Mann, Dr. Grob, war ein grosser Einsiedler und in seinem Aufzug, seinen Siebenmeilenstiefeln, das Gespött der Kinder aus anderen Schulen. Er wurde aber auch vom Grossteil der Lehrerschaft mit kollegialer Überheblichkeit, wenn nicht mit verächtlichem Getue behandelt. Von den übrigen Lehrern ›verschupft‹, ergoss sich sein ganzer Hass allmählich über das Gymnasium und auch über uns. Auf der anderen Seite war er ein wunderbarer Mensch, den man mit all seinen Schrullen auch sehr liebte.

Solche Lehrer hinterlassen einen viel stärkeren Eindruck als die trockenen, langweiligen Schulmeister. Er hat Geschichten mit einer ungeheuren Dramatik erzählen können. So trug er jedes Jahr den Verlauf der Schlacht von St. Jakob vor, und wenn er dann das Siechenhaus schilderte, wo die letzten Basler im Rauch umkamen, liess er sich vom Katheder einfach zu Boden stürzen, platt auf den Bauch, und sagte röchelnd: »Und so starben die letzten 99 Kämpfer für die Freiheit.«

Er litt wahrscheinlich ungeheuer unter seinen Mitmenschen, vermutlich auch an den Frauen. Ein Vorfall in der ersten Klasse des Obergymnasiums prägte sich mir unvergesslich ein: Wir hatten das Zimmer draussen beim Eingang, nicht im Hauptgebäude, und Dr. Grob gab gerade Griechisch, als einmal ein elsässisches Marktfraueli hereinkam – es gab am Münsterplatz einen Haufen Ämter –, unter der Türe erschien und sagte: »Pardon, Messieurs, könnten Sie mir vielleicht sagen, wo...« – weiter kam sie nicht mehr, Dr. Grob schnellte von seinem Pult hoch wie ein Teufel aus der Büchse und brüllte laut: »Apage, Satanas«, das heisst auf deutsch, »Fort mit dir, Satan«, und ich sehe noch immer das verdutzte Gesicht dieser Frau mit dem Korb im Arm, die sagte: »Jösös, dä spinnt ja!«

Er konnte mitten in seiner lethargischen und monotonen

Lehrweise Ausbrüche von einer Stimmgewaltigkeit haben, wie es vom ›Hund von Baskerville‹ beschrieben ist, und ein Geheul anstimmen, dass es einem durch Mark und Bein ging. Es gab ein Gedicht, das er besonders gern aufsagte – weder der Titel noch der Name des Autors sind mir geblieben, tun auch nichts zur Sache –, darin hatte es eine Stelle, an der jemand, ein Mann oder eine Frau, das Wort »Erbarmen« ausstiess. Ich müsste mich jetzt weit vom Mikrophon wegstellen, um es in jener Lautstärke zu wiederholen, aber nicht die Lautstärke war massgeblich, sondern der Ton, der Tenor, mit welchem er das »E-r-b-a-r-m-e-n«, das doppelte, ausgestossen hat. Der Menschheit ganzer Jammer lag dahinter, sein eigener Jammer über etwas Ungeheurliches, das ihm zugestossen war und das wahrscheinlich niemand je erfahren hat, denn er hatte keinen Freund, keinen einzigen.

Mein Krieg mit ihm hat lange gedauert. »S'Reifle« wurde mir immer wie unbehaglicher. Mich beim Rektor zu beklagen, hätte meine Lage nur verschärft, denn Dr. Grobs Hass ging bis zur Verulkung dieser rektoralen Respektspersönlichkeit. Es war zwar im Oberen Gymnasium die Regel, dass ein Schüler sich beim Lehrer zu Hause entschuldigen ging, aber auch das war bei Dr. Grob höchst unzulässig. Schliesslich entschloss ich mich doch zu diesem fürchterlichen Schritt und betätigte auf seiner Etage kurz und bang die Glocke. Mein Herz klopfte. Noch einmal klingelte ich. Dann öffnete sich die Türe einen Spalt. Sein hageres, fahles Gesicht zeigte sich, mit einem Auge. Bevor ich auch nur ein Wörtchen hätte stottern können, würgte er hervor: »Was wotsch? Gang furt! Kenn di nit! Kenn di nit!« Und zu war sie wieder, die Türe.

Aber am folgenden Tag schickte er mich nicht mehr hinaus. Er nahm nur keine Notiz mehr von mir, weder wenn ich mich meldete, noch an der Tafel, wenn ich nach vorn gerufen wurde. Nur meine schriftlichen Arbeiten korrigierte er, und dann, eines Tages, blieb er weg, für lange Zeit. Er sei krank, hiess es. Es war das erste Mal in seinem Leben, dass er eine Stunde ausfallen liess.

Als er wiederkam, waren wir schon eine Klasse weiter, standen vor anderen Problemen, vor anderen Aufgaben, hatten mit anderen Kinderfressern zu tun, und nur hie und da drang von unten, aus dem Parterre, das unmenschliche »E-R-B-A-R-M-E-N, E-R-B-A-R-M-E-N« zu uns hoch, und wir schauten uns an oder grinsten ein wenig, aus Verlegenheit.

Weltkrieg, der Erste

Neben allen Schwierigkeiten, welche die Schule mit sich brachte, wurde mein Leben noch ganz besonders durch den Krieg erschwert, den Ersten Weltkrieg. Nicht, dass ich direkt mit ihm zu tun gehabt hätte, ich lebte ja in Basel, also in der neutralen Schweiz. Aber die neutrale Schweiz war auf eigenem Boden unter sich gar nicht so neutral. Die Welschen und die Tessiner hielten zu den Alliierten – also den Italienern und Franzosen, die dazumal Verbündete waren, zusammen mit den Engländern und Russen –, während die deutsche Schweiz heftig mit dem Kaiser Wilhelm II sympathisierte, den deutschen Armeen, mit dem Kaiser Franz Josef und der damaligen österreichischen Monarchie, die sich bekanntlich den halben Balkan untertan gemacht hatte.

Ich war in meiner Klasse der einzige, der für die Franzosen war – für die ›Franzosen mit den roten Hosen‹[1] – die ganze Klasse war gegen mich. Ich wurde ausgepfiffen, ausgelacht, an die Wand gedrückt und verhauen, weil ich die Franzosen unterstützte. Mein Hauptgegner war der Klassenprimus, der neben einem phänomenalen Schulwissen auch über ein fast unmenschliches Gedächtnis verfügte, das er in den Dienst der deutschen kaiserlichen Armee setzte. Er wusste alle deutschen Siege auswendig, die in Deutschland mit sämtlichen Glocken eingeläutet wurden – solange es wenigstens noch Glocken gab, denn mit der Zeit wurden die meisten in Kanonen umgegossen.

Da die Deutschen im Ersten Weltkrieg – wie 25 Jahre später im Zweiten – solange siegten, bis sie sich zu Tode siegten, hatte ich von meinen Freunden, den Franzosen, wenig zu berichten. Unserer Primus hingegen kam mit exakten Zahlenangaben an, wusste, dass es ›beim Feind‹ – das hiess: bei allen, die gegen Deutschland kämpften – so und soviele Gefangene, Tote, Vermisste und Verletzte gab, womit bewiesen schien, dass Deutschland unschlagbar war.

Am scheusslichsten war, dass diese Zahlen für uns Jugendliche nichts anderes darstellten als Statistiken. In ihnen tobte sich ein ganz läppischer, an Irrsinn grenzender Nationalitätenhass aus. Was für unermessliches Leiden, für grässliche Vernichtungen an Gut und Menschen damit zusammenhingen, nahmen wir kaum zur Kenntnis, selbst wenn in Basel die Scheiben tagelang, nächtelang vom Kanonendonner zitterten. Viel wichtiger fanden wir, herauszufinden, ob das Donnern von deutschen Haubitzen oder französischen Feldgeschützen kam. Das konnte in unserer Klasse zu heftigen Krächen führen, wobei ich einmal unseren Primus an den Haaren auf die Schulbank riss und ihm ein Tintenfässchen auf das Gesicht ausleerte. Er revanchierte sich – er war der zartere, feinere und schwächere von uns beiden, und übrigens auch ein ausgezeichneter Musiker –, indem er mir ein farbiges Heldenbild vom Hindenburg in die griechische Grammatik klebte, was mich zur Raserei brachte.

Ich kann mich eigenartigerweise an kein Lehrerwort in jener Zeit erinnern, das gegen den stumpfsinnigen Fanatismus Stellung bezogen und uns ermahnt hätte, als ›zukünftige Akademiker und Geistesträger Helvetiens‹, Mässigung walten zu lassen. Niemand, der mit einem Aufruf zum Frieden, zur Waffenvernichtung, zur zukünftigen Völkerversöhnung vor uns angetreten wäre, nein, sie haben brav ihr Pensum gelehrt, korrekt bis zur Versündigung an einer irregeleiteten Jugend, und benahmen sich uns gegenüber wahrhaft neutral.

Dabei hatten die wenigsten von uns im Elternhaus einen vernünftigen Halt. Auch da triumphierte der verderbliche Nationalitätenhass. Es hat nicht vergebens geheissen, »dass der breiteste Schützengraben sich mitten durch die Schweiz« ziehe, der Sarine entlang, dem Grenzfluss zwischen Welschland und der deutschen Schweiz. Bei mir daheim war mein Vater das, was man einen ›Schwabenfresser‹ nennt. Er hat die ganze deutsche Nation verdammt, in Bausch und Bogen, und entwickelte dabei von der Völkervernichtung eine Vorstellungskraft, die ich hier nicht wiedergeben darf. Da ich natürlich opponierte – ich fand, letzten Endes seien sie auch noch Menschen, und auch wenn sie geschlagen würden eines schönen Tages, müsse man sie doch leben lassen, was er also nicht zugegeben hat... – sagte er mir immer: »Tu verras, tu en souffriras encore«, sieh dich vor, du wirst abermals unter ihnen leiden – ein Satz allerdings, an den ich dann später in den Jahren 1933 bis 45 ziemlich oft zurückdachte. Er war eben ein Welscher, meine Mama eine Elsässerin, und das Elsass war so etwas wie unsere zweite Heimat. Beide hatten im Elsass viele Verwandte, Bekannte und Freunde, die davon träumten, das Stückchen Land auf der anderen Seite des Rheins werde eines Tages endlich wieder französisch.

Und dann war es soweit: die deutschen Armeen waren geschlagen, die deutsche Schweiz war nicht mehr deutschfreundlich, das Elsass wurde französisch, und ich war bald ein 17jähriger Mensch. In diesen Tagen um den Waffenstillstand, dem 11. November 1918, herum, holte mich mein Vater plötzlich in einem Auto von der Schule ab, und wir fuhren über die Grenze nach Neudorf. Unterwegs sagte er mir: »Sie kommen!«, und drückte mir ein französisches Fähnchen in die Hand, eine Tricolore. Ganz Neudorf stand auf der Dorfstrasse, in Grüppchen vor ihren Häusern, vom Dorfeingang her erschallte Musik – die bekannten französischen Clairons –, und bald erschienen sie. Es waren ›Chasseurs alpins‹, Gebirgsjäger, mit ihren Bérets und einer dunklen, blauen Uniform. An der Spitze die Musik, dahinter, umgeben von einigen Soldaten, trug ein Offizier die französische Fahne.

Alles rief: »Vive la France!« – Hoch lebe Frankreich – und »Hors les boches!« – Hinaus mit den Deutschen –, die Frauen warfen den Franzosen Büschelchen von herbstlichen Astern vor die Füsse, ich schwang brav mein Fähnchen und achtete nicht gross auf meinen Vater. Plötzlich sehe ich, wie er seinen Mantel auszieht und hopps – damit auf die Strasse raus, gerade vor die Füsse des Fähnrichs! Im Augenblick verstand ich nicht ganz, was er meinte. Jetzt weiss ich's: Es sollte heissen: »Ich breite dir und deiner Fahne einen Teppich unter die Füsse«, so wie man bei Fürstenempfängen vom Auto bis zum Palast einen Läufer ausrollt.

Aber dieser Mantel war nicht ganz so glatt wie ein Teppich, und ich sah gerade noch, wie unserem schmucken Fähnrich sein Stiefel sich in ein Armloch vom Mantel verkroch – einen kurzen Moment schleifte er ihn am Fuss nach, kam dann mit dem anderen Fuss auf den zerknüllten Stoff zu stehen... und dann passierte es: Mitsamt der Fahne fiel er der Länge nach hin, platt auf den Bauch, in seiner schönen Uniform, mitten in die Neudorfer Pfütze und den Kuhdreck, samt der Trikolore mit ihren Goldborten und Ehrenzeichen.

Ja, es hat einen ganz schönen Aufruhr gegeben. Man drang auf meinen Vater ein, beschimpfte ihn: »Söischwoob!« und »Verräter!« und »Hänget ihn, ihn und sin Schnuderbüewele!«, Faustschläge hagelten auf uns nieder, und ein Soldat drückte ihm's Gewehr mit aufgepflanztem Bajonett auf die Brust. Da ich mich für meinen Vater wehrte – ich hatte das ja schon in der Schule gelernt – bekam ich plötzlich mit etwas Hartem eines auf den Schädel, so dass ich für die Zwischenzeit meinen klaren Verstand verlor und erst wieder zu mir kam, als wir in einer Stube drin sassen. Bei Bauern. Mein Vater hatte eine blutige Schramme am Kopf, seine Kleider waren verdreckt und zerrissen, und vor dem Haus hörte man immer noch das Volk wüten. Erst allmählich legte sich der Tumult. Der ›Maire‹, der Bürgermeister, kam, entschuldigte sich, und der Dorfpolizist, der noch die deutsche Uniform anhatte, aber ein französische Käppi auf dem Kopf trug, nahm ein langes Protokoll auf.

Jetzt fuhren wir heim, der Papa und ich. Stumm. Er hat über diese Episode nie mehr ein Wort verloren mir gegenüber. Für mich bekam sie aber immer mehr Gewicht. Was es war, weiss ich nicht ganz genau: vielleicht die Volkswut, die verkehrte; vielleicht die Ehrenbezeugung mit dem Mantel, die verkehrte; vielleicht dieser Offizier, der im Jubel der Bevölkerung mitsamt seiner Fahne zu Fall kam; vielleicht nur der Schlag auf meinen Kopf – ich habe zuerst nur eines gemerkt: »So wie sich diese Leute verhielten, kann's nicht weitergehen, so wie mein Vater denkt, kann's nicht weitergehen, so wie du in der Schule gehandelt hast, kann's nicht weitergehen.«

Und das ist nicht ganz unwichtig, wenn man in seiner Jugend

merkt, dass es so nicht weitergehen kann, auch wenn man noch nicht weiss, wie's weiter gehen soll.

Die Wette

Einmal bekam unser Rektor wegen mir fast einen Schlag, das wurde mir nachher gesagt. Er war ein sehr liebenswürdiger Mensch. Wir haben ihn Zebu genannt, ich weiss nicht weshalb, er glich nicht einem Zebu[2]. Ich hatte nämlich mit einem anderen Schüler gewettet, dass ich während der Geschichtsstunde auf das Münster klettere, auf den Georgs-Turm, den höchsten, bis hinauf zur obersten Kreuzblume, ziemlich weit über dem, was die ›letzte Galerie‹ heisst, um dort oben gegen den Blitzableiter einen Handstand zu drücken, oder einen Kopfstand, besser gesagt. Da der Einsatz fünfzig Franken betrug, was eine ganz nette Summe war zu dieser Zeit, ging ich das Wagnis wirklich ein und stieg hinauf.[3]

Ich muss sagen, als ich dort oben auf dieser Kreuzblume war, pochte mein Herz ein bisschen, aber als ich sah, wie an beiden Gebäuden des Gymnasiums, des Unteren wie des Oberen, die Fenster vollgestopft waren mit Köpfen, die aussahen wie Trauben, dichtgedrängt, und heraufschauten, da nahm ich meine letzte Courage zusammen, habe gegen diesen Blitzableiter auf glaube ich 67 Meter Höhe, tapfer einen Kopfstand gedrückt. Als ich mit etwas flimmernden Augen wieder herunterkam, ging ein riesiges Huronengebrüll los, und man belobigte mich für meine Tat. Der Rektor hat mich nicht belobigt: wie ich herab kam, stand da bereits ein Polizist, und es gab ein Briefchen nach Hause, an den Vater, der ebenfalls nicht sehr glücklich war, aber doch immerhin über so eine, sagen wir mal wagemutige Tat seines einzigen Sohnes ein bisschen schmunzelte.

Als wir die Matur bestanden hatten, kam der Rektor und fragte jeden einzelnen, was er machen wolle. Und jeder ist aufgestanden. Der eine hat also stolz gesagt Dr. jur. oder Medizin oder Pfarrherr. Und als er dann zu mir kam, habe ich ihm gesagt: »otium cum dignitate« – und das hiess »würdevolle Musse«. Das hat meinen lieben Herrn Rektor auch wieder ziemlich aufgeregt, und er, der ein wenig näselte, sagte: »Es ist doch komisch, dass in Ihnen einfach ein unauslöschlicher Paillasse steckt.« Vielleicht war das so und hat sich damals schon, man könnte sagen, gekrümmt, was später ein Haken geworden ist, denn ich bin zeitweise wenigstens auf der Bühne so etwas gewesen, vielleicht nicht ein sehr guter, aber immerhin: ein Paillasse[4].

---

1 Frankreichfeindlicher Spottvers aus der Zeit, der Bezug nahm auf die mit Krapp rot eingefärbten französischen Uniformhosen.
2 Indisches Buckelrind.
3 Walter Matthias Diggelmann notierte sich nach einem langen Gespräch mit Vaucher: »(...) sein Freund Walter Spiess muss(te), da es sich um eine Wette handel(te), vom Geländer einer Rheinbrücke (Käppelijoch) in den Rhein springen, was beiden beinahe den Rausschmiss aus dem Gymnasium eintr(ug).« (Schweizerisches Literaturarchiv, Nachlass Diggelmann; AII/09 und 13, ohne Datum).
4 Bajazzo (›Strohsack‹): Spassmacher, Hanswurst.

Aus den Jahren 1919 bis 1925 sind über hundert Briefe und Karten C.F. Vauchers an seinen Jugendfreund Eduard Fallet erhalten. Dem zweieinhalb Jahre jüngeren Seelengefährten vertraute er zwischen dem siebzehnten und dreiundzwanzigsten Altersjahr seine Gefühle und Gedanken an. Grund für den umfangreichen Briefwechsel – »ein Jahr korrespondieren wir schon und wahrlich, wir haben schon Bücher geschrieben« (22.10.1920) – war die Übersiedlung der Familie Fallet von Basel nach Höngg, einem Vorort Zürichs, der 1934 Stadtquartier wurde: »Seit Du dort bist, ist mir Zürich ungemein lieb geworden. Vorher war es mir, teils vielleicht aus Vorurteilen, teils aus der Zürcher Geschichte, widrig bis oben hinaus. Jetzt sollte einer wagen, sie [die Stadt] anzugreifen. Ich würde wild werden (...). Ein höchst interessanter psychologischer Vorgang.« (19.2.1920) Vaucher führte damals auch ein Tagebuch, das aber als verloren gilt.

In manchen seiner Briefe erwähnt er heftige, tagelange Migräne. An ihr litt Vaucher zusammen mit Heuschnupfen sein ganzes Leben. Ob die Kopfschmerzen Spätfolgen des heftigen Schlages waren, der ihm am Rande der Truppenparade in Village-Neuf (»Neudorf«) für eine Weile das Bewusstsein raubte, lässt sich nicht sagen. Sonst zeigt sich Vaucher in den Briefen als körperlich sehr robust. In den Ferien zog es ihn meist in die Berge – »wie schön ist es, ›frei‹ atmen zu können!« (7.10.1920) –, wo er auf den kleinen Gipfel des Sambuco in der Leventina mit Freunden sogar einmal eine Erstbesteigung unternahm. Schon als Neunzehnjähriger hat er Matterhorn, Schreckhorn und Finsteraarhorn bestiegen. Gefahr war immer mit einkalkuliert: »Ich habe fünf Wochen gar oft dem Tod ins Antlitz gegrinst. Er hat es dabei bewenden lassen.« (24.8.1920) In seinem Zimmer zuoberst im Elternhaus, so schrieb er dem Freund im »Lenzmonat 1920«, hänge »ein Bild [Reproduktion] von Hodler: Der Silvaplanersee (...). Das ruhige Wasser umgeben von einer Bergkette, scharfe zackige Spitzen (...). Das Ganze ein Ruf: kommet zu mir, verlasst die Städte. Hier oben ist Frieden.« Beim Klettern vergass Vaucher auch Liebeskummer, »alles, alles« »um heimzukehren und alles wieder doppelt zu fühlen« (7.10.1920). Jedesmal, »wenn vom ungebundenen Leben in den Bergen der Wechsel zur Schule eintritt, wenn die Türen der Freiheit sich schliessen und der Kerker sich öffnet«, fühlt er »ein Unbehagen«: »die Hand, die den Pickel und den harten Fels gewohnt war«, stellt sich nur »unter viel Mühe« auf »Feder und Papier« um (24.8.1920)

Ein namentlich nicht mehr bekannter Schulkollege W. erinnerte sich in einem Nachruf auf Vaucher: »Elan, verve – es ist kein Zufall, dass es französische Wörter sind, die sich zuerst aufdrängen – Schwung,

Basler Münster mit Georgsturm (links im Bild). Vaucher kletterte bis zur sogenannten obersten ›Kreuzblume‹, dem Zierabschluss des Turmhelms (Höhe 67 Meter).

Feuer, Begeisterung empfanden wir als sein Wesen. Im Turnen, am Pferd, am Reck, am Barren entfaltete er sich vor unseren Augen. Oder als Schlittschuhläufer, wenn er frontal auf einen zuraste und scharf anhaltend dastand – so müsse man ein Mädchen engagieren: ›Fräulein, wenn ich Ihnen nicht ebenso gefalle wie Sie mir, müssen Sie nicht mit mir Schlittschuh laufen.‹ Er war ein erfahrener Alpinist und als solcher gewiss der Anstifter jener ›Extratour‹ auf der dreitägigen Maturareise im Berner Oberland. (...) Als am Nachmittag des zweiten Tages zwischen Faulhorn und Grosser Scheidegg der Regen nachliess und Risse den Nebel durchbrachen, waren plötzlich sechs bergkundige Schüler verschwunden. Sie erwarteten uns strahlend am Tagesziel auf der Schwarzwaldalp, nachdem sie das Schwarzhorn traversiert hatten. Für die verantwortlichen Lehrer waren das angstvolle Stunden. (...) Wir Nichtbeteiligten spendeten der genau und erfolgreich durchgeführten Sonderaktion demonstrativen Beifall. Es war im Grunde die Unbedingtheit seines Wesens, die wir bewunderten.«

Als »er in unsere Klasse versetzt wurde«, schrieb W. weiter, »glaubten (...) wir zu wissen, dass er ein Jahr lang keine Aufgaben gemacht ha[tt]e, weil er den ganzen Goethe von Anfang bis zu Ende durchlas, einiges, wie den Faust, zwei- oder dreimal.« Vaucher habe auch durch die »ungewöhnliche Art seines Verse-Lesens« beeindruckt, am auffallendsten in Schillers ›Tell‹, »der obligatorisch war, (...) und da höre ich heute noch den Ton, in dem Charles Vaucher die Worte des sterbenden Attinghausen, des aufgeklärten Landedelmannes sprach: ›Und frei erklär ich alle meine Knechte‹, streng monoton versmässig, unter bewusster, fast ostentativer Vermeidung jedes Pathos', einer Vermeidung, die gerade an einem solchen Text auffallen musste.«

Zu Beginn der Schulzeit habe C.F. Vaucher noch nicht links gestanden, stellte der erwähnte Schulkamerad fest: »Politisch war unsere Klasse gegen Ende des Ersten Weltkrieges auseinander gerissen. Man kann sich denken, dass das Basler Gymnasium eine konservative Stätte war. Zwei von uns aber waren auf ihren intellektualistischen Wegen des Erfahrens, Beobachtens und Denkens auf die Seite der russischen Revolution und des schweizerischen Generalstreiks [November 1918] gezogen worden. Linksintellektuelle würde man sie heute nennen. Charles hatte wenig übrig für diese Kopfmenschen und half tüchtig mit, uns niederzuschreien. Und wie er alles, was er machte, mit der ihm eigenen Intensität machte, so saute er in grossen Zügen auf meine Bank das ironisch gemeinte: ›Schmiert die Guillotine mit Pfaffenfett,/ Blut muss fliessen knüppelhageldick,/ Vivat hoch die rote Republik.‹ Solche in der Klassenöffentlichkeit ausgetragene ›Kämpfe‹ hinderten aber nicht, dass man am gleichen Tag bei einer Begegnung auf der Strasse miteinander über etwas in der Schule Vorgefallenes sprach.« Vaucher habe ihn auch einmal mit »auf seine Mansarde« mitgenommen und ihm »den ganzen Zyklus der ›Hängenden Gärten‹ Georges« vorgelesen, der von einem orientalischen Fürsten handelt, welcher aus freiem Willen den Thron aufgibt, um zum Sklaven zu werden.

Bissiger Spott und lyrischer Tiefsinn lagen bei Vaucher nahe beieinander, und das mag der Grund gewesen sein, weshalb W. von ihm im Gymnasium den Eindruck gewann, er sei ein »intelligenter, aber leidenschaftlich unintellektueller Mensch«: »Charles erfasste auf eine hochintelligente Weise alle Dinge mehr durch die Hautnerven als mit dem Hirn, mehr ihre Stimmung und ihren Tonfall als ihren begrifflichen Inhalt.« Vaucher der Empfindsame: Die scharfe Pointe lag ihm näher als der vermeintlich scharfe Begriff. Mal erwies sich dies als seine Stärke, mal als seine Schwäche.

Wann genau er sich zu Überzeugungen der politischen Linken zu bekennen begann, lässt sich nicht genau sagen. Jean Jacques Vaucher, der Sohn von C.F. Vaucher und Edith Carola, erinnert sich noch an folgende Erzählung ›Vauchis‹: Er sei als grossbürgerlicher Jüngling durch Basel gegangen und an eine Demonstration von Arbeitern herangekommen: »Dann hat er irgend einen faulen Spruch gemacht zu denen, so der Art nach ›Geht doch heim, statt da auf der Strasse rumzulungern!‹ Da sagten sie: ›Komm einmal mit, Bürschtli.‹ Und haben ihn mit nach Hause genommen, ich weiss nicht mehr, was das für Arbeiter gewesen sind, und da sah er zum ersten Mal, wie diese Menschen leben: ›Schau. Vielleicht weisst Du jetzt, warum wir auf die Strasse gehen.‹ Das hat ihm einen ganz tiefen Eindruck gemacht. Von dem Tag an war ihm klar, dass das Grossbürgertum die Arbeiter ausnützt und dass er sein ganzes Denken, das er bis jetzt aus seinem Elternhaus hatte, über Bord werfen musste. Da begannen die Schwierigkeiten mit seinem Vater.«

Zu dieser Begegnung mit Proletariern könnte es im Mai 1920 gekommen sein. In jenem Monat nämlich sperrte der Vater ihm vorübergehend das Taschengeld. Vaucher war damals 18 und stand in seinem letzten Schuljahr: »Ich habe mich gestern wegen Politik mit meinem Vater entzweit«, schrieb er Eduard Fallet. Ein geplanter Besuch bei seinem Freund in Zürich schien dadurch plötzlich gefährdet: »Vielleicht kann ich die Sache heute wieder gut machen. Geht es nicht, so werde ich versuchen, Bücher zu verkrempeln oder bei einem Freunde das nötige Geld zu leihen« (20. Mai 1920). Spannungen zeigten sich schon im Oktober 1919, vor einem anderen Besuch: »Du fragst mich«, schrieb er seinem Freund, »ob ich komme. Ich weiss nicht, der Papa mag nicht so recht. Er ist mordsschlecht aufgelegt, hat das Jucken in den Zehen, macht ein Gesicht wie Sauerteig und stolziert einher, als hätte er zwei Stelzen im Rücken; aber magst ruhig sein, ich werde mein möglichstes machen« (9.10.1919). Doch ohne Erfolg: »Die Regierung hat mich nicht ziehen lassen nach Zürich. Nun, pour une autre fois!« (20.10.1919)

Ebenso wichtig für die Ausbildung seines politischen Bewusstseins war für Vaucher sicherlich die zweitägige Reise zum Hartmannsweilerkopf in den Südvogesen, dem Schauplatz einer der blutigsten Schlachten des Ersten Weltkriegs. Davon erzählte er im selben Brief vom 20. Oktober 1919. Zehntausende waren bei diesem Berg im sinnlosen Stellungskrieg ums Leben gekommen, und der Boden dürfte damals mit Geschosssplittern, Helmteilen und Uniformresten nur so übersät gewesen sein: »Der Eindruck, den ich heimgebracht habe, ist kein geringer, glaube mir das. Ich habe mir alles arg vorgestellt, doch hat alles meine Vorstellungen übertroffen. (...) ich bin schrecklich müde. Das Laufen, Hin- und Herrennen, das Sehen, Staunen und Bücken, alle die Eindrücke haben mich krumm gehauen, physisch, natürlich.« Vielleicht sogar mehr als das. Als er mit 21 Jahren selbst das Waffenhandwerk erlernen sollte, schrieb er Eduard: »Am 22. August rücke ich in die Rekrutenschule ein, um dort das, was ich erst empfinde, leibhaftig zu erfahren. Den Hass gegen Militär und gegen das selbstische Wesen, das sich den Massenmord zum Ziele setzt.« (14.6.1923)

Ein besonders eindrückliches Gedicht Vauchers aus den zwanziger Jahren trägt denn auch den Titel ›soldaten von 14 bis 18 gestorben‹:

»ist einer noch
der filzhüte kaufte III. avenue
der mont-martre pisse verspritzte
in die schwärmende nachtreklame paris
oder so vor sich herspuckte in berlin W

seit dort
wo bei ypern[1] die felder
von kleinen von weissen kreuzen quadriert
den kopf im helmtopf vergraben
soldaten von 14 bis 18 gestorben –

alle nun tot sind

denn von den dämmen der grauenden nordsee
die gerade hinab zum rheinknie bei basel – hinüber
zum blauland der adria – friaul
unter grossglöckners[2] türmen in frieden
durchs kaos balkanischer länder – hinauf
ins karpatische horn – hinab
lemberg[3] und wilna[4] polnische turme
bei der seichten duna russischer schwere
in den hässlichen sumpf
der Esten[5] und Letten –

blüht das grab nicht
auch kleine weisse kreuze sind selten

überm quadrat wo der mann liegt
soldat von 14 bis 18 gestorben –

denn es ist ein massengrab
und tot sind ja alle.

aber weizen steht und das korn fährt zur mühle
und man frisst und man säuft
beschläft sich beim weib
denn der weizen wird grösser
und die furcht die wird kleiner
und beides steckt in gedärmen vom mann
soldat von 14 bis 18 gestorben –

tot tot längst alles tot.

ins kreuzfeld das los geworfen
war einer der eben so roch
sohn der erde aus erde gegraben
kot in der stirne und das blei steckt im bauch –
zum triumfbogen den sohn
mit fahnen tamtam und marschallen
den wurm aus der erde zu ehren
arc de triomphe!
der aus kot gewachsen zu kot geworden
soldat von 14 bis 18 gestorben –

nun tot nun endlich gründlich tot.

auch die von marengo[6] nicht murrten
hat einer dreck im maul ist er stumm
deutsch-jugend schwärmt: napoleon
und die franzosen haben heldentenöre mit wagneropern
    berühmt gemacht.

aber alle feiern blutige feste

auf krupps internationaler kanonenfabrik
und jeder tanzt mit der mordvollen geste
vom holbeinschen totentanz –

blutig wie morgenrot rot
davor jene schaudern die
obzwar alle längst schon tot
soldaten von 14 bis 18 gestorben

nicht ganz unter die erde kamen
aus platzmangel im massengrab.«

Eduard Fallet-Castelberg wurde 1919 selbst »noch Zeuge der ersten Auseinandersetzungen zwischen Vater und Sohn Vaucher«: »C.F. stützte beim Essen den Ellenbogen ostentativ auf den Tisch, was den Vater, der sehr auf Etikette hielt, masslos ärgerte.« Bei einer anderen Gelegenheit hatte Vaucher mit einer »Gummi- oder Luftpistole – einem Spielzeug« – ein Gemälde attackiert, das im Esszimmer hing und ein Kind darstellte: »Der konservative Vater verstand nicht, wie sein Sohn es fertigbrachte, mit einem Gummigeschoss in ein Ahnenbildnis aus dem 18. Jahrhundert ein Loch zu schiessen. Der Sohn wurde mit Verachtung bestraft.«

Die Einflussnahme des Vaters erlebte er kaum mehr anders als eine Bevormundung. Auch der langersehnte Beginn des Studiums verschaffte dem 19jährigen Vaucher nur sehr bedingt die erhoffte Freiheit: für die finanziellen Zuwendungen von zu Hause bezahlte er einen hohen Preis.

Warum C.F. Vaucher dem Willen des Vaters schliesslich nachgab und Rechtswissenschaften studierte, wunderte ihn später selber am meisten. In der Radio-Sendung ›Aus meinem Leben‹ erklärte er 1964, er habe nicht gewusst, was er wolle: »Mein weiterer Werdegang war mir noch höchst schleierhaft.« Die Briefe zeigen indessen, dass es dem jungen Vaucher durchaus nicht an eigenen Vorstellungen fehlte. Kurz vor der Matura äusserte er gegenüber Eduard Fallet den Wunsch, in Zürich am Polytechnikum (ETHZ) die höhere »Landwirtschaftsschule« zu besuchen: »In einem halben Jahr sind wir wieder beieinander«, schrieb er ihm und erklärte in beschwörendem Ton: »Charles wird nicht Jurist; er darf es nicht werden. (...) Doch still, es sind Pläne (...). Das Schicksal steht hinter mir und lauscht, wo ein Strich durch die Rechnung zu machen ist. Ich habe heute seit langem wieder Kopfweh, da fabulier ich.« (24.8.1920) Der Vater hatte die Laufbahn seines Sohnes oder das, was er darunter verstand, im Sinn und bestimmte Genf als Studienort – wohl um die Zweisprachigkeit seines Sohnes zu bewahren. Gewillt, das beste daraus zu machen, schrieb C.F. Vaucher seinem Freund im Taumel des Schulabschlusses: »In Genf gebe ich mich völlig den freien Künsten und der Literatur hin. Es werden wohl diese Semester entscheiden, ob ich zum Dichter geboren bin.« (25.3.1921)

Doch darauf liess sich der Vater gar nicht erst ein und setzte als Studienfach Jurisprudenz durch. Mit diesem Beruf sollte sich Vaucher nie abfinden. Aus Genf meldete er: »Jurist werden, hundsgemeiner Aktenwälzer (...). Ha, es ist lächerlich. Ed, diese Ironie (...). Hilfe, ich ersticke! Ich bin ein armer Vogel, war einst frei und durfte meine Flügel ausbreiten. Nun haben sie mir die Schwingen abgestutzt, den

Flugnerv durchgehauen (...). Was den Vogel zum Vogel macht, die Flügel, die haben sie mir weggenommen.« (25.4.1921)

Froh war er einzig, von Basel weg zu sein – »ich komme aus einer Stadt, die mich kränkte«, schrieb er, »es lasten Erinnerungen in mir, die dumpf noch grollen« –, und er genoss den Lac Léman: »Du begreifst, was See ist für einen Bebbi[7], der 19 Jahre an einer Schlangenpfütze hauste.« (12.4.1921) Gegen den Rhein hatte er zwar eigentlich nichts, das war nicht der Punkt. In ihm war er gern geschwommen, mit Eduard Fallet und auch im Schulunterricht: »Der Rhein war damals noch schön sauber«, erzählt Fallet-Castelberg. »Schwimmen lernten wir in der Badeanstalt bei der Münsterpfalz. Sie existiert heute nicht mehr.« Dem mächtigen Fluss hatten die Schulabgänger in einer Zeremonie auch feierlich den Ballast der überstandenen Lehrjahre anvertraut: »Nach der [v]erlogenen Abschiedsrede des Herrn [Rektors] Schäubelin«, berichtete Vaucher seinem Freund, «haben wir unsere Schulbücher aufgebahrt und sind in Trauermarschtempo mit Kerzen und schwarz verhüllten Trommeln zur Rheinbrücke hinunter gegangen.« Einer von ihnen hielt da »eine lateinische Abschiedsrede«, »die damit einen würdigen Abschluss fand, dass jeder einige Schmöker ergriff und sie in weitem Bogen in den Rhein warf« – so sollten diese »Marterinstrumente den Wassertod finden.« (25.3.1921)

Nein, sein Widerwillen gegen Basel hatte einen ganz anderen Grund: »Glück und Unglück lag zu gleichen Teilen in meiner Wiege«, notierte er am 29. März 1921, und das »Unglück« hatte auch einen Namen – den eines Mädchens: »Unglück, Du Rösli.« Nur darum deklamierte er am Tag der Abreise, in Anrufung einer imaginären Göttin Genfs: »Adio Basilea und ihr verhockten Schneidergesellen, Pfaffen und Philister. Ciao Basilisk, Du schleimiger Drache! Genoveva, holde Jungfrau öffne Deine Arme.« (7.4.1921) Auf seinem Abendspaziergang hatte er Basel noch einmal durchquert: »Ich trottete (...) gegen sechs Uhr in die Stadt. Der Tumult bei der Hauptpost rüttelte mich aus einigen Gedanken auf. Ich blicke auf – und sehe den blauen Mantel Röslis. ›Reiss aus, Feigling, blicke nicht hin, warum nicht? grüsse kalt, sei anständig, soll ich die Wunden aufreissen, jetzt weisst Du, ob Dir verziehen ist‹ – so schoss es mir blitzartig durch den Kopf. Und plötzlich stand ich vor ihr, und das Herz klopfte, so warm und stark, wie in den Zeiten meiner Liebe. Ich gab ihr die Hand, diese Hand, die soviel Tränen getrocknet hatte, sie lächelten so minnig, so arglos, diese Lippen, auf denen Leid und Schmerz einen leichten Schleier geworfen hatten, ihre schönen, blauen Augen waren so tief, so allesverzehrend, ach ich finde keine Worte.« Zu Hause setzte er sich mit der Sternenkarte und einem Fernglas ans »Fenster, löschte die Lampe aus, sah hinauf und träumte (...) von der Grossartigkeit der Welten und ihrer Gesetze, von der Natur und meiner Seele, ahnte das, was wir nicht sprechen können, was die Sinne nie sehen, was nur dunkel empfunden wird. (...) Im Traum durchfuhr ich auf Sternschnuppen die Ewigkeit, ich sah die Welt, und sie war klein und hässlich.« (29.3.1921)

Das Schicksal hatte die beiden Liebenden hinterrücks ereilt. Weder Rösli noch ihn traf eine Schuld. Im Oktober 1919, als Vauchers Leben auch politisch eine Wende nahm, war die süsse Liebesgeschichte ohne Vorwarnung in ein Drama umgeschlagen: Im Anschluss an eine Einladung mit Schulkameraden in Rheinfelden hatte Vaucher einem aus seiner Klasse – der aber »vollständig besoffen« war, wie er Eduard Fallet später schrieb – einen Kartengruss für seine Liebste mitgegeben, mit der Bitte, diesen für ihn einzuwerfen: »Da ist der Schweinehund gegangen und hat auf die Karte an Rösli Verse zugefügt, die ich Dir nicht ohne Erröten sagen würde.« Vaucher gestand: »Heute wollte ich meinem Leben ein Ende machen, und bereits hatte ich mir die Schnur um den Hals gelegt – da fand ich einen alten Freund wieder, der früher mein intimer Camerad gewesen war (...). Der alte Kerl war der Humor.« Dann berichtete er weiter: »Denke Dir, als die Karte bei Gublers ankam und die alte Dame sie las, der Radau, der Skandal, das Heulen und Brüllen, Zähneknirschen und Fluchen – alles alles über den unschuldigen Charles. (...) Denke Dir Deinen Freund in der Stadt, der sein Liebchen antrifft und statt dass sie ihm auf den Gruss antwortet, sagt: ›Dich hab ich satt!‹ und dann die Auseinandersetzung, was auf der Karte stand (...). Aber ich schwöre Dir, dass ich nicht lachte, besonders als die alte Dame noch kam und ich mich fasste und entschuldigte, sie aber mit den Achseln zuckte und mir sozusagen den Rücken kehrte. Heimgerast bin ich, wie ein Toller, rannte in zwei Velofahrer, mit dem Kopf in eine schwerbebuste ältere Dame, überrumpelte zehn Kinder, brachte ein Auto zum Stoppen, zu Hause rannte ich meine Cousine um, trampte meinem Dackel auf den Schwanz, alles schrie und brüllte. Und ich fiel betäubt auf mein Lager und glaubte an einer Nevenkrise zu verrecken. Aber holla weitergelebt!« Noch ahnte er die Tragweite des Vorfalls nicht: »Natürlich bin ich um Rösli bekümmert, die meinetwegen soviel leidet, denn ich liebe das Mädchen aus ganzem Herzen. (...) Ich habe mir die Sache ruhig überlegt. Da ich unschuldig bin, wird sich alles klaren müssen« (9.10.1919).

Doch das Verhängnis nahm seinen Lauf. In Verkennung der tatsächlichen Lage unterliess er es, im Hause der Geliebten die Tatsachen energisch – etwa durch Präsentierung einer förmlichen Abbitte des Textfälschers – richtigzustellen: »Seit bald mehr als einer Woche habe ich Rösli nicht mehr gesehen. Ich trage das gleichmütig. Wenn sie etwas will, soll sie selber kommen, damit basta.« Kurz danach begab sie sich für einen – schon vorher geplanten – Sprachaufenthalt nach England. Zwar sahen sie sich noch zum Abschied, »gingen Arm in Arm wie in alten schönen Tagen«: »Alles tauchte wieder auf. Ich war gerührt. Und als wir schieden, hatten wir uns vergeben, das Unheil vergessen.« (13.11.1919) Doch sie schrieb ihm nur selten und immer einsilbiger. Erst da kamen ihm Zweifel – nicht an seiner eigenen Reaktion, sondern an Rösli: »Ich hatte ihr volles Vertrauen geschenkt und an Stelle dessen hat sie mir mit blöden Sätzen geantwortet. Heucheln ist ihre Devise!« Nicht nur fühlte er sich plötzlich unverstanden – »Sie hat Dich nie begriffen!« – sondern auch verraten: »Und so fühle ich, dass das Traumgebäude, das ich mir erschaffen [hatte], zunichte geworden ist.« Und rasch verfiel er dem dominanten männlichen Glauben der Zeit, welcher der Frau Befähigung zu echter Empfindung absprach: »Wer so plötzlich seine Gefühle ändern kann, der ist nicht wahr.« Tief in seinem Selbstgefühl getroffen, kam er zum Schluss: »Ich, der ich die Welt schöner sehe, mir, dem es gegeben ist, manches zu fühlen, was anderen verborgen bleibt, mir haben diese Gefühle nur Schaden gebracht. Denn so wie ich das Leben träume, wird es sich nie zeigen, obgleich es könnte. (...) Und so sehe ich ein, dass mir zur Seite nie ein Mädchen stehen wird, das mich einnehmen kann, und das richtet mich, der ich von Liebe das höchste Gefühl habe, gänzlich zu Grunde.« (21.12.1919)

Hatte er unlängst nach einer Klassenfeier noch vermerkt, es freue ihn »die Enthaltsamkeit«, es sei »sehr wenig getrunken« worden (3.10.1919), so begann nun auch er, sich den Initiationsriten der Jungmännerwelt zu unterziehen. Den Abend des »Dies pennalis«, des Schülertags, fasste er für Eduard so zusammen: »Arge Schlemmerei. Aff, Kater und Hund. Ich bin ein Tierfreund.« (29.11.1919) Über ein anderes »flottes Fest« schrieb er: »Dass wir gegen 1 Uhr besoffen waren, liegt auf der Hand. Dennoch heute kein Kater. Ich hab ihn schon bald nachdem ich im Bett war ausgekotzt.« (23.12.1919) Und einige Monate später berichtete er direkt vom »Stammtisch«, »bei Saus und Braus und grossem Bier«: »Sauf die Zähne in Magen/ Sie kommen raus ohn' Zagen. Ciao Charles. Bin selbstverständlich auch dabei, oder hesch gmeint nit. C'est fini mit süssem Most. Bier her oder i fall um. Gruss Charles« (27.4.1920). Bald griff er auch beim Lernen zum Alkohol: »Schon wieder fünf Schulstunden herum. (...) Puh die Hitze! Ein Pfuhl (...). Bereits eine Flasche Bier verschluckt, noch immer keine Gedanken, folglich noch ein. So.« (25.5.1920)

Dazwischen verfiel er in ausweglosen Tiefsinn: »Wie glücklich der Mensch, der ahnungslos, interessenlos für seine Umwelt, stets heiter seinem Grabe entgegengeht. (...) Ich habe alles hintangesetzt, Freude, Ruhe, Gesundheit, Vitalität und habe nur Zweifel, Missmut, Krankheit und Trauer geerntet. Ich werde sterben wie ein gewöhnlicher Mensch, wie ein Idiot, der blind, doch froh durchs Leben ging; es wird nie einer sagen: Der hat sein Leben lang gerungen, sondern nur: Er war ein Esel, dass er sich so viel Sorgen machte. (...) Glaube mir, wenn ich oft aufgeregt durch langes Lesen und besonders durch Denken gereizt, von diesen Ideen erfasst werde, so glaube ich oft verrückt zu werden, und dann denke ich auch oft an das Morphium, das Alfons hat. Eine tüchtige Dosis, und dann fertig – Ruhe.« (25.5.1920)

Zwar wurde er auf ein anderes Mädchen aufmerksam, das ihm die Freundschaft antrug (4.2.1920), ergab sich in den Frühlingsferien in Lugano ein Techtelmechtel mit einer Kellnerin und schien ihn im Sommer ebenfalls im Tessin »eine zarte Seele« zu lieben. Doch mit seinen Gefühlen war er woanders. Wenn seine Gedanken nicht gerade in den Schulbüchern oder den eigenen philosophischen Spekulationen steckten »Soll man da nicht Pessimist werden, wenn man sich bewusst ist, dass etwas Grosses, Unnahbares in uns, in der Natur, im Mikrokosmos lebt, das wir nie kennen werden, weil wir nur beschränkte armselige Menschen sind?« (25.5.1920) –, kreisten sie um Rösli, die unterdessen wieder in Basel war, ihn aber nicht mehr sehen wollte und ihm auf einen Brief nur kurzangebunden zu verstehen gab: »Antwort: Bitte schreib nicht. Unangenehm wegen Eltern.« Seinem Freund Eduard Fallet teilte er darauf mit: »Seit ich [aus den Ferien] zurück bin, hasse ich das Weibliche.« Sich von Rösli »auf den Nacken treten lassen«, weigere er sich: »Hol sie der Teufel oder ein anderer, der ihr besser gefällt.« (24.8.1920) Zwar brach auch immer wieder eine andere, leisere Stimme durch – »Ich weiss, ich suche Ausflüchte. Denn eine Kette liegt unter dem Boden. (...) An ihren Enden sind wir gefesselt, sie und ich.« (24.8.1920) –, doch der Tonfall wurde von Woche zu Woche härter, ideologischer: »Auch das Schöne muss sterben!« (30.9.1920) Und: »Gestern Abend, angestrengter Schnellauf. (...) Unter steten Verwünschungen gegen das weibliche Geschlecht, wobei die Untreue eine grosse Rolle spielt. (...) Das Weib ist kurzsichtig und viel mehr veranlagt, alles auf die leichte Achsel zu nehmen, während wir durch unsere Veranlagung weitsichtiger, stärker, consequenter geboren sind. Das merkst Du schon an den Freundschaften unter uns. Hast Du je schon zwei Mädchen alle Hindernisse gemeinsam überwältigen sehen. Wegen eines Haarbändels raufen sie sich schon die Haare aus und berauben sich ihres schönsten Schmuckes.« (8.9.1920)

Jede flüchtige Begegnung wurde den beiden von da an zur Pein. Einmal blieb sie vor ihm stehen, »entschuldigte sich wegen dieses Briefes«, »bat um Verzeihung, dass sie sich nicht hatte blicken lassen. Doch ihre Eltern ›sehen es nicht gern‹, sagte sie. O Eduard, diese einzigen Augenblicke, wo ich sie zum ersten Mal sah nach einem Jahr, war ich so glücklich, so unendlich froh.« Schon beim nächsten Mal ging sie ihm aber wieder aus dem Weg, und als er ihr folgen wollte, »ist sie davongerannt. (...) Ich war vernichtet. Ja, Ed, es geht oft länger, bis man etwas verliert, das man verlieren muss, als bis man es findet.« (22.10.1920) Danach war er nahe »daran«, sich »eine Kugel durch den Kopf zu schiessen.« (7.11.1920) »Würde ich Dich nicht kennen«, vertraute er Eduard an, »ich glaube, jene Nacht, als ich den Revolver in meinen Händen hielt, wäre die letzte gewesen.« Es genügte, sie wiederzusehen, »per Zufall in der Stadt«, und schon schien alles wieder möglich: »Sie hat mich angeschaut, ein Blick, Ed, so voll, dass ich mein Herz verlor auf offener Strasse.« Sicherlich, es gab da seit kurzem auch eine »Lili«: »Aber Ed, welch Unterschied zwischen einem Kuss eines Mädchens, das man liebt, und einem Flirt.« (21.11.1920)

Schliesslich überschritt er das ihm von Rösli auferlegte Gebot, ihr nicht mehr zu schreiben, und bat sie in einem erschütternden, leider nicht erhalten gebliebenen Brief – »Mit Blut hab ich geschrieben, mit Seele gesprochen, und als acht Seiten vor mir lagen, war ich erschöpft, wie nach einem Kampfe« –, ihm »den Grund des Bruches zu gestehen«: »Da habe ich erfahren, was ich nie glauben konnte. Der Vater, ihr Vater ist an allem Schuld! Nach jener Karte, die ich ihr von Rheinfelden schrieb, hat er ihr den Umgang mit mir verboten. O Schuft. Armes Kind. Sie hat doppelt gelitten, unter mir, unter ihrem Vater. In ihrem Brief bittet sie mich um Verzeihung, sie die unschuldig war, mich um Verzeihung. Gott, hätte ich nicht geschworen, ihr nicht mehr zu schreiben, so wäre ich hingegangen, um sie auf den Knien zu bitten, mir zu verzeihen.« (9.12.1920)

Diese Geschichte vermeintlicher weiblicher »Untreue« prägte ihn tief und holte ihn – als nie ganz überwundene Kränkung mitsamt dem Reaktionsmuster des äusserlich schroff Sich-Lossagens, doch innerlich unmöglichen Loslassen-Könnens – Jahrzehnte später noch einmal ein. Eine oft nur zu gut überspielte depressive Grundstimmung bildete sich bei ihm aus, die ihn bei jeder neuen Enttäuschung ergriff – erstmals gleich in Genf, als ihm der Versuch einer literarischen Verarbeitung dieser Liebesgeschichte nicht gelingen wollte und er kurz nach seiner Ankunft, ohne näher zu umschreiben, was er mit dem sakralen Wort meinte, notierte: »Oh dass ich den Mut

nicht habe mich vom Altar aufs Pflaster zu stürzen um als verendet Aas verscharrt zu werden. So bleib ich denn ein lebend Aas (...).«
(25.4.1921)

1 Ypern: Belgische Stadt (Provinz Westflandern; im Ersten Weltkrieg fast völlig zerstört.
2 Höchster Gipfel der Ostalpen.
3 Vor dem Zweiten Weltkrieg polnisch.
4 Heute Hauptstadt Litauens; ehemals Residenz polnischer Könige; kam 1795 an Russland und war 1920–1939 polnisch.
5 Bewohner Estlands.
6 Stadtteil Alexandriens, wo die napoleonischen Truppen am 14.6.1800 in einer Schlacht die Österreicher besiegten.
7 Basler; Schreibweise nach Rudolf Suter (›Baseldeutsch-Wörterbuch‹, 3. Aufl., Basel 1992) wäre ›Beppi‹.

II Theater und Leute

›Wie ich das Ohrfeigen an einem Schwein erlernte‹

Papa war allmächtig. Was Papa sagte, musste ausgeführt werden. Und Papa hatte zu mir gesagt: »Du wirst Jurist.« Also musste ich Jurist werden. Obwohl ich für die Juristerei soviel übrig hatte wie der Klapperstorch fürs Einmaleins.

Ich wohnte an der Grand'Rue in Genf, wohin mich mein Vater zur Einweisung ins Studium der Rechte und zur Vervollkommnung der französischen Sprache beordert hatte. Die Grand'Rue ist die einstmalige Hauptstrasse des Altquartiers, mit den grauverfleckten Fassaden, den romanischen Torbogen, die zu sandsteinernen Treppen führen, auf deren Stufen sich muldenförmige Wannen vom vielen Treppauf-Treppab eingeschliffen haben. Und um die Treppensäule herum ist zur Nachhilfe ein Seil gelegt, so rauh und dick wie der Wedel einer Kuh.

Meine Logisgeberin war eine Madame Ducommun. Sie führte ein matronenhaftes Leben unter Lockenwicklern und einem Kimono, auf dem Löwen in Palmenhainen Gazellen jagten. Ihre Wohnung teilte sie mit einem Individuum, das sie mir als Cousin vorstellte, dessen verwandtschaftliche Zuneigung allerdings das Vetterliche um einige Grade unterlief. Er war Legionär gewesen, wofür der dritte Mitinhaber der Wohnung bürgte, ein farbenreicher Ara, der die Marseillaise pfiff und anschliessend ein schallendes »Et merde alors!« schepperte.

Mein Zimmer war gross, kühl und der Enge der Gasse wegen dunkel. Durchs Fenster blickte ich zu einem Fleischerladen hinüber, auf dessen Schaufensterglas in etwas verwischten blattgoldenen Lettern ›Charcuterie Simon‹ zu lesen war. Von dort her bezog ich meine Cervelats, wenn Papas monatliche Zuwendungen knapp wurden. Ich bewunderte Madame la Charcutière's Hände, wenn sie Kalbsblätzchen schnitt oder ein Voressen zerkleinerte. Denn die Finger ihrer Linken, mit der sie das Fleisch hielt, waren mit Ringen, kostbaren, edelsteinigen, bis hinters Mittelglied besetzt, wodurch sie sich vom Fleischstück vorteilhaft abhoben – und zugleich das Risiko verringert war, zusammen mit einer Scheibe Entrecôte ein Scheibchen Mittelfinger abzuschnippeln. Denn die Farbe ihrer Hände unterschied sich keineswegs von der eines gutgelagerten Filets.

Wenn sich im Laden die Kundschaft anstaute, öffnete die Madame die Hintertüre um Handbreite und rief: »Eh, le petit!« Es dauerte dann eine Weile, bis das mit ›le petit‹ herbeizitierte Wesen erschien: ein junger Mann, hoch- und schiefgewachsen, linkisch im Gehen und Hantieren, ein weichgesottener Koloss, verlegen, mit hochgezogenen Schultern. Das Bedauernswerteste aber war sein Gesicht.

Was sich ein Berufsboxer gewaltsam an Verstümmelungen auf seiner Visage zuzieht, nach langjähriger Karriere, das hatte die Natur diesem Fleischerjungen gleichsam kostenlos in die Wiege gelegt: verschwollene Lider, eine zerquetschte Nase, gegeneinander verschobene Gesichtshälften und einen Mund, der in jenem ›Oh weh!‹ erstarrt zu sein schien, das der Faustkämpfer beim endlichen Niederschlag durch einen Leberhaken aushaucht.

Sein Auftauchen löste denn auch im Laden eine gewisse Betretenheit aus, die sich bei den Frauen in lauterem Schwatzen kundtat, bei den Männern in gespielter Gleichgültigkeit, weil sie sich ihres Ebenbildes schämten. Zu soviel angesammelten Hässlichkeiten kam noch seine Sprache hinzu: Er zerkaute die Silben zu einer Art Mus – und wie man bei diesem die ursprünglichen Bestandteile kaum mehr erkennen kann, so wurden die Worte aus seinem Mund zu unverständlichen Tongluksern. Dabei geriet sein Gesicht in arge Bewegungen – Stirnrunzeln, Nasenwackeln, Augenwimpernklimpern und ein Gemahle mit den Kiefern – die es einem schwer machten, das Lachen zu verkneifen.

Ich lebte das Leben eines Fürstensohnes in Gesellschaft von Ganoven, geistigen Freischärlern, Kunstdilettanten und loseren Demoiselles. Wenn ich bei lärmigen Anlässen ›le petit‹ nachahmte, mit windschiefer Haltung, mein Gesicht in Falten legte, das Kinn vorschob und mit verdrehtem Mündchen maulte: »Der

Herr wünscht ein Pfund Schweinskopf mit Schnauze und Öhrlein?« – da schmolz die Gesellschaft dahin vor Vergnügen, man ermunterte mich zu immer neuen Improvisationen, klatschte mir auf die Schulter und schrie: »Du musst Schauspieler werden, Charly!«

Bei der ehrwürdigen Alma Mater war ich ein seltener Gast. Manchmal begleitete ich Kommilitonen in die Eingangshalle. Oder man sass bei schönem Wetter auf der Freitreppe draussen und bewegte die Welt. Ausgangs Herbst las ich einmal am schwarzen Anschlagbrett unserer Fakultät: »Herr Pitoëff und seine Truppe suchen für ihr nächstes Stück bühnenbegabte Studenten.« Ich beschloss, mich zu melden.

Ich hatte einige seiner Aufführungen besucht. Tout Genève lachte darüber. Den ›Macbeth‹[1] spielte er bei offenem Vorhang ohne Szenenwechsel auf einem Aufbau, der mit schwarzem Samt überzogen war, und den der Volksmund ›Maulwurfshaufen‹ nannte. Er, Pitoëff, war ein Mann en miniature mit überlebensgrossen Augen und Fingern, die spinnefein und langausgezogen waren. Ludmilla, seine Frau, noch zierlicher, konnte in Ibsens ›Wildente‹ die Hedwig spielen, die nach Angaben des Personenregisters vierzehnjährig ist. Sie sah mit ihren langgeflochtenen Zöpfen keinen Tag älter aus, obwohl sie schon Mutter von wenigstens acht Kindern war, die sie austrug, gebar und säugte, spielend im wahrsten doppeldeutigen Sinne, ohne dass je eine Vorführung ausfiel. Sie stand immer auf der Bühne und war immer schwanger.

Sein Anhang war klein, die Vorstellungen schlecht besucht, die Kasse leer, der Hunger Meisterkoch.

Ich stöberte die beiden in ihrem Theater auf, der ›Salle Communale de Plainpalais‹, in einem Verschlag, der ihnen als Garderobe diente. Pitoëff sass über ein Rollenbuch gebeugt. Ludmilla stillte. Als ich mein Anliegen vorbrachte, sprach Pitoëff in seinem etwas zerdehnten, pathetischen Französisch mit rollenden ›Rs‹ und Atemzügen in den Satzpausen, die hörbar ›wehten‹ wie bei einem ältern Harmonium: »Venez demain, cher ami – häää – à dix heures le matin – häää – pour la répetition – häää.«

Anderntags war ich da, punkt zehn, etwas zu selbstsicher im Auftreten, um sicher zu wirken. Auf der Bühne lungerten ein Dutzend Menschen herum, meist jüngere, die Mädchen fast durchwegs in Hosen, was dazumal höchst anstössig war. Man schenkte mir nicht mehr Aufmerksamkeit als einem Drittklassreisenden, wenn er den Warteraum betritt.

Dann erschien Pitoëff, bleich, zierlich, leidvoll – in Begleitung eines Ungeheuers, eines schlurfenden. Wie David und Goliath sah's aus. Und dieser, der biblische Riese, der war unverkennbar, unverwechselbar, unverwischbar – ›le petit‹, meiner Charcutière leiblicher Sohn aus der Grand' Rue!

»Gesegnete Weihnacht«, schoss es mir durch den Kopf, »der Kannibale, der seine Silben frisst, wird doch nicht etwa Schauspieler...!« Nach einer gedanklichen Schnaufpause rang ich mich zur Überzeugung durch, dass er höchstwahrscheinlich als Vorhangzieher amtete.

Die Proben, die angesetzt waren, galten einem Stück mit dem Titel ›Celui qui reçoit des gifles‹, der Mann, der Ohrfeigen einsteckt. Die Handlung wickelte sich unter einem Zirkuszelt ab. Es erscheint eines Tages ein schmächtiges Männlein, das sich als Spassmacher anpreist. Doch seine Spässe sind so bemühend, seine Pirouetten und Salti so glanzlos, so katastrophal sein mimisches Beiwerk, dass der Zirkusdirektor ihm verärgert eine Backpfeife herunterknallt. Die kassiert das Kreatürlein mit derart engelhafter Miene und solch himmlischer Gelassenheit, dass die ganze Truppe – Balletteusen, Artisten, Rossknechte – in Gelächter ausbricht, hell und klirrend die Frauen, röhrend trompetig die Männer. Und jeder will's ausprobieren, die Wirkung von der Ohrfeige, von links, von rechts, doppelseitig auf einmal... Des Kleinen Ausdruck scheint zu sagen: »Gut! Gekonnt! Herrlich in der Handführung!« Es ist um in die Hosen zu pissen toll!

Solchermassen hatte uns Pitoëff die Handlung der Szene erzählt, die nun geprobt werden sollte. Wir gingen auf die Plätze. Pitoëff trat mittfelds der Bühne an, und vor ihm baute sich – ›le petit‹ auf. So eindeutig es für mich war, dass Pitoëff die Rolle des Geohrfeigten spielte, so unaussprechlich baff war ich, dass dem Goliath die zweitgrösste Rolle, die des Direktors, zufiel.

Und alsobald, nachdem er ein »Vaurien!« – Nichtsnutz – herausgemalt hatte, schlug er zu, kräftig, rücksichtslos, klatschend, als hätte man einen Kinderballon zerdrückt. Nach dem Gesetz von Ursache und Wirkung hätte der Kleine mausetot in der Kulisse liegen müssen, aber er stand und lächelte seligen Mundes. »Hiauuuhaha!« lachte die Bande. Schon stand ein Zweiter dabei und »patsch!« sass die Ohrfeige – und Lachen –, und ein Mädchen trat vor und »klitsch-klatsch!« gleich zwei auf die Backen und Wiehern... Dann war ich an der Reihe. Ich hob die Hand zum Schlag. Da blickte ich auf sein Gesicht auf meiner Brusthöhe, in ein ältliches Knabenantlitz, auf dem die Kümmernisse wie mit einer feinen Nadel eingeritzt ein Filigran aus dünnen Stricheleien bildeten – und als meine Hand sich senkte, da gab's keinen Klatsch, nicht einmal ein Tätschlein. Es glich mehr einer unbeholfenen Liebkosung. Und ringsherum wurde gelacht. Man lachte mich aus.

Das Blut schoss an mir hoch und entflammte meine Ohren. Ich hob den Arm zum zweiten Mal. »Allez-y!« sagte der Sanfte vor mir. »Plus fort!« mahnte seine Stimme, und die dunklen, glasigen Pupillen waren an mir hochgerichtet, sanft wie Moos. Es war wie eine Aufforderung zum Martyrium. Ich bekam es mit der Angst zu tun, Angst, diesen erhobenen Arm nicht mehr unter Kontrolle zu kriegen, zu schlagen, gewaltsam, roh, verbrecherisch, aus verletzter Eitelkeit, Scham und Wut.

Ich wandte mich rasch ab und trat aus dem Ring. Im Hausgang hinter der Bühne gab's eine Waschschüssel. Ich liess Wasser über Gesicht und Hände laufen, lange, und trank. Mir war heiss, wie nach einem Fussmarsch an der prallen Sonne. Wie ich zum Spiegel aufschaute, in welchem man seiner blinden Tupfen wegen wie ein Leprakranker aussah, bemerkte ich etwas Schattenhaftes, Grosses hinter mir: ›le petit!‹

»Kommen Sie, Monsieur, kommen Sie doch heute Abend zu mir«, begann er in seinem Kauderwelsch, »ich will Ihnen das zeigen mit dem klitsch-klatsch, der Ohrfeige.« Da sich in meinem Gesicht wohl so etwas wie Trotz abzeichnete, monologisierte er in dem Ton weiter, mit dem man störrischen Kindern gut zuspricht, was mich noch mehr verärgerte. »Gar nicht schwer, nur ein Trick, ein kleiner, dummer. Sie werden sehen, Sie lernen's im Nu, wenn ich's Ihnen heut abend zeige. Abgemacht?«

Da ich, fast etwas angewidert durch seine Aufdringlichkeit, schwieg, setzte er zur Aufmunterung ein Augenzwinkern hinzu – besser: etwas, das wie eines hätte aussehen sollen. Denn dieses Gezwinker wirkte so hilflos und läppisch und war dadurch so gewinnend und lausbubenhaft, dass ich lächeln musste. Wir gaben uns die Hand.

Als ich abends durch die Glastür in die Charcuterie trat, winkte mir die Madame über die Köpfe der anstehenden Kunden zu. Ehe ich durch die Hintertür schlüpfte, flüsterte sie mir ins Ohr: »Il vous attend, le petit.« Er kam eben die Treppe herab, mit pendelnden Armen und ausgedrehten Knien, vorgetäuschter Eleganz und einer kleinen Melodie, die er durch die entblössten Vorderzähne zischelte, um seine Verlegenheit zu verbergen. Dann begrüsste er mich mit einer Reverenz von rheumatischer Anmut, riss an einer eichernen Tür den Riegel zurück und schob das knarrende Ungeheuer auf.

Eine Stiege wurde sichtbar, die sich ins Schwarze verlor. So musste der Abgang zur Hölle sein. Es krabbelte und knirschte auf den Treppenstufen. Grosse schwarze Spinnen schoben sich ruckweise in Sicherheit. Mollige Tierchen pfiffen Alarm, Fledermäuse flogen Volten, schallos wie der Tod. Von unten aber blies uns ein fader, modernder Geruch entgegen und stob treppauf davon. Ich folgte meinem schlurfenden Höllengeist durch eine Flucht von Gängen und Gewölben. Endlich gelangten wir an ein weiteres Portal. Er öffnete es und knipste das Licht an.

Rote, rostrote, ziegelrote, rosarote, blutrote Leiber hingen da, enthäutete halbe Ochsen, Schafe, Hammel, Schweine, alle an den Hinterläufen aufgespannt. Es war der »Kühlraum« der Metzgerei. Jetzt erst sollte mir der Grund meiner Höllenfahrt bewusst werden. Der Metzgersohn pflanzte sich vor einem mächtigen, kopfunter hängenden Schwein mit herrlich gewölbten Schinkenstücken auf – und »klatsch!« kriegten die eine ab, dass das Fleisch in bibbernde Bewegung geriet. »An die Arbeit!« rief er aus. Ich stellte mich ihm zur Seite und »pitsch-patsch!«

47

bearbeiteten wir das Schinkenpaar im Takt. »Du und ich und Du und ich!« skandierte mein Gastgeber dazu, und das Sauschwänzlein in der Mitte wedelte im Kreis herum. Plötzlich, mit dem Ruf: »Et maintenant sur le cochon à papa!« schob er sich zwischen mich und den Schweinsrücken. Ich war derart in Schwung geraten, dass ich ihn voll und kräftig auf die Wange traf. »Urrrah!« jaulte er. In ebendemselben Moment hatte ich eine auf meiner Backe sitzen, die, wie man sagt, »nicht von schlechten Eltern« war, wiewohl kaum schmerzend – und mit »Ich und Du!« und »Du und ich!« ohrfeigten wir uns inmitten dieser Tierkadaverei nach Herzenslust.

Als wir bei einem Wurstrugel und einem Glas Rotwein verschnauften und uns zuprosteten, nannte er mir seinen Vornamen: »Je m'appelle Michel«, radebrechte er.

Mit diesem Michel Simon hat die Erde Grosses vorgehabt. Er wurde der hochberühmte, der treffliche Komödiant und gnadenreiche Mime. Ich – obwohl's mit einem Schwein begann – nicht.

›Filet Rossini‹

War's ein Puligny, ein Chassagne, ein Meursault, die an den Hügeln längs des Flüssleins Meursault drunten in der Côte d'Or reifen? Man kann den Namen eines Menschen vergessen. Sein Wesen vergisst man seltener. Nie seine Güte.

Ich hatte mein Boot am Ufer des Saône festgemacht, meine Siebensachen in einen Habersack gepackt und war westwärts über die Ebene gestapft. Am Abend, gegen die Sonne zu, sah sie endlos aus. Doch ich wusste, in ihrem Glanz eingetaucht lag da, vor mir, ein Kettlein, ein güldenes, die Côte d'Or, und davor das vieltürmige Beaune.

Sagen Sie, liebe Leserinnen, liegt das ›Hôtel de la Poste‹ immer noch an jenem Plätzchen, etwas ausseits der Altstadt? Hat es noch die rotkarierten Vorhänge am Fenster, und isst man noch in der getäferten Bauernstube? Ich war an diesem Ort für ein paar Stunden einer der glücklichsten Menschen. Das ist lange her. Bald nach dem Ersten Weltkrieg. Ich bin nie mehr zurückgekehrt. Denn Orte des Glücks soll man nie mehr aufsuchen. Hab ich recht?

Damals sah man in Frankreich sehr wenig aufs Äussere. Sonst hätte man den jungen Mann mit dem karierten Hemd, der abgerapsten Manchesterhose, in den ausgetretenen Espadrilles um die Ecke gewiesen, dort wo Wanderburschen und Clochards zu übernachten pflegen.

Hier in der ›Poste‹ aber setzte ich mich an einen Tisch, und ein gepflegter Herr, die Ehrenlegion im Knopfloch, trat grüssend an meinen Tisch und legt mir die Menukarte aufs Gedeck.

»Darf ich zuerst die Weinkarte haben?« fragte ich. Er sah mich kurz mit einer Prise des Erstaunens an, und ich war von da an in seinen Augen nicht mehr ein ›Jemand‹, der das Lokal betritt, sondern sein Gast.

Er griff zum Karton unter seinem Arm. Der Ärmel war in die Tasche seines Rockes eingeschoben. Er war im untern Teile leer. Es war im Krieg passiert. Ich wählte einen Weissen.

»Und dazu?« stellte der Herr die traditionelle Frage.

»Saucisse du Pays, pommes Bourguignonnes«, las ich von der Karte ab.

»Très bien«, sagte der Patron, und in diesen zwei Worten klang so etwas wie eine Zensur (ein Einsbiszwei für gutes Betragen) mit. Er kam zurück, eine Flasche unter die obere Hälfte seines versehrten Armes eingeklemmt, und mit der noch lebenden Hand seines andern Armes entkorkte er sie. Er beroch den Zapfen, die Augen in weite Fernen gerichtet, wie einer, der gründlich nachdenkt, ehe er auf die Frage, die ihm sein Geruchsinn gestellt hat, die Antwort erteilt. Dann nahm er sich ein Glas, goss, indem er die eingeklemmte Flasche durch eine Neigung seines Oberkörpers zum Ausfliessen brachte, ein Gütschlein in den Becher und führte ihn zum Mund. Es war ein gründliches Examen, ein Beissen, Schwenken, Gurgeln, zuletzt ein Inhalieren mit offenem Mund, wie eine Henne, die Wasser schluckt, das sich dieser Tropfen gefallenlassen musste. Er bestand die Probe nicht. Denn der Mann stellte die Flasche beiseite und holte eine zweite. Und wieder ging's ans Beschnüffeln,

Bemunden, Bebeissen, Beschlucken... Der Becher stand auf halbhohem Fuss, sich kelchförmig verengend, sein bauchiger Teil war mit dem Wein gefüllt, als der Patron ihn mir endlich vorsetzte.

Liebe Leserinnen, lachen Sie mich aus! Aber ich habe noch Freudentränen.

Als ich den Becherrand an die Lippen hochhob und dabei mein langer Zinken mit in die Höhlung des Glases eindrang – da kamen diese, ganz leicht, ganz ohne Krampf, füllten die untern Augenlider aus, traten über und rollten, warm, die Haut auf ihrem Wege sanft liebkosend, über die Backen. Plim... plim... waren sie weg. Es war eine ganz kleine Wolke, die geplatzt war. Dann glühte in mir die Sonne der Heiterkeit wieder auf, ähnlich jener grossen, die dort oben auf der ›Goldenen Rippe‹ dem Flüsslein Meursault entlang die Reben reifen lässt, dieweil der Weinstock sich aus den Aromen der Erde nährt und Pillchen für Pillchen der Traube mit den wohlriechendsten Essenzen füllt. Und eben diese Essenzen, ätherische Öle, mineralische Dämpfe, die Glut der Sonne und das Elixier der Erde in der Blume eines Weines wiederfinden – wem da die Augen nicht glänzen wie einem Kind vor dem Weihnachtsbaum, der schere sich zum Teufel und saufe Wasser bis an sein klägliches Ende!

Die Geschichte hat ein Ende. Auf meiner Rechnung fehlte der Preis für die Flasche. Als ich auf den Irrtum aufmerksam machte, hiess es: »Der Patron hat sie offeriert.« Rossini soll in seinem Leben dreimal geweint haben: einmal, als sein ›Barbier von Sevilla‹ durchfiel, das zweite Mal, als er den Caraffa eine Arie singen hörte, und das dritte Mal, als bei einer Bootsfahrt ihm ein getrüffelter Hahn über Bord fiel.

Filet de Boeuf à la Rossini:
Ein zartes Rindsfilet unter starker Hitze anbraten, beidseitig, dass es saftig und saignant sei. Auf einer in Butter gerösteten Weissbrotschnitte auflegen.

Dazu haben Sie vorerst angerichtet:
a. Eine Gänseleberschnitte, die Sie in Butter leicht dünsten.

b. Kleine Blätterteigpastetchen mit Gänselebermousse gefüllt und im Bratofen gebacken.
c. Frische Champignons in Butter gedünstet.
d. Eine in Tranchen geschnittene Trüffel in Marsala gekocht und mit Jus vermischt.

Die Gänseleberschnitte kommt oben auf das Filet, die Blätterteigpastetchen als Dekor ringsherum. Die Champignons liegen um den Brotsockel herum. Und die Sauce wird separat serviert. (Es geht auch ohne Trüffel, nur fehlt dann das ›Klassische‹).

Rechnen Sie sich genau die Reihenfolge der verschiedenen Kochvorgänge aus. Denn zum Schluss muss alles zum fertigen Filet zusammenkommen. Dabei nicht weinen!

Das Geheimnis der Theaterohrfeige, die nicht schmerzt, verriet C.F. Vaucher später dem Schriftstellerkollegen Walter Matthias Diggelmann (1927-1979): »Man wölbt die Handfläche leicht, so dass beim Schlag gegen die Wange ein Luftkissen entsteht. Dieses Luftkissen entweicht, und dadurch entsteht der Knall, ohne dass der Geschlagene viel vom Schlag verspürt.« Das Theaterstück ›Celui qui reçoit les gifles‹ des russischen Erzählers und Dramatikers Leonid N. Andrejew (1871-1919) wurde von Pitoëff ein erstes Mal zwischen dem 9. und 17. November 1921 und dann vom 19. Januar 1922 an noch einmal während einer Woche gespielt. Es war eine der letzten Aufführungen der Theatergruppe in Genf. Schon Ende Januar übersiedelte die ›Compagnie Pitoëff‹ nach Paris in die ›Comédie des Champs-Elysées‹, wo die Weiterarbeit unter wesentlich besseren Bedingungen möglich war.

Als Meister des Subtilen und Symbolischen wählte Georges Pitoëff für die Genfer Abschiedsvorstellung am 26. Januar 1922 das Stück »Le Mangeur de rêves« von Henri-René Lenormand (1882-1951). Bei dieser letzten Gelegenheit liess er auf die besten Plätze im Zuschauerraum Puppen setzen, welche deutlich erkennbar die grossen Persönlichkeiten der Stadt karikierten, welche sich in seinem Theater, dem ›Salle de Plainpalais‹, nie hatten blicken lassen, obwohl sie sich als Förderer und Beschützer der Künste betrachteten. »Das avantgardistische Theater, das er in Genf gegründet hatte, ging sehr schlecht, weil man sich damals für diese vollkommen abstrakte Art, Theater zu spielen, überhaupt nicht interessierte«, erinnerte sich Vaucher. Nur ein sehr junges Publikum hielt ihm die Treue, unterstrich auch André Frank 1958 in seiner Biographie über Pitoëff. Wenig Ruhm erwarb sich Lausanne. Die Waadtländer Polizei verbot in der Saison 1919/20 und 1920/21 je ein Gastspiel der Truppe, und beim ersten Mal griffen vierundzwanzig – wie es hiess »anerkannte« – Schauspieler der Stadt den Regisseur in der ›Gazette de Lausanne‹ sogar persönlich an.

»Es waren«, wie Edmund Stadler 1950 in der »Schweizerischen Theaterzeitung« schrieb, »neben dem konservativen Geist unserer Stadttheater, wie er heute noch nicht überall überwunden ist, die ›Götter‹ der Kritik, zu denen das breite Publikum betet, die Pitoëff aus Genf vertrieben.« In Paris wurde er, wie C.F. Vaucher in der Radiosendung ›Aus meinem Leben‹ ausführte, »prägend für das moderne französische Theater und Uraufführungsregisseur von Jean Cocteau, André Gide, Jean Anouilh.« Georges Pitoëff (1884-1939), dieser Russe armenischer Abstammung, wird in der Theatergeschichte einhellig als genial eingestuft. Michel Corvin bezeichnet ihn in seinem ›Dictionnaire encyclopédique du théâtre‹ (Paris 1991) als den »erfindungsreichsten und offensten aller Theaterleute der Zwischenkriegszeit«. Er war Bühnenbildner, Schauspieler, Regisseur, Übersetzer und Direktor in einem. Cocteau sah in ihm einen »Heiligen des Theaters«. Zu seinen Bewunderern in der Schweiz gehörte Rainer-Maria Rilke, der in Muzot bei Sierre lebte. Begonnen hatte Pitoëff, der Sohn eines Opernregisseurs aus Tiflis war, in Petersburg, arbeitete danach lange mit Stanislawskij, bevor er sich von dessen realistischem Bühnenkonzept abwandte, 1914 Russland verliess und 1915 in die Schweiz kam, die damals im Ersten Weltkrieg auch Gastland für Igor Strawinsky und unzählige andere Künstler aus dem Zarenreich war. In Hotels und privaten Sälen führte er erste Stücke zunächst in russischer Sprache auf, bevor er in Genf auf Französisch wechselte.

Michel Simon (1895–1975) begegnete Pitoëff ganz zufällig. Simon arbeitete nicht nur als Aushilfe in der elterlichen Metzgerei, sondern im vierten Stock des Hauses auch als Fotograf. Als Pitoëff Anfang 1921 ein Bild von seiner Frau Ludmilla de Smanov brauchte und mit ihr ausgerechnet Michel Simon aufsuchte, eröffnete ihm dieser beim Auswechseln der Filmplatten, wie sehr er vom Theater träume. Dem Bild des von der damaligen Theaterästhetik gefeierten schönen Helden entsprach er nicht, dennoch setzte sich Ludmilla für ihn ein: »Il faudra tout de même essayer...«. Pitoëff arbeitete ja ohnehin mit lauter Unbekannten und Laien. So erhielt er seine Chance und setzte sich spätestens im Dezember 1921 als Cäsar im G.B. Shaw-Stück ›Androkles und der Löwe‹ durch: »Von da an wussten wir, dass Michel Simon eine Theaterberühmtheit werden würde«, schrieb der damals eng mit Pitoëff zusammenarbeitende Dramatiker H.-R. Lenormand. 1922 machte Simon in Paris Furore, als er in Pitoëffs Inszenierung von Pirandellos Stück ›Sechs Personen suchen einen Autor‹ den Direktor spielte.

Weil er in Genf sehr schnell mehr Geld verbrauchte, als ihm sein Vater schickte, betätigte sich Vaucher nebenher als Übersetzer, wie er seinem Freund Eduard nicht ohne Stolz berichtete: »Und der Herr Charles Vaucher, in seinen Ämtern als Student der Rechte, Kassier und Bass im Universitätschor, Dichter, Kunst- und Mädchenliebhaber figuriert zu guter Letzt noch als Dolmetscher an der Société des Nations [Völkerbund]. Ja potz Heiland.« (13.11.1921)

Dennoch haderte er schwer mit sich. Die Episode mit Pitoëff dauerte nur einige wenige Monate. Wie bedeutend diese Begegnung und die dabei gemachten Kontakte, die nun auch bis Paris reichten, für ihn werden sollten, zeigte sich erst viel später. Damals erlebte er alles noch beinahe blind – in den Briefen an seinen Freund erwähnt er die Auftritte als Schauspieler mit keinem Wort. Überhaupt flammte die Begeisterung für das Theater erst im Winter 1925/26 wieder auf, als er – nach einigen Semestern in Basel und etlichen Wochen Militärdienst – an die Universität Genf zurückkehrte und sich – der Kontrolle seines Vaters wieder entzogen – heimlich entschloss, neben dem Pflichtstudium an der Uni eine Schauspielausbildung zu absolvieren. Sein Lehrer sollte dann Jean Bard (1895–1983) werden, den er von Pitoëff her kannte. Jean Bard war – wie Michel Simon auch – Pitoëff nach Paris gefolgt, kehrte dann aber nach zwei Jahren wieder nach Genf zurück, um dort die Arbeit der ›Compagnie Pitoëff‹ fortzusetzen. Mit dieser Truppe, die unter dem Namen ›Théâtre Romand‹, später ›Compagnie Jean-Bard‹ in der deutschen Schweiz und im Ausland auf Tournee ging, trat dann auch C.F. Vaucher auf. Dass Vaucher bei Louis Jouvet (1887–1951) in Paris 1934 schliesslich sogar eine Regieausbildung machen sollte, lag damals für ihn noch kaum im Bereich des Vorstellbaren.

Seine Berufung sah er als Autor. Und da hatte er das Gefühl, auf der ganzen Linie zu scheitern. Noch vor seiner Abreise nach Genf hatte er Eduard Fallet geklagt, sich an den »Erinnerungen«, die er »in dramatischer Form niederschreibe, aufgerieben« zu haben (6.2.1921). Seine ganzen Hoffnungen hatte er auf Genf gesetzt. Doch auch da liess die Schreibkrise nicht lange auf sich warten: »Als fertiges Bild stand es da, mein Erstlingswerk, mein Leben, von Wunden zerfleischt, in Stücke zersägt in der alten Stadt Basel, und ich fern, in der Hoffnung zu genesen, das endlich überblicken zu können, zu formen (...). Im Vorgefühle dieses höchsten Glückes sind hier die vierzehn Tage in lachender Sonne verstrichen, und gestern, gestern, setzte ich die Feder an und die Gedanken, die Seele, zerschellte auch wieder, aber an [mir], an meinen Kräften! Und nun ist alles verloren. (...) Ach, dass ich nur ein gewöhnlicher Mensch bin.« (25.4.1921) Die Beschäftigung mit Philosophie, insbesondere mit Platos Schriften, die er schon vom Griechischunterricht der Schule her kannte, richtet ihn wieder auf, und es ging nicht lange, da begann er erneut zu schwärmen: »Ich lebe vollständig in den platonischen Ideen und werde Dich mit Ihnen bekannt machen, sobald ich kann und die Stunde dazu heilig genug ist.« (8.5.1921) Dies schloss Melancholie nicht aus: »Eduard«, schrieb er, »in aller Pracht, in allem Leben und Lachen, das mich umgibt, (...) habe ich noch nie die ganze Trauer unseres Lebens im Umgange, das Alleinsein so sehr verspürt wie jetzt. Was sind wir uns gegenseitig. Wie die Planeten, jeder eine Welt, streifen wir aneinander vorbei, schön und glänzend im Äussern, ein Chaos im Innern, immer aneinander vorbei. Und dieses Vorbeigehen ist das Unglück der Menschen; statt dass wir die falsche Scham ablegen, einander ein verständig Wort sagen, reizt es uns, spöttelnd, höhnisch grüssend vorbeizugehen und (...) uns recht herzlich [zu] kränken.« (18.5.1921).

Schon ein halbes Jahr später berichtete er seinem Freund – wie ausgewechselt – nicht nur, dass er sich verliebt hatte – »geschehen ist geschehen und verliebt ist verliebt« –, sondern auch, »grosser Triumph: mein erster Gedichtband ist fertig und kann auf Weihnachten aufliegen.« (15.12.1921) Allerdings hatte er damals noch nicht zu seiner für die spätere Basler Zeit so typischen, knappen expressionistischen Sprache gefunden, sondern pumpte sein Herzblut noch hemmungslos in den bildungsbürgerlich-idealistischen Wortschatz, den er sich in unermüdlicher jugendlicher Lektüre angelesen hatte. »Ed, ich habe etwas in meinen Gedichten vollbracht, das vieles, was jetzt in Lyrik geschrieben wird, übertrifft. Ich darf es ohne Überhebung sagen. Du weisst, wie oft ich an meinem Talent verzweifelte« (22./23.12.1921). Die Euphorie hielt nicht lange vor. Als er die Gedichte zwei Kunstkritikern vorlegte, fiel das Urteil des einen »sehr lieb, doch nichtssagend« aus, dasjenige des andern »vernichtend«. Obwohl Vaucher seinem Freund brieflich versicherte, »gerade durch jenes Verneinen (...) wie noch nie meine Berufung zum Dichter verspürt« zu haben, trifft ihn das Verdikt schwer: »Seit Mitte Januar durchlebe ich Stunden, die mir von Tag zu Tag unerträglicher werden, unter denen ich mich fast zu krümmen beginne – einer Verzweiflung entgegen, deren zu trotzen ich mich vergeblich bemüht habe (...): Jene imminente Verzweiflung an mir und meiner Kunst.« (10.2.1922)

Nach dieser Enttäuschung lenkte er sich ab – fast gezielt und auf merkwürdige Weise erleichtert. Jura-Kollegien besuchte er ohnehin seit Weihnachten 1921 keine mehr, »aus Schlafsucht« und »Überdruss«. Wirklich neugierig hatten ihn nur gerade die Einführungsvorlesungen zur Rechtsgeschichte gemacht – »das Kulturhistorische, Sitten, Gebräuche, alte Völker [haben] stets Interesse in mir erweckt« (13.11.1921). Zunehmend fröhlicher äusserte er seine Gleichgültigkeit: »meine liebe Tante Jura kaum besucht«. Viel lieber hörte er sich Botanik und Zoologie-Vorlesungen an und schrieb seinem Freund launig: »Mir geht es in Genf so gut als es nur gehen kann. (...) Der See hatte bis zu den letzten Regengüssen bis 20° Wärme. Auch werden jetzt die Streifereien im Mont-Blanc beginnen, sobald das Wetter zu grösserer Stabilität neigt. (...) Meine literarische Arbeit stockt. Wozu auch schreiben, wenn selbst die Stunden an Zeit zu klein sind, Eindrücke zu fassen, wenn alles so voll, überschäumend gärt. Du kennst sie, die Gefühle vom Sommer, das ewige Wogen vom Fassbaren zum Unendlichen.« (11.5.1922)

Unter anderem nahm er an einem Schachturnier teil, bei dem er den Titelverteidiger – den Maler Max ›Mopp‹ Oppenheimer – schlug und sich mit ihm anfreundete: »Ich verkehre beinahe täglich mit Maler Mopp, dem ich zu seinem Bilde, das ein Konzert darstellt, Modell sitze. Er ist ein hervorragender Maler, ein liebenswürdiger Mensch von Witz und Geist, Intelligenz und Gemüt. Meinen Tag verbringen ich bei meinem Lieb« – der Freundin Germaine – »und im Atelier, einer Diener der Kunst und der Liebe. Alles ist so schön, dass man nicht lassen möchte, so zu leben.« (20.7.1922). Vaucher war in seinen jungen Jahren ein geübter Geiger. Mit Eduard, der Bratsche spielte, hatte er oft musiziert. Max Oppenheimers Bild ›Das Orchester‹, das zwischen 1921 und 1923 entstand, misst 298 x 432 cm und befindet sich heute in einer Privatsammlung in Wien. Dem Gemälde liegt der unauslöschliche Eindruck zugrunde, den der Besuch einer Orchesterprobe unter Gustav Mahler im Wiener Opernhaus auf Oppenheimer gemacht hatte. Vaucher ist im dritten Geiger von links zu erkennen. Als das Gemälde am 6. April 1923 im Genfer Bâtiment Electoral öffentlich zu sehen war, erregte es grosses Aufsehen. Oppenheimer, der 1885 in Wien geboren wurde und ein bedeutender Porträtist war – Heinrich und Thomas Mann, Arnold Schönberg, Anton von Webern, Arthur Schnitzler, August Strindberg u.a. liessen sich von ihm malen –, kam 1915 in die Schweiz. Wie Bernhard Echte in den Katalogen zu den Oppenheimer-Ausstellungen in Wien (1994) und Baden (1995) ausführt, gehörte der ungebunden-provozierende ›Mopp‹ – »Bei den Anarchisten mimte er den Ästheten, in der Bourgeoisie den Bürgerschreck« – in Zürich zu den Begründern des ›Cabaret Voltaire‹. Er verkrachte sich dann aber mit den Dadaisten, die – wie Hans Arp – der »fettigen Ölmalerei« den Kampf ansagten. Von Friedrich Glauser liess Oppenheimer sich Französisch beibringen und zog 1917 nach Genf. 1923 kehrte er nach Wien zurück, lebte in Berlin und andern Städten, bevor er 1938 noch einmal in die Schweiz zurückkam. Im Dezember 1938 emigrierte er nach New York, wo er bis zu seinem Tod 1954 lebte. Sein zweites Monumentalwerk, ›Die Philharmonie‹ (1935–1952), ist in der Österreichischen Galerie in Wien zu sehen.

Max ›Mopp‹ Oppenheimer (Selbstbildnis, 1913).

Max Oppenheimer, ›Das Orchester‹ (1921–1923). Vaucher stand Modell für den dritten Geiger von links im Bildvordergrund.

Im Sommer 1922 wechselte Vaucher noch seine Unterkunft und nahm sein Zimmer da, »wo ich verliebt bin«, Rue Bonivard 12. Es schien ihm noch kaum zu Bewusstsein zu kommen, dass die Zeit mit Germaine unerbittlich ihrem Ende zuging, da ihn der Vater – ob in Kenntnis seines Bummelstudiums oder nicht, ist nicht bekannt – nach Basel zurückbeorderte. »Für meine Person hier gilt der Vers: ›So taumel' ich von Begierde zu Genuss, und im Genuss verschmacht ich nach Begierde!«, hatte er seinem Freund in einer ähnlichen Phase der Hochstimmung ein Jahr zuvor geschrieben (8.6.1921). Nun eröffnete er ihm: »Ich habe heute den Entschluss gefasst, mit Germaine eine kleine Hochzeitsreise zu machen, bevor ich mich in Basel vergrabe.« (5.8.1922) »Einfach ein prächtiger Ort, dieses Murten (...) Wir sind also zu zweit, und Dein alter Gotthelf spielt den Ehemann so gut er es versteht der Aussenwelt gegenüber, die allerdings einige Zweifel über die staatliche Identifikation dieses Paares hegen muss. Wenn Du wüsstest, und wahrhaftig Du weisst es, wie ich mich darum foutiere. Der Ehemann nach innen ist ein kompletter, das würde selbst die Gattin des Zweifels im ersten Ansturm beteuern. Dein alter Charles/ très bonnes salutations Germaine« (16.8.1922)

Um so schlimmer war das Erwachen in Basel. Er stürzt »in stumpfsinnige Apathie«: »Alles um mich her[um] ist Trauer und tiefes, wühlendes Leid.« (16.9.1922)

Die trostlose Stimmung, in die er periodisch verfiel, hing auch damit zusammen, dass er sich ausserstande sah, wegen der Studienwahl offene Wut gegen seinen Vater zu empfinden: »Ich werde doch einmal bei ihrem Tode sagen können, dass ich sie geliebt, gekannt und geschätzt habe, als sie noch lebten« (8.5.1921), schrieb er dem Freund über seine Eltern, als diese ihn ein erstes Mal in Genf besucht hatten. Das klang seltsam. Erst in seinem vielleicht bemerkenswertesten Text überhaupt, ›Bildnis meines Vaters‹ (siehe Kapitel IV), der nach dessen Hinschied (1930) entstand, gelang es ihm, die komplexe eigene Gefühlslage ganz auszuloten – und für die damalige Zeit Ungehöriges und Unerhörtes unzweideutig zu formulieren.

Ein erster Schlaganfall des Vaters im Herbst 1921 liess auch kaum Platz für offen eingestandene feindselige Regungen des Sohnes: »Armer Papa!« bemerkt Vaucher in seinem Brief an Eduard Fallet, er sei »nah am Sterben« gewesen. »Nun geht's ein wenig besser. Aber Hoffnung, ja Hoffnung ist doch noch. Doch mein Vater wird sich nie mehr erholen, wie er war, richtig arbeitsfröhlich. Er ist gebrochen.« (23./24.11.1921) »Die Krankheit hat eben so tief gegriffen, dass ein Aufkommen ein Wunder wäre.« (15.12.1921) Als der Vater überraschenderweise doch wieder zu Kräften kam, ging Vaucher vermutlich durch ein ähnliches Wechselbad der Empfindungen, wie Kafka es – stellvertretend für alle Söhne jener Generation vormoderner autoritärer Väter – in der Todeswunsch- und Schuldangst-Erzählung ›Das Urteil‹ (1913) in der Figur Georg Bendemanns beschrieben hat. Aus Entsetzen stürzt sich dieser von einer Brücke, nachdem ihm der wiederauferstehende Vater entgegenschleuderte: »Du wolltest mich zudecken, das weiss ich, mein Früchtchen, aber zugedeckt bin ich noch nicht. Und ist es auch die letzte Kraft, genug für dich, zuviel für dich.«

»Ich staune und alle, Ärzte und Verwandte, (...) die ihn alle verloren gaben, staunen, staunen und können's kaum fassen», meldete Vaucher damals seinem Freund, mit Datum 24. Dezember 1921. «Ein Gefühl von tiefster Dankbarkeit ruht in meiner Seele. (...) Ja, wäre ich nicht Platoniker, ich wollte Christ sein!« Einige Jahre später verfasst C.F. Vaucher das Gedicht

> der kranke
>
> er steigt aus seinem bett aus dem der tod ihm wachst
> in eines stuhles weitem becken
> lässt er sich ein
> verkleint und dürr
> den kopf nach hinten abgewandt –

die nase bricht wie hartes eis
und er fühlt noch die
hände die schuppigen
auf spitzen knien die nach oben stossen...

dann wird es still im raum

es öffnet sich – er blickt hinein, während
lautlos sein kleiner körper immer tiefer sinkt.

Der Student Vaucher blieb von seinem Vater abhängig, und dieser liess den Sohn, der seit Oktober 1922 wieder mit ihm unter dem gleichen Dach wohnte, die Abhängigkeit auch fühlen. Zur offenen Krise kam es jedoch erst, als das Leben von Vauchers engstem Freund eine unerwartete Wendung nahm. Eduard Fallet, der nicht nur wie Vaucher musikalisch war und dichtete, sondern mit siebzehn Jahren auch ernsthaft zu malen begonnen hatte, verfügte über viel Talent und war äusserst fleissig. »Als ich dich zum ersten Mal sah«, rief Vaucher seinem Freund einmal in Erinnerung, «da hocktest Du auf einem Sandhaufen und sahst freudig einem kleinen Feuerlein zu. Da kamen wir, eine Bande loser Jungen und zerstoben Dir Dein Feuerlein. Du hast nicht geweint, nein, aus Deinen Augen sprühte Feuer und Du drohtest uns tüchtig, Du würdest uns verprügeln. Mir hast Du damals heftig imponiert und wenn ich Dich nachher sah, beschrieb ich immer einen Bogen, wie die Katze um den Brei!« (25.10.1918) In Vauchers kurzem Roman ›Polly. Kinder in Neubauten‹ (1935) taucht Fallet als Bandenmitglied mit dem Namen ›Lunte‹ auf. Die grossen Getreidefelder, die während des Ersten Weltkriegs auf den städtischen Freiflächen Basels angepflanzt wurden, die noch weitgehend autofreien Plätze und die Baustellen in den neuentstehenden Aussenquartieren boten den Grossstadtjungen einen abwechslungsreichen Spielgrund. Schon bald wurden Charles und Eduard unzertrennlich, tranken sogar, wie Eduard Fallet-Castelberg in seinen Jugenderinnerungen ›Thymian und Mauerpfeffer‹ (Privatdruck 1994) schreibt, »ewige Blutsbrüderschaft«, »allerdings mit dem Vorbehalt: vorerst für fünf Jahre!« Nichts schien ihnen im Wege zu stehen, und gemeinsam träumten sie von einer grossen Zukunft. Doch dann war Fallets Vater 1923 plötzlich in sehr ernste persönliche Schwierigkeiten geraten. Das Haus in Höngg musste aufgegeben werden. Nicht viel fehlte, und Eduard hätte – kurz vor der Matura – sogar das Gymnasium verlassen müssen. »Der Traum, Kunstmaler zu werden, ist aus«, vermerkte Fallet unter der Rubrik Lebensdaten am Schluss seiner ›Jugenderinnerungen‹ für jenes Jahr.

»Es ist immer glücklich, ein Talent zu besitzen, das die Mussestunden verzaubert und die Jugend ausserhalb banaler Zerstreuungen erhält« (22.4.1921), hatte Chemiedirektor Vaucher dem Heranwachsenden damals geschrieben. Dem nunmehr 19jährigen, den der zwei Jahre ältere Charles Ferdinand Vaucher wie einen Bruder liebte, unter die Arme zu greifen, fiel ihm aber schon aus Ehrengründen nicht ein. Mehr als das strikte Minimum war er nicht bereit zu tun. Dafür nahm er sogar den Hass seines eigenen Sohnes in Kauf. »Mir hat vor (...) dem Abgrund, der sich so plötzlich vor Euch aufgerissen hat, in tiefster Seele geschaudert« (20.2.1923), schrieb C.F. Vaucher seinem Freund Eduard. Vergeblich setzt er alle Hebel in Bewegung: »Hätte ich lumpige 1000 Frs im Sack, so sag ich mir, wär's meinem guten Fallet viel wöhler als mit einer lumpigen Freundschaftsabspeisung. (...) Aber ich bin ein armer Teufel, fast wie Du, und mein Herr Papa ein feudaler Hirz, ergo status quo ante.« (10.3.1923) »Alles, lieber Ed, liegt wirr durcheinander in meinem Schädel. Ekle Zeit! (...) Sei so gut, schick mir alles, was Du an Rechnungen für Bücher und Papier brauchst. Möcht mehr als diese Kleinigkeit tun.« (19.4.1923) Als ihm Eduard für beigelegte 50 Franken dankt, schreibt Vaucher ihm zurück, dies nie wieder zu tun, »dank mir nie, nie, hörst Du«: »(...) ich wäre gerührt, wenn ich nicht (...) wüsste, dass ich als Kapitalistensohn logischerweise kapitalistisch bin, die 50 Franken ein Almosen und der Titel Freund billig erfeilscht. (...) So will ich in Gesellschaft mein Maul halten, damit die Leute nicht sagen: Der rülpst, weil er zuviel gefressen hat.« (6.6.1923) »Hab ich nicht Vater und Mutter, ein Heim und alles, was einem Wohlsein sonst entgegenkommen könnte? Und wäre das alles nicht ein Grund, das zu sein, was man so schlichtweg glücklich nennt? Ich bin es nicht! Diese vier Worte mögen ein Frevel sein gegen alle Zufälle, die mein Leben zum Wohlstand gewendet haben, ein Frevel, der sich rächen könnte. Ich bin es nicht. Sage ich wohl das, weil ich sein Gegenteil nie kennen gelernt habe, weil mich kein Schicksalsschlag vor mich selbst hingestellt hat hinaus ins Freie ohne Stütz[e] und Halt? (...) Schau, lieber Edi, da wär als einziges geblieben, Dir in Deiner Notlage helfend beizustehen. Wie's mich gemartert hat! Doch dies Begehren in Deiner Angelegenheit Befriedigung zu finden, hat sich an der Härte eines Vaters gestossen, der selbst von unten herauf sich gearbeitet hat, gegen Bosheit der Menschen angerannt und sich jäh versteinert hat. So muss ich Dir wie ein Beichtiger einem unschuldig Hingerichteten zur Seite stehen und bin so wenig eine Trösternatur. Und wenn ich seh, wie hier in meinem eigenen Hause geprasst wird und wie das Geld um prunkende Mähler verschleudert wird, zersägt mir ein wilder Schmerz die Brust und ich klage mein eigenes Blut an. Heraus aus diesem Schlamassel! Ich werde mein Leben nicht bürgerlich vergeuden können, und dass ich Jura studiere, hat seine Gründe in einer gewissen Erkenntlichkeit meinen Eltern gegenüber. Ich werde nichts mehr tun können. Es ist die letzte Schranke. Die Tage hier sind nur mir ein Joch, das ich zerreissen muss, bevor ich die Nase in den Staub [zu] drücken gelernt habe. Heraus heraus!« (9.6.1923) Vauchers tiefsitzender »Groll« (14. 7.1923) liess es zu Hause immer wieder zu Konfrontationen kommen, doch jede Niederlage gegen seinen Vater – zuletzt ein Hausverbot für Eduard – verstärkte in ihm das Gefühl, dessen Freundschaft nicht mehr zu verdienen: »Ich stiess zu Hause auf Widerstände, bürgerliche Verstocktheit, musste zuhören, wie man Dich schmälerte. (...) Statt vor Dich hinzutreten, zu gestehen, dass nach widerlichen Auftritten mit Vater er mir verboten hatte, Dich einzuladen, (...) wich ich Dir aus, die Scham in meiner Brust verbergend, die ich für Leute, die die meinen waren, deren enge Denkart aber nicht die meine war, mich empörte, herumtrug. (...). Ich stehe euch in meiner ganzen Denkart so viel näher als meinen Verwandten.« (18.11.1923)

Er versuchte, den Kummer im Alkohol zu ertränken, wie er Eduard gegen Ende der Rekrutenschule gestand: »Ich bin so müd, seit ich nicht mehr Herr über mich bin. (...) Ich trinke viel, um nichts mehr zu wissen. Doch tagtäglich ist das Erwachen furchtbarer. Wie soll das enden. Es gibt Tage, wo ich den Wahnsinn mir am Scheitel lecken fühle. Die Leute um mich herum gehn mir aus dem Weg.« (11.11.1923)

Die familiären »Verpflichtungen« erfüllte er, »da ich doch einmal einen Bruch mit dem Elternhaus nicht gewagt, nicht gewollt habe« (Ende Dezember 1923). Doch er kam sich dabei vor wie ein Fremder: »Hier im Zimmer ist mein Haus, unten im Esszimmer die Wirtschaft, in der ich noch unentgeltlich esse. Sonst habe ich mit meinen Eltern im Grunde nichts mehr gemein als den Namen. Ich habe es durch meine Widerstände so weit gebracht, dass man sich kaum mehr um mich kümmert, und seither ist Friede und Ruhe im Haus.« (1.12.1923) Zu Weihnachten kaufte er Eduard Fallet nach dessen Wunschliste Bücher und ganze Gesamtausgaben im Wert von tausend Franken – alter Währung –, wie dieser sich heute noch entsinnt: alles auf Rechnung seines Vaters – »meine ›alte Geldquelle‹«, wie Vaucher ihn später einmal nennt (5.1.1925).

Nun, damals dürfte aus Eduard ›Lunte‹ Fallets Augen noch einmal »Feuer« gesprüht haben. Er liess sich nicht kleinkriegen. Wenn es sein musste, dann verkaufte er eben auf dem Wochenmarkt Bohnen, machte in einer Tanzschule Unterhaltungsmusik, wurde Konzertberichterstatter und trat schliesslich 1926 als perfekt zweisprachiger Stationslehrling in den Dienst der SBB. Da arbeitete er sich hoch, begann nebenbei in Neuenburg ein Ökonomiestudium, das er 1929/30 abschloss. Das Doktorat erledigte er 1932. Als hätte dies alles nicht schon genügt, betrieb Eduard Fallet seit 1928 in den Archiven auch musikgeschichtliche Forschungen, die 1936 zu seinem ersten Buch ›La vie musicale au Pays de Neuchâtel‹ und 1941 zum Werk ›Beethoven und die Schweiz‹ führten. Zahlreiche weitere Veröffentlichungen folgten. 1945 wurde er stellvertretender Abteilungschef des Kommerziellen Dienstes für den Personenverkehr bei der Generaldirektion der SBB, 1950 Direktor. Jahrzehntelang stellte er sich als Präsident des Berner Musikkollegiums zur Verfügung, dessen Ehrenpräsident er noch immer ist. Rangmässig stand er nun Vauchers Vater, der seinen Besitz nicht mit ins Grab hatte nehmen können, in nichts mehr nach. Wohl zu gern nur wäre er diesen Beweis schuldig geblieben – der Malerei zuliebe, seiner eigentlichen grossen Begabung, zu der er erst im hohen Alter zurückgefunden hat.

Mit den eigenen Schreibprojekten kam Vaucher nur mühsam voran, »in der Seele sieht's flackrig aus«, teilte er Eduard mit: »Der Roman will nach einer starken Szene nicht mehr weiter. Ich schlag mich nicht rum. Wozu? Kurz ich bin müde, beinahe totgeschwiegen. (...) Nein, im Ernst, ich hab etwas vom Tod im Leib.« (12.11.1922) »Danke für Rat und Hilfe was Roman betrifft. Eine Schneckendistanz von vier schleimigen Seiten ist er weitergerückt.« (16.11.1922) »Ich schreibe viel, beende nichts, flieg von Problem zu Problem (...). Augenblicklich balge ich mich mit einem Trauerspiel herum, das nur insoweit tragisch ist, als ein Autor sein kann, der nichts zu fassen vermag.« (24.5.1923) Hinter jedem Blatt lauerte die Resignation: »Sollte mein Leben, mein Dichten ein Irrtum gewesen sein, so bin ich selbst ein Irrtum, auf dieser Welt, welcher ausgewischt werden muss!« (6.6.1923)

In manchen dieser Jugendbriefe aus der Zeit vor dem Umbruchjahr – dem »Jahr des Teufels 23« (10.3.1923) – überhäufte Vaucher in Kunst, Philosophie und vor allen Dingen Lebensweisheit seinen jüngeren Freund mit zuweilen unerträglich gut gemeinten Vor- und Ratschlägen – »Du verdienst wieder einmal, dass ich Dich ordentlich schulmeisterlich bei den Ohren nehme« und versuchte ihm zunächst sogar den Expressionismus auszureden: »Das zieht bei mir nicht. Statt Theorien über Expressionismus zu lesen, vertief Dich einmal in Rodin und in die Antike, und mach aus der Malmuse keine Kokette und Strassenbettlerin.« (8.6.1921)

Ironischerweise wurde dann aber keine andere künstlerische Bewegung für ihn wichtiger als der von ihm zuerst gescholtene Expressionismus. 1923 lernte er in Basel den Bildhauer und Maler Hermann Scherer kennen. Scherer zählte zusammen mit Albert Müller zu einem kleinen Kreis verschworener Anhänger des deutschen Malers Ernst Ludwig Kirchner (1880-1938), der seit 1917 in Frauenkirch bei Davos lebte. Vaucher erwähnt Scherer zum ersten Mal im Juli 1923: »Ich komme Donnerstag nach Zürich, zugleich mit Männi [Hermann Scherer], welcher nach Davos zum Maler Kirchner weiterfährt«, kündigte er Eduard Fallet am 17. Juli 1923 an. Vaucher, der sich an der Universität Basel eingeschrieben hatte, mied den Studienbetrieb und arbeitete in jener Zeit »wenig«: »Einzig Männi sehe ich zuweilen, der in der gleichen Zurückgezogenheit lebt, malt und gut malt. Und wir sprechen von Kunst – das ist meine einzige Freude. Ich habe viel getrunken, um mich zu vergessen und jedoch diese feige Art des Auskneifens vor sich selber aufgegeben.« (18.11. 1923). Eines Nachts, als er »eben von Männi zurück« kam, schrieb er Eduard: »Zuweilen – und in letzter Zeit mehr als genehm – befällt mich abends eine Furcht, eine Furcht, die ich nur aus Träumen kenne. Wenn man sich in einen Raum versetzt sieht, der [sich] nach allen Seiten ins Unendliche streckt, wo die Leere der Unermesslichkeit wie eine Last, ein Alp auf dem armen Menschlein ruht. (...). In diesen Augenblicken reisst mich die Sehnsucht nach einem Menschen, dem Ton seiner Schritte, dem Laut seiner Stimme auf die Strasse herunter, in die noch etwas belebten Gänge des Stadtinneren. (...) So such ich Männi

Bildnis Hermann Scherer (Ölbild von Albert Müller, 1924)

auf, wenn er [in] seinem Atelier sitzt, und wir plaudern eine Weile über dies und jenes bei einer Tasse Tee. Er malt seit einem halben Jahre und malt gut. Du wirst bei Deinem nächsten Besuche staunen. Dass die Basler ihn nicht kosten, spricht gerade für sein Können.« (19.11.1923, 22 Uhr) Damals, im Kontakt mit Scherer, »vollzog« sich bei Vaucher ein »Zusammenbruch«, der sein »ganzes literarisches Schaffen mit sich riss«: »Ich erinnere mich der fieberhaften Erörterungen, die ich Dir über gewisse Themen hielt, (...) für deren Ausführungen mir die Kräfte, Einsichten, Erfahrungen fehlten. (...) Dieses Fiasko verursachte in mir eine solche Umwälzung, dass sich bald Zweifel auf Zweifel schob (...). Erst heute merke ich, wie ich (...) vom Leben erst etwas zu spannen begann, nachdem ich den ganzen anerlernten Gymnasialplunder weggeworfen hatte, die vorlaute Art abzuurteilen« (18.11.1923).

Hermann Scherer wurde 1893 in Rümmingen bei Lörrach im grenznahen Deutschland geboren und kam im Ersten Weltkrieg als Steinhauer nach Basel. Bereits am 13. Mai 1927 starb er im Alter von 34 Jahren an einer Streptokokkeninfektion. Sein Basler Malerfreund Albert Müller wurde gar nur 29 Jahre alt. 1897 geboren, starb er am 14. Dezember 1926 im Tessin an Typhus. In der Silvesternacht 1924/25 hatten Albert Müller, Hermann Scherer und Paul Camenisch in Obino bei Castel San Pietro im Tessiner Haus Müllers die expressionistische Künstlergruppe ›Rot-Blau‹ gegründet. Zu ihrem Sekretär wählten sie danach niemand anderen als C.F. Vaucher. Er entwarf ihnen – wenigstens da kamen ihm seine juristischen Kenntnisse zustatten – auch die Statuten. Hermann Scherer hatte ihn auch stets zum Weiterschreiben ermuntert. Vaucher schrieb in einem Nachruf für das ›Baslerheft‹ der Zeitschrift ›Schweizerkunst‹ (September 1928): »Dann mochten wir Scherer bis zur Leidenschaft gerne, wenn er das, was uns am schärfsten begeisterte, jenes, was wir am höchsten und als unbedingt Grosses verehrten, in Grund und Boden riss und darauf herumtrat, bis von der ganzen unnahbaren Herrlichkeit nichts mehr übrig blieb. Wenn wir unsere Interessen und Überzeugungen verteidigten, sass er und hörte uns gespannt aufmerksam zu, warf dann seine Argumente ein, widerlegte und strich so lange aus, bis wir schliesslich als letztes auf den Tisch schlugen und hinwarfen: Das sei eben doch etwas Grosses, da könne er sagen, was er wolle. Nun ja, sagte Scherer dann bloss und er könne eben nicht alles beurteilen. Dabei lächelte er ein wenig. So sollte er allmählich bei uns jene Ideale ausfegen, die wir uns in unseren Bildungsjahren hatten aufhalsen lassen: Die Verehrung des Schönen in der Kunst, des Einklanges aller Gegensätze im Ausgeglichenen, jenes ganze Kunstreich, das für den zwanzigjährigen Schwärmer und Träumer so verlockend ist, da er die Möglichkeit hat, durch blosse Anklänge sich als Ebenbürtiger unter die Grössten zu heben. Wir lebten damals auf [sic] dem Risiko, von Scherer einfach ausgesoffen zu werden, falls wir nicht etwas in uns trugen, womit wir wieder hätten auffüllen können. Aber gerade das liebten wir und fühlten überdies genau: dass Scherer nicht bloss der Vernichter war, als welcher er von gewissen seiner gleichaltrigen Gefährten hingestellt wurde, und die uns vor ihm ›zu unserm Besten‹ verwarnten (...). Wenn wir oft bei Disputen das Recht nicht auf seiner Seite sahen oder in der Beurteilung einer Sache das Extreme seiner Auffassung wohl bemessen konnten: wir hielten dennoch zu ihm, weil wir auch hier genau fühlten, dass nur aus dem Masslosen das Grosse, Gute, ja das Gemässigte, aber Intensive und Lebendige wächst. Denn in der Haltlosigkeit unserer zwanzig Jahre war Scherer für uns wie die Versicherung, dass wir das Leben bloss wie er anzufassen brauchten, um nicht zu versimpeln. Die Abscheu vor dem Trägen, dem Verhockten und Verspiessten nahmen wir über seinen Tod in unser Leben hinaus.«

Als 21jähriger fand C.F. Vaucher auch allmählich zu seiner später bekannten stilistischen Schärfe: »Lieber Edi. Ich sitze hier im Lesesaal der Bibliothek und setzte mich hin mit dem Vorsatz, Jurisprudenz zu treiben. Doch mein Abscheu für diese Wissenschaft der dürren Steppe wächst potentiell mit der Zahl der gelesenen Zeilen, und wenn ich meine Nachbarn und Gegenüber betrachte, befällt mich eine unsägliche Beklemmung, ein Mitleid für alle diese Studienhocker, die mit nervöser Hast ihre Examen erringen. Wer nicht gähnt unaufhaltsam – weisst Du jenes Gähnen, das keine Befriedigung auslöst, das abscheuliche Gähnen der Langeweile und der geistigen Erschlaffung mit dem schmerzenden Krampf an den Kinnbacken –, der starrt mit sturem Aug auf ein Wort, gewissermassen vom Packeis einer wissenschaftlichen Erörterung eingeklemmt. (...) Vor mir liegt ein Band Maupassant. Der kannte auch die Sandwüsten, auf der die Administration mit ihrem Gefolge Hunger leidet. Und Maupassant weiss von Dingen – kurz ich lese wie aus einem Brevarium.« (19.11.1923)

Seine Stimmung blieb indessen starken Schwankungen ausgesetzt, und immer wieder schien er zu verzweifeln: »Mit der Schreiberei geht wenig, nichts sozusagen.« (8.11.1923) »Ich werfe ein für allemal – und zum wievielten Mal – die Schriftstellerei von mir.« (Ende Dezember 1923) Die Befreiung von seinem Hang nach schwülstigen Themen bereitete ihm unsägliche Mühe: »Ich bin voller Arbeitspläne (...), ohne einen Tintenkratzer zu ziehen. Ich könnte einen sonneglühenden Planeten durch die Tränen und Blutströme, die aus meinen

Tragödien fliessen und dampfen, löschen, könnte ihn dermassen erweichen, dass er als goldene Träne durch das Weltall sänke« (Januar 1924). Er habe »in letzter Zeit (...) manche Novelle begonnen, einen historischen Stoff ausgearbeitet und nicht beendet«, aber gemerkt, dass diese »Durchschnittshistörchen« nicht unter »dem Zwang der Notwendigkeit« stünden, sondern »eine Flucht« vor ihm selbst seien (1.12.1923).

Von Krise zu Krise schlingernd trat er doch zusehends bestimmter auf: »Ich glaube endlich eine Zeit des Irregehens und des Trübsinns überstanden zu haben und endlich so weit zu sein, dass ich wieder arbeiten, etwas schreiben, in Formen fassen kann. (...) Maler Albert Müller ist seit 14 Tagen in Basel, ich habe ihm einiges aus meinen Schriften vorgelesen und habe endlich von einem, der Künstler ist und den ich schätze, aufmunternde Worte für die lange und gequälte Arbeit des vergangenen Jahres eingesackt. (...) Ich atme endlich wieder kurz und im Tage wenigstens einmal auf.« (1.12.1923)

Das Auf und Ab in der Arbeitsmoral und dem Glauben an sich selbst beschrieb eine fiebrige Kurve, die vor allem anderen davon abhing, ob er gerade liebte oder einsam war. Mit jener Heftigkeit, die ihm seit der Rösli-Geschichte in Liebesdingen eigen war, schrieb er am 24. Mai 1923: »Was die Weiber betrifft, nun Hölle und Schwefel und Gottes Fluch und Zorn über sie. Ich hatte mich in Elly Utiger verliebt – Du kennst sie. Sie ist ein reizendes Mädchen geworden, ist tief und veranlagt (begabt), aber was willst, wenn man von Kindern – was sind Mädchen anderes – etwas anderes als eine Spielerei verlangt, reissen sie aus.« Doch von der Kritik nahm er sich mittlerweile selbst nicht mehr aus: »Ich bin reizbar und bleib es, obwohl ich es weiss«, schrieb er Eduard. »So packt mich denn der Zweifel, ob ich nicht irr gegangen bin, ob alles nicht Pose und Lüge ist.« Er sei, stöhnte er, »21-jährig und nichts in der Welt.« Was er an Eduard und dessen Freundschaft hatte, war ihm bewusst: »In meinem Verhältnis zu den Menschen bist Du der einzige, der durch alle meine Wirren und Launen stehen bliebst. (...) Alle andern hab ich von mir abgestreift, und keiner steht da, der nicht Rechenschaft verlangte.« Sein Selbstbild entwarf er in peinigender Schärfe, warf sich verdrossen »eine Gleichgültigkeit« vor, »die mich bei einem andern zur Verzweiflung bringen würde. Habe ich mich nicht wie das grösste abendländische Schwein gegen meine letzte Liebste aufgeführt? Ja und doch kann ich nicht das kleinste Reuegeflüster verspüren. Selber sich gegenüber, von aussen an mich heran, sensibel, nach aussen roh wie ein Metzger. Ein Zerwürfnis nach dem andern, kein Verhältnis, das nicht schon im Werden den Keim der Zerstörung birgt.« (9.6.1923)

In einen förmlichen Aufwärtssog geriet er erst Ende 1923, als eine Lena auftauchte: »Erinnerst Du Dich an Lena? Nicht? O doch! Entsinne Dich! Bei Deinem letzten Aufenthalt in Basel trafst Du bei Scherer zwei Mädchen, wovon eines mit dunklem Haar. Nach einem jährigen Aufenthalt in Visp ist sie nach Basel heimgekehrt. Wir haben uns am 7. Dezember verheiratet, in einem Bund, den die Liebe siegelt, ohne die hochherrliche Beglaubigung unseres Hohen Staates. Ich mag darüber nicht Worte suchen, um nicht eine Liebe, wie sie in der ganzen Welt kaum steht, in den allgemeing[ü]ltigen Sätzen herabzuwürdigen. Endlich, endlich, ein Winter nicht allein, nur mit mir, meiner Schwäche, Nichtswürdigkeit und Ohnmächtigkeit begraben!! Denn die Jahresendtage, welche den Rückblick auf das Jahr 23 fordern, ergeben ein Fiasko nach allen Seiten« (Ende Dezember 1923). Freilich war bei Vaucher keine Konstanz der Gefühle zu erwarten, auch wenn ihm nun immer häufiger der Schalk im Nacken sass: »Ich bin ein strafbares Subjekt, eine ganz unwürdige Leihgabe des Himmels! Und der Grund hiervon? Dass ich mich heute mit Lena entzweit habe. Doch statt Tod durch rostige Nägel zu suchen, habe ich einen pfeifenden Humor, insofern ich mir als eine höchst handgreifliche Lächerlichkeit vorkomme. Und Grund dazu. Denn der ganze Streit brach seine Lanzen um eine Albernheit, eine Erbärmlichkeit, Jämmerlichkeit (...). Ich will mich über das Nähere nicht auslassen, denn morgen hauch ich mit einem Kuss diese läppischen (...) Launen (...) heraus.« (Ende Januar 1924)

Wenig später musste Vaucher wieder ins Militär. Die Unteroffiziersschule war angesagt: »Ich bin zusammen mit Kavallerie-Rekruten, meistens Bauernsöhne.« (23.2.1924) Und es gefiel ihm, denn der Militärdienst erlöse ihn, wie er sagte, von seinen »zivilen Kümmernissen«, und es seien »gute Kameraden« um ihn herum: »Die ersten Tage mit den Rekruten waren anstrengend und der Maximalmodul der Stimmbänder den ganzen Tag hindurch angestrengt.« (30.3.1924)

Bald darauf fand Lena in Zürich aber eine neue Stelle, und rasch ging die Beziehung dern beiden in die Brüche. »Mein Verlangen nach der einen grossen Liebe hat sich an der Minderwertigkeit kleinlicher Verhältnisse ertötet (...)«, schimpfte er und behauptete, »gegen jedes weibliche Wesen« empfinde er »Hass«. »Ich hasse sie nicht um ihretwillen – hier wäre nur Mitleid berechtigt - sondern weil sie in mir das Bild einer Liebe eingeäschert haben«; »wie anders gestaltet« müsste »die Frau« sein, rief er aus, »die meine Anschauungen Lügen strafte!« (9.5.1924) Er habe, schrieb er ein paar Tage später »geläutert« aber noch immer enttäuscht, »in keiner auch nur annähernd das gefunden, was sich allmählich in mir als Bild niederlegte«. (15.5.1924)

In seinen Studien schüttelte es ihn nicht weniger hin und her. »Unbefriedigt in meinem Schaffen, lieg ich oft in Musse, die mich peinigt, auf der Suche nach etwas Unbestimmtem, das mir in den Knochen brennt.« (24.9.1924) Mal versuchte er sich »einzureden«, dass das Studium ihm trotz allem »von Nutzen sei«, arbeitete »mit neuer Kraft« (25.10.1924), »mit einer Hingabe, die meine Kameraden spotten macht. Wenn auch wenig, so bringt sie mir doch die Genugtuung einer positiven Tagesleistung ein.« (12.11.1924) Dann kippte alles wieder und er trauerte: »O ich bin irr an der Welt, irr am Wort und Buchstaben (...). Tagtäglich sehe ich den Fehl ein, der begangen wurde, als ich meine Jurisprudenz zu studieren begann, ein Entschluss, der in meiner damaligen Ratlosigkeit um einen Beruf mir vom Elternhaus (...) aufgewoben wurde. So ist denn täglich Ärger und Verdruss, der sich in Ausbrüchen kundgibt, in welchen ich hinstrecke, was nicht niet- und nagelfest ist. Ein Mann, der tobt, sieht drollig aus, und ich liesse es bei der Lustigkeit bewenden, wenn ich mit meinen Nerven nicht schon so weit wäre, dass ich kein volles Glas in die Hand nehmen kann, ohne ein Drittel davon auszuschütten. Und wenn der Sonnabend meines Lebens einmal so trostlos aussehen wird, wie der Sonnabend als Abschluss der Woche, so werde ich friedlos sterben.« (22.11.1924)

Beständige Kraft schöpfte er nur im Maleratelier Hermann Scherers: »Scherer ist ein flotter Kerl, und wenn er auch volle 10 Jahre älter ist als ich, mir gegenüber der gute Freund. Er steckt in den Jahren der beginnenden Reife und entfaltet eine schöpferische Kraft, deren Wirkung auf mich sich täglich kundgibt.« (12.11.1924) Und Trost liefert ihm auch seine Phantasie: »Das einzige Glück ist mir, abends in den Dir vertrauten Winkeln der Stadt auf Wanderungen in dunkeln Gassen Novellen und Dramen auszuspinnen, so still für mich hin ohne sie zu schreiben.« (22.11.1924) »Zu schreiben hat Zeit! Was hat denn ein unbemooster Junge wie ich mit 20 Jahren zu erzählen! Dem die Welt ein minotaurischer [irrgartenhafter] Palast erscheint, schön und grauenhaft, und unsinnig und verwirrt. (12.11.1924) Die Erde speie die Menschen aus und fordere sie auf zu tanzen, berichtet er Eduard von einem Stoff, der ihm im Kopf umging: Jene, die »am Tanzen Freude« hätten, riefen, »wenn der Sargdeckel über ihrem Kopf zuklappt: Das Leben! eine tolle Nacht. Die aber, denen das Tanzen nicht einging, weil ihnen die Füsse schwer sind, die fluchen dem Wirt, der sie zum Feste lud! – Von allem ist kein Wort geschrieben, aber das Herz ist mir davon zum Platzen. Mich peinigt mein Menschenverständnis und ich beneide den Beschränkten, der sich erkühnt zu sagen, was gut und böse ist. Der Bürger, der alles zu seinem Wohlbehagen in unsern Tagen errichtet, hat sich seine Moral geschaffen, die ich wie Schlangen hasse und bei der ich glücklich wäre, wenn ich sie besässe (...).« (7.12.1924)

Diese Briefe Vauchers, die wie ein Kurzroman in jene Zeit unmittelbar nach dem Ersten Weltkrieg zurückführen, schliessen mit einem revolutionären Bekenntnis, das nicht folgenlos bleiben sollte, und einem Seufzer, der noch lange nicht der letzte sein würde: »Ein unlöschbarer Zorn gegen den Zopf unserer Zeit, gegen Schule und Demokratie ist mein täglich Brot und Wasser. Aber ich habe die Hände am Gesetzbuch festgebunden und scheine harmlos.« (1.2.1925) »Ich weiss Dir recht wenig zu sagen, lieber Edi. Die Müdigkeit nimmt überhand und meine Nerven sind eingerissen. Dabei steht der Föhn in den Strassen und malt die Berge mit Tinte aufs farblose Firmament. Bei Lektüre und unsinnigen Gedanken scheuche ich das Phantom der Jurisprudenz in die Wolken. Dort soll's Wasser saufen. Dass jeder Tag sich anheischig macht gelebt zu werden. Ich grüsse die Deinen und spare mir einen guten Brief für bessere Zeiten.« (22.2.1925)

Darauf brach der briefliche Kontakt der beiden Freunde ab. Wenn sie sich gelegentlich wieder sahen, war das Zusammensein stets herzlich, aber ihre Leben verliefen in zu unterschiedlichen Richtungen, als dass sie noch die Zeit gefunden hätten, sich alles zu erzählen.

C.F. Vaucher wechselte im Winter 1925/26 noch einmal an die Universität Genf. Darauf verdonnerte der Vater den Sohn zu einer neuen Strafe, obwohl dieser doch im Juli 1926 die Juristerei-Examen bestanden hatte – dank einem Endspurt und einem ›Einpauker‹ sogar mit gar nicht so schlechten Noten, wie das Genfer Examensregister enthüllt. Aber anlässlich einer Molière-Tournee der ›Compagnie Jean-Bard‹ in Basel war eben an den Tag gekommen, dass der Sohn insgeheim unter die Schauspieler gegangen war. In einem anderen Stück spielte Vaucher, wie sich Eduard Fallet erinnert, der ihn in Le Locle auftreten sah, sogar einen ›Paillasse‹, einen Taugenichts.

Die Strafe des Vaters schilderte Vaucher in der Radiosendung ›Aus meinem Leben‹ wie folgt:

»Mein Vater war mit meiner Entwicklung nicht sehr zufrieden, vor allem, weil ich ihm nach dem Examen erklärt hatte, ich wolle ans Theater. Er hat mir gesagt, er habe früher selber Couplets gesungen und sie selber geschrieben, aber das sei eine Nebenbeschäftigung, und ich solle das Leben einmal kennenlernen. Und um das Leben kennenzulernen, hat er mich zu einem Onkel geschickt, der auf einer Farm war, und zwar in Nordafrika, im Departement de Constantine, wirklich in einem verlorenen Kaff.«

III ›Unzeitgemässes zum Zeitgeschehen‹

›Erinnerungen aus Algerien (1927)‹

Ich hätte die Station beinahe überfahren. Denn von einem Bahnhof war nichts zu sehen. Die Geleise verdoppelten sich auf eine gewisse Länge. Dann nahm das Stumpenstück ein Ende. Im Sand. Wie alles hier.

Meine Aufmerksamkeit, wie die meiner Mitfahrer, wurde geweckt durch einen Reiter in Tropenhut und gelben Stiefeln, der auf seinem Pferd dem Zug nachjagte und aus einer Flinte auf die Lokomotive schoss. Alles drängte sich an die klapprigen Coupéfenster, um bei diesem ungewöhnlichen Spektakel dabeizusein. Mit einem Ruck hielt der Zug, warf uns durcheinander und schüttelte die Gepäckstücke von den Gestellen zu Boden.

Im allgemeinen Tohuwabohu hörte ich von draussen eine Stimme rufen: »Moussié Fouchy, Moussié Fouchy!« Es war der kleine algerische Kondukteur, der den Zug entlang rückwärtslief und einen bestimmten Reisenden zu suchen schien. Als er mich durch's Fenster erblickte, hisste er sich mit einem Klimmzug ins Coupé, zerrte mich mit der wiederholten Aufforderung: »Du, Moussié, raus!« gegen die Tür und schmiss mich regelrecht zum Wagen hinaus. Mein Gepäck kam auf demselben Weg nachgeflogen. Worauf er auf die Plattform des letzten Wagens eilte und von dort wie ein Rasender auf seiner Trillerpfeife zu lärmen begann. Aber der Zug stand still.

Als ich, vom langen Reisegeschüttel immer noch etwas benommen, meine fünf Sinne allmählich wieder zusammenbekam, gewahrte ich etwas höchst Widerwärtiges. Der gelbgestiefelte Reiter nämlich war vom Pferd gesprungen, hatte sich einen der beiden Lokomotivführer von der Kanzel heruntergeholt und hieb mit seiner Reiterpeitsche erbarmungslos auf ihn ein. Der Geschlagene versuchte immer wieder, die kleine Eisenleiter zum Führerstand zu erklimmen, wurde aber jeweils vom Reiter an der Kapuze seines russigen Burnus zurückgerissen – bis er endlich mit der Behendigkeit einer malträtierten Katze um die Lokomotive vorne durch entwich und von der Gegenseite die Führerkanzel erreichen konnte. Unter Pfupfen, Zischen und dem jammerigen Aufheulen der Signalpfeife setzte sich der Zug in Bewegung.

An allen Fenstern hatten sich die Reisenden – fast ausnahmslos Araber – zusammengedrängt, die Köpfe beerenförmig aneinandergepresst, und starrten wortlos, in der jahrtausendealten Ergebenheit in die Grösse Allahs, auf den gelbgestiefelten Mann hinunter, welcher den Zug an sich vorbeifahren liess und zuweilen, kurz bevor ein vollbepacktes Fenster über ihm vorüberglitt, wie an einer Feder abgeschnellt hochsprang und mit seiner Peitsche mitten in die Menschengesichter hineinschlug. Nicht einer hat versucht, das Fenster zu seinem oder seiner Landsleute Schutz hochzuziehen. Allein auf der Plattform des letzten Wagens stand der kleine Konducteur und trillerte immer noch mit geblähten Backen auf seiner Pfeife, als könne er damit die Abfahrt von diesem Orte des Entsetzens beschleunigen. Der Mann mit dem Tropenhut griff nach einem Stein und schleuderte ihn gegen den Pfeifer, der aber behende durch die Coupétüre dem Wurf entwich.

»Bande!« sagte der Gestiefelte und kam auf mich zu. »Ich könnte sie alle einsperren lassen, lebenslänglich. Wer hat die Bahn gebaut? Wir! Wer hat sie bezahlt? Wir! Wer sorgt dafür, dass diese Meute von Nichtstuern die Vorteile der französischen Kolonisation zu spüren bekommt? Wir, les Colons! Und dieses Pack von Drecksfüssen ist nicht einmal fähig, den Zug anzuhalten, wenn einer der unsrigen hier aussteigen will. Eine Sau von Lokführer ist das! Einfach zu faul, eine Bremsung einzuleiten, weil er ein Rädchen drehen muss. Für diese Lumpenhunde ist nur eins gut genug«, und er liess seine Peitsche durch die Luft pfeifen, »la cravache, la cravache!« Dann strich er seinen rostigen Schnurrbart glatt, öffnete die Arme und fügte in etwas schmalzigem Tone bei: »Willkommen in Aïn-Regada, lieber Neffe!«

Der Reiter war mein Onkel Raoul, Direktor der ›Compagnie

Algérienne des Blés‹ in Ain-Regada im Département Constantine, an der Bahn zwischen der tunesischen Grenze und der Stadt Constantine, im Herzen Algeriens.

Die ›Compagnie‹ hatte ein Gebiet von 24 000 Hektaren zu verwalten und zu bewirtschaften. Davon war ein gutes Drittel dem Anbau von Weizen gewidmet. Der Rest bestand aus Korkbaumhainen, die als kleine schattige Oasen die Ausläufer des Djebel Djafa bewaldeten. Eine kompakte Gesteinsschicht in hochgelagerten Mulden hielt das Regenwasser zusammen. Der Sand, durch die Stürme herangewirbelt, hatte in seiner Vermischung eine Humusschicht gebildet, die für das Wachstum von Getreide einen goldenen Boden schuf. Er war reich an Mineralien und bei aller Hitze von konstanter Feuchtigkeit getränkt. Die Halme erreichten eine Höhe von zwei Metern, die Ähren waren nicht selten handgross. Man erntete zweimal im Jahr, einmal im Maien, das zweite Mal im September.

Das riesenhafte Gebiet war aufgeteilt in Distrikte. Jedem dieser Distrikte stand ein Obmann vor, eine Art Scheich, der mit einigen arabischen Familien ein Gourbi bewohnte, ein ›Dorf‹, wenn diese Ansammlung von Lehmhütten, Löchern und mit Lumpen und Wellblech überdachten Gestelle so geheissen werden können. Er war der ›Compagnie‹ für die Arbeit verantwortlich, für die Geräte und vor allem für die landwirtschaftlichen Maschinen und Traktoren, die erst seit kürzerer Zeit ›dort hinten oben‹ in dieser gottverlassenen Welt verwendet wurden.

Von ›Technik‹ wussten die Araber zu jener Zeit herzlich wenig. Es gab viele Pannen. Zuweilen explodierte auch ein Traktor, wenn im Wassertank Benzin nachgefüllt worden war. Dann gab's Verletzte, zuweilen auch Tote. Aber das zählte nicht. Der Traktor zählte. Menschen waren billig. Maschinen teuer. Drei, vier junge Europäer waren beauftragt, den Maschinenpark zu kontrollieren, kleine Schäden selbst zu beheben, die grösseren zu melden, die Schuldigen anzuzeigen. Wenn das Korn der Reife zuging, hatten sie zudem Wachtdienst. Vor allem nachts. Weil manchmal die dort ansässigen Araber sich Ähren von Hand abbrachen und die Körner zwischen zwei flachen Steinen ausmahlten. Das gab ihnen zusätzliches Mehl für ihre Brotfladen.

Trotz hoher Sterblichkeit gab's in einer Familie viele Mäuler und wenige, die satt wurden. Unsere Ordre bei solchen Vorfällen lautete höchst einfach: Schiessen! Wo auch immer eine verdächtige Gestalt nachts herumstrich, wo Mahlgeräusche hörbar waren, wo auch nur der geringe Verdacht einer heimlichen ›Lese‹ vorlag: Reinknallen! Und, bitte, nicht zu zimperlich, junger Mann! ›Dreckfüsse‹ gab's in der Umgebung genug, es gab deren zu viele, die sich um's goldene Brot bewarben. Denn dort war zu verdienen. Sous-Sous! Allerdings – aber der ›Scheich‹ kassierte. Was er davon seinen Leuten abgab, das war seine Sache. Es wird ein schäbiger Resten gewesen sein. Er hatte seinen Leuten gegenüber immer eine gültige Ausrede. Das waren die ›redevances‹. Die ›Compagnie‹ hatte nämlich das Recht, für Maschinen, die durch Nachlässigkeit beschädigt worden waren, Lohnabzüge vorzunehmen. Davon wurde weidlich Gebrauch gemacht. Denn auch simple Abnützungen wurden auf das Konto Fahrlässigkeit gebucht. So blieb denn oftmals den Arbeitern der Elendshöfe nichts anderes übrig, als davon ein Weniges zu ernten, was sie gesät hatten.

In diese Elite von Oberaufsehern wurde ich eingereiht. Ich bekam zwei Reitpferde, ein Tragpferd und einen arabischen Begleitmann. Er hiess Achmet Hamami. Wenn ich mit den Scheichs der Gourbis das Inventar aufnahm, dann plauderte Achmet mit den Insassen des Dorfes. Dabei nannte er mich ›Roumi‹, das heisst der Ungläubige, setzte aber zur Charakterisierung meiner Wesensart das Wort ›Chaib‹ hinzu, was bei allem Anklang an ein hiesiges Dialektwort im Arabischen eine gänzlich andere Bedeutung hat. Es heisst ›gut‹. Diese ehrende Titulierung verdankte ich meiner ersten Begegnung mit Achmet.

Es muss am zweiten oder dritten Tag nach meiner spektakulären Ankunft in Ain-Regada gewesen sein, als mich mein Onkel meiner zukünftigen Tätigkeit entgegenführte: in die koloniale Kornkammer.

In der Zwischenzeit hatte ich Bekanntschaft mit der Direktion der ›Compagnie‹ geschlossen, einem halben Dutzend französischer Familien, die alle in den langen, ebenerdigen Backsteinbauten unter Akazienbäumen wohnten, deren Stämme sich wie nach einem Sonnenstich schälten. Mit Sofas, Häkeldeckchen, Klavieren, Schaukelstühlen und einem gipsernen ›Maréchal Joffre‹ auf einer Etagère suchten alle diese Leute etwas von jener Luft zu retten, die sie einst in irgendeiner Banlieue auf dem französischen Mutterterritorium zu den glücklichsten Spiessern der Welt gemacht hatte. Den klimatischen Forderungen zum Trotz waren die Frauen auf kokett herausgemacht mit Teint und Puder, der von ihren schweissigen Gesichtern abblätterte wie der Verputz an der Decke einer Küche, und die Männer steckten mit zornigen Hälsen in Stehkrägen, deren oberer Rand schwarz und pappig war. Alle schienen sich zu hassen, wie der gute Wein den Salatessig. Alle hatten im Umgang miteinander jene übertriebenen Höflichkeitsformen, wie sie am Hofe der französischen Könige üblich waren. Alles in allem, für einen kühlen Europäer, der ich noch war, erwies sich diese Direktion als ein ärzteloses Irrenhaus. Ich sollte Zeit haben, mich als Patient einzuleben.

Mein Onkel beorderte mich auf sieben Uhr früh zu unserer Inspektionstour. Er erschien um neun. Glatzköpfig, bauchig, den roten Seehundschnauz im gallengelben Gesicht, war ebenso verschlafen wie verschwitzt und ebenso sehr verschwitzt, wie ewig massvoll betrunken. Da ihm das Reiten zu beschwerlich war, bestiegen wir eine ›Zitrone‹ (Citroen) und machten uns unter dem Höllenlärm eines Motors, der seines Auspuffrohrs als lästige Zutat enthoben war, und dem Geklapper der Karosserie, deren Kotflügel wie die Fangarme eines Tintenfisches herumwirbelten, auf den Weg.

Dieser führte ein tiefeingefressenes, trockenes Flussbett entlang in die Höhe. Wir mochten ungefähr eine halbe Stunde lang unterwegs sein, als hinter einer Wegbiegung ein arabischer Reiter in seine Gandura gehüllt auftauchte. Er ritt ein schmächtiges Füchslein. Kaum gewahrte ihn mein Onkel, als er mich mit dem Ellbogen in die Seite stiess und schrie: »Pass auf, ich zeig Dir mal, wie schlecht die Araber reiten!« Damit schaltete er unter entsetzlichem Geknirsche in den ersten Gang zurück, dass sich das Flusstal mit gellenden Explosionen füllte. Der Fuchs wurde nervös, begann an Ort und Stelle zu trippeln, über den Weg gegen den Abgrund zu rückwärts zu tänzeln. »Sieh Dir das mal an, der Zirkusreiter!« schrie mein Rotschnauz und fuhr unbeirrt auf den Reiter los, der mit Schlägen seiner blossen Absätze sein Pferd vergeblich voranzutreiben versuchte. Es ging hoch, vollführte mit den Vorderhufen schlagartige Bewegungen gegen unser Höllengefährt - und plötzlich mit einer Wendung an Ort verschwand es mitsamt seinem eingemummelten Reiter im Abgrund. Eine honiggelbe Staubscheibe stieg gegen das Sonnenlicht auf.

Ich war im Nu aus unserer Klapperkiste rausgesprungen und setzte dem Reiter nach. Es war eine grässliche Rutschpartie. Eine Sandlawine, Schutt und Steinblöcke stoben mit mir in die Tiefe. Ich überstand die Fahrt mit dem alpinen Grundsatz: Immer die Füsse vorne halten!

Als erstes sah ich, als der Staubschleier sich gelegt hatte, das Pferd, den Kopf gesenkt, das eine Hinterbein auf die Spitze seines Hufes gestützt, in der demütigen Haltung des dienenden Tieres, und dabei ein Bündel: der Mensch. Er starrte mich aus gelbgepudertem Gesicht angstvoll an. Wie ich näher heranstolperte, schob er sich die Gandura über den Kopf. Denn was er erwartete, waren Schläge. Ich war ein Europäer. Ich fasste ihn bei der Hand und sagte zu ihm: »Ich Dein Freund!« Und wiederholte es wohl zehn Mal. – »Ich Achmet«, antwortete er endlich.

Er wurde unter stiller Genehmigung meines Onkels mein Begleiter.

Ich habe mich nie so einsam gefühlt, so verlassen und ausgestossen, wie in den islamischen Ländern Nordafrikas. Ich hatte mit Indern, Japanern, Chinesen, Senegalesen, mit Türken immer irgendwelche Bindungen, die mir bestätigten, dass wir alle Bewohner ein und derselben Planetenkugel sind. Nie in Nordafrika. Wo auch immer ich den Fuss aufs Land setzte, in Tunesien, Marokko oder Algerien, immer befiel mich ein Gefühl elendester Verwaisung. Dabei bin ich von vielen Arabern wohl aufgenommen, köstlich bewirtet, gastlich behandelt worden. Gute

Worte wurden gewechselt, freundliche Anreden gehalten, Versicherungen der Anhänglichkeit und Beteuerungen freundschaftlicher Gefühle ausgetauscht. Es war alles aussen. Ich glaube, ich bin nie mit einer Äusserung meinerseits, mit einem offenen und wohlgemeinten Wort nur einen Millimeter unter die Haut eines meiner Gastgeber gedrungen. Ich blieb der ›Roumi‹, der Ungläubige, der Ungewohnte, Unbeliebte, der Feind in Personifikation eines ganzen Volkes.

Sind es die 100 Jahre Kolonialismus, welche diese Sperrmauer errichtet haben? Geht es tiefer? Schlägt das Denken der Araber andere Wege ein? Ist die Gefühlsskala dieses Volkes in andern Werten zu messen? So etwa, wie wir mit dem menschlichen Ohr gewisse hohe oder sehr tiefe Töne nicht mehr vernehmen? Ich habe es nie erfahren. –

Achmet war mein Begleiter während der Inspektionstouren, die ungefähr zwei Wochen dauerten. Abends richtete er das Spitzzelt auf, verwahrte darin das bisschen Gepäck, das ich mithatte, breitete die Lagerstatt aus und brannte rings um den Lagerplatz den halbbestandenen Boden ab, um Ungeziefer und Reptilien von uns fernzuhalten.

Er zog mir die roten Saffianstiefel von den Füssen, entkleidete mich, wusch mich und kleidete mich in die zarten Gewebe, die der Araber, wenn er es sich leisten kann, nachts trägt. Dann entfachte er ein Holzfeuer, kochte die Mahlzeit, meist den gewürzten ›Asafrat‹, und reichte mir gegen den Durst den herrlichduftenden Minzentee. Und während ich auf meinem Feldbett schlief, blieb er vor dem Zelteingang, in seine Chaschabbia gehüllt, in der gewohnten Hockestellung, und bewachte meinen Schlaf. Dabei stahl er, was seine behenden Finger erreichen konnten: Mein Taschentuch, die Sonnenbrille, das wenige Geld, das ich mitnahm, meine billige Armbanduhr. Er lieh mir mein Gut andertags grosszügig wieder aus. Sogar mein Geld, wenn ich irgendwelchen Kindern mit ein paar Sous eine Freude machen wollte. Aber er berechnete als guter Araber dafür Zinsen. Besonders drollig gestaltete sich sein Verhältnis zur Armbanduhr. Standen Landsleute um ihn herum, warf er immer wieder in weitausholender Geste seinen Arm hoch, um nach dem Zifferblatt zu sehen, vor allem aber, um mit der Uhr zu protzen. Denn wo in aller Welt hatte damals ein Araber solche Kostbarkeit zu Eigentum. Heimlich aber kam er oftmals unterwegs nach vorn geritten, hielt mir das Ührlein unter die Nase und fragte etwas kleinlaut nach der Zeit. Denn er konnte sie nicht lesen. Als ich ihn einmal zur Rede stellte, weil er mir die Foto meiner Mutter geklaut hatte, antwortete er mit einem Anflug von Entrüstung in der Stimme: »Du doch mein Bruder. Also wir beide die gleiche Mama!«

Wenn mich mein Onkel auch einen ›fertigen Idioten‹ schalt, weil ich Achmet die kleinen Diebereien durchliess, statt ihm Ehrlichkeit mit Peitschenhieben beizubringen, so waren es andere Dinge, die mich zur Nachdenklichkeit antrieben. Da war vor allem eines: Wenn wir nachts kurz vor der Ernteeinbringung auf Patrouille waren und von irgendwoher das Geräusch des Mahlens hörbar war, da war er es, Achmet, der mir ins Ohr flüsterte: »Hörst Du, Chaid! Du schiessen!« Was in aller Welt trieb diesen Menschen an, mich, den Roumi, aufzufordern, auf seine Brüder zu schiessen! Wo war bei diesem Manne, der von meinem Onkel mitsamt seinem Pferd in einen Abgrund getrieben worden war, der täglich die Miseren seiner Stammesbrüder vor Augen hatte, ihre Rechtlosigkeit, die Einweisung in einen Stand, der an Erniedrigung mit keiner geschichtlichen Klasse gemessen werden konnte, weil die sozialen Massstäbe immer bei einer gewissen Würdigung des Menschlichen beginnen, wo – bei Allah! – und in welchem Winkel verborgen sass bei Achmet jener Funke, der zur Revolte treibt, zum passiven Widerstand wenigstens, zur Solidarität?

Dass er hinter meinem Rücken hingegangen ist und mich bei der Direktion angeschwärzt hat, weil ich die ›Schwarzmahler‹ nicht aufs Korn genommen hatte, das wusste ich auch.

Er war mein Reisebegleiter, er hat mich freundschaftlich betreut, er nannte mich ›mein Bruder‹. Er hätte mir ebensogut während des Schlafes einen Dolch zwischen die Rippen jagen können. Es hätte mich nicht gewundert, falls ich nachher noch des Wunderns fähig gewesen wäre.

Das Gebäude der ›Colons‹ war ein sanftes Irrenhaus. Die langanhaltende, feuchte Sommerhitze machte aus allen Neurotiker. Es wurde geschrien, gelacht und geweint in bunt durcheinandergewürfelter Reihenfolge. Alle tranken und litten an Koliken der Leber und Galle.

Jeweils, wenn ich von der ›tour‹ zurückkam, nahm ich ein heisses Bad; das ging im Waschhaus vor sich. Als ich einmal dabei war, mir das Sand-Schweissgemisch vom Leib zu schrubben, erschien meine Tante und begehrte mit mir zu baden. Ich wehrte sanft, aber mit Bestimmtheit, ab. Da erhob sie ein Geschrei, rief um Hilfe und bezichtigte mich unerlaubter Kühnheiten. Ein Diener alarmierte meinen Onkel. Dieser griff nach dem Gewehr und verfolgte mich, der ich nackt wie Adam die Flucht ergriffen hatte, rings um das Direktionsgebäude. Es gelang mir, mein Zimmer zu erreichen, wo ich mich verbarrikadierte, selbst zum Gewehr griff und durch das Fenster zu schiessen begann. Allmählich beteiligte sich das gesamte europäische Personal am Scharmützel. Aus Türen, Fenstern, Kellerlöchern wurde gepfeffert – bis die Munition ausging. Die wenigsten kannten den Grund, der zum Feuerwechsel geführt hatte. Die Leidtragenden waren einmal mehr die arabischen Diener, da wie immer das Gerücht aufkam, sie hätten durch Auflehnung zur Schiesserei Anlass gegeben.

Abends versöhnte sich dann Europa unter Tränen und Küssen. Dann, zur Feier der ›bonne entente‹, griff mein Onkel zu seiner Geige, schob mir eine Bratsche zu, und die Tante setzte sich ans Klavier. Es wurde konzertiert, meist ein Streichquartett von Schubert. Dass dabei das Violoncello fehlte, war nicht von Argem. Aber das Klavier besass wohl kaum mehr die Hälfte dessen in seinem Kasten, was zum Schlagen und Tönen notwendig war. Die Geigensaiten waren mit Schnüren hinterm Steg ›provisorisch‹ befestigt oder die eine durch die nächsttiefere ersetzt und überzogen. Es hätte schon grosser Virtuosität bedurft, um damit reine Töne zu erzeugen. Was wir hervorbrachten, klang so, dass mir die Tränen über die Wangen liefen. »Sieh!« jubelte mein Onkel, »unser kleiner Neffe ist von unserm Spiel ganz gerührt!« Dabei vergass er, dass grässliche Musik Schmerzen leiblicher

Art in solchem Masse hervorrufen kann, dass man heulen muss.

Die Wohnstätten der Araber in den Gourbis starrten vor Dreck. Manchmal wurde ich zu Kranken gerufen. Ich hatte eine Hausapotheke bei mir, mit Salben und desinfizierenden Lösungen. Die Kranken lagen in irgend einer Ecke des Wohnraumes auf Lumpen, auf welchen das Ungeziefer so zahlreich war, wie die Ameisen im Ameisenhaufen. Es stank so fürchterlich, dass ich jeweils die Nase mit Watte und Verbandstoff umwickelte. Geholfen haben meine Medikamente wohl nie. Höchstens das Übel für kurze Zeit gelindert. Einmal wurde ich zu einer Frau gerufen, die den Brand hatte. Als ich mich in der Dunkelheit dem armseligen Häuflein näherte, sah ich beim Näherkommen, dass sie von einer grünlichen Masse überzogen war. Ich schob meine Hand etwas vor. Da stob die Masse hoch. Es waren Tausende von Schmeissfliegen, welche die noch Lebende überdeckten. Ich ging hinaus und erbrach mich.

Zu Anfang, als ich meinen kleinen Stolz hatte und einen Beitrag zur Erhaltung der Ordnung leisten wollte, hatte ich einen Scheich zur Anzeige gebracht, da das ihm zugeordnete Material in einem abscheulich schlechten Zustande war. An einer Schneidemaschine waren die Messer abgeschlagen, an Karren die Räder abmontiert, die Motoren streikten... Es sah richtig nach Sabotage aus.

Später – ich hatte ›Taldienst‹, jene Zeitspanne zwischen zwei Inspektionsreisen, in der wir Jungen zu etwas Bürodienst angehalten wurden, im grossen und ganzen aber die Stunden nach Belieben mit Reiten und Jagen ausfüllen durften – sass eines Morgens früh ein Araber an der Mauer, die zum Getreideschuppen gehörte und die ›Schweissmauer‹ hiess, weil sie tagsüber, von morgens bis abends, von der Sonne beschienen war. Vom Maien an fällt die Temperatur in dieser Gegend selten mehr unter 30 Grad im Schatten, sogar in der Nacht nicht. In den Sommermonaten sind 40 Grad und mehr die Regel.

Der Mann, in seinem gelblichen Burnus, führte, als er mich sah, den Finger zum Mund, legte die Hand dann aufs Herz und neigte sich vor, bis seine Stirne den Boden berührte. Ich erkannte in ihm den Scheich, den ich zur Anzeige gebracht hatte.

Ich ritt aus, betätigte mich dann in der Registratur, und als ich gegen Mittag zu meinem Onkel ins Direktionsbüro hinüberging, sass der Mann noch an derselben Stelle, an der Sonne, seit sechs Stunden. Nochmals grüsste er mich mit Fingeranlegen und Verbeugung. Als wir zum Mittagessen gerufen wurden, machte ich meinen Onkel auf den Scheich aufmerksam. »Ich weiss«, antwortete er, »ich werde ihn verhören... später.«

Wir assen, tranken und legten uns zur Siesta hin, bis gegen fünf. Dann wurde Tee serviert. Als wir uns an die Arbeit begaben, war es sechs Uhr abends, wo – der Hitze wegen – der eigentliche ›Nachmittag‹ beginnt und sich bis gegen neun oder zehn Uhr ausdehnt.

An der Schweissmauer hockte der Mann seit zwölf Stunden, ohne einen Bissen gegessen, vor allem ohne einen Schluck getrunken zu haben. Mein Onkel streckte sich gemächlich in seinem Ledersessel aus. »Hol Deinen Mann!« sagte er zu mir. Ich ging zum Fenster und winkte diesem. Er erhob sich flink, gebückt, öffnete die Tür, liess sich auf die Knie fallen und rutschte zum ›Chef‹ hin. Dort vollzog er seinen traditionellen Gruss, kam aber damit nicht zu Ende. Mein Onkel zog die Beine an und versetzte ihm zwei Fusstritte ins Gesicht. »Sag, dass Du ein arabisches Schwein bist, sag's!« sprach er in fast höflichem Ton zu ihm hinunter. Das Gesicht in seinen Arm gedrückt, gluckste der Mann einige Silben hervor, was wohl dem Direktor ungenügend schien. Denn er schlenkerte seine beiden gelbgestiefelten Beine hoch und schlug dem Kauernden die funklenden Spitzen seiner Sporen in den Nacken. »Sag's laut!« fügte er bei. Da erhob der Gepeinigte langsam den Oberleib, und mit herunterhängenden Armen, einem verquollenen Auge und mit blutenden Lippen starrte er seinen Peiniger an, wortlos. »Du willst also nicht sagen, dass Du ein Schwein bist, Drecksfuss?« rief mein Onkel aus, und seine Stimme bekam einen Belag. Er griff zu einem Instrument, das auf seinem Schreibtisch immer bereitlag: die aus Rhinozeroshaut geschnittene Peitsche. Der erste Streich damit streckte den Araber zu Boden. Die Laufbahn des Schlages zeichnete sich durch einen blutenden Streifen ab, der den Burnus rotfärbte. Ich drehte mich zur Wand.

Zu meiner tiefen Beschämung – die mich in der Erinnerung heute noch befällt – habe ich nicht eingegriffen. Auch als mein Onkel in einem Tobsuchtsanfall schrie und weiterschlug. Zwei Diener haben den Gemarterten abgeschleppt. Er kam nachtsüber in ein Kellerloch, das weder lang genug war, um sich auszustrecken, noch hoch genug, um darin zu sitzen.

Der einzige Freund, besser gesagt: die einzige Freundin jener sieben Monate, die mir wie die sieben biblischen mageren Jahre vorkamen, war meine Schimmelstute Fatima. Nachts lief sie frei herum. Sie witterte Menschen und wilde Tiere auf Kilometer und stiess ein warnendes Wiehern aus, wenn sich etwas unserm Lager näherte.

Morgens pfiff ich ihr. In kurzem, gedrungenem Galopp kam sie angeschwirrt, stand hoch und versuchte mich mit den Vorderhufen zu tupfen. Nahm ich reissaus, verfolgte sie mich, und wenn es mir nicht gelang, ihr durch eine plötzliche Wendung zu entkommen, so rammte sie mich mit den Nüstern ziemlich derb in den Rücken oder Hintern, so dass ich umfiel. Wenn ich mich dann ›totstellte‹, kam sie mit einem weinerlichen Gewieher zurück, stiess mich mit den Vorderhufen sanft an, beschnupperte mich und rupfte mir mit den Lefzen an den Haaren. Und schnellte ich mit einem Jauchzer hoch, lachte sie über das ganze Gesicht, das elfenbeinerne Gebiss bis zu den Mahlzähnen entblösst. Wenn ich über Mittag im Schatten der Bäume ausgestreckt ruhte, erzählte ich ihr lange Geschichten über meine Heimat, meine Freunde und meine Mutter. Zuweilen kniete sie dann nieder, vorn auf die Vorderbeine, und schob mir ihre weiche Schnauze zwischen Schultern und Wange. Ich vernahm dann ihre eigentümlichen röhrenden Töne und wusste: Jetzt erzählt sie. Sie ist die einzige gewesen, die mich über jenes Gefühl ›elendester Verwaisung‹ zeitweise hinweggetröstet hat.

In der Sendung ›Aus meinem Leben‹ (1964) erzählte Vaucher, wie sehr ihm dieses koloniale ›Klima‹ zugesetzt hatte: »Ich bin mit der Zeit versimpelt, ich spürte das, und da erlöste mich eine ›gesunde‹ Malaria von dieser ganzen Sache, nach ca. dreiviertel Jahren, und mit dieser Malaria fand man, es sei besser, man schicke den ›Charldinand‹ wieder nach Europa. Ich kam heim nach Basel. Als ich vor der Türe stand, hatte ich natürlich keine Hausschlüssel. Ich läutete an der Türe. Die Luise, die immer noch in unserer Familie war, machte auf, kam raus, blickte mich an und sagte: ›Was wollen Sie?‹ Ich ging auf dieses Spielchen ein, muss allerdings beifügen, dass ich mir einen Bart und einen Schnauz hatte wachsen lassen und wegen der Malaria vielleicht noch 40, 42 Kilo wog, also ein ziemlich veränderter Vaucher war. Da sagte ich: ›Ich möchte gerne die Frau Vaucher sprechen.‹ Und sie sagte: ›Warten Sie einen Augenblick‹. Nachdem sie mich angemeldet hatte, führte sie mich ins Büro meines Vaters und sagte: ›Die Madame kommt gleich.‹ Dann kam die Mama, und selbstverständlich hat die Mutter ihren Sohn sofort wieder erkannt. Sie rief dann der Luise, und als die Mama sagte ›Vous ne le reconnaissez pas, mais c'est Ferdi‹, ist sie also, glaube ich, fast gestorben vor Schmerz, dass sie ihren alten Zögling nicht mehr erkannt hat. Sie hat ausgiebig und Tage und Nächte durch, ich weiss nicht wie lange, geweint.«

Der Schriftsteller Rudolf Jakob Humm (›Bei uns im Rabenhaus‹ 1963) hatte für Charles Ferdinand Vaucher den Namen ›Charldinand den Lieben‹ geprägt. Doch gerade in der Liebe konnte Vaucher auch grausam sein. Das musste nicht nur Luise erfahren. ›Ferdi‹ sagte die Mutter damals ihrem Sprössling, um ihn von ihrem Gemahl, dem anderen ›Charles‹, zu unterscheiden.

»Nun, Basel empfing mich eigentlich wie einen alten Freund«, erinnerte sich Vaucher weiter, und dachte dabei an die jungen Basler Maler, das Theater und die Politik. Der Empfang durch den Ehemann seiner Mutter und leiblichen Vater, fiel hingegen weniger herzlich aus. Vaucher 1964 am Radio: »Als mein Vater mein Faible für das Theater entdeckte, hat er mich noch gezwungen, ein zweites Lizentiat zu machen, nämlich dasjenige ›es lettres‹, was ich dann auch noch brav befolgt habe, ohne je die geringsten Früchte davon zu ernten in meinem Leben.«

1927 und 1928 schrieb sich Vaucher noch ein letztes Mal für je einen Sommer an der Universität Genf ein, vermutlich aber nur noch der Form wegen. Er legte sich ein Motorrad zu, spielte bei der ›Compagnie Jean-Bard‹ Theater und verdiente sich sein Geld weitgehend selber, indem er an seine frühere Übersetzertätigkeit anknüpfte. Um das Motorrad ranken sich wilde Anekdoten. So sei er einmal mit einem befreundeten Kunstmaler, dem alle nur ›Engel‹ sagten, an einem Sommerabend von Lausanne zurück nach Genf gebraust. Sein schwerbetrunkener Freund habe auf dem Sozius-Sitz nicht stillhalten können: »Nun sitz doch mal ruhig, du dummer Kerl, sonst fahren wir noch in einen Graben«, habe C.F. Vaucher ihm zugerufen. Der aber habe nur weiter gejohlt und geschaukelt. »Und als sie in Genf ankamen«, erzählt Vauchers Sohn Jean Jacques, »war er splitternackt – auf der Fahrt hatte er sich ein Kleidungsstück nach dem anderen ausgezogen.« Eine andere Geschichte aus jener Genfer Zeit hörte Susi Lehmann, als sie mit Vaucher und Alfred Rasser im Cabaret ›Kaktus‹ auftrat: In ›angeheitertem oder noch massiverem Zustand‹ habe er sich in der Nacht auf sein Motorrad gesetzt, auf einem Landungssteg Vollgas gegeben und sei mitsamt dem ›Töff‹ in den Genfersee hinausgefahren.

In Genf arbeitete er als französischer und deutscher Übersetzer der tschechoslowakischen Delegation am Völkerbund. Vaucher führte 1964 am Radio aus, dass er für das Tschechoslowakische Pressebüro »schlecht geschriebene französische und deutsche Texte habe bereinigen müssen«: »Ich wurde nachher auch höchst privater Übersetzer von Präsident Benesch [Eduard Benesch, 1918–35 Aussenminister der Tschechoslowakei, 1921–22 zugleich Ministerpräsident, später, 1945-48, Staatspräsident]. Er gab mir damals seine Reden, damit ich sie in ein elegantes Französisch übertrage. Man hat mich dann [jeweils] während acht Tagen ins Hôtel National eingesperrt, und ich musste diese Reden überarbeiten – eingesperrt hat er mich, damit deren Inhalt ja geheim bleibt, eigentlich eine etwas seltsame Einstellung. Benesch war eine kleine, von der Gestalt her nicht sehr imponierende Person, und ich erinnere mich noch, wie sich bei einem Empfang, den er im Hôtel Bergues gab, alle Leute auf seinen Ersten Sekretär stürzten. Das war ein hochgewachsener Kerl, blond und schön, und alle meinten, das sei nun der Präsident, worauf der etwas verärgerte Benesch sich einen Fussschemel bringen liess, da rauf stieg und sagte ›C'est moi, Benesch, c'est moi, Benesch‹, und dann sind die Leute auf ihn los und haben ihm endlich die Hand geschüttelt.«

Wirklich gezählt für Vaucher hat damals jedoch nur eines, das Theater. Doch noch einmal wurde sein Tatendrang gebremst. Der Schriftsteller Walter Matthias Diggelmann, dem Vaucher sein Leben erzählte, schrieb dazu in seinem Nachruf: »Und wieder löst der Vater das Versprechen, den Sohn jetzt an das Theater gehen zu lassen, nicht ein. Er schickt ihn in ein Notariat.« Vaucher am Radio: »Ich war dann auch noch einmal Notariatsgehilfe in Basel, bei einem

Anwalt, weil man fand, ich sollte doch noch Notar werden.« Da habe er aber, wie sich C.F. Vauchers Sohn Jean Jacques erinnert, den Parteien, die im Streit zu ihm kamen, nur immer gut zugeredet, statt kostenpflichtige Rechtsakte zu vollziehen, und sei wegen solch ›geschäftsschädigendem‹ Verhalten sehr schnell wieder auf die Strasse gesetzt worden. Das Anwaltsbüro, schrieb C.F. Vaucher 1954 in einem Lebenslauf für ein kleines deutsches Theater, habe »ich durch meine pazifistischen Bestrebungen, die gegnerischen Parteien auszusöhnen an den Rand des Abgrundes« gebracht. »Sein Verhältnis zum Vater ist von dem Moment an gestört gewesen, als er ganz klar nach links wegdriftete«, meint Jean Jacques Vaucher weiter. Wenn die beiden sich stritten, musste Johanna Vaucher-Diener in ihrer Eigenschaft als Ehefrau und Mutter zwischen den beiden Streithähnen ›Ansprechpartnerin‹ spielen, wohlgemerkt in deren beider Anwesenheit. »Sein Vater hat scheinbar wochenlang nur auf dem Umweg über seine Mutter, nicht mehr direkt mit ihm geredet: ›Würdest du dem Herrn Sohn sagen, er möchte das und das machen.‹ Und mein Vater genauso zurück: ›Würdest du meinem Herrn Vater sagen, dass ich dann und dann das vorhabe.‹ Die haben zum Teil nur noch so miteinander gesprochen. Seine Mutter hat er geliebt, wirklich heiss geliebt.«

In Basel suchte er sich Ende der 20er Jahre auch endlich eine eigene Unterkunft: »Ich zog natürlich damals aus dem Elternhaus weg und besass eine kleine Bude. Ich kam sehr selten heim. Mein Vater hat mich zu dieser Zeit eigentlich geschnitten. Er war derart enttäuscht, einen Sohn zu haben, der aus der Art schlug, dass er mich am liebsten nicht gekannt hätte. Ich muss übrigens sagen, es war auch besser so für meine Eltern, denn sie waren ein grossartiges Liebespaar, und ich kann mich erinnern, dass, als mein Vater mein jetziges Alter hatte, meine Mama ihm nach dem Essen immer auf dem Schoss sass und die zwei miteinander geschmust haben, so dass ich immer gefunden habe, ich bin vollkommen überflüssig.« In einem Textfragment aus der Zeit unmittelbar nach dem Tod des Vaters, der am 28. Januar 1930 erfolgte, steht: »Wenn ich nach langer Abwesenheit ins Elternhaus zurückkehrte, wurde ich zwar liebenswürdig empfangen, doch blieben ihre Augen an der seltsamen Kreatur, die ich für sie sein musste, mit wachsendem Unbehagen hängen – und bald gab irgendein Vorwand den Anlass zu einer Auseinandersetzung, die mich zwang, mein Elternhaus so rasch wie möglich zu verlassen.«

Der Maler und Bühnenbildner Max Sulzbachner, der ein enger Freund Vauchers war und 1928 zusammen mit Coghuf, Hans Stokker, Charles Hindenlang, Otto Staiger und Paul Camenisch die Vereinigung ›Rot-Blau‹ neu begründete – sie hatte nach dem Tod von

Scherer und Müller zu existieren aufgehört –, schrieb in seinen auf ›Baaseldytsch‹ verfassten Erinnerungen (›vom Sulzbi verzellt‹, 1973), Vaucher habe das Elternhaus an der Arnold Böcklin-Strasse 48 nur immer als ›Die Toteninsel‹ bezeichnet – nach dem bekannten Gemälde des 1901 verstorbenen Basler Meisters, welcher der Strasse den Namen gab. Sulzbachner gestand auch, dass er es war, der Vaucher (›Faucher‹) dabei geholfen hatte, den wertvollen Weinkeller des Hauses leerzutrinken:

»Wenns spoot zNacht bebberlet het am Fänschter, ischs sicher dr Faucher gsi, wo vo sym Schrybdisch eväg ko isch zuem e Bsiechli z mache. Er het gluegt, was ych schaff und verzellt, was är schafft, me het gluegt, eb ebbis zem Dringge umme n isch (...).« Wenn aber nichts aufzutreiben war und sie auch zu abgebrannt waren, um noch in die Szenekneipe ›Kunsthalle‹ zu gehen, und das sei nicht selten der Fall gewesen, »denne simmer in d Doteninsle go s ›Bonsoirpapaspil‹ go mache. (...) s ›Bonsoirpapaspil‹ isch so gloffe: Mer sin in Huusgang yne, ych ha unde an der Stäge brav gwartet. Dr Faucher isch in obere Stogg, het lyseli d Dire zuem Schloofzimmer uffgmacht und ›Bonsoir Papa‹ gsait. Wenn s still blibe n isch und nur s lycht Schnärcherle gantwortet hat, isch s Spil gwunne gsi, het s aber zrugg deent ›Bonsoir Charles‹ drnoo hämmer verlore. Nämlig: wenns gschnärcherlet het, denn sin d Hose vom Babbe hibschelifyn vo dr Stuellähne uff d Stäägelähne braggdiziert worde. In däne Hose ihrer Fudidäsche isch halt dr Schlisselbund gsteggt, uff dä hämmers abgseh. Denne dr Schlissel zem Wykäller isch an däm Bund bambelet. (...) Die scheenschte Näme usem Wälsche, usem Burgund, em Elsass und der Bordeauxgegend het me ›gfunde‹. Als ob mir Schnuderi das alles scho richtig hätte z schetze gwisst. Bsunders uff e n uuralte Sauternes us de nynzger Johr simmer gstande säll aber het e bös Änd gno. Wo dr Babbe Vaucher bynere wichtige Yladig das Wyli zuem Dessert verschproche het isch leider numme no ei einzigi Fläsche z finde gsi.« Daraus sei sogar eine »böse Geschichte« entstanden, schreibt Sulzbachner: »Wohrschynts dur d Bonsoir-Papa-Erfahrig und ähnligs het dr Babbe Vaucher im Faucher sy Erb inne Familie-Stiftig zuer Unterstitzig vom C.F. Vaucher verwandlet. Dasch e wohlwaisligi Verfiegig gsi, denn är het jo schliesslig sy Sohn kennt. Die Familiestiftig isch bis zuem Tod vo dr Mamme bifrischtet gsi (...).«

Vaucher schildert dieselbe Geschichte im nachfolgenden Text, der im Februar 1933 entstand und vermutlich als Anfang eines autobiographischen Romans gedacht war.

IV ›BILDNIS MEINES VATERS‹

Ich verhalf ihm zu den drei Schritten, die notwendig waren, um den Raum zwischen Bett, in welchem er gelegen hatte, und Liegestuhl, in den er sich begeben wollte, zu durchqueren. Er war in seinen roten Schlafrock gehüllt, trug Hemd, Wolljacke und Unterhosen und steckte mit den Füssen in Pantoffeln. Als ich ihn fest untergefasst erst in Sitzlage, dann in Liegestellung auf die Ottomane niedergelassen hatte, war er erschöpft. Ich ordnete seinen Katheter, hüllte die vorgestreckten Beine in eine Wolldecke und klemmte ein Kissen zwischen Lehne und seinen Rücken. Dann holte ich einen Stuhl herbei, setzte mich und sah auf ihn.

Da lag der einstige Gewalthaber über mein Leben, Erzieher und Pädagoge, mein Vater! Während ich auf seine heftig arbeitenden Nüstern blickte, die sich wie Kläppchen zwischen Nasenspitze und Basis öffneten und schlossen, dachte ich an das, was kommen musste: an seinen Tod. Dreissig Jahre hatte er mein Tun und Denken in den grossen Linien bestimmt. Nun kam er selber seiner Bestimmung nahe. Es hatte eine Zeit gegeben, in der dieser Mann, der dalag, mich mit seiner Liebe gequält und gefördert hatte. Die mächtige Sphäre seiner Person, ein Gemisch von Eigenwilligkeit und Grösse, Uneigennützigkeit, Tyrannis, zärtlicher Fürsorge und falschem Ehrgeiz, jenes Kräftefeld der Ausstrahlung positiver und negativer Pole, in der ich, der Zögling, hochgekommen war, die den eigentlichen Nährboden in mir zum Wachstum im Geiste seiner Weltanschauung gebildet hatte, war von nun an wie weggeschmolzen. Was ihm voranging, ehe man noch Aug in Aug mit ihm zusammentraf, was einen Ort, den er einmal betreten hatte, nie wieder ganz verliess, das Kleider und Gewebe des Körpers durchdringende Fluidum seiner Kräfte und Energien war erloschen. An dem aber, dass dieses fehlte, erkannte ich das Nahen des Todes.

Das Dösige in seinem Antlitz, die Betonung aller abfallenden Linien und Flächen auf der Oberfläche seines Gesichtes verliehen ihm den Ausdruck eines Stumpfsinnigen. Er litt. Doch war die Resonanz seines Leidens gebrochen. In den vielen Tagen seiner Krankheit hatte das Leiden bei ihm eine Art zweiter Natur ausgebildet. Ich sagte mir, wie das Leben im normalen Zustande kreisförmig verlaufe, indem die Verwesungsstoffe den Regenerationsprozess zum Wiederaufbau heranbilden und so eines im andern enthalten sei, eines stets vom anderen ausgelöst werde, um selbst wieder Auslöser zu werden, habe sich jetzt der Ring geöffnet. Sein Leben verlief auf einer Geraden, die möglichst zu verlängern die Ärzte sich bemühten.

Ich sah durchs Fenster in den Garten mit seinem Kiesweg. Mit diesem Kiesweg verband sich mir unweigerlich Unkraut. Davon musste ich an freien Nachmittagen als Junge roden und erhielt für jeden Eimer, den ich füllte, zwei Rappen, gerade soviel, um sich damit nichts kaufen zu können. Deshalb kam das Geld in eine Porzellandose, die dann hätte zerschlagen werden müssen, wenn sie einen ordentlichen Betrag barg. Aber das Geld erhielt man nie. Es wurde zum Ankaufe von Schuhen oder Kleidern, gewissermassen als Zusatz zum Fehlenden verwendet. Man begriff aber nicht, wieso das heissverdiente Geld auf lumpiges Schuhgeld geschlagen wurde, wo man es doch so gerne im Hosensacke hätte klimpern hören. Denn diese Arbeit, dieses Roden von Unkraut ist jedem Kinde tief verhasst. Es greift in die Sphäre seiner frei sich betätigenden Phantasie wie eine Kerkerstrafe. Der Garten ist für es da. Nicht es für den Garten. Wird ihm aber gar das Entgelt für diese Zwangsarbeit vorenthalten, empfindet dies das Kind als Betrug.

Ich sog den Duft ein, den seine Schwäche ausströmte: eine Verbindung von Schweiss, Urin und etwas Undefinierbarem, das sich am ehesten mit der Ausdünstung einer erkaltenden Dampfmaschine vergleichen liess.

Sein Kopf hatte sich als Stützpunkt eine vorspringende Ecke des Kopfpolsters an der Rückenlehne ausgewählt und ruhte nun mit dem Ausdruck der Bekümmertheit und des Verzichtes darin. Zuweilen öffnete sich sein Mund, und eine Speichelblase, auf der die Reflexe des Tages Farben wie von Anemonenblüten bildeten, formte sich, platzte oder wurde wieder eingesogen. An den herabhängenden Enden seines Schnurrbartes, am dünnen Kopfhaar mit seiner gelblichen Verfärbung gegen die im Rundschnitt an die Stirne gekämmten Haarspitzen, das stellenweise die Schädeldecke mit ihrer Schuppenbildung blosslegte, war mehr noch als das Alter die Ermüdung und Abnützung durch die Krankheit erkennbar. Deutlich trat nun auch die ihm angeborene Asymmetrie der beiden Gesichtshälften zueinander, ein Überwiegen der linken zuungunsten der rechten, hervor.

In dieser nämlich, der rechten, waren von der Ausbuchtung der Stirne, die zwischen Haargrenze und Wölbung der Augenbrauen schmaler, gedrückter gediehen war, bis zur weicheren und schmiegsameren Rundung der Kinnhälfte, alle Züge zarter und wie hinter ihren Paaresgenossen der linken Seite zurückgeblieben. Diese Inferiorität, rechts, wurde noch betont durch eine Ausbiegung der Nase zu ihr hin, so dass die gesamte Gesichtsfläche in zwei ungleiche Schnitte geteilt wurde, derartig wiederum, dass die linke an Ausmass, zwischen Nasenrücken und Ohransatz gerechnet, gewann, die rechte aber kleiner und zwischen diesen zwei Punkten beengt erschien.

Aber auch die einzelnen Organe waren, verglichen miteinander, ungleich: vom Ohr, dessen Muschel links weiter ausholte; vom Auge, das rechts kleiner und schief zur Nasenaxe verlief; von den Mundwinkeln, von denen der eine wie stecken geblieben war, während der andere zu einer kleinen Biegung nach den Kinnlinien ausholte – bis zu den geringsten Falten und Spuren, war die Prägung von Seite zu Seite einem bestimmten Gesetze zufolge unterschiedlich und wie der Gradmesser zweier nebeneinandergelagerter Wesensmerkmale ausgebildet.

Ehemals hatte er diese Verbildung durch Zurechtstutzung des Schnurrbartes und dadurch, dass er die Haare über der rechten Schläfe ausrasierte, zu kaschieren gesucht. Nun aber, durch die Vernachlässigung in der Pflege seines Äussern und den dadurch bedingten Wegfall dieser Korrekturen, trat das Relief dieser Asymmetrie gleichermassen schärfer konturiert hervor.

Ich erinnerte mich denn, wie auch beide Gesichtshälften in meiner Vergangenheit ihre besondere Rolle gespielt hatten.

Lob oder Tadel wurden von ihm nur spärlich verteilt (er bediente sich hierfür eines höchst eindrucksvollen Mienenspiels!), wie er überhaupt was er dachte meist nicht aussprach, vielmehr die Summe seiner Überlegungen in wenigen und lapidaren Worten ausschüttete. Dann waren die Sätze, die er formte, die allereinfachsten und hörten sich wie Sentenzen an. So bei Tisch – wenn ich es unternahm, über irgendwie Gehörtes oder Gesehenes Rapport abzulegen und im Eifer das Geschaute oder Vernommene wiederzugeben, viel gestikulierte und laut redete, konnte er mich inmitten meiner Erzählung mit der Bemerkung unterbrechen: *die Eindrücke, die subjektiv von erstrangigem Interesse schienen, seien genauer besehen schon für die nächste Umgebung belanglos.*

Wenn auch im Unterton einer solchen Antwort ein deutliches ›Reden ist Silber, Schweigen aber Gold‹ mitklang, das über die Absicht des Sprechers, in Ruh gelassen zu werden, und über die darin enthaltene Aufforderung, ihn darin gefälligst respektieren zu wollen, nicht den geringsten Zweifel aufkommen liess, wodurch jeder weiteren Anbändelung durch die Anwesenden ein Riegel vorgeschoben wurde (bei Gefahr der Einbusse seines Wohlwollens auf unbestimmte Zeit hinaus; denn er war in seiner Stimmung rasch wechselnd und von unnachsichtiger Gesinnung gegen jeden, der davon keine Notiz genommen hätte!), so wurde, trotz der Unerbittlichkeit, mit der er sich der Kontrolle seines Nächsten entzog und diesen auf die nötige Distanz verwies, der Ausspruch als solcher für den Angeredeten als besonderes Verdienstmerkmal hingestellt. (Gleichgültigkeit gegen seine Mitmenschen nämlich bekundete er durch ein höfliches, förmliches Benehmen.) Allerdings war mit dieser Auszeichnung keine Garantie auf einen ruhigen Ausgleich in den wechselseitigen Beziehungen geleistet. Sowenig man auf den Knall eines Schusses hin die Richtung der Geschossbahn abwägen kann, sowenig durfte seine Haltung in einem bestimmten Augenblick für seine Handlungsweise im nächsten Bürge sein. Aus einem nichtssagenden Anlass konnte ein Entrüstungssturm von Schmähungen, wilder Gestik, Anschuldigungen und Verdächtigungen auf den soeben noch huldreich Behandelten niedergehen, unter dem die zufällig anwesenden Zeugen die Köpfe einzogen – wie Soldaten, welche den Einschlag schwerer Kaliber in ihrer unmittelbaren Nähe vermuten.

In der Regel aber rechnete man weder die geschilderten Ausbrüche der Wut oder des hemmungslosesten Sentiments, noch jene Prüderie im Abstandnehmen vom Angeredeten durch ein andeutungsweises Eingreifen ins Gespräch zur gewohnten, zur gewöhnlichen Art, mit Dritten im Angehörigenkreise zu verkehren. Vielmehr bildeten sie die Ausnahme, und man begleitete sie, wenn der Fall eintrat, mit stockendem Atem: gleich einer Funktionsstörung, von der im Endeffekt keiner einen Vorteil zu erwarten hatte. Es war ein omen detestabile.

Denn sein übliches Verständigungsmittel war ein stummes, in seiner Mimik ausserordentlich beredtes Mienenspiel. Ob er nun forderte, dankte, rügte, etwas auf sich beruhen liess, beurteilte oder derselben Meinung war, Fragen stellte oder eine Frage beantwortete, all dieses geschah durch eine Folge verschiedenartiger Gesichtsmuskelbewegungen, aus denen selbst Uneingeweihte unmittelbar zu lesen verstanden hätten. Durch Glätten oder Runzeln der Stirnhaut, durch Hochziehen der Ohren, durch Öffnen oder Schliessen des Mundes, Spreizen oder Spitzen der Lippen, dadurch, dass er die Lider senkte oder hob, die Augenbrauen einzog oder spannte, durch die Kombination des einen mit dem andern, durch eine bis in die kleinsten Teile seiner Gesichtsoberfläche ausgebildete Belebungstechnik (er besass die Fähigkeit, selbst noch mit seiner Nasenspitze wippen zu können, wobei deren vorderste kleine Abschlussfläche sich kräuseln konnte, wie ein Waldweiher, den von oben ein Windzug erfasste), tat dieser Mann des Anstands und der Ordnung seiner gesprächigen Umwelt, die er präsidierte und nährte, seine Wünsche kund, legte sein Veto ein und setzte seine Genehmigung an das Ende eines Gesuches.

Ich habe nie so viele Hände gesehen, so viele gemeinsam ausgelöste Bewegungen nach einem bestimmten Gegenstand, dem ein Blick, ein Ausdruck seines Gesichtes galt – wobei diese besagen konnten: gib her oder was tut er da, warum dieser und nicht ein anderer, oder schafft ihn mir aus den Augen, wer leistet sich solchen Blödsinn oder: ich danke für die Aufmerksamkeit –, so viele gleichzeitig ausgeführte Handreichungen, ohne dass einer der Mitbeteiligten sich je im Sinn, in der von ihm gewollten oder bezweckten Vollführung geirrt hätte.

Was ich aber anfänglich ausser acht gelassen hatte, war der von Gesichtshälfte zu Gesichtshälfte verschiedene Ausdrucksmodus, ein Verhalten, durch welches die eine die Bewegungen der andern wie aus der Ferne, gleichsam durch ein zerlegendes Zeitlupentempo wiedergab oder wie ein Echo nochmals formte, der privaten Prägung entkleidete und gleichsam in seine Urlaute zerlegte, indem die eine – die stärkere linke – die Intoleranz, das Herrische, Undifferenzierte seiner Anordnungen in der rechten – der zurückgebliebenen schwächeren – milderte.

Ich habe kaum einen gekannt, der meinem Vater gegenüber nicht entweder, unbegründet, tiefe Liebe entgegenbrachte (bis zur Aufopferungsbereitschaft!) oder aber, wiederum ohne jegliche ersichtliche Motivierung, ihn abgründig hasste. Es ist kaum jemand so von der momentanen Wirkung, die sein Erscheinen auslöste, vom ersten Eindruck aus, ohne sich je um das Dahinterliegende zu kümmern, beurteilt worden, wie er. Und so wie man ihn beurteilte, urteilte er über die andern. Ein sauberer Kragen, ein höfliches Benehmen, mit noch so banalen Hintergründen, boten ihm mehr als Treue und wahre Hingabe.

Es scharte sich denn auch ein Kreis Menschen um ihn, von denen ich, was ihre hauptsächlichsten Charakteranlagen betrifft, noch heute nicht weiss, wie ich sie einordnen muss. Sicherlich bestanden sie in der Mehrzahl aus solchen, welche, durch Zufall oder Spürsinn sogleich seiner Gunst teilhaftig geworden, nun bewusst seine Vorliebe für würdevolles Benehmen und gesellschaftlichen Anstand benutzten und in ihrer Umgangsart ein höfisches Betragen an den Tag legten, wie es hierzulande nur noch – und höchst selten – auf dem Theater gezeigt werden darf. Etliche dieser Herren trieben ihre Affektiertheit bis zur devoten Manie, indem sie, gefragt sich zu äussern oder im Verlangen, dies zu tun, sie von ihren Sitzen zumindest soweit sich erhoben, dass man mit geballter Faust zwischen Sitzpolster und ihrem Gesäss ohne den einen oder anderen zu molestieren hätte vorbeifahren können.

Die Gesamtheit dieser Leute gehörte der Kategorie der ›kaufmännischen Wissenschaftler‹ an, jener Menschen also, die sich im Unterschiede zum reinen Wissenschaftler an Erwerb, an der Bereicherung durch die Verwertung wissenschaftlicher Produkte beteiligen. Der Gesprächsstoff entstammte diesem Fach. Tonangebend war mein Vater. Er war von einer rührenden Unbelesenheit, verfügte aber über seine Erfahrungen und über einen Instinkt, das, was er selbst nicht wusste, aus andern herauszulocken und dabei den Anschein zu wahren, als würde ihm dabei längst Bekanntes verkündet. Von dem aber, was in seinen geistigen Besitz übergegangen war, verstand er, zu seinem Vorteil Gebrauch zu machen. Über alles übrige halfen ihm die Gemeinplätze hinweg, gerade auf diesen Gebieten hasste er jede persönliche abweichende Meinung.

Ich, der ich diesen Abenden, die sich im grossen Empfangsraum unseres Hauses abspielten, als ›Mundschenk‹ beiwohnen musste, bewunderte, weil es mir so gänzlich abging, das Geschick, mit dem die anwesenden Herren – manövrierten, und da ich einige unter ihnen kannte, ermass ich auch stets den Grad ihrer Charakterlosigkeit oder ihres Talentes...

Ich wäre aber voraussichtlich nie an das Wesen dieses Mannes herangekommen, wenn mir nicht ein Zufall den Zugang in die unterirdischen Gänge seiner seelischen Behausung gewiesen hätte – obschon ich vorerst noch lange nicht die Zusammenhänge begriff.

Ich hatte mich eines Abends mit Freunden verabredet, und wir hatten lange im Wirtshause gesessen, als wir beschlossen, unser Gelage bei einem der Mitgeladenen weiterzuführen. Allein, uns fehlte es an Geld und somit am Wein. Wir beratschlagten noch, als ich auf den Gedanken kam, mich der Schlüssel zu unserem Weinkeller zu bemächtigen. Nachts lag der Bund, das wusste ich, auf einem Tisch am Kopfende des Bettes, in welchem mein Vater schlief. Ich schlich mich ins Haus und drückte, nachdem ich vorerst das Ohr ans Getäfer der Schlafzimmertür gehalten hatte und zur Überzeugung gekommen war, dass sich darin nichts bewege, die Klinke. Im Türspalt beobachtete ich das Zimmer. Durch die regelmässigen Atemzüge in meinem Vorhaben bestärkt, näherte ich mich dem Tischchen und hatte schon die Hand ausgestreckt, als ich mit einem Seitenblick das Gesicht des Schlafenden streifte. Er schlief auf dem Rücken, das Antlitz der Zimmerdecke zugekehrt. Da gewahrte ich, dank der fluoreszierenden Helle, die durch den Widerschein der Strassenbeleuchtung den Raum erfüllte, dass eines seiner Augen – das linke – gross offen stand, während er das andere in normaler Lage geschlossen hielt. Nachdem ich meine erste Regung, ihn wachzurütteln, um dem unnatürlichen Bilde, das sich mir bot, zu entgehen, überwunden hatte, neigte ich mich etwas über ihn und fragte mit halblauter Stimme: »Vater, schläfst du?« Er aber antwortete mir nicht, denn er schlief. Ich nahm die Schlüssel an mich und verliess leise das Gemach.

Tags darauf, als ich ihm begegnete, war zum ersten Mal in mir, in meiner Haltung zu ihm, ein Umschwung eingetreten: die Benommenheit die dem Kinde in seiner Beurteilung der Eltern anhaftet und die, durch gewisse Erziehungsmethoden fleissig geschürt, eine Art ›Opium für es‹ darstellt, insofern das Kind nämlich seinen Erzeugern gewöhnlich eine gewisse Integrität, eine höhere und keuschere Lebensführung, hauptsächlich in allem, was das Liebesleben betrifft, zuspricht und nicht wahrhaben will, dass der Vater denselben Regungen und Erregungen unterworfen ist, wie es und andere, ja die Vermutung, dass dem doch so sein könnte oder den blossen Gedanken daran mit Abscheu und Entrüstung von sich weist, war nach dem Erlebnis mit dem Zyklopenauge gewichen.

Ich hütete mich allerdings, vor ihm etwas davon merken zu lassen, da ich gewillt war, meine Untersuchung am möglichst unvoreingenommenen Objekt weiterzuführen.

In der Art, so dazuliegen und zu schlafen, hatte für mich eine gewisse Schamlosigkeit, die Preisgabe eben jener Integrität, gelegen. Von nun an traten alle Erscheinungen, die ich aus seinem Leben in mir aufgefangen hatte, in Koordination zu seiner Person zusammen, selbst solche, die mir durch ihre Peinlichkeit ehemals das Leben schwer gemacht hatten.

Zu denen zählte ich vornehmlich die folgende: Ich war eines Sonntagsmorgens, als von trüben Voraussichten am Tage vorher das Wetter sich über Nacht plötzlich zum Klaren gewandt hatte, und die Amseln, Meisen und Spatzen mich von ihren Posten herunter bald nach Sonnenaufgang wachpfiffen, meiner Gewohnheit entgegen gleich aufgestanden und hatte mich zum Ausgehen fertig gemacht. Nur mit Strümpfen an den Füssen, da mir das Gehen mit Schuhen im Hause untersagt war, betrat ich, im Wunsch, so rasch als möglich ins Freie zu entkommen, etwas hastig das Schlafzimmer meiner Eltern.

Durch den zu dieser Stunde ungewohnten Einbruch musste ich aber beide in ihrem Zusammensein gestört haben. Denn mein Vater war eben im Begriff, in sein Bett zurückzusteigen. Sei es, dass die Zeit dafür zu knapp war und er in der Eile eine Fehlbewegung unternahm, sei es, dass ich durch meine gedämpften Schritte ganz unvermutet erschien, er verstrickte sich mit einem Fuss im zerknäulten Laken und konnte durch die Zappelbewegungen, um frei zu kommen, nicht verhindern, sich soweit zu entblössen, dass ich sein aufgerecktes Glied sah.

So naturgemäss und harmlos der Vorfall sich im Grund erwies, er wurde durch das unangemessene Betragen meinerseits, und dem diesem entgegenwirkenden Verhalten des andern Teils, zum Anlass einer langwierigen Trübung der Beziehungen beider Parteien. An mir hätte es gelegen, mit der Unvoreingenommenheit, die der Situation entsprach, zu handeln, indem ich die Schuld, falls von einer solchen überhaupt die Rede sein konnte, auf mich, auf meine Voreiligkeit, übertrug und die Lösung der momentanen Spannung damit herbeiführte, dass ich, wie das meine Absicht gewesen war, beiden, jetzt möglichst unbefangen, guten Tag gewünscht hätte.

Stattdessen blieben meine Augen am corpus delicti hängen und bewegten sich dann, indem ich mir die Miene eines verdrossenen Hauslehrers, der seine Zöglinge inmitten einer Untat ertappt, aufsetzte, von einem Bett zum andern. Mein Vater hatte sich hingelegt und starrte zu den Stuckornamenten an der Dekke hinauf. Erst die Frage, was ich denn wolle, und, da ich wie am Boden festgeschraubt in meiner Haltung verharrte, das nachfolgende barsche: »Scher dich zum Teufel, wenn du nicht klopfen kannst!« liessen mich die Beine bewegen und den Ausgang finden, wobei ich es nicht unterlassen konnte, in einer Anwallung von Unwillen die Tür mit aller Wucht zuzuschlagen.

Der Morgen mit seinen summenden Mücken und seiner Verschwendung in jeder Hinsicht war eindrücklich genug, um mir klar zu machen, dass was zu verratzen gewesen war, verratzt worden war. Allein, unwiederbringlich verloren und für die Hölle bestimmt ist nur, was sich nicht wandelt.

Der Blick, der mich später... traf, war derselbe, den ich einstmals beobachtet hatte, als er plötzlich eines Tages im Garten entdeckte, dass unsere Hündin trächtig war. Das linke Auge blieb gross offen, die Gesichtshälfte war, wie wenn der Gips anzieht, starr. Das linke aber blinzelte, klapperte eine Tracht Prügel, die der Hund abgekriegt hätte. Dann ich.

Er konnte nach Jahr und Tag plötzlich, nachdem nichts im Gespräch oder in seiner Haltung darauf hingewiesen hätte, ein Argument, das man einmal im Verlauf einer Auseinandersetzung mit ihm ins Feld geführt hatte, aufgreifen und es einem zum Vorwurf machen. Derartig überrumpelt, blieb einem meist nichts übrig, als den Vorwurf zu kassieren. Bestritt man aber das Vorgefallene, zählte er kurz einige Daten und Tatsachen auf, welche die damalige Diskussion in ihrer Gesamtheit beleuchteten, verwahrte sich dagegen, für schwachsinnig gehalten zu werden, und schloss, ohne die psychologischen Momente, die der Angegriffene zu seiner Verteidigung vorgebracht hatte, im geringsten zu berücksichtigen, den Vorfall mit einem »ich weiss, was ich weiss« ebenso plötzlich, wie er ihn heraufbeschworen hatte. Diese vernichtenden Ausfälle wurden zumeist an Festtagen, an denen die ganze Familie, Vettern, Tanten und angeheiratete Verwandte mit Kindern und Kindeskindern versammelt waren, ausgetragen. Bei solchen Anlässen war der

Missmut meines Vaters besonders gross. Da überdies bei den wenigsten Mitgliedern dieser weitverzweigten Blutsverwandtschaft kein gutes Einvernehmen herrschte, die Unterhaltung vielmehr mit forcierter Höflichkeit, unter der die wildesten Passionen niedergehalten waren, geführt wurde, trugen derartige Intermezzi zur Hebung der Gemütlichkeit und Heiterkeit nicht sonderlich bei. Um so auffallender war der Umstand, dass während des Abschiednehmens und gegenseitigen Abküssens, bevor man sich nach überstandenem Mahl und den üblichen Gesellschaftsspielen trennte, mein Vater in der Regel weinte. Was wie ein ansteckendes Fieber auf die ganze Versammlung übergriff und diese sonst biederen und eher gefrässigen Leute zu den absurdesten Szenen verführte: von Versicherungen, wie tief man sich liebe, Schwüren der Treue, bittersten Vorwürfen und allgemeinem Verzeihen. Dies hielt an, solange die Rührung, diese seichteste aller Gefühlsregungen, dauerte. Dann loderte der alte Hass, die gegenseitige Missachtung und der gekränkte Ehrgeiz wieder neu auf.

Wie oft wurde ich selbst in dieses Tobel der Rührseligkeit mithineingerissen und musste an den Folgen erkennen, wie nichtssagend und schädlich, wie allen Gehaltes bar die Gründe dazu gewesen waren. Denn während solche Malheurs für mich die verheerendsten waren, meine Vorstellung aufs ungeheuerlichste angespannt und erregt wurde und ich mir die grauslichsten Bilder ausmalte, nicht minder als dies bei ganz schwerwiegenden Ereignissen der Fall ist, und mein Gesicht vom vielen Weinen aufschwoll, Atemnot und Fieber mich befielen, so dass die nachfolgende Schwäche mich für die nächsten Tage ans Bett fesselte, versiegten die Tränen bei meinem Vater nicht anders, als fielen kurze Wellenspritzer auf heissen Sand. Nach aussen hinterliessen sie nicht die geringste Spur und behinderten ihn in keinerlei Weise in seiner gewohnten Betätigung. (Es waren Seitenblasen, die platzten, die aber in den Augen anderer platzten und dort Schmerzen erzeugten.) Ich war nahe daran, mir einzubilden, dass ich als Nächstverwandter dieser Ansteckungsgefahr nicht widerstehen könne, dass wohl zwei Körper, aber nur ein einzelnes Gefässystem, das derartige Wallungen weiterleite, für beide vorhanden sei, ja, dass es mir ergehen müsse, wie jenen in Europa angepflanzten Setzlingen einer mit der Erde Indiens verwurzelten Pappel, die allesamt an jenem Tage verdorrten, als mehrere tausend Kilometer von ihnen entfernt, der Mutterstamm einging.

Es war mir aufgefallen, wie dann, wenn diese allesverzehrende Rührung sich in den Raum ergoss und sogar auf den Hund, der zu winseln anfing, übergriff, die wachen Kräfte der Vernunft gleichsam eingeschläfert wurden und sich vor dem Sonderungsvermögen eine Art Nebel ergoss, welcher jegliche Distanzierung vom Geschehnis verunmöglichte. Allmählich griff ich zu einer seltsamen Art Selbsthilfe: sobald ich an gewissen mir bekannten Vorzeichen, wie ein Schiffer nach den Wolken, auf ›Sturm‹ schliessen konnte, abstrahierte ich mich völlig von den Vorgängen, indem ich mir sagte: »Wie gut diese Leute ihre Rolle spielen!« und: »Welch miserables Theaterstück muss ich mir da ansehen!« und so fort, bis mich diese schneuzende und stammelnde Gesellschaft oder der von Tränen triefende Urheber in der Tat erheiterten, wenngleich ich zuweilen in äusserster Notwehr zu Zwangsvorstellungen greifen musste, die in ihrer Komik und Trivialität nicht viel hinter dem Motiv, dem ich als Zuschauer beizuwohnen wähnte, zurückstanden. Doch verhalfen mir diese Vorspiegelungen oft zu dem gewünschten Resultat: Ich blieb wie in einem Glaskasten isoliert, von diesen Orgien der Rührseligkeit verschont.

Städte, in die man zurückkehrt, sind wie bekannte Gesichter, die man wieder trifft, und von denen man etwas erwartet hat. Doch immer ist es eine Enttäuschung und höchstens findet man darin, was einem unliebsam war und man zu übersehen sich alle Mühe gegeben hatte.

Immer trägt man in sie hinein, in die Gesichter, trotz ihrer Höcker, Schiefheiten, Kratzer und Härchen, um aus ihnen etwas Konkretes zu machen, etwas, das man in seine Teile zerlegen, kochen, sterilisieren und in Flaschen oder Kühlschränken aufbewahren kann, in ihrer Mumienhaftigkeit! Immer schält man sie, stutzt ihnen die Kanten, putzt sie aus, entfernt die faulen Stellen, wie an Kochäpfeln, bis sie uns das gewähren, was uns beruhigt. Immer sind sie bloss Teile ihres eigenen Lebens.

Die Angst vor den Gesichtern ist die Angst vor diesem Selbstbetrug. Vor der eignen Isolierung auch, da alles nur immer wieder auf sich selbst Bezug hat.

Das Entsetzen voreinander ist in allem immer das erste. Entsetzen der Tage und Nächte, in die wir hineingeboren sind! Entsetzen der Massen vorm Schlangestehn und Hungern! Entsetzen der Schmiegsamen und Zarten vor den Rohen und Machtbesessenen! Entsetzen des Todes mit seinen Filialen, den Spitälern, Gefängnissen und der Strasse! Entsetzen der Gesichter der Arbeit! Entsetzen vor den Gesichtern der Herren! Entsetzen derer, die sich nicht mehr belügen können! Entsetzen überall! Man gafft dem Mitmensch nach, wie den fremden Passanten auf der Strasse. Man fürchtet sie, denn Entsetzen ist die Angst, Gewohntes aufgeben zu müssen: wie der Spiessbürger, der seinen Stammtisch einmal von Fremden besetzt findet und nun Weltuntergänge prophezeit!

Bahnhöfe sind das Ende einer Liebe. Es sind die grossen Vogelkäfige unserer Sehnsucht.

Tod ist nicht viel, Leben noch weniger. Aber die Vorstellung davon ungeheuerlich. Denn dass es für das kosmische Walten von höchster Belanglosigkeit ist, von welcher Beschaffenheit, geistig oder körperlich, ein Einzelwesen sei, dass es ferner aus dessen Mühen, Irrungen und Freuden nicht den geringsten Nutzen noch den kleinsten Schaden zu nehmen versucht ist, vielmehr an diesen Dingen vorüber in vollständiger Apathie verharrt, bringt uns den Begriff des Tragischen im Menschenleben nahe. Zwischen dieser Übermacht, die Gott heisst, der in unsrer Vorstellung thront, und dem Weltmechanismus, nistet der Ursprung aller Tragik, wackeln wir einher, Helden oder Komiker, alles mit unsern Luftsprungen und unsern Tränen!

Helden schlechter Tragödien sterben im fünften Akt. Menschen leben immer nur im fünften Akt. Und jeder fünfte Akt beginnt mit einem Bahnhof. Er hat schon das Dekor dazu: mit den verrusten Gläsern seiner Hallen, den Urinspuren und der

Punktierung ausgetrockneter Spucke auf seinen Quais. Ich bin nie anders als mit dem Gedanken an einen Selbstmord in einen Bahnhof eingefahren. Sie sind die Prellböcke auf unserer Reise, die in unserer Vorstellung der Ewigkeit entgegen führte.

– Il va faire un beau voyage, sagen die Alten zu uns, wenn wir zwei Hemden und unser Rasierzeug in den verbeulten Vulkanfiberkoffer packen. Il va faire un beau voyage! Sie stehen auf den Perrons mit ihrer kontaminösen Nervosität und ihren verweinten Augen. – Eine frohe, glückliche Reise, murmeln sie und sie riechen nach ihrem Eau de Cologne. Wahrlich, ihr Männer und Frauen aus dem alten Jahrhundert, ihr gebt uns das Geleit, nicht anders, als führen wir zum Schafott! So wisst doch! Reisen ist für uns das kleinere Übel und ein Hindernis zwischen zwei Stationen. Es ist in Kilometerzahlen ausgerechneter Stundenverlust. Für die Reise, zu der eure Glückwünsche uns begleiten, ist noch kein Schienenstrang gelegt!

Die ›Konstruktion des bürgerlichen Menschen‹, von welcher der Historiker Rudolf Trefzer in seiner Studie über die Ursprünge der grossbürgerlichen Erziehungsmethoden in Basel spricht, schlug im Falle C.F. Vauchers fehl, und das war weit mehr als nur ein privater Sachverhalt. Das ›Private‹, als Erscheinung eng verbunden mit der Hochblüte der elitär-bürgerlichen Gesellschaft, kam damals, kurz vor dem Ende des Ersten Weltkriegs, selbst in eine Krise. Auf allen Gebieten, nicht nur in der Kunst, sah sich das ›Bildungsbürgertum‹ plötzlich einer ›Moderne‹ gegenübergestellt, welche, ebenso beredt wie geschwätzig, das Intime, Verborgene und Unausgesprochene in die Öffentlichkeit trug und die Geste der Durchbrechung des privaten Raums recht eigentlich zum politischen und ästhetischen Prinzip erhob. Allein dadurch, dass Vaucher die Verwandlung des ›eisernen‹ Vaters in den ›zerfallenden‹ Vater, um mit Peter von Matt zu reden (›Verkommene Söhne, missratene Töchter‹, 1995), zur Literatur machte und als abtrünnig gewordener Bürgersohn dieses Private preisgab, spielte er der ›Massengesellschaft‹ in die Hände. Vaucher gelingen dabei sehr eindringliche, fast ›spätkubistisch‹ zu nennende Schilderungen des väterlichen Gesichts, und der Blick des Jungen auf die familiäre Maskerade und die Inszenierung bürgerlicher Macht bei Tische schreit nach dem Cabaret.

Gerade dies macht Vauchers Lebensbeschreibung zu einer Chronik, die über sich hinaus verweist. Seine Textfragmente passen gerade da zusammen, wo er sie für unfertig hielt und verwarf. Hinter dem Rücken seines Verfassers liefern sie ein Gesellschaftsbild im Kleinen. Seine Revolte war diejenige einer ganzen Generation. Daher war C.F. Vaucher so gebannt von seinem Autobiographie-Projekt. Zwischen 1931 und 1934 hatte er immer wieder zu einem solchen Enthüllungsroman angesetzt. ›Haus-Terror‹, so sollte laut Schreibplan vom März 1931 das dritte von sieben geplanten Kapiteln lauten. ›Leerlauf‹, ›Vorstösse‹ und ›Zusammenbruch‹ hätten den Schluss gebildet. In einer anderen Übersicht von 1932 rutschte der nunmehr mit ›Haustyrannen‹ überschriebene Abschnitt an die zweite Stelle. »Ich bin 30 Jahre alt!« steht fast etwas ungläubig quer über das Blatt geschrieben. Kapitel IV bis VII sollten nunmehr ›Der Krieg‹, ›Die Liebe‹, ›Inflation-Deflation‹ und ›Krise‹ heissen. In der Fassung von 1934/35 rutschte dann das Vaterkapitel ganz an den Anfang. Doch ›Das Bildnis meines Vaters‹, als einziges Kapitel ausformuliert, blieb ein Fragment. Die Frage, wie literarisiert der Text ist und wo ›genau‹ das Persönliche ins Fiktive verschwimmt, ist im literaturgeschichtlichen Zusammenhang völlig zweitrangig, lässt sich aber doch am konkreten Beispiel beantworten. Was etwa die geschilderte ›Urszene‹ mit dem nackten Vater und der bewegungslos verharrenden Mutter betrifft, so schilderte er die eigene Reaktion in einer anderen Aufzeichnung als sehr viel gelassener. Demnach war er ›in Wirklichkeit‹ zur Zeit des Vorfalls kein Jugendlicher mehr, wie dies – offenbar der dramatischen Wirkung wegen – ›Das Bildnis meines Vaters‹ mit dem Hinweis auf das heftige und wortlose Zuschlagen der Tür suggeriert, sondern schon ein längst in die Geheimnisse der Liebe eingeweihter junger Mann: »Ich bemerkte natürlich seinen erhitzten Zustand. Mutter lag auf dem Rücken und tat, [als ob] sie schlafe. Ich entschuldigte mich und kündigte lachend und unbenommen [sic] an, dass ich spazieren gehe und erst gegen zwölf wieder heimkehren würde. Offengestanden hatte ich den ganzen Vorfall gleich darauf vergessen. (...) Ich traf, als ich von meinem Morgenspaziergang zurückkehrte, Vater noch in der Strasse, die zu unserem Haus führte. Ich trat auf ihn zu. Er aber wich aus. Als ich erschrocken grüsste, trat er an mir vorbei wie an eine[m] Fremden.« In dieser Version wird – am Beispiel der ›Sexualität‹ – das Zusammenprallen von C.F. Vauchers ›moderner‹ Haltung mit jener älteren, ›bürgerlichen‹ des Vaters sogar noch deutlicher. Der ›moderne‹, über ›dergleichen‹ nur lachende Sohn wird dem Vater endgültig ›fremd‹ – und die kulturelle Distanz, die der Vater darauf markierte, erscheint als familiäre Kälte ›erschreckend‹.

Die provozierende Abkehr vom bildungsbürgerlichen Kulturbegriff war gleichbedeutend mit der Zuwendung zur Kultur des ›Unterdrückten‹, ›Ausgegrenzten‹ und ›Verfemten‹. Die neuen Formen der Aufmerksamkeit für das Geschlechtliche bildeten dabei nur ein Aspekt unter vielen. In der Abwendung von den ›grossen Gestalten‹ erfolgte auch eine bewusste Solidarisierung mit dem Erleben der Menschen auf der Strasse. Kunst füllte als Ausdruck eines neuen Lebensgefühls die Cafés und Kneipen. Im Cabaret wurde die ›Gosse‹ kulturfähig, und längst vergessen geglaubte Formen der Marktplatz- und Populärkultur feierten fröhlich Urstände. Welche Bedeutung dabei gerade die ›Commedia dell'Arte‹ gewann, beschrieb Vaucher 1960 auf sehr persönliche Weise in einem Text für den Bildband des Cabaret-Duos Voli Geiler und Walter Morath ›2 Schauspieler – 1000 Gesichter‹:

»Es trägt mich in jene Jahre zurück, wo ich als beflissener Gymnasiast Klopstocks Oden las, Wielands ›Oberon‹ hersagte, mich in Herders Stil übte, kritische Essays über [Gottfried August] Bürgers [1747-1794] Balladen verfertigte, von der Literatur als einer ernsten Sache so durchdrungen war, dass jedesmal, wenn ich an sie dachte, meine Miene sich wie zu einer Beileidskundgebung verfinsterte. Dunkler Schlapphut und schwarze, flatternde Lavalliere [breite, doppelt geknöpfte Krawatte mit lose herabhängenden Enden] vervollständigten auch äusserlich das Gehaben eines jungen Mannes, der um das deutsche Schrifttum schwer gelitten hat. Da geschah es, dass ich einmal in der Bibliothek meines Vaters schmökerte. Papa hatte als Hobby die Bibliophilie. Sein Bücherkasten war demnach mehr nach bibliophilen Werken als nach belletristischen zusammengestellt. Es waren Bände darunter in getriebenes Leder gebunden, schwer wie ein mit Nägeln gefülltes Paket, sie waren innen mit Seide gefüttert, andere hatten die Buchseiten nur lose eingesteckt, die dazugehörigen Gravüren in einzelne Druckphasen gesondert. Zuvorderst auf dem einen Regal lagen zwei Paare Glacéhandschuhe, die man sich über die Finger zu stülpen hatte, ehe man in diesen Kostbarkeiten blätterte. Für beides, die Handschuhe und die ›Edelschmöker‹ empfand ich jene Nachsicht, welche die Jünglinge den älteren Herren schuldig zu sein glauben. Beim Blättern dieser Vollblutfolianten fiel ich auf einen Band, der betitelt war ›Histoire de la Commedia dell'Arte‹. Er war nicht sonderlich in seiner äusserlichen Aufmachung, gehörte meiner Taxation nach eher zu den Mittelmässigen, sein Einband bestand aus abgegriffenem Karton, allein auf der Innenseite hatte mein Vater vermerkt: ›Einziges Exemplar der Ausgabe ...‹ (...).« Nur schon darin zu blättern veränderte seine Haltung dem ›Erhabenen‹ in der Literatur gegenüber: »Diese erste Begegnung mit der Commedia dell'Arte hat vielleicht eine Stunde gedauert. Ich hatte aus jenem väterlichen Buche nicht viel mehr als einige Brocken aufgeschnappt, auf einigen Stichen die ledermaskierte Fratze eines Harlekins, die bauchige Gestalt von Brighella, den schwarzverhüllten Scaramuccio, den spitzbärtigen Pantalon gesehen: was sie spielten, vor allem *wie* sie spielten, das hatte ich etwas eilfertig mit ›literarischer Quacksalberei‹ abgetan. Wie soll einer (...) von einer Epoche Kenntnis nehmen, die durch keine Persönlichkeit gekennzeichnet, durch keinen Namenszug verewigt ist, vielmehr bloss anonymes Theater, bestritten von einem Trüpplein vermummter und obskurer Gestalten, deren unbestrittenes Talent der salto mortale war! Was stand da in Papas Buch geschrieben? Ein gewisser Tiberio Fiorilli ›drückte durch blosse Eselslaute die ganze Skala verliebter Gefühle aus‹! Ich war über soviel Geschmacklosigkeit empört. JAH machen, wenn es einen Goethe gibt, der schrieb: ›Himmelhoch jauchzend zu Tode betrübt!«« Aber als er eines Tages wieder zu Klopstock zurückkehrte und die Ode ›Die beiden Musen‹ las, »brach ich in ein Gelächter aus, in ein Lachen, das wie eine Kettenreaktion sich nicht mehr am Ursprung, sondern am Lachen selber entzündete (...). Was ich vor Jahrzehnten mit Glacéhandschuhen hervorholte und mit Entrüstung zurückstellte, das habe ich längst wieder

103

mit blossen Händen hervorgenommen (...). Die Commedia dell'Arte, eines jener grossen Staubecken menschlicher Heiterkeit, hat weite Flächen unseres Komödienlandes befruchtet. Sie liess die grosse Komödie spriessen; Molière, Goldoni. Nun, (...) ich glaube, dass das Cabaret ohne SIE keines wäre (...), dass das Cabaret in seinen besten Momenten Commedia dell'Arte wird.« Vaucher bezeichnet beispielhaft den Augenblick, da ein Stück verlorener Kultur aus dem bürgerlichen Museum – und im Bildungsbürgertum hatte die Privatbibliothek musealen Rang – seinen Weg zurück auf die öffentlichen Plätze fand.

»Zugleich wurde mir klar, dass ich dreiviertel, vielleicht mein ganzes Leben durch die Vorstellung eines andern gelebt hatte«, schrieb Vaucher im Oktober 1930 in einem offenen Brief an Paul Camenisch (1893-1970), mit dem er eine kunstphilosophische Debatte führte: »Erinnerst Du Dich noch eines Gespräches, das wir vor einigen Jahren in der Loverciano führten. Du sagtest damals: ›Alle Vorstellung wird durch einen Sinneseindruck ausgelöst.‹ In dem Augenblick waren gerade die Glocken von Obino hörbar, und Du fügtest hinzu: ›Weil ich Glocken läuten höre, vermag ich sie mir vorzustellen.‹ Ich war nicht Deiner Meinung, da mir aber mein Einwand nicht klar genug schien, so schwieg ich. Wir soffen Tee und rauchten. Du sagtest später: ›Malerei ist also die mir vermittels meiner Eindrücke bewusst gewordene Vorstellung.‹ Ich fühlte, wie mir abermals etwas gegen den Strich lief, fand aber die geeignete Erklärung nicht und hielt den Mund. – ›Die Vorstellung löst einen Sinneseindruck aus!!‹ So lautet heute meine Antwort auf Dein damaliges Axiom. Dies scheint Dir auf den ersten Anhieb ein Spiel mit Worten zu sein. Cave! [Sieh Dich vor!] Hör: Ich sah mir letzthin eine Ausstellung von [Maurice] Utrillo [1883-1955] an. Wie ich gegen Abend am Rhein entlang nach Hause ging, fiel mir auf, dass das ganze jenseitige Rheinbord so *war*, wie Utrillo es gemalt hätte und dass ich es zum ersten Male *sah*. (...) Wir schaffen nicht das Abbild der Natur, sondern wir schaffen die Natur. Der Künstler formt den Typus. Wir imitieren ihn. (...) Denn die Kunst bestimmt das Leben in seiner Erscheinung. (...) Und jene Gattung Menschen, die Du heute malst – mir beggnen sie täglich Ecke Falknerstrasse, Gerbergasse – doch erst seit ich Deine Bilder kenne!«

Die Gründung der Gruppe ›Rot-Blau‹ zum Jahreswechsel 1924/25 war mehr als nur der Versuch einer jüngeren Generation gewesen, sich zu vereinen, um mehr ausstellen zu können und bei Kunstkrediten berücksichtigt zu werden. Es war eine Kampfansage, welche die kleine Kunstwelt mit ihren Eifersüchteleien selbst in Frage stellte und neue Lebensformen begründete. Die grossen Munch- und Kirchner-Ausstellungen 1922 und 1923 setzten bei diesen Künstlern eine Energie frei, die seit langem auf einen Ausbruch wartete. Gegen die Vereinzelung derer, die Kunst produzierten, sollte angegangen werden. Obwohl Hermann Scherer mit seinen Werken keinerlei propagandistische Absichten verband, sah er sich auf Seiten der Linken. Ein Briefzeugnis schildert ihn 1921 so: »Der vom Wein aufgeregte Scherer lief dann in seinen Militärschuhen über die gedeckten, Gläser beladenen Tische in absolutem Traumzustand, bolschewistische Reden haltend.« Der Kunsthistoriker Beat Stutzer vermerkt diese Passage in seinem Buch über Albert Müller. Auch Vauchers Freundin Lena, die in Scherers Atelier verkehrte, stand »ganz links«, erinnert sich Eduard Fallet mir gegenüber. In der Radiosendung ›Aus meinem Leben‹ machte Vaucher deutlich, wie nahe er sich damals Hermann Scherer fühlte: »Ich habe als Bildhauer angefangen beim Mäni Scherer, der selber Bildhauer gewesen ist, und habe meine ersten plastischen Versuche unternommen. Das waren sicher keine grossartigen Sachen.« Es ist dies um so bemerkenswerter, als der Maler und spätere Regisseur und Schauspieler Max Haufler (1910–1965), den vieles noch mit Vaucher verbinden sollte, seine ersten Malversuche im Tessin, wo er aufwuchs, 1926/27 mit Scherers Kumpanen Albert Müller und später mit dem anderen ›Rot-Blau‹-Maler Paul Camenisch unternahm.

Aus Hermann Scherers Atelier sind ausgelassene Feten überliefert: »Es ging nachher noch ziemlich wüst zu bis 7 h. Du kannst Dir denken, dass ich solche ausgedehnten Feste nicht allzu oft haben kann, es bringt einen nur auf den Hund. (...) Und solche Feste haben immer etwas Spiessiges, da kann man sich nicht helfen«, berichtete Scherer in einem undatierten Brief an Müller.

Ebenso wichtig waren die Mittagszusammenkünfte am »Kaffidisch« im Restaurant der ›Kunsthalle‹: »In de zwanzger Johr isch d Kunsthallebaiz s halb Läbe fir uns gsi«, schrieb Max Sulzbachner. »D Wält wär undergange, wenn me z Midaag am ains nit hät kenne derte sy.« An diesem Tisch sei ›alles oder fast alles‹ zu Gast gewesen, was in Basel vorbeikam: Le Corbusier, Kandinsky, Kokoschka, Auberjonois, Amiet, Hans Arp, Kirchner, der Dichter Ringelnatz und der Hypnotiseur Sabrenno, der damals zwischen Berlin und Basel die halbe Welt hereingelegt habe. »Räuberhauptmann« an ihrem Tisch sei »unbestritten« Hermann Scherer gewesen. Er war es auch gewesen, der Vaucher vermutlich schon im Sommer 1923 »zem Kaffidisch in d Kunschhehli« mitbrachte, ihn laut Max Sulzbachner als »Schreiberling« einführte und ihm auch gleich den Namen ›Faucher‹ verpasste, wie Sulzbach-

›Atelierfest‹ (Ölbild von Hermann Scherer, 1925). Dargestellt sind u.a. rechts oben der Maler Albert Müller, links unten der Kunstkritiker Georg Schmidt und rechts unten Hermann Scherer selber. Oben, dritte Person links: Anna Müller.

ner schreibt, »mit emene greftige F und ganz ruchem ch«. Nach der zweiten Auflösung von ›Rot-Blau‹ fand die Basler Kunstwelt am 10. Mai 1933 in einem noch viel umfassenderen, wegen der politischen Lage neu auch klar antifaschistischen Sinn zusammen: durch die Gründung der ›Gruppe 33‹ und durch ein eigenes Lokal, den legendär gewordenen ›Club 33‹, der im November 1934 in einer vom Architekten – und Onkel Max Hauflers – Paul Artaria umgebauten Werkstatt neben dem Küchlin-Theater eröffnet wurde. Yvonne Höfliger-Griesser hat die Geschichte dieses »Schmelztiegels«, der »Freiraum, Auffangstation, (...) Probebühne, Literaturpodium, Ausstellungsraum, Diskussionsforum, Gaststube, Festsaal, Widerstandsnest, Nabel der Welt und Kommandozentrale – alles zugleich« war, in einem grossen Ausstellungskatalog nachgezeichnet (›Gruppe 33‹, Galerie ›zem Specht‹, Basel 1983).

Katja Wulff (Mitte mit Strohhalm) an der Bar des Club 33.

In Vauchers Leben war der Tod seines Vaters im Januar 1930 der grosse Wendepunkt. Als er am 1. Februar 1930 wieder offiziell Wohnsitz in Basel nahm und Genf den Rücken kehrte, gab er als Beruf »Schriftsteller« an. Bis September 1931 lebte er im alten Haus bei der Mutter, übersiedelte dann an die Gärtnerstrasse. 1934 arbeitete Vaucher einige Monate in Paris an der ›Comédie des Champs-Elysées‹. Louis Jouvet, der ihn als Regieassistenten einstellte, inszenierte damals als erster die Dramen von Jean Cocteau und Jean Giraudoux. Mit dem, was ihm aus der für ihn errichteten »Stiftung« zufloss, liess er sich danach an der Tüllingerstrasse 62 die Hälfte eines Hauses bauen. Max Sulzbachner belegte die andere Hälfte, die Nr. 60. Mit leicht abgeschrägtem Dach orientierte es sich am ›Bauhaus‹-Konzept. Einzugstermin war April 1934.

Vaucher berichtete 1964 am Radio, er habe Ende der zwanziger, Anfang dreissiger Jahre als Regisseur und Schauspieler »so gar keine Möglichkeiten« gesehen, »an ein Stadttheater zu gehen. Da komme ich in ein eigentlich komisches Fahrwasser hinein: Ich werde der Regisseur der Kommunistischen Partei, und zwar für das Agit-Prop-Theater. Nun muss ich also beifügen, dass zu jener Zeit vor allem die sogenannten Intellektuellen sehr linksgerichtet gewesen sind.« Agitprop, diese Wortzusammensetzung aus Agitation und Propaganda, bezeichnete damals den Versuch, bei den ›Massen‹ ein revolutionäres

Bewusstsein zu entwickeln und sie, laut Duden, »zur aktiven Teilnahme am Klassenkampf zu veranlassen«. Ob Vaucher tatsächlich noch zu Lebzeiten des Vater in Basel Regisseur einer Agitprop-Gruppe der Kommunistischen Partei wurde, ist nicht zu belegen. Verbürgt ist, dass er am 4. Juni 1931 auf Einladung einer »Marxistischen Studentengruppe« an der Universität Basel einen Vortrag mit »Rezitationen« über »Proletarische Dichtung« hielt. Wie aus den Komintern-Akten über die KPS hervorgeht, die bei der Studienbibliothek in Zürich zugänglich sind, übersandte die ›Agitprop des Z.K.‹ der KPS beispielsweise am 16. Juli 1930 allen »Kantons-, Orts- und Zellenleitungen« Material »zum 1. August«, dem Nationalfeiertag, unter anderem »Zitate von Lenin über den Krieg, Landesverteidigung und Bürgerkrieg«, »Zitate von Lenin, Rosa Luxemburg über den politischen Massen-Streik«, »Losungen für Transparente« und »Losungen für Sprechchöre«. In einem weiteren, undatierten Schreiben heisst es: »Vermittelst schlagfertiger Agitationstruppen, Kampfbühnen, muss das politisch Aktuelle jeweils in kurzen aufrüttelnden Szenen in die Arbeitermassen getragen werden und sie mobilisieren.« Verwiesen wurde dabei auf die ›Rote Bühne‹ Basel, »welche schon agitatorisch und propagandistisch grosse Erfolge zu verzeichnen hat.« (»ZK der KPS, Agit-Prop«)

Wegen dem Beitritt zur KP soll C.F. Vauchers Vater noch versucht haben, den Sohn zu enterben, erinnert sich Jean Jacques Vaucher. Er sei aber vorher gestorben. Von C.F. Vaucher gibt es einen vierseitigen theoretischen Text über das Agitprop-Theater, in dem er sich auf einen Artikel von »Genosse [Karl A.] Wittfogel« in der ›Linkskurve‹ Nr. 9, 1930, bezieht. Er erwähnt auch das Stück ›Mausefalle‹, das, wie aus einer Zeitungskritik im Nachlass Vaucher hervorgeht, vermutlich 1932 von einer ›Truppe 1931‹ in Basel gezeigt wurde. Im damaligen Streit zwischen Agitprop als ›Tendenz‹ und ›Kunst‹ sprach sich Vaucher eindeutig gegen die »Erstarrung« aus: »Alle marxistische Ästhetik in Ehren! Aber (...) Agitprop heisst zuerst und in letzter Instanz: Theater. Marxismus ist für sie Voraussetzung (...). Die wichtigste Frage für die Agitpropgruppe und ihren Leiter besteht somit in der Gestaltung (...). Seine Losung und die seiner Spieler heisst: Befähigung zum Theater. Mit dieser Befähigung aber steht oder fällt eine Agitprop. Sie ist entweder ›Kunst‹ oder gar nichts.« In Basel, so führt Vaucher aus, habe sich »in der zweiten Hälfte« der 20er Jahre »die proletarische Bühne« entwickelt, und zwar »aus dem Typus der Volks- und Unterhaltungsbühne« heraus. Die »proletarische[n] Stücke politischen Inhalts« hätten sich zunächst »noch im Rahmen der bürgerlichen Dramenhandlung« bewegt. Vaucher weiter, ganz im damaligen Tonfall: »Mit dem Einsetzen der Rationalisierung, des Lohnabbaues, der verschärften kapitalistischen Massnahmen zur Aufrechterhaltung der Produktionsverhältnisse und der nachfolgenden Arbeitslosigkeit wandelt[e] sich der Charakter dieser proletarischen Bühne zur klassenbewussten agitatorischen und propagandistischen Kampfbühne.«

Interessanterweise ging Vaucher in einer gestrichenen Passage auch auf die Frage der »Typisierung des Spielers« ein und führte dabei »Harlekino, Kolombine etc.«, Personen der Commedia dell'Arte an: »Die ›klassische‹ Form der Agitprop« mit »Vierer- bis Achterkollektiv mit Sprecher und Chor«, so Vaucher, trete »beiseite«: »Sie genügt sich selber nicht mehr. Mit den Mitteln, (...) um die das bürgerliche Zeitalter jahrhundertelang vergeblich gerungen hat (...), sucht sie sich zu erweitern.«

Damals unternahm Vaucher Reisen nach Griechenland und in den Vorderen Orient, »Reisen, die vielleicht mehr eine Flucht vor mir selber gewesen sind«, wie er in ›Aus meinem Leben‹ erzählte.

C.F. Vaucher war Ende der zwanziger Jahre auch der Tanzgruppe von Katja Wulff beigetreten. Wann sich Vaucher und Katja Wulff begegnet sind, ist nicht bekannt. Für ein Jahrzehnt bildeten sie eine enge Lebens- und Arbeitsgemeinschaft. Er musste sie sehr bewundert haben, und sie wurde in Basel auch verehrt. Im Nachlass von Katja Wulff, der im Tanzarchiv Köln liegt, gibt es leider keine persönlichen Aufzeichnungen aus dieser Zeit. Ihre einstige Schülerin, die 94jährige Trix Gutekunst, die als Frau des surrealistischen Malers Otto Tschumi später in Bern unter dem Namen Be[atrice] Tschumi jahrzehntelang eine Ballettschule führte, beschreibt Katja Wulff als ebenso »lebhaft« wie »ruhig«, in ihrem Auftreten »bestimmt« und »sehr intelligent«: »Ich glaube, sie hatte graue oder blaue, etwas blasse Augen. Nie schrie sie die Schüler an.« Geschichten über sie und Vaucher zu erzählen hat sie jedoch keine: »Ach wir wussten alle, dass sie zusammengehören, das ging einen auch gar nichts an. Es war selbstverständlich.«

Geboren wurde Katja Wulff am 31. August 1890 in Hamburg, elfeinhalb Jahre vor Vaucher, den sie auch noch um volle zwanzig Jahre überleben sollte. Ungewöhnliche ›Vitalität‹, so lautete denn auch über Jahrzehnte hinweg die Standard-Charakterisierung von Katja Wulff, ehe sie am 11. Juni 1992 kurz vor ihrem 102. Geburtstag starb. »Katja war immer sehr dezent gekleidet und hatte, ich möchte sagen, einen fast königlichen Gang – gerader Rücken, perfekte Haltung«, so äusserte sich mir gegenüber die Tänzerin Mary Delpy. »Sie war eine grosse, schöne Frau. Bis mit über 90 hat sie Stunden gegeben, Schülerinnen ausgebildet und sass daneben, wenn ehemalige Schülerinnen Stunden gaben, hat sich eingemischt und mal etwas gesagt dazu. Sie war eine ganz tolle Frau.« Ausbilden liess sie sich zur Zeichnungslehrerin und unterrichtete dieses Fach auch. Ein paar Monate lang hatte sie bei einer befreundeten Lehrerin Tanzstunden genommen, als sie in den Sommerferien 1914, noch nicht ganz 24jährig, auf dem Monte Verità bei Ascona dem Tanzrevolutionär Rudolf von Laban (1879-1958) begegnete: »Eine Freundin hat mich auf Laban aufmerksam gemacht und gesagt, der könnte mir noch allerhand Tips geben«, erklärte Katja Wulff im Januar 1982 Raymund Meyer, der sie für den Katalog der Kunsthaus-Ausstellung »Dada in Zürich« (1985) interviewte. »So naiv ist das gegangen. Ich habe gesagt, warum nicht, ich will gerne Neues berühren. Und da hat es mir den Ärmel hineingenommen, wie man so sagt. Da habe ich gemerkt, dahin gehöre ich ganz einfach.« Auf dem mythischen Berg oberhalb von Ascona hatte der aus Bratislava stammende Laban 1913 eine Sommerfiliale seiner Münchner Schule des freien Tanzes gegründet. Harald Szeemann hat in seiner grossen ›Monte Verità‹-Ausstellung (Kunsthaus Zürich, 1978) beschrieben, in was für einer Atmosphäre des Aufbruchs der Ausdruckstanz stand. Sie sei dann zunächst nach Deutschland zurückgegangen, erzählte Katja Wulff Raymund Meyer weiter, »und da war's sehr schwer, da war Krieg und so weiter, wenig Geld, und dann habe ich alle Anstellungen (...) aufgegeben und bin nach Zürich gerannt. Und dann habe ich da studiert wie eine Wilde bei Laban, und er hat mich sehr bald zur Assistentin gemacht.« Des Ersten Weltkriegs wegen hatte Laban im September 1915 seine Schule von München nach Zürich verlegt. Katja Wulff stiess im Oktober 1916 dazu und geriet sogleich in den unmittelbaren Kreis der Dada-Szene. Die Dada-Künstlerin Sophie Taeuber nahm bei Laban Unterricht, Hans Arp entwarf »Briefköpfe und Plakate für die Schule«, wie Katja Wulff 1958 in einem Nachruf auf Laban festhielt, und die männlichen Dadaisten – »Ich weiss nicht mehr, wovon ich mehr angezogen wurde, von der Schönheit der Mädchen oder der Neuheit des Tanzes« (Richard Huelsenbeck) – waren leidenschaftlich gern Gäste bei den Hausfesten an der Seegartenstrasse Nr. 2, die Laban mit seinen Mitarbeiterinnen Mary Wigman und Suzanne Perrottet organisierte: »[D]er Laban und die Wigman und wir alle haben gern gefestet; und so haben wir die Dadaisten dazu eingeladen«, betonte Katja Wulff im Gespräch mit Raymund Meyer. Die Tanzschule Laban nahm auch selbst an den Dada-Aktivitäten im ›Cabaret Voltaire‹ und anderswo teil: »Abstrakte Tänze: ein Gongschlag genügt, um den Körper der Tänzerin zu den phantastischsten Gebilden anzuregen«, bemerkte

Hugo Ball zur feierlichen Eröffnung der ›Galerie Dada‹ am 29.3.1917, es »genügte eine poetische Lautfolge, um jeder der einzelnen Wortpartikel zum sonderbarsten, sichtbaren Leben am hundertfach gegliederten Körper der Tänzerin zu verhelfen« (›Die Flucht aus der Zeit‹). Namentlich eingeschrieben in die Annalen des Dada hat sich Katja Wulff mit ihrem Auftritt an der 6. ›Dada-Soirée‹ in der ›Galerie Dada‹ (25.5.1917) und ihrer Hans Arp-Lesung an der 8. ›Dada-Soirée‹ im ›Kaufleuten‹-Saal (9.4.1919), über die Arp in ›Unsern täglichen Traum‹ schrieb: »An dem grossen Dadaabend in den Kaufleuten tat sich Katja Wulff durch Heldenmut besonders hervor. Unter einer feuerroten Tüte, die wie ein Zelt über sie gestülpt war, las sie laut, gelassen klar Gedichte aus der *Wolkenpumpe*, die wie die Natur unvernünftig sind. Das drohende Gebaren der Kunstkenner, welche sich anschickten, die feuerrote Tüte zu berennen, schreckte die ›Heldin Dadas‹ keineswegs. Katja Wulff las meine Gedichte zu Ende.« Die ›Noir Cacadou‹-Aufführung, die am gleichen Abend über die Bühne ging, gestaltete sie zusammen mit Sophie Taeuber. Bei dem Tanz habe sie ›führend mitgemacht‹, schreibt Raymund Meyer. Die Choreographie wurde in Labans Notationssystem niedergeschrieben, wie Hans Richter sich erinnerte. »Wenn jemand einen Tanz machen wollte, zum Beispiel die Sophie Taeuber, so habe ich mir den Tanz zeigen lassen und ihn mit ihr besprochen«, schilderte Katja Wulff. Der Titel zu dem Stück sei von Tristan Tzara gekommen. Wenn er Wortgedichte machte, bekam sie das jeweils direkt mit: »Er war lange Zeit Zimmer an Zimmer mit mir. Da uns nur eine dünne Wand trennte, habe ich ungefähr alles gehört. Und der hat unheimlich einfach so losgesprudelt von diesen Wörtern (...).« Zu den Veranstaltungen hingegangen sei sie, »weil ich dazu gehört habe, und habe meinen Teil geredet, gemacht oder getanzt. Gagen hatten wir natürlich keine. (...) Wenn man gerade an etwas herumdenkt und -fühlt und schreibt, dann will man es auch gerne zeigen.« (Interview Raimund Meyer)

Im Sommer 1919 lernte Katja Wulff in Ascona auch Friedrich Glauser kennen. ›Claus‹, wie ihn jene nannten, die mit ihm befreundet waren, fand damals im Kreis der Tanz- und Kunstszene Unterschlupf, nachdem er einen Zwangsaufenthalt in der Anstalt Münsingen durch Flucht beendet hatte. 1926 sollte Glauser Katja Wulff in Basel wiedertreffen und sie in einem Brief an seinen Psychiater als »eine gute Kameradin von Ascona« beschreiben: »Es war direkt ein Aufatmen, wieder mit jemandem sprechen zu können, der gleichen Sinnes ist.« (2.9.1926)

Nach Ende des Ersten Weltkrieges kehrte Laban nach Deutschland zurück und übernahmen Suzanne Perrottet und Katja Wulff die Laban-Schule in Zürich. Es sei ihm zu eng gewesen in Zürich, erinnert sich Suzanne Perrottet. Mary Wigman ging nach Dresden. Schliesslich verliess auch Katja Wulff die Stadt und reiste nach Italien. Die »Interessen, ja die ganze Art der Charaktere« von Suzanne Perrottet und ihr seien »zu verschieden« gewesen, »als dass wir hätten zusammenarbeiten können«, sagte Katja Wulff einmal. Zwischen 1921 und 1923 lebte und arbeitete sie auf Capri und in Positano. Darauf gründete sie im Oktober 1923 in Basel ihre eigene Laban-Schule. Mit ihren Elevinnen – Els Havrlik, Marie-Eve Kreis, Annemarie Nadolny, Lisa Mutschelknaus, Trix Gutekunst, die später samt und sonders Karriere machten – sowie der Meisterschülerin Mariette von Meyenburg, welche die Choreographie besorgte, trat sie von 1926 an auch mit Aufführungen an die Öffentlichkeit. 1927 folgte die Aufführung des ›Barabau‹ von Vittorio Rieti. Die musikalische Leitung hatte Paul Sacher mit dem Basler Kammerorchester. »Der Erfolg war ein durchschlagender«, schrieb Vaucher in einem späteren Porträt der Gruppe. 1927/28 folgten fünf Studioabende mit je einem eigenen Thema: Tanz mit Geräuschinstrumenten, Stummer Tanz/Gestentanz; Tanz mit Musik; Kostüm- und Maskentanz; Tanz mit Raumverwandlung. Schon in der Dada-Bewegung hatten Masken eine wichtige Rolle gespielt, und auch im Tanz, nicht nur in der Bildhauerei und der Malerei, erfolgte der Durchbruch zur ›Moderne‹ auf dem Umweg über die Traditionen der damals kolonisierten Kulturen, vor allem der afrikanischen. »Es schien«, schrieb Vaucher damals, »als ob durch jene Darbietungen in ihrer Rückverbindung mit dem kultischen Element – Lärminstrumente, Gong, Masken, Stilisierung – sich das Geheimnis des Tanzes erst offenbart hätte.« 1928/29 wurden drei Ballette eingeübt – ›Parade‹ von Jean Cocteau zu Musik von Eric Satie, ›Relâche‹ von Francis Picabia ebenfalls zu Musik von Satie und ›Ariadne‹ von Mariette von Meyenburg –, mit denen das ›Tanzstudio Wulff‹ den Durchbruch erzielte. Kritiken aus der Zeit sowie Einladungen an den Deutschen Tänzerkongress (1926 Essen, 1930 München), an die erste Schweizerische Ausstellung für Frauen-Arbeit SAFFA 1928 in Bern und Gastspiele nach Zürich (Kaufleutensaal, 1930) und St. Gallen zeigen dies. Das Programm wurde danach wiederholt neu aufgenommen und am 19. April 1932 auch im Zürcher Stadttheater (Opernhaus) gezeigt.

Wann C.F. Vaucher zur Gruppe stiess, ist nicht mit Sicherheit zu sagen. Im Frühling 1931 war er auf jeden Fall mit dabei. Wie Rezensionen der Basler Aufführung (3.5.1931) zeigen, schien er in ›Parade‹ – »traurige Geschichte von der Schaubude ohne Zuschauer« – direkt an seine Erfahrungen bei Pitoëff anschliessen zu können: »Das Besitzerehepaar von K. Wulff und Ch. Vaucher glänzend gemimt –, wirbelt die Reklametrommel und lässt ›die Künstler‹ – Meyenburg, Kreis, Nadolny, Mutschelknaus – vor dem Zelt Proben ihres rührenden Könnens zeigen. Es nützt nichts, kein Mensch tritt ein. Die gagenlosen Künstler lassen ihre Patrons vor der Bude sitzen.« (›National-Zeitung‹, 5.5.1931) »Die Typen selber waren in Haltung und Ausdruck unvergesslich: das vom Leben ramponierte Paar der Schaubudeninhaber (Wulff-Vaucher), der chinesische Taschenspieler (Meyenburg), die kleine Tänzerin (Kreis) und - pièce de résistance – die köstlichen Akrobaten (Nadolny-Mutschelknaus). Man hätte diesem Miniaturzirkus gerne noch lange zugeschaut. Die Matinee, der es an begeisterter Zustimmung nicht fehlte, darf von den Veranstaltern als voller Erfolg gebucht werden.« (›Basler Nachrichten‹, 4.5.1931)

»Wann endlich wird man die Sucht loswerden, alles erklären zu wollen«, mit diesen Worten zitierte Vaucher in seinem Text Picabias Motto zum Ballett ›Relâche‹ und meinte – etwas pathetisch: »Es ist nicht zu Unrecht die mitschwingende Ironisierung hervorgehoben worden, die über aller Handlung der besprochenen Ballette liegt. Nur wurde scheinbar vergessen, dass Tragik nicht gleichzusetzen ist mit Tobsucht, vielmehr ist Ironisierung höchste Leidensstärke. Denn sie trifft den wachen Menschen.«

Katja Wulff und Marietta von Meyenburg liessen ihre Tänzerinnen auch als Männer auftreten, was einige Vertreter des imitierten anderen Geschlechts zu befremden schien. Friedrich Glauser schrieb am 14.11.1932 an eine Bekannte: »Ich war gestern (...) in der Wulff-Matinee (...). Es war enttäuschend. Diese Ariadne auf Naxos scheint eher auf Lesbos zu spielen – es ist merkwürdig, wenn Frauen Männerrollen tanzen, geht jede Spannung flöten. (...) Früher hätt ich's schön gefunden, es ist witzig, aber irgendwo so ganz abseits von der Erde.« Glausers »früher« lag allerdings noch nicht sehr weit zurück, dürfte doch ein Teil seiner Enttäuschung darin gelegen haben, dass mit Trix Gutekunst eine von Katja Wulffs Tänzerinnen auf der Bühne stand, in die er seit 1926 verliebt gewesen war. Erst im Juli 1932 waren sie auseinandergegangen.

Durch das tänzerische Spiel mit der Geschlechtsidentität fühlte sich der Kunstkritiker Georg Schmidt gar zu einem Tiefschlag berechtigt. In der ›National-Zeitung‹ vom 7.12.1932 meinte er, Mariette von Meyenburgs Inszenierung »beruht wohl auf einem stark psychisch bedingten Bedürfnis nach Verkleidung in männliche Gestalten. Darum greift sie so gern zu den Gestalten des antiken Mythus: Jason, Theseus, Merkur. Wirklich zugänglich sind diese an sich mit starkem Willen geformten Tänze wohl nur einer verwandten psychischen Veranlagung.« Auf diese Unterstellung hin antwortete ihm Vaucher am 23.12.1932 in einem persönlichen Brief, sein Artikel bedeute »einen illoyalen Sabotageakt an der Arbeit einer Gemeinschaft, die in der Bekämpfung des alten Systems in vordester Front steht. (...) Die Rollen des Theseus in ›Ariadne‹ und des Merkurs in ›Mercure‹ sind für einen männlichen Interpreten geschrieben. Lediglich der Umstand, dass sich bis jetzt kein geeigneter Tänzer gefunden hat oder nur bei ganz unverhältnismässig hohen Gageneinsätzen hätte verpflichtet werden können, hat die Verfasserin [Mariette von Meyenburg] bewogen, diese Gestalten selbst zu tanzen.« Aus Protest verzichtete Vaucher demonstrativ auf die Mitarbeit in der Monatszeitschrift ›information‹, die seit Juni 1932 in Zürich erschien und an der jener Rezensent mit seinen »psychologischen Deuteleien« (Vaucher) führend beteiligt war.

Vauchers Handschrift zeigte sich im ›Tanzstudio Wulff‹ sonst eher im Verborgenen. So, wenn am 24. März 1934 im Küchlin-Theater eine Tanzszene, die von Marie-Eve Kreis entworfen worden war, ausgerechnet den Titel ›Das Bildnis des Vaters‹ trug. Vaucher selber trat im selben Programm als Tänzer in den ›scènes nocturnes‹ von Jean Jérôme Janvier auf, und im ›ballo‹ – nach einer Musik von Vittorio Rieti und einem Libretto von Boris Kochno – spielte er einen ›Astrologen‹, was insofern nichts Ungewöhnliches an sich hatte, als Vaucher persönlich intensiv mit Astrologie befasst war. Im Bündel mit dem Prosatext ›Das Bildnis meines Vaters‹ findet sich ein von Vaucher selber aufgezeichnetes Horoskop für das Jahr 1934/35.

In der gleichen Mappe mit dem Text über den Vater liegt auch die Kopie eines Obduktionsberichts aus der Stadt Basel (»Gerichtsärztliches Gutachten über Berta Tanner-Hemmann, Basel, den 9. Mai 1930«). Es war mir ein Rätsel, wie dieses Dokument unter Vauchers Prosatexte hatte gelangen können: »Mittelgrosse weibliche Leiche in mittlerem Ernährungszustand und grazilem Körperbau. Totenstarre gut ausgebildet, Totenflecken (...) reichlich und dunkel.« Als ich weiterlas, merkte ich, dass die Frau an den Folgen einer Abtreibung gestorben war. Das Grauen der Leidensgeschichte wird durch die unterkühlte, klinische Sprache der Leichenschauer noch potenziert. Befund: »Die Sektion ergibt als Todesursache eine allgemein eitrige Bauchfellentzündung. Als Ausgangspunkt derselben findet sich eine (...) Entzündung der Gebärmutterwand nach vorausgegangenem Abort des 2.-3. Monats. (...) Das Hinzutreten der eitrigen Infektion nach dem Abort lässt mit Wahrscheinlichkeit die Annahme zu, dass irgendein Eingriff von aussen her erfolgt war, wahrscheinlich eine Spülung (...), wodurch die Infektionserreger in die Gebärmutterhöhle hineingetragen wurden. Die Verletzung der Frucht ist ebenfalls möglicherweise auf die Einführung eines sondenartigen Instrumentes (...) zurückzuführen.« Es ist nicht ausgeschlossen, dass Vaucher in ›Das Bildnis meines Vaters‹ das Porträt eines Bürgers entwerfen wollte, der eine Geliebte in den Tod treibt, selbst aber unangefochten sein anständiges offizielles Leben weiterführt. Als ich diesen Bericht zum ersten Mal überflog, glaubte ich an eine mögliche persönliche Beziehung des Opfers, sei es mit Vauchers Vater oder mit ihm selber. Recherchen im Staatsarchiv Basel-Stadt führten mich jedoch auf einen ganz anderen Zusammenhang. Gemäss den ›Amtlichen Zivilstands-Mitteilungen‹ war die am 7. Mai verstorbene Berta Tanner, »geboren 1902«, zwar 1930 wie Vaucher 28 Jahre alt, doch sie war verheiratet, und die Familie veröffentlichte die kleine Todesanzeige in allen Basler Zeitungen mit Hinweis auf den Friedhof (»Horburggottesacker«, »Stille Bestattung«). Ein gerichtliches Nachspiel hatte der Fall keines. In den Basler ›Strafgerichtsprotokollen‹, die für das Jahr 1930 acht Abtreibungsprozesse verzeichnen, gab es dafür keinerlei Hinweis. Zwei andere offiziell gewordene und in den Gerichtsakten verzeichnete Fälle waren ebenfalls tödlich ausgegangen. Die Opfer und die wegen »Gehilfenschaft« oder »Beihilfe« Angeklagten sind samt beelendend-genauer Beschreibung der Todesfolge erwähnt. Am gebräuchlichsten waren »Warmwassereinspritzung mittelst einer Ballonpumpe«. In der Regel handelte es sich um Seifenwasser und waren die verwendeten Hilfsmittel alles andere als steril. O. B., eine Frau, »die in ärmlichen Verhältnissen lebte und kein drittes Kind mehr haben wollte«, starb am 15.2.1930. M. D., eine andere Frau, starb am 22.7.1930. Sie beide waren noch ins Spital eingeliefert worden, mit ›starkem Fieber‹ und ›erhöhtem Puls‹. Im ersten Fall erhielten Beteiligte drei Monate Gefängnis bedingt, im zweiten Fall zwei bzw. drei Wochen, ebenfalls bedingt; zu acht Monaten Gefängnis aber wurde eine ebenfalls in den Fall verwickelte Frau verurteilt, der »wiederholte Abtreibung aus Eigennutz« vorgeworfen wurde, obwohl sie von M.D. »sofort abgelassen« und diese zu einem Arzt geschickt hatte, als sie merkte, dass sie von zunächst erfolglosen eigenen Versuchen her »wund und entzündet« war.

Der Bezug zu Vaucher erschloss sich mir erst, als ich im ›Basler Jahrbuch 1931‹ in der ›Chronik‹ des vorangegangenen Jahres den ersten Hinweis auf einen Tumult entdeckte, der am 22. März 1930 die Stadt erschüttert hatte: »Bei der Gastaufführung des Tendenzstücks ›Cyankali‹ durch die Berliner Gruppe junger Schauspieler«, hiess es lapidar, »kommt es zu einem Theaterskandal.« In Zeitungen und Programmheften der Zeit stand dann mehr: Friedrich Wolf hatte mit seinem Stück, in dem eine Oberschichtsfrau problemlos eine ärztliche Abtreibung bekommt, die Hauptfigur aber, eine Proletin, nach einem unbeholfenen illegalen Eingriff sterben muss, die Abschaffung eines Gesetzes verlangt, das Frauen zu Verbrecherinnen macht und tötet: »Ja... die schweigen noch«, heisst es im Stück über »die Millionen«, »das Volk«, welches »die Möglichkeit« hätte, »den Paragraphen wegzufegen mit einer Volksabstimmung«: »(...) und vielleicht müssen noch 'n paar Jahre lang Tausende Frauen am Fieber verrecken....« Das Stück, das im Basler Stadttheater gastierte, gab am 27. März 1930 auch im Grossen Rat zu reden: »Skandalszenen« hätten sich ereignet, »so dass die Polizei einschreiten und die Vorstellung unterbrochen werden musste«, hiess es in einer Interpellation: »Hält der Regierungsrat nicht dafür, seine Delegierten in der Theaterkommission zu veranlassen, in Zukunft dafür zu sorgen, dass Aufführungen, bei denen zu befürchten steht, dass sie in künstlerischer, moralischer oder politischer Hinsicht Anstoss erregen, verhindert werden?« In einer anderen parlamentarischen Anfrage lautete die nicht minder rhetorische Frage: »Billigt der Regierungsrat das Vorgehen der Theaterleitung, eine kommunistische Schauspielertruppe aus Berlin kommen zu lassen, bzw. dieselbe für eine zweimalige Aufführung eines bolschewistischen Tendenzstückes zu verpflichten, das wegen der kommunistischen Propaganda gegen die bürgerliche Gesellschafts- und Staatsordnung und seiner starken Verstösse gegen Sitte und Moral eine schwere Herausforderung weiter Kreise bedeutet?«

Wie aber Vaucher oder die Agitprop-Gruppe, der er angehörte, an jenen Obduktionsbericht herankam, der zeigte, dass die tödliche Wirklichkeit hinter der Geschichte in einer ganz anderen Weise mit Moral und Ordnung zusammenhing, als die Interpellanten sich eingestehen wollten, das lässt sich nicht mehr eruieren. Ohne Zweifel jedoch war Vaucher vom Dramatiker Friedrich Wolf (1888-1953), der selber Arzt war – und, es ist wahr, Kommunist –, sehr beeindruckt.

Zusammen mit Fritz Ritter gründete C.F. Vaucher wenig später nämlich eine eigene Schauspielgruppe, die ›Truppe der Gegenwart‹, und machte am 12. und 13. Dezember 1932 im Küchlin-Theater und auf einer anschliessenden Tournee mit Friedrich Wolfs neuestem Stück das möglich, was in Deutschland schon nicht mehr ging. Der Berner ›Bund‹ meldete aus Basel (15.12.1932): »Wieso gerade in Basel dieses Wolfsche Werk seine Uraufführung erlebte? Vielleicht weil in Deutschland keiner den Mut dazu fand, vielleicht aber auch, weil C.

F. Vaucher und Fritz Ritter es verstanden haben, arbeitslose Schweizer Schauspieler um sich zu versammeln, um mit ihnen, in sympathischer Kollektivarbeit, als ›Truppe der Gegenwart‹ in der Schweiz und anderwärts zu wirken. Der Start ist gelungen.(...) Gerade dadurch, dass Friedrich Wolf, der nicht allseitig beliebte Autor des ›Cyankali‹ und anderer Tendenzstücke, in seinem neuesten Opus ›John D. erobert die Welt‹ mit aggressiver Kritik zurückhält; gerade dadurch verstärkt sich die Wirkung. Streng genommen ist es ein historisches Drama, wenngleich die im Mittelpunkt stehende Gestalt John D. Rockefellers heute noch mit über neunzig Jahren am Leben ist. In neun Bildern, nicht alle gleich geschlossen, in ihrer Gesamtwirkung jedoch eindrücklich, eilt der imponierende Aufstieg des Ölkönigs an den Zuschauern vorüber, und der Autor steht nicht an, dem Trustmagnaten seine Bewunderung zu zollen. Nicht ihm, dem System gilt seine Kritik.«

Nur wenige Monate später, vom 29. bis 31. Mai 1933, feierte die ›Truppe der Gegenwart‹ ihre zweite Premiere, mit dem Stück ›Der Pflug und die Sterne‹ von Sean O'Casey, einer Bilderfolge aus dem irischen Befreiungskrieg 1916/17. Pech hatten sie mit der Programmierung: Wegen den gleichzeitig in Basel stattfindenden ›Beethoven-Festspielen‹ spielten sie, unverdient, wie die Zeitungen festhielten, vor halbleeren Reihen. In beiden Inszenierungen trat Vaucher als Schauspieler auf und überliess Fritz Ritter die Regie.

Sein Début als Schauspieler gab damals übrigens Alfred Rasser: in ›John D.‹ als Bramwell, Rockefellers ›Propagandachef in Baltimore‹, und in ›Der Pflug und die Sterne‹ als Korporal Stoddart. In seiner Schulzeit war Rasser mit seinem stupenden Talent, Lehrer nachzuahmen, schnell zum ›Spassmacher der Klasse‹ avanciert und hatte, nach einigen Umwegen – u.a. einer Lehre als Speditionskaufmann –, 1928 bis 1930 am Konservatorium Basel die Schauspielschule absolviert. Um Geld für eine Bühnentruppe zu verdienen, hatte er zusammen mit einem Freund 1930 auch ein Malergeschäft gegründet, das ihn aber »völlig auffrass«, wie Franz Rueb 1975 in seiner Biographie Alfred Rassers schrieb: »Sie gondelten jahrelang am Rande des Bankrotts, hatten meist grosse Schulden, mal wochenlang keine Arbeit, dann wieder Grossaufträge, so dass sie Leute einstellen mussten, die sie wiederum nicht bezahlen konnten. (...) Eines Tages (...) trat ein grossgewachsener Mann in Alfreds Malerwerkstatt und sagte: ›Mein Name ist Vaucher. Ich habe gehört, dass Sie sich für Schauspiel interessieren. Wir inszenieren *John D. erobert die Welt*. Machen Sie mit?‹ (...) Alfred Rasser hatte eine kleine Rolle, aber dieser Auftritt wurde zu seinem ersten grossen öffentlichen Erfolg. Mit dem einzigen Text:

Was ist der Oktopus? Der Oktopus ist eine Riesenqualle! ging er ab. Donnernder Applaus.«

Beifallsstürme rief er, zusammen mit Max Haufler, auch im ›Club 33‹ hervor. Zu den Stammgästen dieses legendären Künstlerlokals, das bis 1942 existierte, gehörten auch C.F. Vaucher und Katja Wulff. Max Haufler, das mit 23 Jahren jüngste Gründungsmitglied der ›Gruppe 33‹, hatte schon den ersten ›geselligen Abend‹ mit einer kabarettistischen Tischrede eröffnet. Rasser schrieb später: »Die Prominenz aller Künste war dort vertreten mitsamt den Politikern. Die Fratellini [Zirkusartisten], Grock war oft spät nachts für zwei Stunden da (...). Hier gab ich fast jeden Abend improvisierte Vorstellungen, meistens allein oder mit Max Haufler.« Haufler trat oft als Clown auf. Als Maler hatte er mit dem Ölbild ›Der Clown‹ schon 1929 an der Weihnachtsausstellung in Basel für Aufsehen gesorgt. In einer Nummer spielte er »mit dem Treppengeländer, das zur Galerie des Clublokals hinaufführte, ›Harfe‹.« 1949, als er sich als Schauspieler und Regisseur längst einen Namen gemacht hatte, wurde Haufler Gründungsmitglied des ›Cabaret Federal‹. Alfred Rasser gehörte im Herbst 1935 zum ersten Ensemble des Basler Cabaret ›Resslirytti‹ und wechselte im November 1935 zum Zürcher ›Cornichon‹. 1940 sollte Vaucher als Regisseur und Autor auch zur berühmten Kabarett-Truppe stossen, wo er Rasser wiedertraf.

V ›Schwarz über die Grenze‹

Die Machtergreifung erfolgte 1933. Für uns oder mich persönlich war es, als drohte eine Springflut. Jenseits der Grenze ging etwas Unheimliches vor sich, und wir sassen hinter einem Damm auf dem Trockenen, fühlten uns bis zu einem gewissen Grad sicher, aber wenn wir diesen Damm ansahen, hatten wir das Gefühl, so kann es eigentlich nicht weitergehen, und vor allem wussten wir nicht, ob dieser Damm halten würde. Der Damm hat eigenartigerweise gehalten, mit einigen Infiltrationen – den auf schweizerischem Boden gewachsenen Nazis, die wir gehabt haben, und die versuchten, aus unserem Land ein Gau Helvetien zu machen.

In den Jahren nach 1933 erschienen die ersten Flüchtlinge, eine ganze Reihe, und mit ihnen die Kunde von dem, was in den Konzentrationslagern passierte. Das war für uns der Moment, wo wir uns als Schweiz hätten als Asylland erweisen sollen. Die grosse Frage war, wie kriegt man die Leute herüber. Denn diejenigen, die aus Konzentrationslagern kamen, hatten keine Pässe mehr. Um eine Grenze zu überschreiten, das wissen wir noch heute, lange nach dem Krieg und lange nach den grossen Wirren in Europa, braucht es ein gültiges Papier: ohne Pass sind wir im Grunde genommen keine reisefähigen, ja nicht einmal lebendige Menschen. Nun bildete sich bei uns allmählich eine Organisation, von der ich gar nichts Bestimmtes sagen kann, weil sie sehr illegal aufgezogen wurde. Was heisst Illegalität? Man verhindert womöglich, dass der eine vom anderen etwas weiss.

Meine erste Tätigkeit innerhalb dieser bestimmten Organisation – wir hatten sogar unsere Tarnnamen – bestand aus Lotsendiensten. Basel liegt an der Grenze, durch Basel fliesst die Wiese[1], jenseits der Wiese befindet sich Deutschland. Am Anfang gingen wir manchmal so primitiv vor, dass wir wirklich befürchten mussten, denen, die rüberkommen wollten, eher zu schaden als zu nützen: Wir begaben uns nämlich in der Nacht auf unseren Posten und mussten gewisse Vogelpfiffe nachahmen. Das zeigt, dass jede Illegalität am Anfang fast eine Spielerei ist und in Kinderschuhen steckt. Ein bestimmter Pfiff – ich weiss jetzt nicht mehr, war es der Amselpfiff oder der Nachtigallenpfiff, bedeutete eine Warnung, der andere hiess, du kannst langsam kommen, und der dritte bedeutete O.K., es ist alles in Ordnung. Wie wollten wir das eigentlich in Erfahrung bringen? Wir standen in einem Gebüsch hinter der Wiese, überblickten das Gelände, soweit wir es kannten und überblicken konnten, aber das hiess nicht, dass auf der anderen Seite nicht eine Patrouille versteckt war und nur darauf wartete, so einen Emigranten im richtigen Augenblick zu erschiessen oder wieder gefangen zu nehmen, was fast genau aufs Gleiche herauskam. Ich habe es selbst nie erlebt, aber es gab Fälle, wo einer auf einen bestimmten Pfiff hin den kleinen Wasserlauf im Schnellschritt nahm, bis es krachte und er mitten in der Wiese zusammensank.

In diesen Augenblicken konnten wir einem Verletzten, einem vielleicht tödlich Verletzten, nicht zu Hilfe kommen und hatten in unserem Winkel zu bleiben.

Einer, den ich bereits 1934 herüberholte, war der Schauspieler Wolfgang Langhoff, der uns in der Schweiz ja gut bekannt ist – vor allem den Zürchern. An einem schönen Tag erschien in dem Haus, wo ich wohnte, plötzlich seine Frau und sagte mir: »Hören Sie, Herr Vaucher, Sie müssen unbedingt meinen Mann holen.« Ich war zuerst ein wenig verdutzt, weil ich den Langhoff noch nicht kannte. Sie zeigte mir dann ein Passbild und erzählte mir, dass er aus dem Konzentrationslager entlassen worden sei, aber seinen Pass nicht kriege und auf der Polizei vernommen habe, dass immer noch etwas gegen ihn im Laufen sei, was für ihn bedeutete, sehr wahrscheinlich erneut inhaftiert zu werden. Ich lieh mir dann den Pass meines Nachbarn aus – ich kann es ja heute sagen: es war der Kunstmaler Max Sulzbachner –, der dem Langhoff ungefähr so glich wie, sagen wir, ein Adler einem Pinguin, aber man weiss ja, Passfotografien sind manchmal etwas seltsam, und das war sicher schon für manchen ein Glück. Langhoffs Frau, die kurz zuvor noch mit ihm zusammengewesen war, hatte als Treffpunkt Badenweiler bestimmt.

Ich stellte meine kleine Equipe zusammen. Man achtete darauf, wenn immer möglich nicht allein rüberzufahren und – als Entschuldigung – irgendetwas »vorzuhaben«, um die Grenze nach Deutschland zu überqueren. Sehr gern bin ich ja nicht mehr hinübergefahren, denn ich hatte schon einiges auf dem Kerbholz. Als Vorwand sollte diesmal eine »Fahrt ins Markgräfler Land«[2] dienen. Ich nahm den Architekten Paul Artaria mit, ein rundlicher, dicker, gemütlicher, sehr lustiger Typ, der sich auch sehr gern zur Verfügung stellte. Die Expedition war nicht ganz ungefährlich. Wir hatten innerhalb unserer Reihen schon etliche »Verluste« erlitten. Keiner von ihnen starb, aber mancher sass bis zu zehn Jahren im Gefängnis, nicht wegen Menschenschmuggel sondern wegen harmloseren Sachen, Zettel verteilen zum Beispiel oder irgendwelche illegale Schriften in Umlauf setzen.

Ich fuhr mit meinem kleinen Auto nach Badenweiler und wartete dort vor dem Kasino. Es ging eine Viertelstunde, eine halbe Stunde. Ich konnte nicht wissen, wann der Langhoff aufkreuzen würde. Als wir da auf dem Trottoir standen und warteten, erschien plötzlich ein jüngerer und sehr hagerer Mann, flankiert von zwei mindestens zwei Meter langen SS-Leuten. Offizieren. Was für Führertypen das gewesen sind, weiss ich heute nicht mehr, und ich muss sagen, in dem Augenblick fiel mir das Herz in die Hosen. Denn mein erster Gedanke war: »Hoppla, der ist natürlich unterwegs geschnappt und gezwungen worden, sich an den Ort zu begeben, wo ich auf ihn warte, damit man auch noch das Häuflein anderer ›Schuldiger‹ schnappen kann, nämlich uns paar kleine Schweizer, die diese Grenzschmuggelei vorhaben.«

Er kam auf mich zu, sagte Guten Tag und fragte: »Kamerad Vaucher?« Ich schaute zu den zwei SS-Leuten auf und machte »Hm! Äh! Ja? Äh! Hähä...«. Da sagte er mir plötzlich: »Hör mal, Du musst keine Angst haben« – wir haben uns dann schnell geduzt – »das sind gute Freunde, und wenn Du mich nicht über die Grenze bringen willst, so bringen die zwei mich hinüber.« Ich dachte: »Oh du heilloser Schwindel, du, auf das soll ich auch noch hereinfallen!« Danach trat einer von denen auf mich zu und sagte mir – sehr zackig: »Also, wir werden die Sache schon besorgen, nicht wahr, wenn...«

Was wollte ich schon anderes tun: So oder so hatte ich das Gefühl, in der Klemme zu sitzen, wenn ›da etwas lief‹, und es kam auch eine kleine Dosis von Ehrgeiz hinzu. Ich sagte mit einem etwas gezwungenen Lächeln: »Nein nein, ich kann das schon besorgen.« Da erhoben sie kräftig den Arm für das ›Heil Hitler!‹, schlugen die Hacken zusammen und verdufteten. Ich öffnete den Wagenschlag, beförderte Langhoff in den hinteren Teil meines kleinen Wagens. Langsam fuhren wir gegen den Schwarzwald zu, um nachher die Grenze zu erreichen.

Ich hatte ein sehr schlechtes Gefühl und fragte Langhoff einmal ganz deutlich: »Hör mal, kannst Du diesen zwei Burschen überhaupt trauen?« Er sagte: »Ja ja, die kennen mich, wir sind zusammen zur Schule gegangen, du kannst absolut beruhigt sein« – ich war es aber absolut nicht.

Denn immerhin hatte ich eine Last in meinem Auto, mit der ich heil über die Grenze kommen musste, und da es noch Tag war – es war im Juni –, wollte ich mich nicht allzusehr beeilen. Um den Abend abzuwarten, hielten wir bei einem Gasthof an, assen etwas, tranken Wein aus der Gegend, und allmählich besserte sich unsere Laune. Als wir wieder losfuhren, überzog sich der Himmel, und es begann zu regnen. Im Buch ›Die Moorsoldaten‹, das Wolfgang Langhoff später schrieb, erwähnt er diese kleine Fahrt – ich habe es da vor mir mit einer Widmung, und in dieser Widmung steht: »Lieber Vaucher! Als Dank für einen ›schönen Autoausflug‹ diesen Bericht. Dein W. Langhoff.« Man sieht, die Widmung ist ohne Spezifikation, all das ist noch gute Tarnung, man sollte nicht merken, dass es tatsächlich um eine ganz bestimmte Sache ging, und am Schluss seines Buches beschreibt er diese kleine Reise: »Um sechs Uhr nachmittags, am 28. Juni treffe ich mich mit meinen Freunden in Badenweiler.« (Wir waren da noch nicht befreundet, aber sind es nachher sehr geworden) »Wir sind dicht an der Schweizergrenze. Im Auto geht es weiter durch den Schwarzwald. Wir kommen an ein altes Bauernwirtshaus und essen dort zu Nacht. In der niederen Schwarzwälderstube sitzen wir um einen runden Tisch mit bunt gewürfelter Tischdecke. Es gibt Bauernspeck und Bauernbrot. Markgräfler Wein dazu. Die Wirtin, die die irdenen Schüsseln auf den Tisch setzt und mit uns alemannisch spricht, weiss nicht, dass sie mir ein Abschiedsmal bereitet. In der Dunkelheit geht es weiter. Es regnet. ›Das ist gut für die Grenze‹, flüstert mir mein Freund zu.« Und dann schreibt er zum Schluss: »Wenn meine Liebe Deutschland gilt, warum habe ich diesen Bericht geschrieben? Weil das, was augenblicklich in Deutschland geschieht, nicht Deutschland, oder doch nur ein Teil, der hässliche Teil Deutschlands ist. Denn diejenigen, die heute Heimatliebe, deutsches Wesen, deutsche Art im Munde führen und deren Kampfwaffen Mord, Verrat und alle finsteren Triebe der Barbarei sind, nennen sich zu Unrecht die besten Söhne meiner Heimat. Die Zeit wird es beweisen.«

Die Zeit hat es bewiesen, wenn auch sehr grausam. Als wir in Basel gegen den Schlagbaum kamen, regnete es in Strömen. Ein Zöllner trat heran – es war keiner von der politischen Polizei. Wie er uns gewissermassen die Pässe abverlangte, sagte ich ihm (in schwäbischem Tonfall): ›'s ist alles in Ordnung. Wir haben da bei Euch drüben wieder mal 'n Schlückle 'trunken« – und da sagte er: »Mol, 's ist recht, geht!« und schaute überhaupt nicht ins Wageninnere. Ich hatte den Gang schon eingelegt, den Fuss auf dem Gaspedal – der Schlagbaum ging auf und ich zukkelte rüber. Am Schweizer Zoll war weiter auch nichts, und als wir vorbei waren, sagte ich: »So, Langhoff, jetzt darfst Du mal, ich mach Dir's Fenster auf, rausrufen: ›Hitler ist ein Sch...kerl!‹« Das Eigenartige: Er blickte mich an, aber er wagte es nicht, das schöne Wort zu sagen.

So sind wir über die Schweizer Grenze gekommen. Wolfgang Langhoff wirkte dann, das wissen wir ja, lange Zeit am Schauspielhaus.

Das war mein erster grösserer Auftrag. Der zweite und der dritte sollten bald folgen. An die Reihenfolge kann ich mich nicht mehr ganz genau erinnern, aber das spielt ja keine sehr grosse Rolle.

1936 hatte ich einen bekannten Linksintellektuellen herüberzuholen, der sich auch schriftstellerisch betätigte: Ludwig Renn³. Er hatte vor allem als Journalist gearbeitet und war gleich am Anfang, als die Nazis an die Macht kamen, in Berlin eingesperrt worden, nicht in ein Konzentrationslager, soviel ich mich erinnere, sondern in Moabit⁴.

Wir gingen folgendermassen vor: In einer Stadt längs unserer Schweizer Grenze gab es einen Gärtner, der oft nach Deutschland hinüber fuhr. Er stellte uns seinen Kleinlastwagen zur Verfügung, den ich mit dem Auftrag bekam, Blumenerde an einen Ort jenseits der Grenze zu bringen. Wir fuhren dann hinüber, lieferten diese Blumenerde natürlich nicht ab, weder an der fiktiven Adresse noch beim Polizeiposten in Deutschland, sondern wir machten unterwegs Halt und leerten die Säcke aus.

Ich musste zu einer ganz bestimmten Kreuzung in der Nähe von Überlingen, um auf diesen Schriftsteller zu warten. Ich hatte eine Skizze, an der ich mich orientierte, und kam dann auch an einen höchst romantischen Ort mit einem kleinen Hügel, einer Eiche und überhaupt der ganzen süddeutschen Lieblichkeit. Oben auf dem Hügelchen am Rand eines Wäldchens sah ich jemanden, der las! Mein erster Gedanke war, dass es nicht sehr günstig sei, da einen einzuladen, den ich schwarz über die Grenze zu bringen hatte, aber ich wartete einen Augenblick und tat so, als ob ich etwas am Auto reparieren müsste. Immer wieder äugte ich zu dem Typen hinauf. Nach einer Weile sah ich, wie er sich erhob und auf mich zukam. Es ergab sich ein sehr tastendes Gespräch, und mir wurde klar: »Das muss er sein.« Aber etwas in meiner Rechnung ging absolut nicht auf. Ich hatte nämlich das Überkleid eines Gärtnerburschen mitgenommen – dreckige Hosen und eine grüne Schürze –, und vor mir stand ein höchst zierlicher, gepflegter Mann mit goldener Brille, einer hohen Stirn, die schon ein wenig gegen die Glatzköpfigkeit neigte, und vor allem so zarten, schriftstellerisch ausgeprägten Fingern und frischgeputzten Fingernägeln, dass sich ihn wirklich niemand als Gärtnerburschen vorstellen konnte. Nun, ich steckte ihn dennoch in das Böggengewand – was hätte ich anderes tun sollen –, und ich muss sagen: Er sah sehr läppisch aus.

Ich hatte deshalb auch nicht das allerbeste Gefühl, als wir gegen die Grenze kamen. Aber zu unserem Glück waren da gerade sehr viele Cars versammelt – der Göring hatte irgend ein Abkommen mit dem Papst geschlossen, das den deutschen Priestern ermöglichte, eine Wallfahrt nach Rom zu machen –, und im Rummel an der Grenze konnten wir auf ein Zeichen hin vorbeifahren, ohne dass die Autopapiere und Pässe verlangt worden wären. Auf schweizerischem Boden angekommen, blickte mich dann der Zöllner an und sagte: »So, habt Ihr Euren Auftrag erledigt?« – »Ja, jaja« sagte ich. Und dann blickte er auf Ludwig Renn und sagte mit einem Blick auf dessen Hände: »Der hat aber auch noch nie Rosen ausgestochen, sondern höchstens welche einer schönen Frau offeriert.« Und damit liess er uns laufen.

---

1 Fluss, von Lörrach/D kommend.
2 Weinbaugebiet zwischen dem Rheinknie bei Basel und dem Breisgau.
3 Autor der Romane ›Krieg‹ und ›Nachkrieg‹ (1930).
4 Berliner Stadtteil und Gefängnis.

»›Gedankensplitter‹, ›Beschreibungen‹, ›Kritische Betrachtungen‹ etc. besitze ich in ziemlicher Zahl, ich müsste mir bloss einmal die Zeit nehmen, diese zusammenhanglosen Dinge abzuschreiben und eventuell aufzufrischen«, berichtete Vaucher am 9. März 1932 Rudolf Jakob Humm, der ihn nach Artikelmaterial zum Veröffentlichen befragte. Seit »vierzehn Tagen« sei er wieder als »Notariatsgehilfe angestellt«, berichtete Vaucher weiter, »und zwar auf Halbtagsarbeit, das hat den Vorteil, mir monatlich ein Fixum einzutragen und mir dennoch genügend freie Zeit für die Schriftstellerei zu lassen.« Lange Nächte im ›Club 33‹, gelegentliche Veröffentlichungen in Zeitungen, Theaterarbeit, Tanz und von 1933 an antifaschistische Geheimaktionen setzten der schriftstellerischen Musse aber enge Grenzen. »Der Eifer unserer Zeit hat mich gefressen«, hatte Vaucher 1924 notiert. Ein Jahrzehnt später war die Zeit noch ›gefrässiger‹ geworden und sollte seine grossen Prosaprojekte endgültig verschlucken. Mit ›Polly‹ erschien zwar im Oktober 1934 noch ein erster Prosaband. Niemand, am allerwenigsten Vaucher selbst, konnte sich damals denken, dass dies auch schon seine letzte Buchveröffentlichung wäre. ›Kinder in Neubauten‹, lautete der Untertitel der 82 Seiten Erzählung. Gewidmet hatte er sie »Katt« – Katja Wulff. In nüchternem, ungespreiztem Ton – ›Bauhaus‹-Sprache, läge es fast nahe zu sagen – schildert ›Polly‹ die Erlebniswelt einiger Jungen in den zur Zeit des Ersten Weltkrieges neuentstehenden Aussenquartieren Basels. Höhepunkt ist eine Folterszene, die aus der Perspektive des Opfers geschildert wird. Auf der unbewachten Baustelle, die den Buben als Spielgrund dient, wird ein Mitglied der Bande an einem Seil hochgezogen und mit einer Glasscherbe geschunden. Die Schmerzempfindung weckt in dem Jungen »die Erinnerung an eine Jahrmarktsszene«:

»Hinten an eine Art Vorbau aus Holz befestigt, stand ein Pfahl, wohl das Fünffache der Länge eines Menschenkörpers. Schlug man mit einem Hammer gegen den Kasten vorne, so schnellte am Pfahl ein Gewicht hoch. Viel Geschrei war drum herum, mit Männern in Hemdsärmeln, die ihre Stärke erprobten. Aber nur wer Kraft besass, vermochte das Gewicht bis in die höchste Spitze zu treiben, wo es dann einhakte an ein Läutwerk, das bimmelte. Über den grossen Rummelplatz, mitten unterm Lärm der Karusselle, der Budenausrufer, der Anpreisung, des Treibens und Schnurrens, war das Glöcklein hörbar gewesen und der dumpfe Aufschlag der Hämmer gegen den Holzblock. Gar eindrücklich war für ihn das Erlebnis mit der Kraftmaschine, und er hatte den Ort, wo sie aufgerichtet gewesen war, ›Snatzhetzendott‹ genannt. Nun aber war er wie verödet. Einsam ragte der Pfahl aus dem Boden. Kein Gewicht ging hoch an ihm. Oben

*»Weil Pubertät eine Art Tod ist.
Bubentod.« (C.F. Vaucher ›Polly‹,
1935 Umschlagbild von Max
Sulzbachner)*

auf der Spitze sass unbeweglich sein Herrgott und hatte die Beine gespreizt. Unter ihm, wo die Glocke befestigt gewesen war, hing sein mächtiges Geschlecht, dasselbe, das ihm einmal ein Mann vorgewiesen hatte, als er auf seine Einladung hin diesem hinter einen Bretterzaun folgte.«

Das Buch, an dem Vaucher schon in der Studienzeit geschrieben hatte, wurde von der Kritik sehr lobend aufgenommen und begründete auf einen Schlag seinen Rang als vielversprechender Autor. In der literarischen Monatsschrift ›Die Sammlung‹ (Querido Verlag Amsterdam, Januar 1935) schrieb Klaus Mann: »Der junge Schweizer C. F. Vaucher ist ein starkes Talent, man wird ihn sich merken. Die stilistischen Mittel, mit denen er arbeitet, werden manchen Leser etwas veraltet anmuten, gerade durch ihre gewollte Modernität: es sind Mittel aus dem Expressionismus. Die Erzählung ›Polly‹ – ihr Thema: die Pubertät: das ungeheure Erwachen des Geschlechts – erinnert etwa an Ungars ›Knaben und Mörder‹ oder an Bronnens ›Septembernovelle‹. Ich will damit nicht sagen, dass sie nachempfunden ist. Im Gegenteil: ihr Pathos ist echt – zuweilen erschütternd ; an einigen Stellen abgeschwächt durch eine schablonenhaft krasse Vortragstechnik. Man hat jedoch einen jeden Autor – und erst recht einen jungen – nach dem zu beurteilen, was ihm am besten geglückt ist. Die Höhepunkte entscheiden über das Niveau. Und es gibt in dieser Knabennovelle, die Bitterkeit und Süsse, Rausch, Verzweiflung, Angst und Seligkeit des jäh erwachenden Eros beschreibt, Momente von einer unvergesslichen, sehr kostbaren Intensität der Stimmung und des Gefühls.«

Friedrich Glauser, den Vaucher damals – im Gegensatz zu Katja Wulff – noch nicht persönlich kannte, besprach ›Polly‹ für die ›Nation‹ (1.2.1935): »Zuerst habe ich das Buch nach Seite zwölf in eine Ecke geworfen, weil dort zweimal das Wort ›puberieren‹ vorkam (›dass Odysseus nie puberierte‹!), aber dann hab' ich es wieder aufgehoben. Und hab' es nicht bereut. Denn es ist ein merkwürdiges Buch. Es wirkt auf alle Sinne: Geschmack wie unreife Johannisbeeren, die einen Krampf in den Wangenmuskeln hervorrufen, Geruch nach schwitzenden Knabenkörpern in der Sonne, die Bilder aber, die im Auge bleiben, sind wie jene sehr hellen, glasharten Träume, die man manchmal, nach einer schlaflosen Nacht, gewissermassen als Trost und Entschädigung erlebt. Es ist ein sehr sauberes Buch, kompromisslos, unsentimental. Kann man ihm ein besseres Kompliment machen? Wenn nur das verfluchte ›puberieren‹ nicht drin stünde!« Vaucher hatte in ›Polly‹, das ominöse Wort in Anlehnung an das lateinische ›pubescere‹ tatsächlich ohne –t- geschrieben. Es handelte sich um die Schlüsselstelle des Buches: »Und sie geben ihr Blut her für ihre Spiele. Lange dauert's, bis sie aus ihren Nestern herauswachsen. Denn sie puberieren spät. Weil Pubertät eine Art Tod ist. Bubentod. Vor allem aber lieben sie die Täuschung. Homer. Odysseus. Sie wissen, dass Homer die Odyssee nur für sie geschrieben hat. (...) Nur ein Bube kann einer Kalypso widerstehen. Zehn Jahre listeln und ränkeln, unter grössten Entbehrungen leiden und schliesslich die Herren Freier über den Haufen schiessen, kann nur einer, der nicht altert. Und Buben altern nicht. Sie kriegen Stimmbruch und sterben daran.«

Nach der Veröffentlichung von ›Polly‹ stellte Vaucher seine anderen Prosaprojekte zurück und wandte sich als Autor dem Theater zu. Angesichts der sich zuspitzenden internationalen Lage glaubte er offenbar, dass dies keine Zeit sei für Romane. Damit brach bei ihm eine Entwicklung ab, an die er nach dem Zweiten Weltkrieg, unter persönlich wesentlich ungünstigeren Bedingungen, nicht mehr anzuknüpfen vermochte. Von der Bühne, die schnellere Stellungnahmen erlaubt als die Prosa, schien er sich eine politisch direktere Wirkung versprochen zu haben.

1935 schrieb er das Commedia dell'Arte-Stück ›Die Staatengründer‹. Später änderte er den Titel um in ›Ual-Ual oder: Der kleine Grenzzwischenfall‹. Es wurde 1954 vom ›Zimmer-Theater‹ in Mainz uraufgeführt und 1960 noch einmal gespielt. Der Südwestfunk produzierte 1954 ›Ual-Ual‹ auch als Hörspiel und wiederholte die

Sendung 1956 und 1962. Der damalige Redaktor Gerhard Niezoldi bezeichnete ›Ual-Ual‹ 1959 als »eine der bezauberndsten Sendungen«, die je bei ihnen gemacht worden seien. Vauchers Titel ›Ual-Ual‹ bezieht sich auf einen kleinen, nahe der somalischen Grenze liegenden Ort Welwel in Äthiopien, der in der älteren britischen Schreibweise ›Walwal‹ hiess. Im Dezember 1934, kurz vor der Eroberung Abessiniens durch das faschistische Italien (Oktober 1935 bis Mai 1936), kam es da anlässlich eines Streits um Weiderechte und den Besitz einer Wasserquelle zu ersten Kriegshandlungen. Somalia war damals eine zwischen Italien und Grossbritannien aufgeteilte Kolonie.

Jede der auftretenden Figuren kennzeichnete Vaucher im Stück mit einem Musikinstrument. Trauriger Held ist Piero. Er besitzt ein Haus mit Garten, hat eine Zypresse geschenkt bekommen und will sie bei sich pflanzen. Weil Piero den Baum nicht wieder umlegen will, wird er von seinen zwei Nachbarn überfallen: vom Kapitano, einer Figur, die in konsequenter Fortschreibung der Commedia dell'Arte-Tradition als Kriegstreiber geschildert wird, und von Arlekino, der als rücksichtsloser Angeber und gänzlich überzeugungsloser Mitläufer dargestellt wird. Beide regen sich fürchterlich über Pieros naive Glaubensvorstellungen auf. Der Text ist von schriller Poesie und bleibt dabei doch Satz für Satz eine scharfe Satire auf die faschistische und nationalsozialistische Vorkriegs-Diplomatie und Kriegsrhetorik. Der ganze dramatische Ablauf behält gerade in den grausamsten Szenen – Piero wird gefoltert und umgebracht – eine Possenhaftigkeit, die an das absurde Theater von Alfred Jarry (›König Ubu‹, 1896) erinnert. Als Piero, der von Arlekino und Kapitano im rassistischen Sprachgebrauch der Zeit als »Krummnasiger« und »Kraushaar« bezeichnet wird, sich endlich wortmächtig zur Wehr setzt, diagnostizieren der Kapitano und Arlekino bei ihm »zu heisses Blut«, greifen zu einem »Bohrer« und unterziehen ihn einem »kleinen Aderlass«. In schwärzester komödiantischer Zuspitzung bohren sie ihm ein Loch in den »Oberarm«, um zu sehen, ob er »reines Blut« hat – doch so sehr sie auch bohren – nichts geschieht: »(Arlekino:) Nanu! Das ist kein Mensch, das ist ein leeres Fass! Es kommt kein Blut. (Kapitano:) Ein klinisch äusserst interessanter Fall!« Arlekino und Kapitano fachsimpeln eine Weile über ihre »langjährige Praxis«. Dann, nach einer letzten philosophischen Klage des Piero, setzen Kapitano – »Paperlapapp, was ist das für ein Gewächs!« – den Bohrer an der Stelle des Herzens an. Die Flöte des Piero »fiept und stirbt ab«: »(Kapitano:) Gratulieren Sie mir! Er ist hin! (Arlekino:) Das ist eine Plag, bis einer stirbt!«

Stark beeinflusst war Vaucher durch die Theaterstücke des russischen Symbolisten Aleksandr Blok (1880–1921). Von 1927 an übertrug er dessen Stücke ›Der Schaubudenbesitzer‹, ›Der König auf dem Marktplatz‹, ›Die Zwölf‹ und ›Die Unbekannte‹ ins Deutsche. Als Vorlage dienten ihm bereits existierende französische Übersetzungen und eine Übertragung ins Spanische.

Im Nachlass Vauchers befinden sich noch zwei kleinere Stegreifkomödien im Commedia dell'Arte-Stil. An der einen, die mit ›Piero Astrologo‹ überschrieben ist, schrieb Vaucher mit vielen Unterbrüchen vom Januar 1933 bis Juli 1934. Es ist ein makabres Spiel um einen Selbstmordversuch des hochmütigen Arlekino, der diesmal als arm und depressiv geschildert wird. Hintergrund, wenn auch unerwähnt, ist die Weltwirtschaftskrise. Arlekino blättert in einem Buch mit »1045 Arten des Selbstmordes sowie einiger Anleitungen zur praktischen Ausführung« und schickt sich gerade an, seinen Vorsatz auszuführen, als Piero überraschend hinzutritt und Arlekino, der schon halb in der Schlinge hängt, mit ausführlichen und lustvollen astrologischen Theorien und Deutungen zum Zeitgeschehen auf die Nerven fällt. »Zeitgenossen«, die zweite Stegreifkomödie, wirkt ähnlich grotesk. Arlekino tritt als unerträglicher Rechthaber auf, der Piero wie im Zirkus Fusstritte und Schimpfnamen austeilt. Der ›Kapitän‹ ist meist nur mit seinem Degen beschäftigt. Piero seufzt – »Ich bin immer so traurig« –, heult, die anderen äffen ihn nur nach. Rededuelle und Wortspielereien folgen, bis Piero plötzlich »am ganzen Leib« zu zittern beginnt. Die beiden Widersacher glauben schon, ihn erschreckt zu haben, und reden ihm gut zu, da sagt Piero den rätselhaften Satz: »Was mich erschreckte, war doch bloss meine Stimme.« Piero und der Kapitän stehen ungläubig da. Erst nach einigem Hin und Her erklärt Piero im Stil des melancholischen Poeten: »Wie ich so knie und nun singen will, blas ich die Stimm aus meinem Mund. Und da steht sie plötzlich still, sieht sich um nach mir und sagt: ›Hab ich Dir etwas zu leide getan, dass Du mich nun wegschickst?‹ – Dabei machte sie grosse Augen, die Stimme.« Laut Programmvorschau des Schauspielhauses Zürich waren diese drei Einakter Vauchers in der Spielzeit 1939/40 als »Harlekiniade« zur Uraufführung vorgesehen. Oskar Wälterlin listete das Stück in der Pressekonferenz auf. Es ist nicht bekannt, woran das Projekt scheiterte.

In den nachgelassenen Schriften Vauchers findet sich ausserdem ein Stückfragment ›Revolte der Tiere‹, an dem er 1934 und dann noch einmal 1960 gearbeitet hat. Tiere, die mit Verstand, Sprache und Gefühlen ausgestattet sind, machen einen Aufstand, als sie zum Schlachthof getrieben werden. Zwei proletarische Schlachter – arme Schlucker, die dem Alkohol ergeben sind – werden von den Tieren ins Kühlhaus gesperrt und erfrieren. In den frühesten Entwürfen finden sich sarkastische Dialog-Miniaturen über den Handelswert von »Kalbsplätzchen« und den Hunger während der Grossen Depression: »Ich hab ein Plätzchen, Schätzchen! – Was für ein Plätzchen, einen Kinoplatz, Schatz? – Keins zum Draufsitzen. Eins zum Draufbeissen. – Zeig mal, oh! Was hast bezahlt? Ein Vermögen! (...) Weisst was, schneid mir die Hälfte davon ab und verkauf das Übrige fürs Doppelte. So hab ich was für den Magen. Und ich kauf mir vom Erlös etwas für's Herz.« Von dunkler Poesie war auch das zum selben Stück gehörende Balladenfragment

>Der Hundetöter

Ich habe meine Hündin Pia aufgefressen
Als Gulasch an viel scharfer Tunke.
Ich war von Fleischgelüsten wie besessen
Doch jetzt ergeb ich mich dem stillen Trunke.

Arme Pia, ich bereue
Deine Klugheit, dein'n Verstand
Deine Knochen, Hundetreue
Liegen abgenagt am Tellerrand.

Am interessantesten in der Anlage war Vauchers Komödie ›Die Reise nach China‹. An ihr hatte er 1927, 1931, im Mai 1935 und Juli 1936 geschrieben. Zuletzt änderte er den Titel in ›Expedition ins Hinterland‹ ab und löste einzelne Teile als eigenständige Einakter heraus. Mit keinem Theaterstoff hatte er grössere Mühe. Das lag daran, dass die frühe Fassung, die mit ›Man kann doch nicht einfach Mutter sagen...‹ sich die Inzest-Problematik vornahm. In den Entwürfen des Nachlasses finden sich drastische Szenen. Die Hauptfigur Hans, der öfters seine Zeit in Kneipen verbringt, ein wilder Jazz-Tänzer ist und eine Helene liebt, ist in ein unauflösbares Abhängigkeitsverhältnis zu seiner alleinstehenden Mutter verstrickt. Mit aller Kraft versucht diese mal als rührselig, dann wieder als tyrannisch beschriebene Frau, ihren Sohn zu sich zurückzuholen: »Dudeli-dudeli-träääh! Guz-guz-guz Pomm! Hu, was für ein dicker Bub liegt da! Hu, wem gehört wohl dieser dicke Bub da! Das sind dem Bub seine Kickäugelchen, das sein Kartoffelnäschen, hier seine Schweinsöhrelchen, hier sein Kullimullimaul. To-to-to-Quiek! (Sie kommandiert:) Achtung, Gradstehn! Das Gewehr an die Schulter! Im Taktschritt marsch! Die Augen rechts! Herr General! seit wann nimmt man ein Defilee im Bett ab?!« Diese so geschilderte Frau – »Es ist Mütterchen. Dein Mütterchen. Dein Liebmutterdein. Sag ihr ein schön Morgengrüsschen. Gib ihr ein lieb Morgenküsschen.« – lässt nichts unversucht, um Helene, die Geliebte von Hans, als »eine ganz ordinäre Frauensperson« zu verleumden: »Du weisst, womit du deinen Vater unter die Erde gebracht hast. (...) Habt ihr hier schon, hier in meinem Hause ... aber du bist ja ein Lamm, mein Kind. Du bist noch die reinste Unschuld. Man hat ihn mir verführt – und ich, ich bin schuld. – Ha, das war sie. Das war jenes Weib, und lass deine Mutter wissen, was Weiber sind, wenn sie lieben. Das sind Ströme, betäubende, tötende Ströme, und ihr Männer seid hilflos dann wie die Narkotiker.« In einem erbitterten Auflehnungsversuch gegen seine Mutter kommt es zum gewaltsamen Inzest: »(Die Mutter:) Hans, tu die Hand runter, du erwürgst mich ja. Die Mutter drückt man nicht so an sich, Bub. Ich spür ja, wie dir die Arme zittern. (...) Sei nicht schändlich. (...) Ich wusste ja, Kind, nur du kannst mich lieben. (...) (Hans, halb von Sinnen, halb traumwach:) Ob Mutter, Schwester, Liebste oder Hur: Schreit alles nach demselben Kinde nur!« Diesen Kern des Stücks, der vor dem Tod seines eigenen Vaters entstanden sein dürfte, tilgte Vaucher in den nachfolgenden Versionen und liess bei gleicher Personenkonstellation die Nebenhandlung, welche in einem Nachtcafé auf einem Jahrmarkt spielt, als Bilderbogen in den Vordergrund treten. »Hans«, merkt Vaucher an einer Stelle zusammenfassend an, »steht unter der Diktatur seiner Mutter. Als er sich davon (sic) befreit, wird er auf einem Jahrmarkt hypnotisiert und muss wieder zu ihr zurück.« Helene stirbt mit einer Zwangsläufigkeit, die sich nur aus dieser psychologischen Logik ergibt, sonst aber völlig unerfindlich bleibt. In den späten Versionen wird aus dem kruden, holzschnittartigen Kleinfamilien-Schocker ein traumartiges, politisches Stück um Kneipenbesucher und Obdachlose, welche auf einem geschlossenen Jahrmarkt von einem Hypnotiseur in eine absurde Szenerie aus dem chinesischen Bürgerkrieg versetzt werden, wo Hans mit einem Maschinengewehr einen diktatorischen General namens Wai-Tu-Peck begleitet und – als Sohn reicher Eltern – vor revoltierenden Soldaten mal antimilitaristische, dann wieder selbstanklägerische, sozialrevolutionäre Reden hält: »Und die Weltgeschichte wird von euch sagen: was waren das für Dummköpfe, die in den Krieg zogen (...). Nun (...) schneidet, zapft, kratzt, ätzt, stecht, stutzt, köpft, okuliert und amputiert nach Herzenslust. (...) Und dann schlagt mich Bonzen tot!«

Friedrich Glauser, mit dem Vaucher seit 1935 persönlich bekannt war, schrieb am 8.4.1937 an Berthe Bendel: »Vaucher hab ich einen ganzen Abend lang gesehen und bei ihm zu Nacht gegessen. Viel von Russland, ich erzähl dir dann. Und sein Drama hat er mir auch zum Lesen gegeben. Es ist ein wirklich sehr, sehr grosser Mist, aber dafür kann er nichts.« Gut anderthalb Jahre vorher, am 6. November 1935, hatten die beiden an einer halbprivaten Veranstaltung beim Zürcher Schriftsteller Rudolf Jakob Humm gelesen. In seinen Erinnerungen ›Bei uns im Rabenhaus‹ erwähnt Humm, Vaucher »machte uns vergnügt mit seiner Komödie ›Die Reise nach China‹.« Vaucher übernahm damals laut Humm die Rolle »eines Betreuers« für den Morphinisten Glauser, der am 8. Oktober 1935 aus der Klinik Waldau abgehauen war und zumindest zeitweilig bei Vaucher unterkam. Vaucher vermittelte ihm auch einen Rechtsanwalt, der aber Glauser zufolge nicht viel taugte und sich als »rührend hilflos« erwies; das Geld dazu hatte Vaucher ihm vorgestreckt. Bei Humm hatte Vaucher auf einem Feldbett neben der Couch geschlafen, auf der Glauser schlief. Nachdem Glauser entgegen Vauchers Rat am 13. 11.1935 freiwillig in die Waldau zurückkehrte – »Vielleicht hätte ich doch Vauchers Rat folgen sollen und es darauf ankommen lassen« (13.12.1935) –, bat er Rudolf Jakob Humm, Vaucher daran zu erinnern, »er soll mir den Lenin schicken, um den ich ihn gebeten habe« (19.11.1935).

Glauser hatte Vaucher auch »den Legionsroman« (›Gourrama‹) zum Lesen geschickt. Vaucher beriet ihn bei der Verlagssuche. Auf Initiative von Josef Halperin, der Glauser bei der Lesung im Hause Humms kennengelernt hatte, druckte die Zürcher Wochenzeitung ›ABC‹ vom 12.8.1937 an schliesslich eine gekürzte Fassung dieses Werks als Serie ab. Die Sache hatte sich aber ziemlich hingezogen, und Glauser, der sich in der Waldau wie in einem »Aquarium« (Brief an Humm, 13.12.1935) vorkam, war zwischenzeitlich auch einmal kurz und heftig verärgert über Vaucher, der als sein Briefkasten funktionierte und im Januar 1936 ein wichtiges Schreiben der ›Zürcher Illustrierten‹, die den ›Studer‹-Roman abdrucken wollte, erst mit drei Tagen Verspätung an ihn weiterleitete. Auch behielt Vaucher für Glausers Begriffe das Manuskript des Romans ›Die Fieberkurve‹ viel zu lange bei sich. Glauser, der über Vauchers Lebensgewohnheiten im Bilde war, schrieb Martha Ringier am 17.3.1936: »Ein gewisser C.F. Vaucher, von dem ich Ihnen erzählt habe, hat das abgelehnte Manuskript von dem Wettbewerbsroman. Er ist ein guter Kerl, nur schrecklich schlaksig und pomade. Ich habe ihm geschrieben, ihn brieflich angebrollen (sic), aber er ist halt Basler, und Basel hat schon so lange Dickhäuter in seinem Zoo, dass dies entschieden auf gewisse Bewohner abgefärbt hat. Nun hat dieser Vaucher die Telephonnummer 47345 (...). Wenn Sie ihn um zehn Uhr morgens anläuten, so wird wahrscheinlich die Frau des Malers Sulzbachner ans Telephon kommen. Der sagen Sie einen freundlichen Gruss von mir, und sie sollen das Telephon umstellen zu Vaucher, und dann müssen Sie eben so lange läuten lassen, bis der Mann sein Lotterbett verlässt. Er tut es schon, wenn Sie lang genug ausharren. (...) Aber dann bitte legen Sie los, wenn Sie ihn am andern Ende des Drahtes haben. Bereiten Sie Ihre härteste Komiteestimme vor, und sagen Sie ihm wüst, so wüst, dass er ein richtiges Trommelfelltrauma überchunnt.«

Vaucher, der sechs Jahre jünger war als Glauser, hatte ›Claus‹ im Februar 1936 in der Klinik einen Besuch gemacht, der aber, wie Glauser festhielt, mit einem Misston endete: »(...) es war ein anregender Nachmittag. Man kann ganz gut mit ihm [Vaucher] plaudern, er ist sonst ein lieber Kerl, es regnete Entschuldigungen und Versprechungen.« Im Wortwechsel mit dem vielleicht etwas ungeduldig wirkenden Glauser soll Vaucher dann eine »Gemeinheit« gesagt haben: »Man wisse nicht, warum man die Sachen des Glauser hüten müsse«. Glauser auf jeden Fall berichtete darauf seiner Gönnerin Martha Ringier verärgert und gekränkt, es sei vielleicht »unbequem«, wenn »ein Irrenhäusler (...) allerhand schreibt, was angenommen wird, wenn man selbst« – und das war eine Anspielung auf Vaucher und seinen Prosaband ›Polly‹ – »über einem Buch von 100 Seiten Kleinoktav fünf Jahre brütet und in dem Buch trotz allem Brüten vielleicht 20 Seiten annehmbar sind und der Rest Füllsel. Ist es nicht doch ein wenig Pflicht, sich über solche Regungen klar zu werden?« Glauser, neben Walser der bedeutendste Schweizer Schriftsteller der ersten Hälfte des 20. Jahrhunderts, schrieb selber ungeheuer konzentriert und produktiv. Ausserdem hatte er während der Klinikaufenthalte, zu welchen ihn väterliche und behördliche Willkür zwang, genügend Psychoanalyse-Stunden hinter sich gebracht, um die Schwächen Vauchers, der nie auf der Couch gelegen hatte, mit blossem Augen zu erkennen: »Ich sage mir ja immer wieder«, schloss Glauser, »jeder Mensch ist eine gegebene Tatsache, mit der man sich abfinden muss (...). Ich finde mich ja gern damit ab, dass ein Mensch« – gemeint war immer noch Vaucher – »für Hammer und Sichel schwärmt und zugleich Hausbesitzer ist, dass er die integrale Revolution verficht und Arbeiter belehrt, obwohl er mit seinen zehn Fingern nie etwas anderes getan hat, als allenfalls einen Ofen eingefeuert. Das geht mich nichts an und ist seine Sache, obwohl es mir manchmal bedenklich vorkommt, für ihn, denn was soll daraus entstehen?« (27.3.1936) Die Verstimmung war zwar nicht von Dauer, doch auch als sie beide für ›ABC‹ schrieben – davon soll gleich die Rede sein – und wieder ›copains‹ waren, behielt Glauser, der am 8. Dezember 1938 mit 41 Jahren starb, seine skeptisch-ironische Haltung gegenüber Vaucher bei. So frotzelte er nach dessen Spanienreportagen, die ihm ›gefallen‹ hatten, mit Anspielung auf Vauchers Schreibmaschine, die in den 30er

Bildnis C.F. Vaucher, 1937. Öl auf Leinwand.

Jahren keine Grossbuchstaben machen konnte, an den ›ABC‹-Redaktor Josef Halperin: »Was tut Freund Vaucher? Auf seinen Lorbeeren ausruhen? Warum schreibt er nichts mehr über Spanien? War das alles? Ich verstehe zwar, dass seine Remington eingerostet ist (...).« (6.9.1937)

Vaucher, der Rebell, der seine Abkunft aus grossbürgerlichem Hause weder verheimlichen konnte noch wollte, war eine schillernde Figur. Er hielt damals Vorträge – etwa im Winter 1933/34 am Romanischen Seminar der Universität Basel über den Maler Delacroix –, Reden – etwa an der Tucholsky-Feier am 25. März 1936 im ›Club 33‹. Im April 1936 las Vaucher auch an einer Lyrikveranstaltung in Zürich, unter anderem zusammen mit Walter Lesch und Max Werner Lenz, den Haus-Autoren des Cabaret ›Cornichon‹, und veranlasste die ›National-Zeitung‹ (22.4.1937) zur Bemerkung: »Die eigentliche Überraschung bildete aber das ironisch-ätzende Gedicht ›Ich bin!‹ des durch die Kindererzählung ›Polly‹ vorteilhaft bekannten C.F. Vaucher. Es sieht die Welt mit einem merkwürdig bitteren und nüchternen Blick.« Leider ist das Gedicht mit dem vor-existentialistisch klingenden Titel – Sartre veröffentlichte ›La nausée‹ 1938 – zusammen mit einer ganzen Mappe späterer Lyrik verschollen. 1937 steuerte Vaucher dann bereits ein paar kleine Chansons und Sketches für

135

die Programme des ›Cornichon‹ bei. Auch für das Cabaret ›Bärentatze‹ wurde er tätig.

Noch wichtiger für sein Selbstverständnis als diese Aktivitäten waren die Teilnahme am Internationalen Schriftstellerkongress in Paris vom 21.–26. Juni 1935 und eine Reise zu den ›Dritten Moskauer Bühnenfestspielen‹, die zwischen dem 1. und 10. September 1935 stattfanden: »Man hat einen Linksdrall gespürt«, erzählte er in der Radiosendung ›Aus meinem Leben‹, »man hat vor allem Russland bewundert, wo ein sozialistischer, vollkommen klassenloser Staat hätte aufgebaut werden sollen, und ich bin dann auch zweimal dort gewesen, das letzte Mal noch 1935, und habe dort hauptsächlich Theater [aufführungen] gesehen, habe mich wenig um Politik gekümmert, sondern meine ganze Passion, meine ganze Begeisterung galt natürlich Wachtangow, Tairow, und wie alle diese grossen, extremen Theaterregisseure und Intendanten geheissen haben. Man ging von einem Theater ins andere, und hinter diesem blendenden Theatervordergrund hat sich etwas sehr Unheimliches auszuwirken begonnen, nämlich die Übernahme der Macht durch Stalin. Gespürt habe ich das eigentlich nur einmal, dadurch, dass ich für kurze Zeit von der russischen Geheimpolizei hopps genommen worden bin, und zwar weil ich ein kleines Abzeichen am Knopfloch getragen habe, das Abzeichen nämlich, soviel ich [noch] weiss, eines literarischen Vereins.«

Im Juli 1937 nahm Vaucher schliesslich als Vertreter der Schweiz am ›II. Internationalen Kongress der Schriftsteller zur Verteidigung der Kultur‹ in Valencia teil. Der spanische Bürgerkrieg tobte. Während der Tagung wurde die Stadt, wie Vaucher festhielt, »durch die italienischen Flieger« bombardiert. In drei langen Reportagen, die am 12. August, 9. und 23. September 1937 in der Zürcher Wochenzeitung ›ABC‹ erschienen, schilderte er die Eindrücke dieser Spanienreise. Wieder abgedruckt wurden die Artikel im Sammelband ›Schweizer im Spanischen Bürgerkrieg‹ von Heiner Spiess (Limmat Verlag, Zürich 1986). Vauchers Reportagen schilderten die Zerstörungen in Madrid, hielten vor allem auch die damalige Atmosphäre fest. Vaucher war damals 35 Jahre alt:

»Während unser Auto an der Spitze – mit Ludwig Renn, Nordahl Krieg, Sigward Lund, André Malraux, dem Chauffeur und mir – am rechten Steilhang des Tales die Strassenschleifen hinauffährt, zählen wir die nachfolgenden Wagen: siebzehn, welche die Kongressteilnehmer (...) von Valencia nach Madrid fahren. (...) In Minglanilla wird unsere Karawane gestoppt. Ein Dorf von schätzungsweise früher vierzig Bauernfamilien, das seine Einwohnerzahl heute verdreifacht hat mit Flüchtlingen aus den eroberten Gebieten, Andalusien und Estremadura, die vor den Massakern der Invasionsarmeen flohen. (...) [M]an hat für die etwa hundert Schriftsteller an langen Tischen gedeckt. (...) Ich spute mich mit dem Essen und trete auf den beschatteten Platz hinaus. (...) Hier lausche ich einem Haufen von Kindern, die singen. (...) Ich hatte mir einen Jungen aus dem Haufen herausgefischt und fragte ihn: ›Wo habt ihr eure Schule?‹ Er wies auf ein Gebäude linker Hand. ›Was lernt ihr?‹ Er verschwand für einen Augenblick und kehrte mit einem Lesebuch zurück. (...) Ich sah abwechslungsweise vom Buch auf den Jungen, der mich mit seinen kohlenäugigen Blicken ausforschte, und vom Jungen ins Buch und dachte an mein eigenes Lesebuch zurück mit seinen frommen Sprüchlein und den zarten Versen. Bei ›L‹ hatte bei mir ›Lämmlein‹ gestanden. Hier stand ›Libertad‹! (...) Ich hatte in meiner Ergriffenheit (...) eine alte Bäuerin nicht bemerkt, die sich seitlich neben mich gestellt hatte und nun (...) mit einer halben Wendung vor mich hintrat. ›Du bist auch gekommen‹, sprach sie. (...) Und dann, wie man einen Ast herunterholt, um eine Frucht zu pflücken, fühlte ich plötzlich den Druck ihrer Hand gegen meinen Nacken. Nachdem ich, der Grössere, mich zu ihr hinuntergebeugt hatte, umfasste sie meinen Kopf mit beiden Händen und während sie mich auf die Wangen, den Mund, die Stirne, die Augen küsste, hörte ich sie in Satzteilchen durch diese Liebkosungen, die zartesten und inbrünstigsten, die ich in meinem Leben je erfahren habe, sagen: ›Du bist nur gut. Was hast du hier verloren? Und doch kommst du. Du bist mein Sohn.‹ Ich habe dann die Hand nicht vor die Augen gehalten, um ihr meine Tränen zu verbergen. In der Arena vor Badajos war ihr Mann, ihre Tochter und ihr jüngster Sohn (...) zusammen mit Tausenden von Gesinnungsgenossen (...) niedergemetzelt worden. Der ältere Sohn fiel vor Toledo. Sie schien achtzig Jahre alt zu sein. In Wirklichkeit war sie fünfundfünfzig.«

In Madrid angekommen, war Vaucher zunächst erstaunt, die Bilder der Zerstörung, der Toten und Verletzten aus den Zeitungen nicht wiederzufinden: »Wie die Umkehrung all dessen, was mein Grausen, meinen Ingrimm und den Protest in mir wachgerufen hatte, mutete mich das Stadtbild an, dem ich etwas später bei einbrechender Dämmerung begegnete. eine unüberschaubare Menschenmenge in den Strassen, offene bis auf den letzten Platz besetzte Cafés, Kinos und Theater, Strassenbahnen und Untergrund in Betrieb, Lärm und Musik wie in allen südlichen Städten (...) - so dass ich später, nach dem Empfang und Essen, die man uns vorbereitet hatte, als ich in meinem Zimmer am Fenster stand, welches Aussicht über einen Park mit Bäumen bot, mir sagte: Ich kam her, um den Krieg zu treffen, und ich finde den tiefsten Frieden. Da hat plötzlich, wie eine Ente in der Nacht schnattert, ein Maschinengewehr Serienfeuer gegeben. Und in der Stille, der täuschenden jetzt und drohenden, die wiederkehrte, als die Waffe verstummt war, ging es mir heiss ins Blut: Krieg, Krieg im Land!« (›ABC‹, 12.8.1937)

Damals, im Juli 1937, war aber schon der ganze Westrand der Stadt zerstört, wie Vaucher erst danach entdeckte. Einer der Chauffeure hatte sie auf einer »improvisierten Fahrt« dahingeführt. Auf der Weiterfahrt kamen sie an einem Don Quichotte- und Sancho Panso-Standbild vorbei: »Gedanken bleiben oft, so gut sie gesponnen sein mögen, hinter einer Empfindung, die sich nicht mitteilen lässt, zurück. Derjenige aber, der hinter mir, als der Wagen an diesem Menschenbild aus Erz vorbeischaukelte, dessen Original in seiner Zeit und für alle Zeiten den Ungeist der Reaktion mit einem Federkiel erstach, den Satz ausstiess: ›So, so, du bist ja auch da!‹ hat den Sinn der Weltgeschichte an diesem Ort und bei dieser Gelegenheit für einen Augenblick hell und über alles leuchten lassen. (...) An der Puerta del Sol, Platz der Granaten genannt, weil diese dort zu jeder Zeit aus der Luft herunterfallen, setze ich mich in ein Café. (...) Madrid hat Pause. Vor zwei Stunden dröhnten die Motoren von sechzig Flugzeugen über ihr. (...) Ich widme meine Aufmerksamkeit einer Taubenschar, die auf dem Platz Körner pickt, plötzlich aufschwärmt und, durch ein Fenster des kahlgebrannten Hauses gegenüber, in den Abend verschwindet.« (›ABC‹. 9.9.1937)

»Die Strassen, die dem Geschützfeuer unterstehen, sind sauber und gepflegt, die Rondelle, welche die Denkmäler umgeben, sind mit Blumen gepflanzt. Nach jedem Einschlag werden Schutt, verbogene Eisenteile und Glassplitter weggeräumt. (...) Ich erinnere mich, dass ich bei einem Blick durch die Fenster des Erdgeschosses im Postgebäude die Briefträger Madrids die Post ordnen sah, obschon vierundzwanzig Stunden früher, zur selben Zeit, ein Geschoss diesen Raum heimsuchte. Nur dass es nicht platzte, und man im Innern den kleinen Zettel, auf deutsch geschrieben, vorfand: ›Genossen, diese Granate wird nicht platzen!‹« Deutsche, dem Widerstand angehörende Arbeiterinnen oder Arbeiter, hatten in der Munitionsfabrik durch diese ›Sabotage‹-Aktion den Tod Unzähliger verhindert! Vaucher hätte dies vielleicht damals nicht publizieren dürfen. »Bombardemente sind eine Nervenprobe. Punkt Mitternacht an der Wende des 7. zum 8. Juli setzten die faschistischen Batterien zum Bombardement Madrids an. (...) Der Geschützdonner dauerte über anderthalb Stunden. Vom Mündungsfeuer war der Horizont im Westen erhellt.« Tags darauf begab Vaucher sich im Tram und zu Fuss an den Stadtrand:

»[V]on einer Art Kanzel, die auf einem Felsen über dem Tal des Manzanares [Fluss, damals vor den Toren Madrids] vorsteht, blickte ich über Los Mataderos (...). Gegen Carabanchel Alto war eine militärische Operation im Gange. Zwei Tanks griffen in linker Flankenumgebung an. Rechts schnatterten die Maschinengewehre als Feuerschutz. Hinter den Tanks tauchten zuweilen kleine Männlein auf und verschwanden in Deckung, sobald von den Batterien der [Franco-Truppen] Feuer in ihre Linien gelegt wurde. Wäre der Kampflärm nicht gewesen, hätte man die ganze Operation für friedliche Feldarbeit hinter Traktoren halten können. Ein Querschläger zirpte in meiner Nähe vorbei, klatschte gegen die Häuserfront, welche zugleich Stadtfront, *die* Front ist, hinter mir in die Mauer, explodierte und löste ein Mörtelstück so gross wie ein Kuhfladen ab.«

Der Frage der politischen Verantwortlichkeit der Schweiz wich Vaucher mit dieser literarischen Art der Frontberichterstattung keineswegs aus. »Die Herren Bundesräte«, schrieb er, handelten »den Interessen Spaniens (...) zuwider«: »Indem man (...) einen Weltkrieg zu verhüten vortäuscht, (...) spielt man dem Gegener im voraus alle Siegeschancen in die Hände«: »Es ging beim Ausbruch des spanischen Krieges ein Akt der Solidarität durch die Welt, der nicht hoch genug gewertet werden kann und der das Vertrauen in die Sache der Freiheit gross werden liess: Die Internationalen Brigaden! Was die Regierungen sämtlicher Demokratien aus ›politischer Einsicht‹ unterliessen, hat das Volk aus besserer Einsicht gut gemacht. Die faschistischen Staaten, Italien und Deutschland, können sich heute bei ihrem Rohstoffmangel und der Unterernährung ganzer Bevölkerungsschichten einen Krieg im Ausmass des Weltkrieges nicht leisten. Sie lokalisieren ihn. Nur die direkte militärische Intervention aller demokratischen Länder (...) hätten Europa den Frieden sichern können (...). Nun ist aber durch die ›Neutralität‹ (...) der faschistischen Politik und Taktik des ›lokalisierten Krieges‹ ein schier unfassbarer Vorteil erwachsen!« (›ABC‹, 23.9.1937)

Wiederbegegnet war C.F. Vaucher am Kongress auch dem Schriftsteller Ludwig Renn (1889-1979), den er unlängst noch über die deutschschweizerische Grenze begleitet hatte. Inzwischen stand dieser Mann, der eigentlich mit adeligem Namen Arnold Vieth von Golssenau hiess und 1928 KPD-Mitglied war, als Stabschef einer Internationalen Brigade vor. Nach Francos Sieg über die Republik lebte Renn bis 1947 in Mexiko. Dann kehrte er nach Deutschland zurück und war 1947–51 in Dresden Professor für Anthropologie.

VI
SPANIEN, BÜRGERKRIEG, HEMINGWAY

›Feuertaufe in Madrid‹

Ich reiste 1937 nach Madrid auf Einladung der ›Vereinigung internationaler Schriftsteller zur Verteidigung der Kultur gegen den Faschismus‹. Hinter diesem etwas ausschweifenden Titel standen glorreiche Namen: die Gebrüder Thomas und Heinrich Mann, André Gide, André Malraux, Andersen Nexö, Aleksej Tolstoi (Grossneffe des grossen Leo), Ernest Hemingway, Ludwig Renn und viele andere.

Madrid war damals eine belagerte Stadt, die spanische Revolution stand am Anfang ihres zweiten Jahres. Ich sollte bald meine Feuertaufe bestehen. Schon in der ersten Nacht nach meiner Ankunft schossen die Kanonen der Herren Franco, Mussolini und Hitler von jenseits des Manzanares aus allen Rohren. Das Jaulen der Granaten, die aufheulende Brisanz ihrer Einschläge, das Gepolter von einbrechenden Häusermauern, die in der Verdunkelung aufschiessenden Flammen brennender Häuser, dazwischen das Schreien und Kreischen hilflos verletzter Menschen... das alles bewirkte in mir einen eigenartigen Wechsel meiner anfänglich zur Schau getragenen Gelassenheit: meine Mundhöhle wurde klebrig, meine Handflächen wurden feucht und meine Knie mulmig. Wildgewordene Pulsschläge hämmerten gegen die Wandungen meiner Haut. In meiner heillosen Verwirrung tat ich das Verkehrteste: statt in den Keller floh ich hinauf in mein im dritten Stock gelegenes Hotelzimmer, das ich mit Ludwig Renn teilte. Als ich es betrat, stand er in der Badewanne, nackt, und duschte sich. Dieser ehemalige kaiserliche Gardeoffizier im 1. Weltkrieg war offenbar Schlimmeres gewöhnt. »Kleines Feuerwerk«, meinte er lächelnd zu mir. Er warf sich einen Bademantel um, setzte sich zu mir an den Tisch, breitete eine Touristenkarte von Madrid darüber aus und begann die Stellungen der feuernden Batterien einzuzeichnen.

Dann in einer endlosen Gleichung errechnete er die Flugbahn der Geschosse, um mir mathematisch schlüssig zu beweisen, dass keines dieser heulenden Ungetüme unser Hotel treffen könne. Bald begannen Brüche, ins Quadrat erhobene Zahlen und Radixwurzeln vor meinen Augen zu tanzen. Ich versank in einen tiefen, traumlosen Schlaf.

Ich erwachte tags darauf ziemlich spät und beeilte mich, zu einem anberaumten Kongress zu kommen. Als ich den Flur entlanglief, stand ich plötzlich vor einem gähnenden Abgrund. Eine Granate war durch ein Gangfenster eingedrungen und hatte die Treppe zum unteren Stock wegrasiert – und das keine 10 Meter von meinem Bett, in welchem ich selig geschlafen hatte.

Siesta auf amerikanisch

Eigentlich wusste ich gar nicht, mit wem ich es zu tun hatte, ja, heute wüsste ich nicht einmal mit Sicherheit zu sagen, wie wir uns kennen lernten. Doch: bei einem gemeinsamen spanischen Freund, deren wir beide viele hatten im belagerten Madrid. Es war ein Kreis junger Intellektueller, in dem man sich gegenseitig allgemein als ›Genosse‹ betitelte. Ich sass längere Zeit neben ihm, ohne zu wissen, wer er ist. Wahrscheinlich wurde er mir mit seinem unter Freunden üblichen ›Hem‹ oder als Ernesto vorgestellt. Im übrigen kannte ich ihn auf Grund seiner Werke tatsächlich nicht, obschon er damals bereits ›Fiesta‹ und ›In einem andern Land‹ veröffentlicht hatte. Seine literarische Berühmtheit war noch nicht bis zu mir gedrungen, ich hatte seine Bücher nicht gelesen. Er fiel mir auf durch seine grosse Gestalt. Als ich ihn später auf Bildern wieder sah, war er schwer wiederzuerkennen, denn damals in Spanien trug er einen Bart, den er sich erst viel später wieder zulegte. Er war sehr gross und kräftig und schleppte ein Bein etwas nach – soviel ich weiss die Folgen einer Verletzung aus dem Ersten Weltkrieg. Er trug eine heitere und unbekümmerte Art zur Schau in diesem Madrid, wo alles durcheinander und alle gegeneinander waren. Er schien sich um alles zu foutieren.

Als er mich als Schweizer wahrnahm, schien er amüsiert und erstaunt: er kannte die Schweizer als auf ihre Sicherheit bedachte Eigenbrötler, und die Vorstellung fiel ihm offensichtlich schwer, dass ein Schweizer auch da sei. Wie er selber nach Madrid kam, wurde mir nie ganz klar. Einige behaupteten, er sei mit amerikanischen Sanitätskolonnen gekommen, aber ich glaube, er war schon bei Ausbruch der Revolution Englischlehrer an der Madrider Universität. Er war auch nicht dem Kongress der demokratischen Schriftsteller und Intellektuellen angeschlossen, den ich zu dieser Zeit in Madrid besuchte; dafür war er viel zu selbständig.

Wir kamen näher in Kontakt, als er mich eines Tages fragte: »Kommst du morgen mit, ich gehe fotografieren in der Nähe der Front.« Er schleppte einen Koffer mit, der Foto- und Filmmaterial enthielt. Was Hemingway eigentlich fotografieren wollte, war mir völlig unklar; jedenfalls unternahm er diese Expedition nicht, um einfach ein paar Landschaftsaufnahmen zu machen. Wie aktiv Hemingway gewesen sein muss, wurde mir erst später klar, als ich ›Wem die Stunde schlägt‹ las. Wir kamen in die Schützengräben und ich verlor ihn vorübergehend, denn er wurde überall begrüsst und jedermann schien ihn zu kennen.

Nachdem wir eine kleine, völlig zerschossene Ortschaft passiert hatten, pfiff uns plötzlich eine MG-Salve um die Ohren. Wir warfen uns hin und entdeckten in etwa zwanzig Meter Entfernung eine Mulde, die uns Deckung bot. Ich verlor bei dieser Gelegenheit den Koffer, denn es war ja das erste Mal in meinem Leben, dass ich beschossen wurde. Hemingway holte den Koffer in die Mulde, ohne sich besonders zu beeilen. Überhaupt schien er es irgendwie selbstverständlich hinzunehmen, dass eben zuweilen geschossen wird und dass es dann irgendwann wieder einmal aufhört... Aber wir blieben nun tatsächlich in dieser Mulde sitzen, von morgens bis abends, wir kamen einfach nicht mehr weg. Sooft einer von uns – es war immer Hemingway – den Kopf hinausstreckte, wurde geschossen.

Ich weiss tatsächlich nicht mehr genau, wovon wir die ganze Zeit gesprochen haben. Das liegt vor allem daran, dass ich durch andere Dinge zu stark abgelenkt war, in erster Linie durch die

Angst, durch den Gedanken: Wie komme ich da jemals wieder hinaus. Das hat Hemingway überhaupt nicht beeindruckt. Er schlief sogar, zwei oder drei Stunden. Ansonsten unterhielten wir uns in einem Kauderwelsch von Französisch und Italienisch. Einmal nahm er Bezug auf unsere Situation und sagte (dem Sinne nach wenigstens): »Je grösser die Not wird, desto kleiner der Boden, auf dem man sich glücklich fühlt.« Je grösser die Hitze wurde, desto schweigsamer wurden wir. Hemingway sagte immer wieder »Aspettiamo la siesta« denn er wusste, dass ungefähr von zwölf bis vier Waffenruhe herrschte. Etwa um elf legte er sich aufs Ohr. Als er wieder aufgewacht war, sollten wir versuchen, weiter zu kommen. Hemingway schlich vor bis zu einem zweiten Loch, das ein Granattrichter war. Aber kaum war er vorne, fingen sie wieder an zu schiessen. Wir waren nun längere Zeit getrennt: ich in unserer Mulde, er im Granattrichter. Etwa nach einer Stunde kam er dann plötzlich mit einem gewaltigen Sprung wieder zurück.

Wie gesagt: das geführte Gespräch ist mir nicht sehr gegenwärtig, aber ich erinnere mich an einen Schnaps, der mir Hemingway anbot und der mir fast die Kehle zerriss. Es muss reiner Alkohol gewesen sein, mit irgendetwas aromatisiert – ein scheussliches Zeug. Am Abend begaben wir uns wieder auf den Heimweg. Hemingway machte mich auf die Gefahr aufmerksam, dass wir von den eigenen Leuten angeschossen werden könnten. In der Nähe der Laufgräben fing er an, hinüberzurufen »Amigos, amigos, amigos!« Wir kamen glücklich nach Madrid zurück und hatten keine einzige Aufnahme gemacht.

›Die Tortilla‹

Ich war – länger ist's her – in Spanien, zur Zeit, als der Bürgerkrieg los war. Es sind Erinnerungen, die mir peinlich sind. Ich bin nämlich, im Gegensatz zu andern Männern, nicht mutig. Das Heldische läuft mir zuwider.

Damals hatte ich reichlich Gelegenheit, die sogenannte Courage an meiner hierfür nicht sonderlich begabten Person zu üben: denn Bombardements, Kugelpfiffe und die lästigen Druckverschiebungen von platzenden Handgranaten – das ging Hand in Hand mit Knappheit im Ernährungssektor. Beides kann einen Helden begeistern. Beides brachte mich in die Vorhöfe gelinder Verzweiflung. Mein ganzer Mut bestand darin, meine heillose Angst nicht zu zeigen. Der einzige Vorteil dieser Gemütsverfassung war, dass sie mir den Appetit verschlug. Trotzdem hat mir einmal eine Tortilla gemundet wie noch nie. Ich kam nämlich gerade vom Erschossenwerden. Das begab sich folgendermassen:

Ich hatte – als Journalist wohlverstanden, nicht als Scharfschiesser – an einem Angriff auf Teruel teilgenommen. Der Angriff hatte zu meiner grossen Erleichterung nicht stattgefunden. Ich zog mich heilfroh über meine heile Haut auf einem Strässchen zurück, um die Eisenbahn nach Sagunto zu erreichen – als ich von einem Posten gestellt wurde. Ihrer Sprache und ihrem Aussehen nach war ich bald im Bilde, mit wem ich die Ehre hatte: Katalanische Anarchisten! Ich war in Zivil, unbewaffnet, hatte ›artfremde‹ Papiere (meinen Schweizerpass), damit war ich erkannt: ein Spion!

Ich wurde in ein Zimmer eines länglichen, gelblichen Steinhauses im ersten Stockwerk eingeschlossen. Das einzige Mobiliar waren ein paar leere Särge.

Von morgens neun Uhr bis abends sechs liessen sie mir Zeit, meine Rechnung mit dem Himmel abzuschliessen. Durch die Jalousien hatte ich die herrlichste Aussicht auf das Tal des Palacias, über weite Orangengärten hinaus ins Meer. Hier wäre gut wohnen gewesen! Einen Teil des Nachmittags verdöste ich, auf den Deckel eines Sarges ausgestreckt.

Um sechs herum wurde ich in den Hof hinuntergeholt. Einer der Milizen bewachte mich. Er gab mir eine Zigarette. Sie war nicht gut. Wenn Sie mich nun fragen, welches meine letzten Gedanken gewesen sind, kann ich nur beteuern: es waren keine mehr da. Meine ganze ›innere‹ Arbeit bestand in der Abwehr von einer Kette, einer nicht abreissenden, von körperlichen Notständen: von Erbrechen, Zittern, Magenkrämpfen, Hautjucken... Es war abscheulich! Ich bin eben kein Held.

Und dann ratterte ein Motorvelo in den Hof. Der Fahrer kannte mich von Madrid her. O wunderbare Milde des Zufalls! Ein paar aufklärende Worte, und plötzlich war die ganze Lumpenbande ein Herz und eine Seele. Man umarmte, küsste, hochlebte mich!... Dann habe ich meine Tortilla gegessen, die beste meines Lebens. Ich habe versucht, sie hier mit ähnlichen Mitteln zu rekonstruieren.

2-3 Luganighe (in Ermangelung der katalanischen Luquenqua) [Salsiz, getrocknete Wurst] enthäuten, das Innere zerhacken und in Öl leicht dämpfen. 2-3 Knoblauchzinken mit 2 Pfefferschoten sehr fein zerhacken. Mit den Luganighe vermischt 1 Minute mitdämpfen lassen.

Im voraus 4 Eier zerschlagen und mit dem Besen tüchtig quirlen. 4 mittlere Tomaten in Scheiben schneiden.

Volle Hitze geben und die Eier über die präparierten Luganighe giessen. Die Tomatenringe in den Eibrei legen und 2-3 Minuten warten, bis die Omelette auf der unteren Seite goldbraun geworden ist. Auf eine vorgewärmte Platte aus der Pfanne übergleiten lassen und dabei die Omelette in der Hälfte umschlagen.

Tip: das Innere der Omelette muss noch ›pflaumenweich‹ sein, und die Tomaten sollten noch fast roh sein – als Kontrast gegen die Schärfe der Füllung. Eventuell leicht nachsalzen.

Hemingway traf am 18. März 1937 in Spanien ein. Er war Kriegsberichterstatter der ›North American Newspaper Alliance‹. In der Folge beteiligte er sich auch am Filmprojekt ›The Spanish Earth‹ des holländischen Regisseurs Joris Ivens. Um das Geld für den Dokumentarfilm aufzutreiben, gründete Hemingway zusammen mit anderen die Gruppe ›Contemporary Historians Inc.‹: über die sich unmittelbar vollziehende Zeitgeschichte sollte auf eine neue Weise berichtet werden. Es gibt ein Bild, das Hemingway und Ivens zusammen mit Ludwig Renn, dem Kommandanten des ›Thälmann-Bataillons‹, auf einem Fussmarsch zur Front zeigt. Ende April 1937 waren die Dreharbeiten beendet. Den Schnitt des Films besorgten Ivens und Hemingway in den USA. Hemingway schrieb und sprach auch den Kommentar. Premiere war am 4. Juni 1937 in der Carnegie-Hall in New York. Auch im Weissen Haus wurde der Film aufgeführt, und am 14. August 1937 reiste Hemingway mit Martha Gellhorn, seiner späteren dritten Frau, erneut nach Spanien. Die Begegnung mit C.F. Vaucher fällt in die Zeit dieses zweiten Aufenthalts. Hemingway war danach noch drei weitere Male in Spanien.

»Vielleicht eigenartig«, erzählte Vaucher 1964 in der Sendung ›Aus meinem Leben‹, »war auch, dass ich ganz zum Schluss, bevor ich wieder nach Paris zurückkehrte, in Madrid auf der Strasse spazierte, stolz, freudig, das auch einmal erlebt zu haben. Plötzlich knallte es hinter mir furchtbar. Es tönte wie ein richtiger Schuss, wie die Explosion einer Granate, einer Handgranate vielleicht. Ich machte einen Hechtsprung auf die Strasse hinaus, um mich zu schützen, und hörte dann auf einmal – ich hielt den Kopf im Ellenbogen drin –, wie gelacht wurde, und als ich herumblickte, verdreckt vom Kopf bis zu den Schuhen, sah ich, dass ein Spanier nur mit etwas viel Vehemenz den eisernen Rolladen seines Geschäftes heruntergelassen hatte. Mir wurde klar, wie in jedem Mensch immer latent die grosse Angst vor dem Sterben haust, und wie eigentlich der sogenannte Mut wirklich bei mir – und wahrscheinlich auch bei allen anderen – nicht eine angeborene Sache ist, sondern die Überwindung einer grenzenlosen Angst.«

In geheimer Mission reiste Vaucher im Sommer 1938 noch einmal nach Spanien. Mit gefälschten Papieren lotste er zwei Eisenbahnwaggons voller ›Bührle-Waffen‹ über Frankreich durch den Tunnel, der unter den Pyrenäen ins spanische Port-Bou führt. Wie er – oder seine Organisation – zu diesen in Kisten verpackten Fliegerabwehrschützen gekommen war, ist nicht geklärt. Angenommen werden muss, dass es sich um eine für Mexiko bestimmte Lieferung handelte, die mit dem Einverständnis der mexikanischen Regierung nach Spanien umgeleitet wurde. Eingesetzt werden sollten die Flab-Kanonen gegen die italienische Luftwaffe und die deutsche ›Legion Condor‹, welche mit ihren Bombenangriffen auf die spanischen Städte den Zweiten Weltkrieg probten. Guernica war am 26.4.1937 zerstört worden.

»Eine verrückte Geschichte, wie sie mit dem Zug an die französisch-spanische Grenze fuhren und die Grenzwächter abfüllten!« erzählt der Sohn Jean Jacques Vaucher. »Er hat einfach ›Bührle-Kanonen‹, Waffen, aus der Schweiz durch Frankreich geschmuggelt nach Spanien, und es ist fast alles gut gegangen, bis dann auf dem letzten Bahnhof die französischen Grenzwächter wissen wollten, was in dem Zug drin ist.« Frankreich unterband damals bekanntlich aufgrund seiner Nicht-Interventionspolitik Waffenlieferungen nach Spanien. Die Lage war brenzlig. Vaucher gelang es, auf Zeit zu spielen. Vorsorglich hatte er Wein mittransportiert – sicher eine ganze Kiste, wenn nicht mehrere, zur Tarnung: vielleicht gab er sich sogar als Weinhändler aus – und lud die französischen Grenzbeamten, die vielleicht auf weitere Anweisungen höherer Stellen warten mussten, zu einem Glas ein. Aus einem Glas wurden zwei, dann wurde eine Flasche nach der anderen aufgemacht. Vaucher wird als Weinkenner nicht die schlechtesten Jahrgänge entkorkt haben, und es gibt Namen teurer Weinberge und Schlösser, da kann in Frankreich kaum jemand widerstehen. Wahrscheinlich werden sich die französischen Beamten an dem verlorenen Grenzort auch Unangenehmeres gewohnt gewesen sein, als von einem glänzenden Unterhalter wie Vaucher in ihrer Muttersprache zur Prüfung eines edlen Tropfens aufgefordert zu werden. Sie hätten viel getrunken und seien zu guter Letzt eingeschlafen. Ein letzter banger Augenblick folgte, als »die spanische Lokomotive mit lautem Zischen in den Grenzbahnhof einfuhr und der Lokführer aus lauter Übermut die Signalpfeife der Lok ertönen liess!« Die französischen Zöllner, die mit Vaucher die halbe Nacht durchgetrunken und ihm die Abfertigungspapiere ohne die erforderliche Kontrolle unterzeichnet hatten, drohten wieder aufzuwachen. An den Grenzen wurden damals die Loks gewechselt, und nur er wusste, dass die spanische Lokomotive in den frühen Morgenstunden kommen würde. Vaucher und sein spanischer Begleiter öffneten darauf den Schlagbaum über den Geleisen –»und er erzählte dann noch so schön«, erinnert sich Jean Jacques Vaucher, »wie das ›Zügli‹ in Richtung des Tunnels, der durch die Pyrenäen führt, losdampfte und mit den zwei Waggons hintendran darin verschwand.«

Über ein Netz von Import- und Exportfirmen, die von Leuten gegründet wurden, die den kommunistischen Parteien der verschiedenen Länder nicht einmal nahezustehen brauchten, organisierte der militärische Nachrichtendienst der UdSSR von 1936 an die Belieferung der spanischen Regierung mit Waffen. Schriftlich hat Vaucher diese Episode nie festgehalten. Bestätigt wird die Geschichte aber durch zeitgenössische Dokumente, sogar in den kleinsten Details, die sich nicht erfinden lassen, wie etwa die geringe Anzahl der Wagen des Zuges. Der Historiker Daniel Haener berichtete 1991 in einem Aufsatz von dem Jean Jacques Vaucher übrigens keinerlei Kenntnis hatte, dass damals »der offiziöse Vertreter des Bundesrates bei der Franco-Regierung, Eugène Broye«, die Schweizer Behörden über den Transport in Kenntnis setzte. Am ›Quay d'Orsay‹, dem Französischen Aussenministerium, drohte sich der Vorfall zu einer Affäre auszuweiten. In seinem Brief, der im Bundesarchiv einsehbar ist, schrieb Broye am 16. August 1938 Bundesrat Motta, dass Frankreich ein Dementi veröffentlichte und »darin die Anschuldigung einiger ausländischer Zeitungen zurückweise, wonach zwei Waggons mit 48 Oerlikon Fliegerabwehrkanonen samt Munition kürzlich aus der Schweiz kommend über Paris geführt und nach Barcelona weiterspediert worden seien.« Ihm sei aber, fügte der Schweizer Vertreter bei, »ein Artikel aus einer Zeitung der [auf der Seite Francos kämpfenden] italienischen Legionäre in Spanien« zugestellt worden, »welcher die Begebenheit ebenfalls darlegt.« Von einem schweizerischen Dementi riet er ab.

Es ist auch nicht weiter erstaunlich, dass ausgerechnet Vaucher mit einem so wichtigen und gefährlichen Auftrag betraut worden war. Er galt als politisch zuverlässig, kam dank seinem Juristendiplom, so verhasst ihm dieses auch immer sein mochte, mit Papierkram glänzend klar, verfügte von seiner Oberschichtserziehung her über tadellose Umgangsformen und war zudem mit französischen Gepflogenheiten bestens vertraut. Vor allen Dingen hatte er schon bei früheren Geheimoperationen Nervenstärke bewiesen, und als Schauspieler brauchte er sich auch nicht mühsam zu verstellen, sondern ging vermutlich in seiner Rolle völlig auf.

Francos Truppen besetzten schliesslich am 26. Januar 1939 Barcelona und marschierten am 28. März 1939 in Madrid ein. Am Untergang der gewählten spanischen Regierung hatte die Untätigkeit der westlichen Demokratien einen entscheidenden Anteil. Hitler und Mussolini konnten sich in ihrer Kriegszielpolitik nur bestärkt fühlen. Hemmungslos und ungestraft hatten sie in einem westeuropäischen Land militärisch intervenieren dürfen. Wie hätten sie sich da hinsichtlich des geplanten Blitzkriegs in Osteuropa verunsichert fühlen sollen.

Weiteren spektakulären politischen Aktionen scheint sich Vaucher von da an aber verschlossen zu haben. Wie er 1964 berichtete, begann er auf Distanz zu den Parteien zu gehen. Seine Erfahrungen in Spanien mit der fatalen Rivalität zwischen Kommunisten, Sozialisten und Anarchisten waren dafür ausschlaggebend: «Ich habe dort in dem heillosen Wirrwarr, das damals auf der linken Seite bestanden hat, wo jede Gruppe fast jede gefressen hat und nur auf ihre Vernichtung bedacht gewesen ist, gemerkt, dass es mit der sogenannten Linken hapert. (...) Ich bin kein sehr guter ›Genosse‹ gewesen, sondern war eigentlich in konstantem Aufruhr gegen das, was ich in der kommunistischen Partei das ›Linienschiff‹ genannt habe, nämlich gegen die Leute, die eine Hörigkeit zu Russland an den Tag legten, die in meinen Augen vollkommen falsch und unbegründet war. Warum hätte man einem Land, das im Entstehen ist, nicht auch eine gewisse Kritik entgegenbringen sollen?»

Um zu dieser Einsicht zu gelangen, hatte Vaucher allerdings seine Zeit gebraucht. Deutlich wurde dies 1936/37 in der Diskussion über die Moskauer Prozesse. Bekanntester Schweizer Kritiker dieser Schauprozesse war der Zürcher Schriftsteller Rudolf Jakob Humm gewesen. Seit 1932 waren Vaucher und Katja Wulff mit ihm befreundet. Auf Neujahr 1936 hatte Vaucher für Humm in Anlehnung an ein Lied und einen Schlager der Zeit noch ein Gelegenheitsgedicht verfasst –

    Gebetsmühle um Glück für 1936

    O stilles Glück
    Bleib mal bei mir.
    Geh nicht in Stück
    In drei oder vier.

    Verleg dich im Ganzen
    Aufs Wundertun!
    Bescher meinem Ranzen
    Sein Suppenhuhn!

    Im Winter ist's schlimmer
    Als je ohne dich –
    Sei doch nicht immer
    So wunderlich.

    Tu's nicht speziell
    Tu's ohne Zeremoniell
    Bleib nur aus Versehn
    Mal bei mir stehn.

Als Humm am 25.8.1936, dem Tag der Hinrichtung von Sinowjew, in einem ›Offenen Brief‹ (›Volksrecht‹, 27.8.1936; ›Die Nation‹, 3.9.1936) die Prozesse bedingungslos verurteilte und Stalin einen »grössenwahnsinnigen Feigling und Dummkopf« nannte und zu seinem Sturz aufrief – »Nieder mit dem Tyrannen! Nieder mit allen Tyrannen!« –, entbrannte eine Debatte, an der sich Vaucher zwar nicht öffentlich, aber doch im kleineren Kreis sehr leidenschaftlich beteiligte. Leider gibt es über seine Stellungnahme nur indirekte Zeugnisse. Humm, der mit Vaucher – ›Charldinand dem Lieben‹, wie er im Buch ›Bei uns im Rabenhaus‹ zu dieser Episode notierte – 1935 zum Schriftstellerkongress in Paris gefahren war, bemerkte in seinem ironischen Rückblick, dass aus diesem Kongress ein antifaschistischer ›Weltbund der Schriftsteller zur Verteidigung der Kultur‹ hervorgegangen sei. Als Schweizer Teilnehmer hätten sie zusammen mit dem ebenfalls anwesenden Hans Mühlestein – ihn nannte Humm ›Hans den Fürchterlichen‹ – den »Auftrag« bekommen, auch »in unserem Land eine Sektion dieses Weltbundes zu gründen.« Statutenmässig erfolgte die Gründung laut Humm aber nie: »Jeder fühlte sich durch seine Teilnahme an diesem Kongress geehrt genug.«

Ein Jahr später aber sollte diese nur informell bestehende Schweizer Sektion der ›Schriftsteller zur Verteidigung der Kultur‹ das Forum für eine Sitzung liefern, die als »Ketzergericht« in die Zürcher Kulturgeschichte einging, weil sie aus keinem anderen Grund einberufen worden war, als um Humm für seine offene Stalinkritik zu massregeln. Ort des Geschehens war, laut einer im Nachlass Humms erhaltenen »Einladung«, der erste Stock der noch heute existierenden ›Spanischen Weinhalle‹ an der Münstergasse 15. Zeitpunkt: »Freitag, den 9. Oktober 1936, abends 20 h«. Im Vorfeld der Aussprache – »Traktandum: Die geistigen Grundlagen unserer Gruppe (Zur politischen Lage, Nächste Aufgaben)« – hatte der Schriftsteller Jakob Bührer seinem Kollegen Humm geschrieben, »selbst für den Fall, dass dieser Prozess vom Standpunkt der Soviet Union aus (was wir heute nicht beurteilen können) ein furchtbarer Fehler war«, sei »alles [zu] vermeiden, was die kapitalistischen Gegner stärken« könne (31.8. 1936). »Lag nicht der Fehler, der Ihnen unter keinen Umständen unterlaufen durfte, darin, dass Sie den Bourgeois alarmierten und den Zwiespalt unter den Linken unheilvoll mehrten, während es m[eines] E[rachtens] unsere Pflicht wäre, diesen zu überbrücken, und nicht das Unheil, das der Moskauer Prozess anrichtete, noch grösser zu machen? Haben Sie sich überlegt, dass der Militärdiktaturstaat Deutschland aus Russland einen Militärdiktaturstaat machen musste, und dass dieser seinen Gesetzen der Gewalt unterworfen ist?« (12.9.1936)

Vaucher hatte wohl erst nach seiner Rückkehr vom Schriftstellerkongress in Valencia vernommen, was vorgefallen war. 1936, im Sommer der Nazi-Olympiade in Berlin, war die Sowjetunion die einzige Macht, die der bedrohten Spanischen Linksregierung Unterstützung zukommen liess. Wie der Historiker Peter Huber in seinem Buch ›Stalins Schatten in die Schweiz‹ (Chronos Verlag, Zürich 1994) schreibt, empfanden daher die meisten Kommunisten aufgrund des »Blockdenkens« die Kritik an den Schauprozessen als »Rückenschuss für die Spanische Republik«: »Wer, wie einige Zürcher Linksintellektuelle, das Einstehen für die Republik mit einem Protest gegen Stalins innenpolitische Willkürherrschaft verband, geriet zwischen Stuhl und Bank.« In ›Bei uns im Rabenhaus‹ schildert Humm, wie Mühlestein, Bührer und Vaucher – die er kenntlich macht, ohne sie namentlich zu erwähnen - ihn an jenem Abend in der Spanischen »Weinhandlung bei Muskateller in den Flammen dreier gewaltiger Reden gemütlich verbrannten. (...) Diese Fastnachtsveranstaltung machte auf mich (...) nur den Eindruck, als hätten mich drei Komiker ungezwungen unterhalten.« Vaucher schrieb anderntags Humm einen offenbar reumütigen Brief, der nicht mehr erhalten ist. Humm antwortete am 11.11.1936: »Lieber Vaucher, Ich danke dir, dass du dich entschuldigt hast. Auch dafür, dass du von mangelndem Kontakt gesprochen hast. Eine Kommunistin, die heute bei uns war, und die du kennen lernen solltest, sagte, das Ganze resümierend (meinen Brief inbegriffen): ›Ein Rückfall in die Barbarei. Seht jetzt zu, dass ihr daraus herauskommt.‹ Ich bin bereit, es zu versuchen. (...) Ich habe das Persönliche wirklich ganz vergessen, ja, ich habe es am Abend selbst immer sofort verdrängt.« Aus Humms mit der Maschine getippten »Theoretischen Erwiderung an Mühlestein und Vaucher« vom 14. Oktober 1936 geht hervor, dass die beiden die ›Diktatur des Proletariats‹ damit verteidigt hatten, dass gemäss der Marx'schen und Leninschen Theorie vom ›Absterbenden Staat‹ sich der sowjetische Staat einmal »von selbst erledigen« werde, wenn es erst gelungen sei, »die Konterrevolution niederzuhalten«. Auch scheinen sie Stalin positiv angerechnet zu haben, dass dieser »das Werkzeug der russischen Aussenpolitik überhaupt erst geschaffen« habe. Demgegenüber hielt Humm an der unbedingten »Notwendigkeit einer legitimen Opposition« ausserhalb des Staates und der Partei fest. Man dürfe sich nicht dazu verleiten lassen, hinsichtlich ›Proletariat‹ und ›Avantgarde des Proletariats‹, d.h. Partei, von einer »völligen Identifikation« zu sprechen: Solange Parteifunktionäre nicht abgesetzt werden könnten, »haben wir in der U[d]SSR nicht die Diktatur des Proletariats, sondern die persönliche und angreifbare Diktatur Stalins und seines

Klüngels. (...) Das Proletariat muss aus der bürgerlichen Periode auch das bürgerliche Prinzip der Kontrolle der Beamten und das der Unabhängigkeit der Richter übernehmen (...). In mehr psychologischer Sprache gesagt: Die Proletarier sollen etwas mehr vom Charakter Marx' und Lenins in sich übernehmen. Sie sollen vor ihrem Funktionär nicht ersterben. Sie selbst sind die ›Sonne des Sozialismus‹ und nicht Stalin. Sie sollen marxistischer und das heisst selbstbewusster werden.«

Die Stalin-Debatte flammte erneut auf, als ›Retour de l'URSS‹ von André Gide im Zürcher Jean-Christoph-Verlag auf deutsch herauskam (›Zurück aus Sowjet-Russland‹). Unter dem Titel ›André Gides psychologische Methode‹ veröffentlichte C.F. Vaucher am 18. März 1937 im Wochenblatt ›ABC‹ eine kritische Rezension des Buches: »Seit der Reise André Gides nach Russland klafft ein Riss zwischen ihm und der Sowjetunion. Man hat Gides Buch zum Nachteil der Sowjetunion benützt, indem man alle kritischen Aussagen zusammentrug«, so beginnt Vaucher in dem heiklen Artikel. In abwägendem Ton erklärt er sich in Teilen mit Gides Kritik – beispielsweise an den bombastischen Glückwunschtelegrammen für Stalin – »einverstanden«, rechtfertigt diese aber »vom Standpunkt des Revolutionärs und Sowjetbürgers« mit dem Hinweis, dass Funktionäre, die vor der Revolution »vielleicht« als Bauernkinder »in hörigen Verhältnissen« gelebt hätten, »die Notwendigkeit« empfänden, Stalin mit Ausdrücken wie ›genialer Schöpfer des Fünfjahresplans‹ zu »huldigen«. Gides These, dass der Kunst mit »Linientreue« bzw. »Konformismus« eine »ungeheuerliche Gefahr«, nämlich die »der Orthodoxie« drohe, relativiert Vaucher beschönigend mit einem Verweis auf Shakespeare, Racine und Goethe, deren Werke auch »mit dem Willen und Wesen der herrschenden Klasse« übereingestimmt hätten: »Alle Kunst ist, wenn auch nicht immer bewusst, Propaganda. Propaganda für und wider. Konformismus wurde zu allen Zeiten von Künstlern gefordert. Nur der Konformismus auf der Stufe des vollkommenen Ungeistes tötet die Kunst: vide [siehe] Mussolini-Italien und Hitler-Deutschland.« Mit Hinweis auf den Lyriker John Keats (1795-1821), Victor Hugo, Heinrich Heine und die »proletarische Dichtung« gestand Vaucher zu: »Wir sind mit Gide durchaus der Meinung, dass der Protest, die Auflehnung und revolutionäre Schwungkraft ein wesentliches Ferment für die künstlerische Gestaltung sein können (...), dann nämlich, wenn sie sich gegen ein Staatsprinzip wenden, welches offenkundig die Ausbeutung einer Klasse oder die Niederhaltung einer Mehrheit anstrebt. Nun weiss man aber«, fährt Vaucher blauäugig fort, »dass der sozialistische Staat über die Volksdemokratie zur allmählichen Liquidierung der Klassen schreitet. Wenn also der Künstler in der UdSSR, um ja nicht dem ›Konformismus‹, nämlich dem proletarischen, zu verfallen, gegen den Strom schwimmen wollte, so könnte das nichts anderes heissen als: gegen den Aufbau des Sozialismus arbeiten.« Mit solchen Spitzfindigkeiten operierte Vaucher damals noch. Gide habe sich zu »falschen und kleinlichen Einsichten« verführen lassen. Immerhin nahm er ihn gegen die ›Prawda‹ in Schutz: »Schmähungen sind nicht dazu angetan, einen Meinungsstreit zugunsten derer, die recht haben und recht behalten wollen, zu entscheiden. Der höchst unsachliche Ton, die peinlichen und groben Anwürfe gegen Gide haben dazu beigetragen, noch Zweifelnde und Unsichere im Sinne des Gideschen Buches zu bestärken.«

Wie lange Vaucher, der die »Diskussion«, laut ›ABC‹-»Vorbemerkung« in »sachlicher, verantwortungsbewusster, von blindem Cliquenhass freier Weise« führen wollte, sein ungetrübtes Bild der Sowjetunion noch beibehielt, ist wie gesagt nicht mehr zu bestimmen. Am 9. September 1937 rezensierte Friedrich Glauser Gides neuestes Buch ›Retouches à mon retour de l'URSS‹ ebenfalls im prosowjetischen ›ABC‹-Sinne negativ – ›Gide retouchiert seine Rückkehr‹, lautete die vom Redaktor Josef Halperin gesetzte Überschrift – und zerstritt sich danach brieflich mit Rudolf Jakob Humm: »Herrgott, Humm, das ganze Geschreibsel ist ja so idiotisch. Aber warum machen Sie einen rabiat?« (24.9.1937) Später sprach Glauser anlässlich eines Besuches bei Humm sogar: »Ich sehe es heute ein, Sie hatten recht, ich hätte besser geschwiegen.« Die verharmlosende und rechtfertigende Berichterstattung von ›ABC‹ über die sowjetischen Schauprozesse dürfte mit ein Grund für das rasche Eingehen des Blattes gewesen sein, das in anderen Fragen undogmatisch war und mit den wöchentlichen Karikaturen Varlins und den Reportagen – u.a. ›Unbekanntes Amerika‹ von Annemarie Schwarzenbach (9.12.1937) – spannende Pressearbeit leistete.

Den Schwerpunkt seiner Arbeit verlagerte C.F. Vaucher von da an auf den Film und stand damit keineswegs allein. Rund um den ›Club 33‹ und das Cabaret ›Resslirytti‹ entstand eine Vielzahl von Projekten. Alfred Rassers Filmpremiere erfolgte in Paul Schmids Kurzfilm ›Wie sollen die schweizerischen Filmlieblinge aussehen?‹ (1935). Max Haufler trat erstmals 1936 in ›S'Vreneli am Thunersee‹ von Paul Schmid auf, wo er mit Alfred Rasser zusammen spielte. Eine Film-Groteske mit dem Titel ›Kilian‹ von Haufler und Rasser kam 1936 über das Planungsstadium nicht hinaus. 1936/37 produzierte und drehte der Basler René Guggenheim mit Rudolf Bernhard, Haufler, Rasser, Marie-Eve Kreis und vielen andern den Schwank ›Was isch denn i mym Harem los?‹. Das war gleichzeitig der Start für die Basler Firma ›Tonfilm Frobenius AG‹. Es fehlte weder an schauspielerischen Talenten noch am Geld, für das der Bankierssohn Dietrich Sarasin besorgt war. René Guggenheim jedoch blieb laut dem Filmhistoriker Hervé Dumont im »genialischen Dilettantismus« stecken (›Geschichte des Schweizer Films‹, Lausanne 1987). Auch hatte er, wie manch einer im ›Club 33‹, ein Alkoholproblem. Begabt, aber »selbstzerstörerisch«, habe er laufend »sabotiert«, was er kreierte.

Im Sommer 1937 begannen Max Haufler, Alfred Rasser und der Basler ›Ressliryti‹-Bühnenbildner Willy Roettges zusammen von einem »Qualitätskino« zu träumen, wie Hervé Dumont in einer biographischen Studie über Max Haufler schrieb (Zeitschrift ›Travelling‹, Nr. 50, 1977/78). Haufler, der 1936 nach einem längeren Parisaufenthalt definitiv von der Malerei Abstand nahm, wollte unbedingt als Regisseur arbeiten. C.F. Vaucher schloss sich nach der Rückkehr aus Madrid der Gruppe an. Die Diskussionen mit Hemingway dürften ihm ganz neue Perspektiven eröffnet haben. Noch im selben Jahr gründete er mit den andern den Cineastenkreis ›Clarté Filmgemeinschaft‹. Ziel sollte die Förderung des künstlerischen und politisch engagierten Schweizer Films sein. Vaucher wünschte sich die Verfilmung von ›Michael Kohlhaas‹ nach Heinrich von Kleist und verfasste ein erstes Drehbuch (1937). Haufler selbst versprach sich mehr vom Emile Zola-Roman ›La faute de l'Abbé Mouret‹. Vaucher setzte mit Willy Roettges auch dieses Werk in ein Drehbuch um. Auf einer Reise in den Tessin erkundeten Haufler, Vaucher und der Kameramann Otto Ritter einen Drehort, der sich aber als untauglich erwies. Bei der Gelegenheit hätten sich, Otto Ritter zufolge, Vaucher und Erich Maria Remarque gegen drei Uhr am Morgen in einer Bar in Ascona handgreiflich über Politik gestritten, während Haufler und der ebenfalls anwesende Heinrich Gretler auf offener Strasse Opernmelodien schmetterten!

Auf ihrer Stoffsuche wandte sich die Gruppe schliesslich dem Walliser Autor Charles Ferdinand Ramuz zu. Roettges hatte bereits einmal ein Drehbuch nach einem Roman des Autors (›Regiment des Teufels‹) verfasst. Aufzeichnungen Walter Matthias Diggelmanns zufolge, der dieser Geschichte einmal nachgegangen war, hatte Ramuz das ihm vorgelegte Skript aber verworfen: »Sie haben keine Ahnung von Dramaturgie«, soll Ramuz zu Roettges gesagt haben: »In Ihrem Film passieren immer wieder Dinge, die nicht von Anfang an in der Geschichte enthalten sind. Sie müssen darauf achten, dass im Verlaufe der Geschichte nichts Neues hineinkommt...«

Unterdessen spielte Vaucher im Film ›Die Frau und der Tod‹ (1937/38), einem in Münchenstein bei Basel gedrehten Kolonialdrama des Jurassiers Leo Lapaire, eine kleine Rolle als Barbesitzer. Gedreht wurde im Filmstudio der Frobenius AG. Dieses war einige Monate zuvor in einer Maschinenhalle der Brown-Boveri eröffnet worden. Leiter des Studios war René Guggenheim. Präsident des Verwaltungsrates der Kunstmäzen Dietrich Sarasin. Alle Voraussetzungen für den Aufbau einer Basler Filmindustrie waren gegeben. Unvermutet kam es zum Eklat. Von Vaucher in Kenntnis gesetzt, schrieb Eduard Behrens am 1. Januar 1938 in der ›Nation‹, dass für »die Hauptrollen der deutschen Version (...) einige bekannte reichsdeutsche Schauspieler« ausgewählt worden seien. Ihnen stehe ein »führender Funktionär der Berliner Reichsfilmkammer« zur Seite: »Er soll Inhaber der Parteinummer 9 sein; der ›Führer‹ selbst trägt Nummer 7. Und sehr bald ging P[artei]g[enosse] 9 daran, im schweizerischen Kuhstall braune Ordnung zu schaffen. So wurden die schweizerischen Mitwirkenden samt Sekretärinnen gezwungen, sich in ihren Heimatgemeinden den ›Ariernachweis‹ zu bestellen bis hinunter ins Jahr 1800.«

Vaucher doppelte am 13.1.1938 mit einem ganzseitigen ›ABC‹-Artikel mit der Überschrift ›Schweizerfilm – wohin?‹ nach. Im ungezeichneten Text, der aber zweifelsfrei von ihm stammt – das dazugehörige Manuskript befindet sich im Nachlass –, sprach Vaucher von sich in der dritten Person: Ihm und Hermann Gallinger seien nicht nur »Ariernachweise abgefordert«, sondern »als Zwangsmassnahme hierfür ein Teil der Gage zurückbehalten worden.« Als »Begründung« wurde angegeben, in Deutschland könne »ein im Ausland hergestellter Film (...) nur auf Grund der Ariernachweise sämtlicher Mitwirkender verkauft werden.« Produktionsgesellschaft für ›Die Frau und der Tod‹ war die Prisma Ton- und Farbenfilm AG, Basel-Münchenstein. Vaucher bildete in seinem Artikel das »Schema eines Stammbaums« ab, das ihm übergeben worden war, ebenso die Quittung über Fr. 100.– der ›Prisma Films S.A.‹ mit der handschriftlichen Bemerkung: »Restgage bei Ablieferung der Papiere des Herrn Vaucher« (24.12.1937). »Das heisst: ein deutsch gesprochener Schweizerfilm ist, bevor auch nur der erste Meter gedreht und das erste Wort gesprochen wurde, schon deutsches Nazikulturgut«, hielt Vaucher in seinem Artikel fest und unterliess es nicht, mit deutlicher Kritik an den Schweizer Produzenten hinzuzufügen, dass »das Dritte Reich für Filme italienischen, französischen und amerikanischen Ursprungs den Ariernachweis nicht verlangt. Diese Geschäftsusance verrät also

155

schon geschäftlich einen kläglichen Mangel an Rückgrat.« Vaucher weiter: Es »darf und kann die Schweiz nicht dulden, dass sie durch Geschäftsusancen irgendwelcher Privater zur Naziprovinz degradiert wird. Und wenn es – wie der Münchensteiner Fall zeigt – Private gibt, denen Würde und Geist des Landes nichts gelten, dann müssen die Behörden – diesmal als wahre Vollstrecker des Volkswillens – eingreifen, und zwar rasch. Denn für die Schweizer, mögen sie Produzenten, z.B. Schauspieler oder Konsumenten, also einfache Kinobesucher, sein, heisst die Tatsache der Einforderung von Ariernachweisen nichts anderes als das Verlangen nach stummer Einwilligung zu den Nürnberger Judengesetzen (...)«.

Dieser Mahnruf, das wusste Vaucher, würde für Aufsehen sorgen. Bereits waren aber schon die Basler Filmschaffenden selbst in Bewegung geraten. Vaucher sah sich daher schon in der Lage, deren Entschluss zu veröffentlichen: »Was ist nun für den Schweizerfilm zu tun? (...) Infolge der Münchensteiner Ereignisse haben vor einigen Tagen verschiedene am Schweizerfilm interessierte Gruppen eine Sitzung abgehalten und in einer Art Vorbesprechung ihre Richtlinien festgelegt. Diese Gruppen streben einen freien demokratischen Film an, was die Zusammenarbeit mit Deutschland zum vornherein ausschliesst. Da die besten europäischen Filme heute in Frankreich hergestellt werden, da Frankreich ein demokratisches und mit der Schweiz befreundetes Land ist, da die Schweiz ferner international anerkannte französisch schreibende Schriftsteller hat, ergibt sich die Zusammenarbeit mit Frankreich als eine Selbstverständlichkeit. (...) Es sollen ferner die Filmschaffenden soweit wie möglich selbst – analog der von Charlie Chaplin 1919 gegründeten United Artists Corporation – in die Rechte der Unternehmer eingesetzt werden.«

Noch im selben Januar 1938 gab die ›Clarté-Filmgemeinschaft‹ bekannt, den 1914 erschienen Roman ›Le règne de l'esprit malin‹ (dt: ›Friede den Hütten‹) von Charles Ferdinand Ramuz auf die Leinwand bringen zu wollen. Vaucher gedachte, dem Roman eine sozialkritische Wendung zu geben. Das Drehbuch von Vaucher und Roettges war seit 1937 in Arbeit. Ramuz sicherte seine Mitarbeit zu. Geplant war eine schweizerisch-französische Koproduktion. Die Titelrollen sollten an Michel Simon, Heinrich Gretler und Jean-Louis Barrault gehen, den Vaucher in Basel kennengelernt hatte.

Als Vauchers Mutter – anscheinend überraschend, während eines Besuches bei ihrem kolonialistischen Bruder – am 12. März 1938 im Alter von 63 Jahren in Algier starb, erbte Vaucher auf einen Schlag etwa 210'000 Franken elterliches Vermögen. Walter Matthias Diggelmann notierte in einem unveröffentlichten, kurzen Porträt von C.F. Vaucher, das im Schweizerischen Literaturarchiv liegt: »1938 weiss Charles Ferdinand Vaucher nur eins in bezug auf Geld: Das Geld muss arbeiten. Man steckt das Geld nicht mehr in den Strumpf oder zwischen die Leintücher im Schlafzimmerschrank. Man investiert, sofern man Vermögen hat. Charles Ferdinand Vaucher hat Vermögen, vom Vater ererbtes, und er investiert es in die Produktion des ›Farinet‹-Filmes.«

Kaum im Besitz des Erbes, gründete Vaucher am 15. Juni 1938 die Firma ›Clarté-Film‹ mit Sitz in Basel. Das Grundkapital betrug Fr. 50'000.–. Max Haufler wurde Geschäftsträger und am 15. August 1938 auch in den Verwaltungsrat gewählt. Auch ein Sitz in Paris wird eröffnet und mit dem Exil-Deutschen Paul Falkenberg besetzt. Im Juli 1938 hatten Vaucher und Haufler sich hinsichtlich des ersten Filmstoffes noch einmal anders besonnen. Die Wahl fiel nicht auf ›Friede den Hütten‹, sondern auf ›Farinet ou la fausse monnaie‹, ein anderes Werk von Ramuz.

Der 1845 geborene, historisch verbürgte Joseph Samuel Farinet stammte aus dem Aosta-Tal und narrte zu seiner Zeit die italienischen und spanischen Behörden als Schmuggler und durch das Prägen falscher Münzen geringen Werts. In einer Schlucht beim Walliser Ort Saillon wurde er 1880 erschossen. Der Ehemann einer seiner Geliebten hatte der Polizei angegeben, wo er sich versteckte. Ramuz machte in seinem berühmten Roman Farinet zum Sozialrebellen, der in den Bergen eine Goldader entdeckt und mit den daraus hergestellten Goldmünzen das staatliche Währungsmonopol bricht.

Im Film übernahm der französische Starschauspieler Jean-Louis Barrault die Titelrolle. Nach einer ersten abenteuerlichen Flucht aus dem Kerker taucht er an einem Volksfest wieder auf. In aller Öffentlichkeit definiert er da die Freiheit als »Machen was man will und wann man will«, benimmt sich ganz sorglos und wird so ein zweites Mal verhaftet. Joséphine, die in einem Gasthof serviert, verhilft ihm mit Seil und Feile zur erneuten Flucht. Als sie ihm Proviant in die Berge bringt und Farinet ihr nicht ›zärtlich‹ genug begegnet, reagiert sie enttäuscht. Später wird sie das Opfer einer Intrige und bekommt gesagt, dass er sich auch zu Thérèse, der Tochter des Bürgermeisters, hingezogen fühle. Thérèse selbst beschwört Farinet erfolglos, auf das Angebot der Regierung einzugehen, die ihm Straffreiheit für den Fall zusichert, dass er aufhöre, seine Münzen in Umlauf zu setzen. »Es gibt zwei Freiheiten, die sanfte und die wilde«, gibt er ihr zur Antwort. »Ich habe die wilde gewählt, ich konnte nicht anders.« Joséphine, deren Eifersucht vom Pöstler geschürt wird, welcher sich durch die Ausschaltung Farinets seinerseits Chancen bei Thérèse verspricht, versucht verzweifelt eine Entscheidung zu erzwingen und bewegt Farinet zur gemeinsamen Flucht. Dieser überlegt sich aber bereits, die Illegalität aufzugeben und mit Thérèse zusammenzuleben. Er verschweigt Joséphine seine wahren Gefühle und täuscht ihr als Grund für seine Weigerung zu fliehen Geldmangel vor. Verzweifelt und irregeführt raubt Joséphine darauf die Postkasse mit Fr. 800.-, um mit Farinet wegzuziehen. Als dieser aber ablehnt, fühlt sich Joséphine verstossen und im Stich gelassen. Unterdessen trifft des Postraubs wegen, der Farinet angelastet wird, ein Grossaufgebot der Polizei ein. Die Bevölkerung, die zu Farinet steht, hält dicht, doch Joséphine rächt sich aus Liebesschmerz und verrät ihn. Eine Schiesserei beginnt. Joséphine bereut zu spät. Eben als sie sich der Polizei als Räuberin der Postkasse zu erkennen gibt, löst sich noch ein Schuss. Farinet, der von einem Felsen herab das Recht auf Revolte verteidigt, wird getroffen. Verletzt wird er in das Haus des Bürgermeisters getragen, verweigert aber jede Pflege, auch die von Thérèse.

Eine Gegenfigur zu Farinet spielt im Film Heinrich Gretler in der Rolle des Charrat, eines aus Amerika zurückgekehrten Goldsuchers, der die asozialen Seiten des Goldrauschs miterlebt hat und Farinet mit Skepsis begegnet. »Alles deutet darauf hin«, meint Hervé Dumont in seiner Analyse des Films, »dass man der aufrührerischen Kraft dieses Films einen Riegel hat schieben wollen.« Dennoch trage der Film einen unverkennbar »rebellischen Zug«: »Wenn Farinet stirbt«, schreibt Dumont, »dann wegen einer Liebesaffäre, und nicht, weil sich ›das Verbrechen nicht lohnt‹. Der Berg ist hier nicht mehr Symbol felsenfester Autorität, sondern letzter Zufluchtsort der Anarchie – das ist einzigartig und weist ›Farinet‹ einen besonderen Platz zu.«

Angemerkt sei hier höchstens, dass für Vaucher das Thema ›Liebesverrat‹, wie gesehen, seit seiner Jugend eine spezielle Aktualität besass und der Farinet-Film in seiner Variante ›Held stolpert über Geliebte‹ hinsichtlich des Männer- und Frauenbildes der Zeit im Rahmen des Konventionellen blieb. Doch wenigstens wurde der von Ramuz vorgesehene Selbstmord Joséphines im Film ignoriert.

Max Haufler führte Regie und hatte nach einem Drehbuch Vauchers auch das eigentliche ›Szenario‹ verfasst. Vaucher war bis über den Kopf mit den Problemen der Produktion beschäftigt. Die Dreharbeiten begannen laut Hervé Dumont am 16. August 1938 und erforderten dauernde Ortswechsel. Vaucher mietete sich zeitweise mit Katja Wulff, die ihn begleitete, in einer Berghütte ein. In Briefen und Kar-

Der ›Farinet‹-Film von Haufler (Regie) und Vaucher (Produktion, Drehbuchbearbeitung).

tengrüssen an Rudolf Jakob Humm beschreibt sie das Leben ›an der Seite‹ Vauchers. Diese Schreiben werfen auch ein Licht auf die wenige Jahre später erfolgende Trennung Vauchers und Katja Wulffs: »V. und ich wohnen hier oben in einem winzigen Chalet. Tagsüber geht V. ›auf Arbeit‹ hinunter nach Sion, wo ein Film gedreht wird, und ich bleibe in der Einsamkeit.« (11.8.1938) In einem anderen, undatierten, aber vermutlich am 15. August 1938 abgeschickten Brief an Humm vermerkt sie: »Gebirge des Kummers und Schluchten der Tanzseligkeit, das ist der Grundton, auf dem ich lebe. Schlimm wird es in den Zeiten, wo dazu grosse körperliche Müdigkeiten kommen: dann wird man ein Fetzen Unglück aus Minderwertigkeiten zusammengeflickt. Das war ich in der ersten Zeit hier. Nun hör ich auf. Das ist kein Wunder in dieser Natur! Unser Chalet (Chalet ist gut: es ist ein ausgebauter Geissenstall), liegt hoch über der Einmündung vom Val d'Hérens ins Rhonetal. Nun kannst Du Dir vorstellen, was meine Augen sehen! Ich will Dir schreiben, wie ich lebe: früh morgens um 8 h frühstücken der V. und ich auf einer (...) gedeckten Holzterrasse. Dann rollt der Vaucher ab ins Tal, d.h. nach Sion an die Arbeit. (Morgen wird angefangen mit ›drehen‹; heut sind die ›Vedetten‹ [Stars] angekommen; Barrault etc.).« Katja Wulff erzählt dann, wie sie im Feldbett auf der Terrasse liegt, Wasser holt, die Zimmer fegt, liest und viel anderes tut: »in den Himmel kucken, spazieren, laufen«. »Dann wird geabendbrotet, meist allein, manchmal zu zweit, und dann kommt allmählich die Nacht. (...) Manchmal kann ich auch den Wagen haben, und dann fahre ich tief in die verschiedenen Täler hinein, jedes ist anders. Die Leute sind arm; ernst und würdig und erinnern mich etwas an die spanischen Bauern, die ich in der Gegend von Tossa traf.« Wann Katja Wulff in Spanien war, ist nicht bekannt.

Finanzielle Probleme überschatteten den ›Farinet‹-Film von Anfang an. Ohne sich genügend abzusichern, leitete Vaucher plötzlich eine Grossproduktion. Die französische Starbesetzung, auch in den Nebenrollen, hatte sich die Pariser C.I.C., die sich an den Produktionskosten beteiligen wollte, ausbedungen. Die Kosten liefen Vaucher schnell davon. »Der Schriftsteller-Produzent«, schreibt Hervé Dumont, »musste zusehen, wie sein Geld wie Schnee an der Sonne schmolz, und legte in der Bezahlung der Rechnungen eine sträfliche Sorglosigkeit an den Tag.« Die französischen Vertriebsgesellschaften trugen durch verspätete Zahlungen mit zum Schlamassel bei. Jean-Louis Barrault bestand auf der täglichen Auszahlung seiner Gage. Eines Morgens, als Vaucher sich ausserstande sah, das nötige Geld aufzutreiben, verweigerte er die Arbeit.

Hauflers einzige Sorge indessen war die Qualität des Films und verlangte das Äusserste. Für eine Gemsjagd-Szene musste das ganze technische Material mit Mauleseln auf über 2600 m Höhe hinauf geführt werden. Beim eigens für den Film veranstalteten Winzerfest in Sion ruinierte ein Flugzeuggeschwader der schweizerischen Armee die Tonaufnahmen. Dann holte die grosse Politik die Filmcrew ein. In der Krise, die dem Münchner Abkommen voranging, erliess die französische Regierung am 20. September 1938 die Generalmobilmachung. Das war »zwei Tage vor Abschluss der Dreharbeiten«, wie Hervé Dumont schreibt. »Jean-Louis Barrault musste in sein Regiment bei Mailly einrücken. Die technische Equipe schrumpfte auf ein Drittel. Die Münchner Konferenz vom 29. September«, so Hervé Dumont weiter, »rettet den Film: der Krieg werde nicht stattfinden, erklärt Chamberlain.« Darauf beschlossen Vaucher, Haufler und die französischen Koproduzenten, den Schluss des Filmes in den ›Filmsonor‹-Studios in Paris zu drehen. Dort verzögerte ein Brand den Arbeitsbeginn noch einmal um drei Wochen. Bevor der Film am 13. Oktober 1938 endlich abgedreht war, kam es auch noch zu einem Konflikt mit den französischen Geldgebern. Vaucher, der nach und

Oben links: Eltern.
Oben rechts und Mitte: der
kleine Charles Ferdinand.
Unten: obere Reihe, erste von
links: Mutter; sitzend: Vater
und der 6jährige C.F.; als er mit
Matrosenanzug und blonden
Zapfenlocken zur Schule ging,
riefen ihm Mitschüler nach:
»Ferdinand, schiss in d'Hand,
wirf de Dräck is Schwobeland!«.

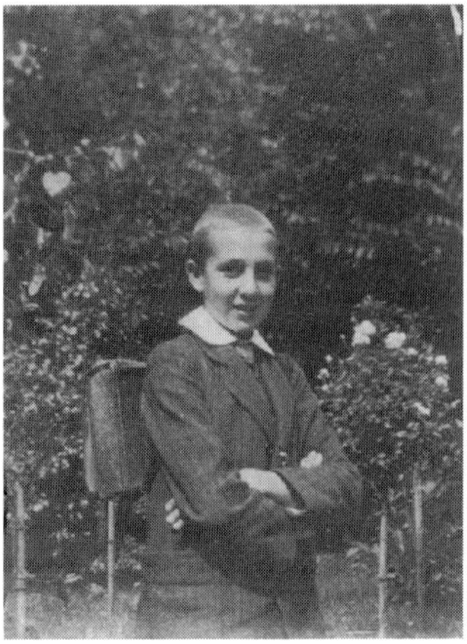
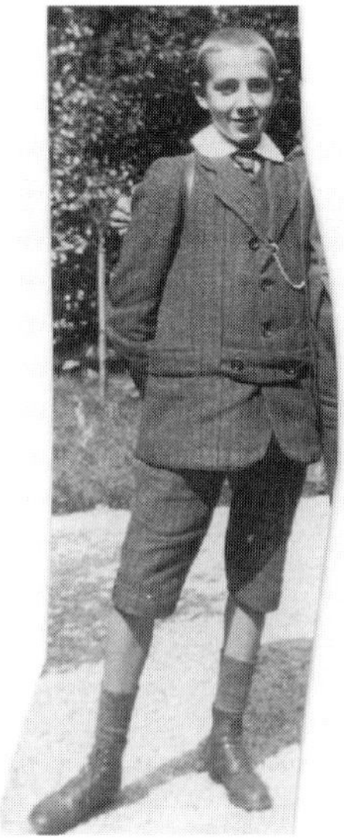
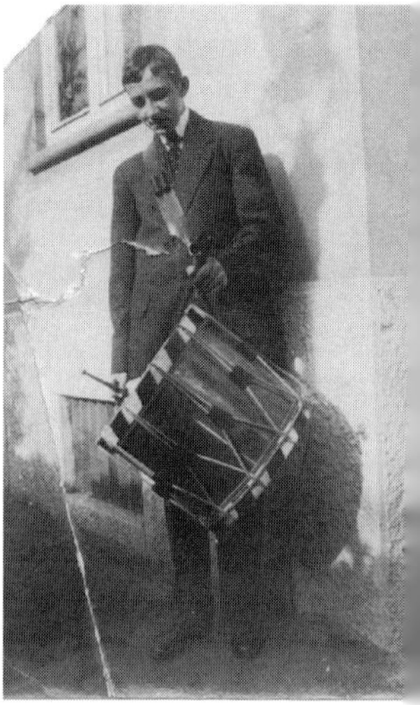
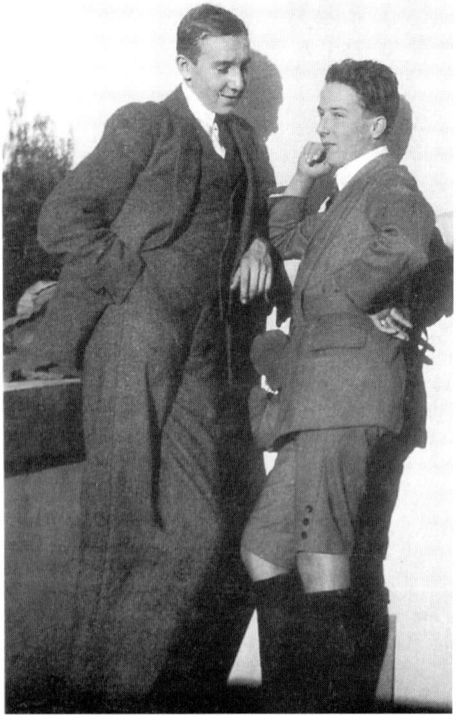
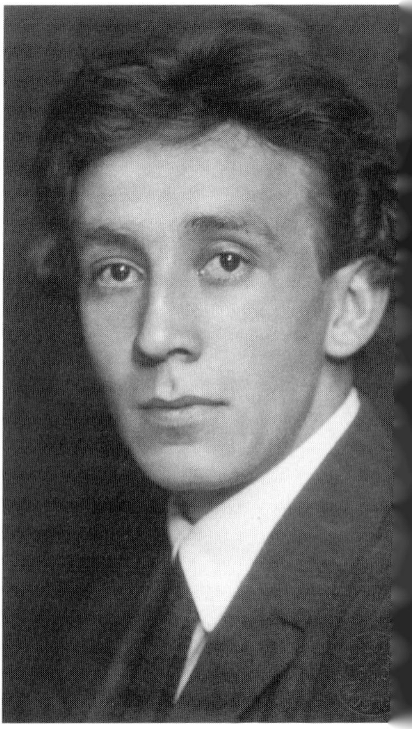

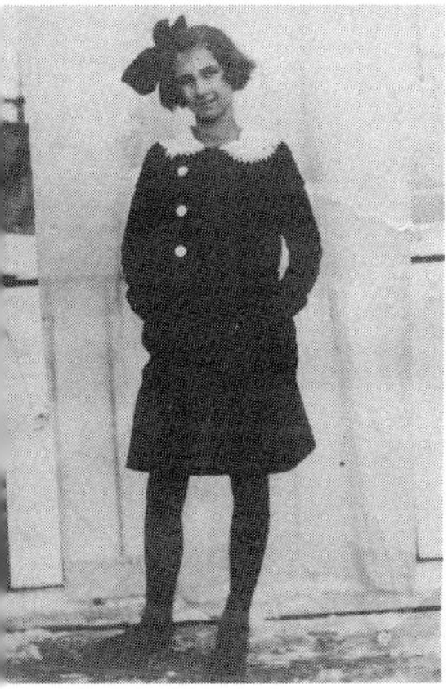

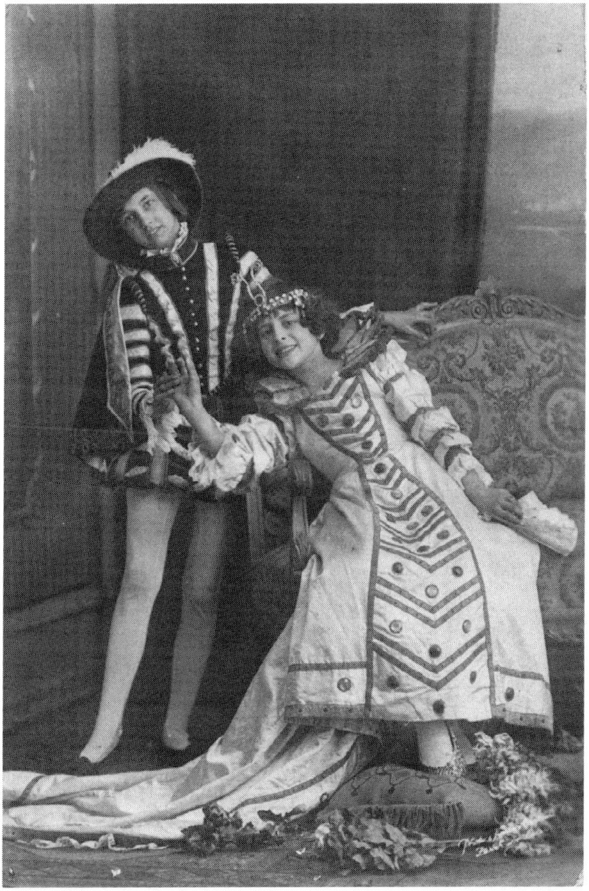

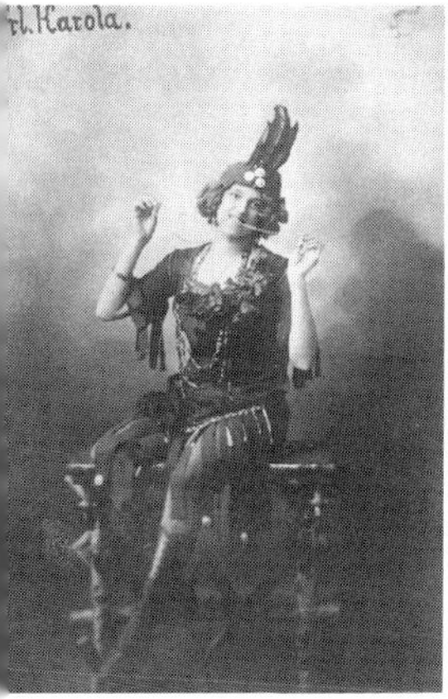
Karola.

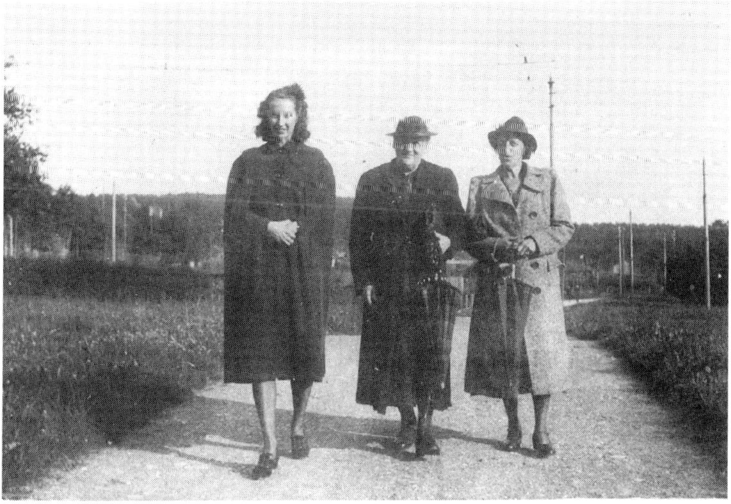

Bewegungsstudie von Edith Carola (Foto: Paul Senn, erstmals veröffentlicht in ›Schweizer Illustrierte Zeitung‹ Nr. 47, 22.11. 1928).

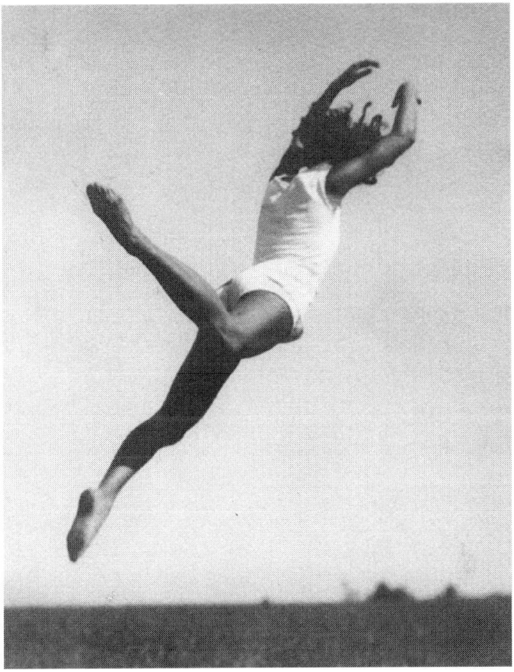

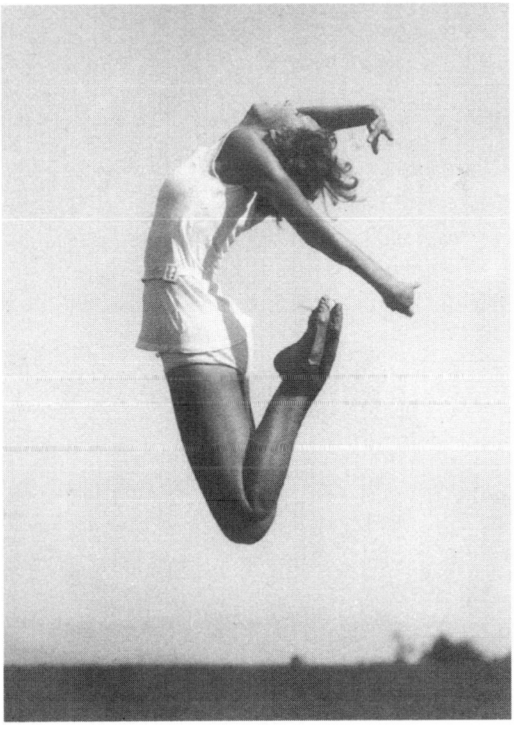

Oben: Tanzgruppe Trudi Schoop (Trudi Schoop untere Reihe, Mitte, mit gekreuzten Händen) rechts neben ihr Edith Carola; direkt hinter Edith Carola Max Fickel, Pianist und Geliebt Edith Carolas in den 30er Jahren.
Unten: Edith Carola unf ihr erster Ehemann (1933/34), der Zürcher Grafiker und Kunstmaler Robert S. Gessner.

Judith Carola mit der
Tanzgruppe Trudi Schoop
in Kopenhagen (oben) und
Amsterdam (unten).

Links: Vaucher, Ende der 20er, Anfang 30er Jahre. Unten rechts: sein Auto, mit dem er 1933 auch Flüchtlinge über die Grenze holte. Gegenüberliegende Seite, oben: C.F. Vaucher und Katja Wulf. Unten: ›Tanzstudio Wulf‹ im Stadttheater Zürich (13. April 1932); von links nach rechts: Katja Wulff, Marie-Eve Kreis, C.F. Vaucher.

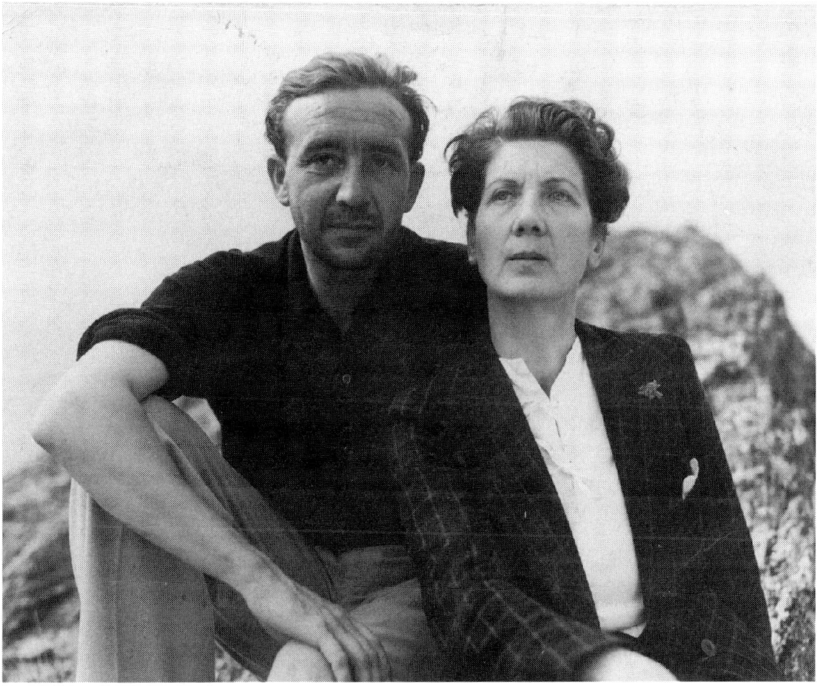

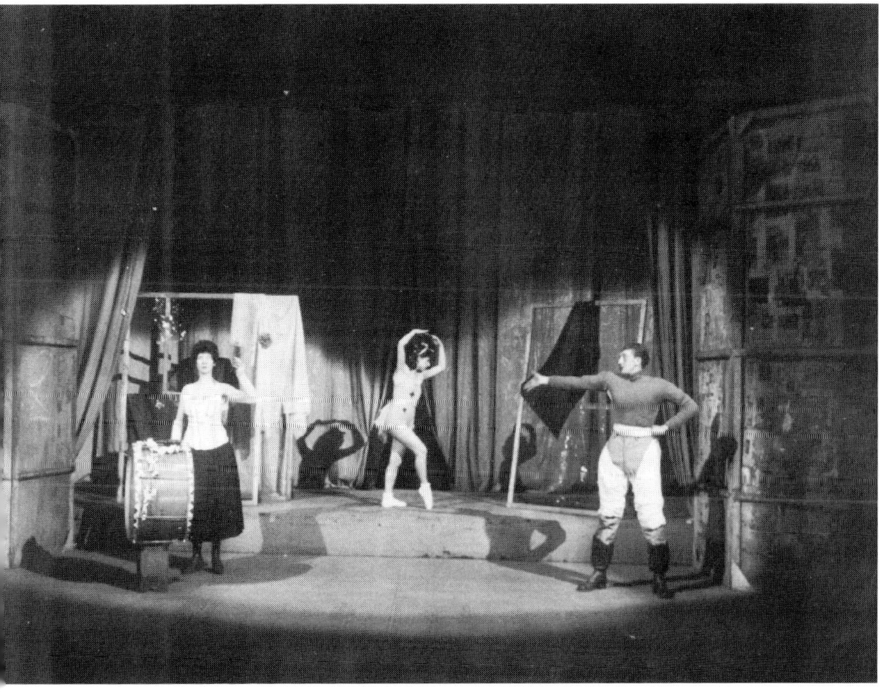

Oben: Max Haufler (sitzend) und Vaucher bei den Dreharbeiten des Films ›Farinet‹ (nach dem Roman von Ramuz). Unten: Szenenbild mit Jean-Louis Barrault (links).

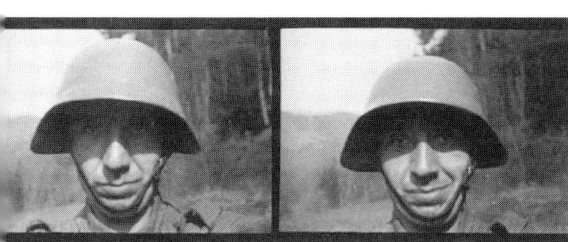

C.F. Vaucher im Schweizer Militär;
oben: im Vordergrund;
unten: Dritter von rechts mit Patronengurt.

Links: Schauspielhaus
Zürich, C.F. Vaucher
(sitzend links) 1942/43
im Stück ›Der Turm‹ von
Hugo von Hofmanns-
thal.
Unten: Ganz rechts aussen
C.F. Vaucher 1942/43 als
Polizeiassistent in
›Der Revisor‹ von
Nikolaj W. Gogol);
zweite von rechts, sitzend
Therese Giehse.

R. Vaucher

Edith Carola

nach sein ganzes Vermögen in den Film gesteckt hatte, verlor darauf die finanzielle Kontrolle über die Produktion und damit die Entscheidungsbefugnis an die mitbeteiligte ›Compagnie Internationale Cinématographique, Paris‹. Laut Hervé Dumont hatte dies schwerwiegende Konsequenzen: Vaucher und Haufler wurde auch die künstlerische Verantwortung für die Endmontage, d.h. die definitive Fassung des Filmes entrissen. In einer ursprünglich vorgesehenen und mindestens teilweise schon gefilmten »mythischen Schlusssequenz« wäre Farinet wieder zu Kräften gekommen, aus dem Fenster geklettert und zurück in die Berge geflohen. Die letzten Einstellungen - eine Lawine, ein Sturzbach zu anschwellender Musik – hätten so als Zeichen verstanden werden können, dass Farinet sich keiner gesellschaftlichen Ordnung unterwarf – auch jener ›sanften‹ weiblichen nicht, die Thérèse vermittelte. In der »verstümmelten« Fassung jedoch schmeisst Farinet resigniert das Essgeschirr kaputt und bricht darauf tot zusammen. Auch wurde die offenbar als zu aufrührerisch empfundene Szene mit der Flucht aus dem Gefängnis entfernt, in welcher sich Jean-Louis Barrault selbst mit einem Seil an einer 12 m hohen Schlossmauer herunterliess.

Die Schneidearbeiten und die Vertonung waren erst im Januar 1939 beendet. Damals weilte Vaucher in Paris. Katja Wulff, die ihn begleitete, hatte R.J. Humm noch vor der Abreise berichtet: »Ich bin schon mit einem Fuss im Zug nach Paris; werde dort still mit Vaucher zusammen bis Anfang Januar leben.« (23.12.1938) Die Kosten für den Film beliefen sich laut Hervé Dumont bis zum Schluss auf Fr. 321'450.-. Damit wurde ›Farinet‹ so teuer wie die beiden damaligen Erfolgsstreifen ›Füsilier Wipf‹ (1938) und ›Wachtmeister Studer‹ (1939) zusammen! Wegen drohender Kriegsgefahr kam der Farinet-Film sofort und nach damaligen Begriffen »ausser Saison« in die Kinos. Premiere war am 9. Februar 1939 in Genf und am folgenden Abend in Lausanne. Ein paar Wochen später kam er in die deutschschweizer Säle. Pariser Premiere war am 12. Mai 1939.

Die Schweizer Kritiken waren gut, zum Teil des Lobes voll, die französischen sehr reserviert. (Im Anhang dieses Buches sind sie verzeichnet.) Ein Publikumsrenner wurde ›Farinet‹ in beiden Ländern nicht. So eroberte er sich zwar einen ehrenvollen Platz in der Schweizer Filmgeschichte, aber für Vauchers ›Clarté-Film‹ bedeutete er ein Desaster. Die Filmfestspiele in Cannes, wo er hätte gezeigt werden sollen, fielen wegen den kriegerischen Spannungen aus. An der Biennale in Venedig, wo er am 9. August 1939 vorgeführt wurde, reichte der Achtungserfolg nicht, um das kommerzielle Fiasko abzuwenden. Schliesslich brach am 1. September 1939 der Zweite Weltkrieg aus.

Der internationale Vertrieb des Filmes erwies sich als äusserst schwierig. Von den in Frankreich eingespielten Einnahmen erhielt Vaucher nichts. Der Geschäftsträger der Pariser Zweigstelle hatte sich mit der Kasse davongemacht, und die französische Vertriebsfirma, die ›Compagnie Française de Distribution de Films, Paris‹, erklärte ihre Zahlungsunfähigkeit. Im April 1941 ging die von Vaucher finanzierte Filmgesellschaft ›Clarté-Film AG‹ in Konkurs. »Der Film, habe ich später gehört, ist während des ganzen Krieges gelaufen in Frankreich, in Paris, in Lyon, in allen möglichen Käffern, das Geld haben die anderen gekriegt, ich habe nie einen Rappen gesehen als Erlös aus diesem Film«, erklärte Vaucher 1964 am Radio. 1942 wurde zudem bei einem Bombenangriff auf die Filmlabors von Boulogne-Billancourt bei Paris das – wegen allerlei Rechtsstreitigkeiten zurückbehaltene – Negativ des Films zerstört, was auch eine Auswertung nach dem Krieg verunmöglichte. »Man hat nie gewusst, sind es die Deutschen gewesen oder die Engländer, und so ist die Versicherung, die Lloyds-Versicherung, die drauf war, nie ausbezahlt worden.« Haufler hatte

Verlustbestätigung der französischen Behörden (1946) für das zerstörte Negativ des ›Farinet‹-Films.

sich 1947/48 im Namen Vauchers erfolglos um Entschädigungszahlungen bemüht. Im Streit mit den französischen Verleihern wurden Vaucher 1945 vor Zivilgericht Basel immerhin sämtliche Rechte am ›Farinet‹-Film bestätigt. Der hoffnungsvolle Start des entschlossen auf anspruchsvollen Qualitätsfilm setzenden Tandems Haufler-Vaucher endete im Ruin, von dem sich beide nie mehr richtig erholten.

»Er hat da sein ganzes Geld verloren. Das einzige, was übrig blieb, war die Kopie, die er hatte«, erklärt mir Jean Jacques Vaucher, der 1943, mitten im Krieg, geboren wurde. »Die Kopie habe ich einmal ausgegraben, da war ich etwa zwanzig Jahre alt. Da sagte ich meinem Vater: ›Bist du eigentlich wahnsinnig, diesen Film bei dir in dieser Truhe im Estrich oben zu lassen. Wenn die Hütte abbrennt...‹ Da sagte er: ›Ja nu, das ist Schnee von gestern, das ist vorbei.‹ Da sieht man auch, was er für eine Beziehung zu seinen eigenen Sachen hatte. Vielleicht hat es ihn auch wahnsinnig verletzt, so dass er nicht mehr daran erinnert werden wollte. Danach haben wir den Film der Cinémathèque gegeben.« Am Schweizer Fernsehen war ›Farinet‹ erstmals am 19. Juni 1957 ausgestrahlt worden.

VII Krieg und ›Cornichon‹

Zensur ist der Maulkorb,
den man dem Schwächeren umbindet,
damit der Grössere ungeniert beissen kann

Geboren ist das ›Cornichon‹ am 30. Dezember 1933 um 3 Uhr nachmittags im Hotel St.Peter zu Zürich. Und es starb, erst siebzehnjährig, im März 1951 mit einem Programm, in dessen Titel sich seine langjährige Heiterkeit, seine Ironie und sein Humor nochmals kundtaten: »Sicher ist sicher!« Bei seiner Gründung war ich noch nicht dabei. Aber ich half es, zu Grabe zu tragen.

Wichtiger als seine Lebensdauer war sein erfülltes Leben. Dabei war der Start völlig misslungen. Zwei Doktoren hatten es aus der Taufe gehoben: Dr. Walter Lesch und Dr. Otto Weissert. Die Urpremiere fand am 1. Mai 1934 statt. Lesch schreibt darüber:

»Es musste schiefgehen, und es ging schief. Die erste Premiere stürzte uns vom höchsten Gipfel der freudigen Selbstsicherheit in den tiefsten Abgrund des Zweifels und der Bestürzung. Das Publikum, skeptisch, wie es nun einmal hierzulande ist, fast schadenfroh in seiner vorgefassten Meinung bestätigt, dass Schweizer Künstler ›so etwas‹ nicht können, und dass ein Schweizer Publikum es auch gar nicht wolle, lehnte uns ab, oder genauer gesagt, liess uns recht teilnahmslos gewähren, ging seiner Wege und schüttelte lächelnd den Kopf. Auch die Presse las uns gehörig die Leviten, schrieb, sparsam gönnerhafte Freundlichkeiten einstreuend, unsern Nekrolog... An der ganz und gar nicht bestürmten Kasse sass damals Margrit Rainer und machte ein trauriges Gesicht...«[1]

Aber die Initianten liessen sich nicht unterkriegen. Der dreiviertelleere Saal, der flaue Beifall, der rasche Schwund des ›Anfangskapitals‹, kurzum die höchst kritische, ja dramatische Lage gaben dem Ensemble den Mut der Verzweifelten. In sechs

Tagen schrieb Lesch ein neues Programm. Auf Bierteller, Zigarettenschachteln, Schulheftseiten gekritzelt kamen die Texte brühwarm zu den Komponisten Weilenmann und Weissert und von dort direkt hinauf auf die kleinen Bretter des ›Hirschen‹ zu den Interpreten, die inmitten der Farbkübel des Bühnenmalers Alois Carigiet probten und herumstolperten. Genau 17 Tage später ›stand‹ das zweite Programm. Schon bei der ersten Nummer, der ›Kranzjungfer‹, von Mathilde Danegger todesmutig hingelegt, trampelte das ›liebe Tier‹, der eben noch ungnädige Zürcher Publikumsleu, Beifall. Der Erfolg war so eindeutig und vehement, dass sich Darsteller und Autoren hinter dem Vorhang um den Hals fielen. So war vorerst einmal das seelische ›Eis‹ des Zürcher Publikums gebrochen.

Hatte ein erster Zufall Lesch mit Weissert zusammengebracht – er wollte eigentlich nur auf ein paar Stunden in Zürich Halt machen –, so spielte ihm ein zweites Glück bald eine weitere ›Hilfskraft‹ zu, die Kraft und Helfer über Jahrzehnte am ›Cornichon‹ werden sollte: den Autor und Regisseur Max Werner Lenz.

Lesch hatte einer Pressenotiz entnommen, dass im Stadttheater (heute: Opernhaus) Offenbachs ›Schöne Helena‹ in der Bearbeitung des Schweizers Max Werner Lenz gespielt werden sollte und dass der Autor selbst in der Rolle des ›Professors Gygax‹ auftreten werde.

»Ich ging«, erzählt Lesch in seinen ›Cornichon‹-Erinnerungen, »zu einer der angesagten Aufführungen. Mitten in dem, übrigens von Alois Carigiet bezaubernd ausgestatteten, Stück trat ein hagerer, schwarzgekleideter heutiger Eidgenosse auf, äusserlich einem korrekten Bankprokuristen beim sonntäglichen Kirchgang ähnlich, pflanzte sich adrett vor den Oberpriester hin und stellte sich diesem mit einem dünntönenden ›Gygax‹ vor, wobei er den steifen Hut seltsam steil lüftete. Der Text, den er in der Folge sprach, pädagogisch darum bemüht, die verlotterten Griechen auf den Pfad der Ordnung in die Freiheit zurückzuführen, war ausgezeichnet, und Lenz sprach ihn auf unnachahmliche, dürre und selbstironische Weise. Ja, das war der Mann, den ich brauchte, der oder keiner!«

Aber so leicht sollte er ihn nicht kriegen; wenigstens sah es nach einer ersten Besprechung so aus. Doch mitten in der Ferienzeit tauchte Lenz plötzlich wieder auf, brachte mit seiner Zusage gleich noch eine Dame mit, die unbedingt ans ›Cornichon‹ wollte, und obendrauf auch noch einen kleinen Text hinzu, den er probeweise geschrieben habe. Es wurde eines der besten Chansons im ›Cornichon‹: ›Das alkoholfreie Mädchen‹, mit dem sich die herbeigebrachte Dame im September-Programm glänzend einführen sollte: Elsie Attenhofer, unsere heute weit über die Grenzen berühmte Diseuse.

> Ich brauche mich nicht lange vorzustellen,
> Man sieht mich in manchem Saal.
> Ich serviere an alkoholfreien Quellen,
> Ich verabscheue Dauer- und Wasserwellen,
> Wie ein Volkslied geh ich durchs Lokal.
> Doch in meinen Träumen, da bin ich ganz anderscht,
> Da bin ich von der Greta (Garbo) ein Stück.
> (...)
> (Da bin ich ein Vamp,
> Da bin ich ein öffentliches Glück!

Was auf unserem heimischen Boden Mangelware schien, in der Meinung der Völkerkunde bei uns Schweizern auf Grund unserer psychischen Erforschung gar als ausgeschlossen zu gelten hatte, die bodenständigen Cabaretisten erschienen auf unserer gebirgigen Bildfläche! Es war die Deutschschweiz auf einige wenige Quadratmeter Holzboden zusammengedrängt: Mit dem konferierenden, regieführenden Lenz, mit Mathilde Danegger und Elsie Attenhofer, mit dem schon auf unzähligen Volksbühnen bewährten Hegi [Emil Hegetschweiler], dem getreuen Zarli Carigiet, als Naturtalent so rar und leuchtend wie das Edelweiss seines Heimatkantons, gelegentlich auch mit Heinrich Gretler, dem grossartigen Bollwerk der Demokratie und Freiheitsliebe, mit dem sich für Jahre zugesellenden Alfred Rasser, dem herrlichen Parodisten baslerischer Arroganz und Eigenbrötlerei, mit Karl Meier, dem jahrelangen Vorhangzieher und Szenenumbauer, gleichermassen künstlerisch wie menschlich unersetzlich. Den produktiven Teil ergänzten bald neue Textdichter, der Meister der Mundart Arnold Kübler und der Dramatiker Gertsch, Tibor Kasics setzte sich für Jahre an den Flügel im ›Hirschen‹, im Komponieren wie im Einstudieren gleich unermüdlich und einfallsreich, assistiert von den Musikern Blum, Walter Lang und Kruse, mit Huldreich Früh, ›dem überragenden Poeten unter den Musikern‹. Als Bühnenbildner wechselten an den Farbtöpfen ab: Max Sulzbachner, Häfelfinger, Leuppi, Lindi, Butz, vor allem immer wieder der Altmeister der ersten Stunden, Alois Carigiet, und dem liebevollen und feinen Graphiker Hans Fischer, der eine lange Reihe geistreicher Programmentwürfe und -gestaltungen konzipierte. »Die helvetische Regel, wonach die Begabten als einsame Elefanten durch die Wildnis der Kontaktlosigkeit und der Ungeselligkeit traben, wurde glücklich durchbrochen.« (Walter Lesch)

Gegen Anpassung

Aber diese ganze Schar produktiver Köpfe, jene Typenschaffung, die das Cabaret unzweifelhaft bereicherte, hätte niemals genügt, dem ›Cornichon‹ auf Jahre hinaus seine Existenz zu sichern. In allererster Linie, als zentrales Motiv, stand und blieb gleich von Anfang an die Abwehr fremder Ideologie. Der Spottkübel wurde ausgeleert über die schwankenden Gestalten, alle jene, die innerlich und äusserlich den Anschluss suchten, die Lecker und Katzbuckler vor dem Dritten Reich, allzeit bereit, die Schweiz für einige Silberlinge als eingesetzte Gauleiter zu verraten. Bis zum Ausbruch des Zweiten Weltkrieges blieben Situation und Aufgabe des ›Cornichon‹ im wesentlichen dieselben. Lesch hatte sie folgendermassen umrissen:
»Ein echtes literarisches Cabaret will zu jeder Zeit und an jedem Ort mehr: Es ist (...) immer ein Instrument der Geistesfreiheit. (...) Ein wesentlicher Teil der Nummern hat Angreifbares anzugreifen, falsche Götzen und falsche Lehrsätze zu enthüllen, die Menschlichkeit und das Recht zu verteidigen. Das Volk sucht bei seinen ›Bänkelsängern‹ immer lachende Wahrheit,

nicht die Allerweltsware fadenscheiniger Unterhaltung. Ein gutes Cabaret muss ›tendenziös‹, muss ›oppositionell‹, muss ›politisch‹ sein. Und als solches wollte auch das ›Cornichon‹ sich bewähren.«

Es hat sich! In einer gewalttätigen und verteufelt bösartigen Zeit war es mit seinen ›Mückengedichten‹ für die einen Balsam für das Herz, den andern aber ein brennender Dorn im Auge.

Mobilisation

Anfang September 1939 wurde ich mobilisiert und rückte mit den Basler Grenztruppen am Rheinhafen ein, buchstäblich ohne einen Rappen im Sack, mit nur mehr dem Sold eines Wachtmeisters.

Das veränderte natürlich meine Sitten ein bisschen. Der Dienst dauerte lange. Wir machten ihn im Rheinhafen und sassen gerade an dem Spitz zwischen Maginot-Linie und Siegfried-Linie. So sahen wir die absonderlichsten Sachen, nämlich wie die Franzosen hinter Jute-Leinwänden noch ihre Bunker fertig machten, während die Deutschen an der Siegfried-Linie vor ihren längst fertigen Bunkern lagern, stattliche junge Kerle, die sich an der Herbstsonne bräunten. Wir selber buddelten vorne auf dieser Landzunge einen Bunker aus, einen eigenartigen Bunker, der ungefähr so aussah wie ein japanisches Weekend-Häuschen. Und ich glaubte auch manchmal zu bemerken, wie sich die beiden anderen Parteien ein wenig über unsere Kriegsarchitektonik lustig machten.

In dieser für mich nicht besonders erfreulichen Situation tauchte plötzlich am Rheinhafen ein Mann auf, der nicht ganz unseren Dialekt redete, aber zu jener Zeit glaube ich auch nicht Schweizer war – der administrative Leiter vom Cabaret Cornichon, nämlich der Dr. Otto Weissert –, und erklärte mir, ich müsse sofort nach Zürich kommen und dort die Regie am Cornichon übernehmen. Ich sagte ihm »Gern, nur weiss ich nicht, ob ich das machen kann, und andererseits, schau mich mal an…« Ich sah nicht gerade sehr glücklich aus, denn wir buckelten damals Schienen und hatten vom Rost vollständig verfärbte

Uniformen. Er ging dann aufs Kommando, und kurzum, ein paar Tage später war der Vaucher aus dem Dienst entlassen.

Nach 90 Tagen Grenzdienst, innerlich immer noch Soldat, also geistig retrograd, abwartender Befehlsempfänger mit Reflexen von Hackenzusammenschlagen, zackigem Salutieren und einer so lautstarken Stimme, als hätte ich es mit einem Asyl taubstummer Insassen zu tun gehabt, trennte ich mich eines nieselnden und lichtscheuen Morgens, wohlversorgt mit Sold und Urlaubspass, von meinen Kameraden auf einem baslerischen Friedhof, auf dem wir eben unsern Herrn Hauptmann mit allen militärischen Ehren zu Grabe getragen hatten. Er hatte sich eine Kugel durch den Kopf geschossen. Es war ein Ehrenhandel gewesen.

Ich fuhr nach Zürich. In der ersten Nacht vor der anberaumten Probe an dieser Stoa kabarettistisch-demokratischer Umschulung packte mich kaltes Entsetzen. Wohl war ich jahrelang am Theater gewesen, aber von Cabaret verstand ich so viel wie eine Laus von einem Gewehrgriff. So verbrachte ich eine scheussliche Nacht und erwachte erst, als aller Voraussicht nach die Probe im Hirschen längst zu Ende gegangen war. Es war ein vielversprechender Anfang.

Wir schrieben Anfang Dezember 1939. An unseren Grenzen geschah nicht viel. Wir hatten keine Verdunkelung. Wir hatten zwar Rationierungsmarken und Mahlzeitencoupons. Aber mancher Wirt und mancher Händler drückte vor diesen Zettelchen staatlich verordneter Abmagerungskuren die Äuglein zu. Wir hatten auch noch etwas anderes, von dem kaum mehr als einige Stabsoffiziere und die Redaktionen unserer Zeitungen wussten, ohne allerdings noch damit in allzu grossen Konflikt zu geraten. Es war überschrieben: Abteilung Presse und Funkspruch. Rechts oben stand: Vertraulich! Nicht zur Publikation bestimmt. Adressiert war es an die Redaktionen der Schweizer Zeitungen – An die schweizerischen Presse- und Nachrichtenagenturen – An die Pressechefs der Territorial-Kommandos zur Kenntnis. Dann folgte eine fette Überschrift: *Kompendium des schweizerischen Pressenotrechtes*. (Nur hatte man die Rechnung ohne den Wirt gemacht. Und dieser Wirt war alles andere als

ein gastlicher, im Gegenteil, er war ein höchst garstiger. Auf seinem Wirtshausschild führte er den Namen ›Zum Hakenkreuz‹.)
Wie sich denn diese ›Sorge um die Gebote der Neutralitätspolitik‹ auswirken sollte, das hatte in den nachfolgenden fünf Jahren die Presse durch eine Reihe von ergänzenden Verordnungen an den eigenen Spalten zu erfahren... Denn die Zensur hatte begonnen.

Zensur

Viele Zeitgenossen sind der Meinung, das Cabaret ›Cornichon‹, das man als ›Ventil des aufgestapelten zornigen Volksdampfes‹ bezeichnet hat, sei weitgehend von diesen Presse-Notverordnungen verschont geblieben. Welch ein Irrtum! Vielmehr wurde Walter Lesch schon 1939 zum damaligen Stadtpräsidenten Klöti zitiert, der ihm, etwas peinlich berührt, ein Anliegen vorbrachte. Lenz – dieses enfant terrible – hatte in genialer Übereinstimmung mit einem späteren grossen Dramatiker, der in jenen Jahren noch seine Jünglingsschuhe austrat, zwei Menschen in ein Irrenhaus untergebracht – keine Physiker, sondern dem ersten Augenschein nach zwei biedere Schweizer Bürger, hemdsärmlig, im besten Schweizerdeutsch miteinander verkehrend. Für die Zuschauer, die ihr ›Cornichon‹ kannten, stand aber gleich nach den ersten Dialogsätzen unabwendbar fest, um wen es sich bei diesen beiden Verrückten handelte: um Hitler und Mussolini. Der Sketch musste auf Druck der deutschen Botschaft in Bern und des italienischen Generalkonsulats in Zürich abgesetzt werden.

Drei Wochen später war Lesch wieder vor dem Kadi. Diesmal in einer weitaus brenzligeren Sache. Die damalige deutsche Botschaft hatte höchst persönlich interveniert, weil in einem Chörlein die Voli Geiler ein Solo sang, in welchem sie als Welsche die Deutschen mit ›Boches‹ ansprach, nämlich mit jenem nicht eben reverenziös im Ersten Weltkrieg geprägten Übernamen für den deutschen Soldaten. Lesch beteuerte, der Autor dieses Chores, Lenz, habe mit diesem ›Boche‹ durchaus keine Verunglimpfung des deutschen Wesens bezweckt, sondern es einzig und allein ›des Reimes wegen‹ benützt, da es sich auf ›Broches‹, also auf ›Broschen‹, zu reimen habe.

Doch hatte selbst Herr Klöti, dieser durchaus generöse und der guten Sache der Demokratie gewogene Magistrat, kein Einsehen mit dieser »poetischen Lizenz«. Er riet Lesch, lieber in einer Kleinigkeit den braunen Machthabern nachzugeben und dafür in wesentlichen Dingen die Narrenfreiheit zu wahren.

Wer aber dem Teufel den kleinen Finger gibt... Klötis Ratschlag war für die Katze gewesen.

Diesmal war die Forderung der braunen Vertretung in Bern einschneidender: es ging nicht mehr um die Streichung eines Wortes, sondern um die Eliminierung des ganzen Sketches, widrigenfalls man sich zu einer Amtshandlung gezwungen sehe, die man lieber vermieden hätte: zur Schliessung des ›Cornichon‹. Da nahm Lesch jene Haltung ein, die sich drohenden Diktatoren gegenüber als die einzig richtige erwiesen hat. Er sprach drei Worte: »Gut, macht zu!«

Und der Sketch wurde weitergespielt. Und das ›Cornichon‹ wurde nicht zugemacht.

Die fünfte Landessprache

Doch wurde es den Leitern des ›Cornichon‹ klar, dass mit der Machtentfaltung des Dritten Reiches sich für die Schweiz die Lage einmal so zuspitzen könnte, dass auch die Tür unseres Cabarets zugemacht werden müsste, ohne dass der Geist, der hier ausschlaggebend war, auch durch ein Ritzlein wieder einkehren würde. Es war dies keine Resignation, vielmehr ein kluges, voraussehendes Abwägen. Umso mehr, als man ein Publikum um sich versammelt hatte, das eine Pointe im Gewicht einer Nadel fallen hörte. Dann aber hatte das Wort, besonders das ungesprochene Wort, ungeahnte Deutungsmöglichkeiten. In der Not kann ein Blick schon Bände sprechen. Wir hatten aber als Schweizer ganz andere Verständigungsmöglichkeiten. Wir sind ja Meister im ungeschliffenen Wort, im Stottern, im verzehrenden Suchen nach Ausdrucksmöglichkeiten. Und hier gerade hatte auch wieder der einfallsfreudige Lenz Wege gezeigt, die für das

›Cornichon‹ zukunftsweisend und lebenswichtig sein sollten. In einem Sketch, genannt ›Die fünfte Landessprache‹, (im Programm ›B.w!‹ (Bitte wenden) Première 2.4.1938) hatte er, unsere Landsleute persiflierend, so etwas wie den zukünftigen Modus vivendi erfunden. Besser als jeder Kommentar, obwohl er kaum lesbar ist, sondern eben nur spielbar, ist dennoch sein wortgetreuer Nachdruck, zumindest Teile davon. Man stelle sich also vor: ein Restaurant in Zürich. An einem Tisch vorne sitzt ein Ausländer, seinem Aussehen nach ein grosser Bruder aus dem Tausendjährigen Reich. In der Mitte, ebenfalls an einem Tisch, hat Herr Stäbli Platz genommen. Die Kellnerin tritt auf ihn zu:

Herr Stäbli: »Fräulein, gänds mer es... eh... eh...«
Kellnerin: »Wänd Sie es... eh... oder es...?«
Herr Stäbli: »S isch glych – villicht lieber es... eh... eh.«
Kellnerin (im Abgehen): »Gern.« (Dann kommt sie mit einem Bier zurück.)
Herr Stäbli: »Ich wart immer uf miini Ding... eh... eh.«
Kellnerin: »So, Si wartet uf Ihri... eh... eh?«
Herr Stäbli (zieht seine Uhr aus der Gilettasche): »Es muess doch scho lang... eh... eh?«
Kellnerin: »Soowisoo. Es het scho lang... eh...«
Herr Stäbli: »Wievil häts... eh?«
Kellnerin: »Eh... eh...«
Herr Stäbli (richtet seine Uhr und sagt): »Danke!«
Der Deutsche hat diesem Gespräch irritiert zugehört und sagt aufdringlich laut:
»Es ist jenau elf Uhr zwo.«
Stäbli und die Kellnerin sehen ihn gelassen an. Da stürzt Lucie, die Tochter des Herrn Stäbli, herein.
Herr Stäbli: »Ah, do chunnt jo mini... eh!«
Kellnerin: »Grüezi Fräulein... eh...«
Lucie (ist sehr aufgeregt): »Eh... eh...« (sie setzt sich und gibt dem Vater die Hand) »Häsch der Ding nöd gseh...? Der eh... eh... eh...?«
Herr Stäbli (verneint mit einem deutlichen): »Ä-ä!« (Dann fragt er) »Möchtisch au es... eh? Oder lieber en... eh?«

Lucie: »Lieber es... eh... eh!«
Herr Stäbli: »Bringet Si miner Tochter es... eh!«
Kellnerin: »Gärn.«
(Der Deutsche starrt die beiden fassungslos an. In diesem Augenblick kommt ein neuer Gast, ein Basler, ebenfalls sehr erregt.)
Basler: »Händ Ihr si scho gseh?«
Herr Stäbli: »Was?«
Basler: »Grad bin i d Ding abeko.... eh... eh... und wo-n-i uf der dr... eh... kumm, isch alles dick voll eh... eh... I ha mi durredruggt und stand schliesslig direkt vis-à-vis vo der... eh...«
Herr Stäbli: »Si sig scho fascht fertig?«
»...«
Hier verstehen die Zuschauer – die Zürcher von damals –, dank Mimik und Gebärdenspiel, dass es um die neuerstellte Tonhalle geht – deren Stil beim Zürcher Publikum viel Missfallen erregte. Wehalb Herr und Tocher Stäbli, der Basler und die Kellnerin den Entschluss fassen, dem Abbruch-Honegger einen Brief zu schreiben, mit dem Ersuchen, dieses Gebäude sofort wieder abzubrechen. Das Aufsetzen des Briefes wird mit den obligaten »eh... eh« von unvollstellbarer Vielfältigkeit vollzogen. Der zuhörende Deutsche ist am Verzweifeln. Schliesslich kann er sich's nicht mehr verkneifen und ruft:
»Wenn bei uns einer so sprechen würde, so würde man zu ihm sagen: ›Raus aus der Volksjemeinschaft, Sie Idiot!‹«
Herr Stäbli: »Und wissen Sie, was Sie sind?«
Deutscher: »Was?!«
Alle: »Ein... eh... eh... eh!«
Dieses »eh... eh...« sollte noch manchmal in vorgerückteren Kriegsjahren seine eigene Bedeutung erhalten, seine unmissverständliche Auslegung, und je nach dem Tonfall, mit dem es gesprochen wurde, raste und klatschte das Publikum unten im kleinen Hirschensaal minutenweise. An einem der hintersten Ecktische sassen zwei Männer mit eingefrorenen Gesichtszügen und einer Stenographin, die jedes von der Bühne fallende »eh« mitstenographierte, ehe es an die Botschaft nach Bern weitergeleitet wurde und von da per ›heissem Draht‹ in die Reichskanzlei. Was man wohl dort für ...eh ...eh ... gemacht hat?!

Ruhe vor dem Sturm

Die ›Drôle de Guerre‹² lässt mir noch Zeit, in Frieden ein erstes Programm auszuarbeiten: ›Under-eus-gseit.‹ Denn es ist, ›under eus gseit‹, ein fauler Frieden... Nicht alle wollen's wahrhaben.

Wenn auch ein Herr Daladier in Frankreich und der ›Regenschirm-Minister‹ Chamberlain in England auf Hitlers Friedensschalmei nicht eingehen und seine Vorschläge als ›zu vage‹ erklären, so mögen dabei die jahrelangen lügenhaften Versprechungen Hitlers bei diesen beiden gebrannten Staatsmännchen eine Rolle gespielt haben. Ausschlaggebend aber war bestimmt die Stimmung, die nach dem Polenfeldzug bei allen europäischen Völkern aufkam und die sich in der damaligen Lieblingsparole ausdrückte: »Wozu für Danzig sterben?« Frankreich wiegte sich hinter seiner ›uneinnehmbaren Maginot-Linie‹ in Sicherheit, die Pariser Cabarets spöttelten über die ›Drôle de Guerre‹ und priesen den Tag, wo ihre ›Poilus‹ [Soldaten] in der Siegfried-Linie ihre Wäsche zum Trocknen aufhängen würden – und Chamberlain witzelte noch am 4. April 1940 in seiner Rede vor der Konservativen Partei: »Hitler hat durch seine Untätigkeit im letzten halben Jahr den Omnibus verpasst!« – das am Tage, an dem die deutsche Flotte zur Eroberung Norwegens ausfuhr und Hitler kurz darauf Dänemark, ohne einen Flintenschuss abzugeben, eroberte! Auch bei uns in der Schweiz war die Gemütsstimmung zwar eher ›durchzogen‹, aber Summa summarum glaubte man doch, der ›Dölfi‹ habe seinen allergrössten Länderhunger gestillt und lasse den Krieg nun allmählich einschlafen.

Was Max Werner Lenz in seinem ›Orakel, von einem Männerquartett gesungen‹ (Im Programm ›Schwarzi Händsche‹, November 1936) in wahrhaft delphischer Prophezeiung gedichtet hatte, war eingetreten:

> Wer einmal lügt, dem glaubt man nicht,
> Denn einmal lügen, langt noch nicht.
> Wer zweimal lügt, dem glaubt man mehr,

Wer dreimal lügt, dem glaubt man sehr.
Wer viermal, fünfmal, sechsmal lügt,
So lang, bis er sich selbst betrügt,
Bis er für bare Münze hält,
Was er so lügt – dem glaubt die Welt!

Wie ein Cabaret-Programm zustandekommt, grenzt ans Wunder. Sogar für Eingeweihte, Routinierte. Es gleicht einem Puzzle, das sich aus unbekannten Stückchen zusammensetzt. Ich kann den Beruf eines Cabaret-Regisseurs nur mit dem eines Abenteurers vergleichen, der sich von einer heiklen Situation in eine andere Gefahr hinüberrettet. Er muss wie ein Jongleur über die Fähigkeit verfügen, zerbrechliche Gegenstände durch eine Eigenbewegung im Gleichgewicht zu behalten, die, einzeln genommen, umkippen und in Scherben fallen würden.

Er beginnt seine Arbeit immer, ohne zu wissen, wie sie endet. Denn zu Anfang seines Programmes verfügt er meistens über ein Drittel, im besten Falle über die Hälfte aller Texte, die an der Premiere gesungen, gesprochen und getanzt werden. Der Cabaret-Regisseur hat nur eine Aufgabe: den Typus oder die Typen, die er zu prägen hat, platzen zu lassen. Eine Cabaret-Nummer muss wirken wie ein Feuerwerk: kaum hat sich der Vorhang geöffnet, müssen Funken stieben, Fontänen steigen, Pointen krachen. Das Publikum muss »Oh!« rufen und »Ah!« und »Hahaha!« lachen. Dann ist der Zauber vorbei. Die Nummer hat eingeschlagen. Denn eine Nummer dauert im Minimum drei Minuten, im Maximum sieben. Die Cabaret-Nummer ist die Disziplin über literarische Kurzstrecken. Denn wie innerhalb der Künste das Cabaret die ›Kleinkunst‹ genannt wird, sind die Autoren, Komponisten und Darsteller die Verkünder des kleinen Alltags. Dass sie darin zu einer ganz erheblichen Grösse aufsteigen können, das hat zweifelsohne das schweizerische Cabaret gezeigt.

So bringe ich noch mein erstes Programm in die Premiere und über die Runden. Es ist der 15. März 1940.

Am 10. Mai werde ich durch ein Rumpeln aus meinem Schlaf geweckt, noch ehe der Hahn gekräht hat und der Morgen sich als blasser Schimmer an den Horizont zu heben beginnt. Mein Haus steht in der Nähe des Rheins. Den Rhein herunter kommt das Rumpeln, schichtenweise. Sobald sich eines entfernt hat, folgt ihm ein anderes nach. Es ist so stark, dass meine Fensterscheiben klirren. Das Flugzeuggrasseln, das hier rheinabwärts gegen die Nordsee hinunterzieht, ist der Weckruf zum Krieg, zum undrolligen diesmal, zum grässlichen und völkermordenden, der fünf Jahre später als Saldo fünfzig Millionen Tote buchen kann.

Preisgegebenes Basel

Ich bin nie ein Frühaufsteher gewesen. Aber an jenem Morgen verschlägt's mir meinen so geschätzten süssen Morgenschlaf. Mein Brustkasten füllt sich mit etwas, das man böse Vorahnung nennt. Um die Zeit totzuschlagen, beginne ich meinen Tornister zu packen. Mein Freund und Nachbar, der Bühnenbildner Sulzbachner, hilft mir den Kaput rollen, unter sämtlichen bizarren soldatischen Kleidungsstücken das wohl monumentalste: zu seiner feldmarschmässigen Bändigung an den Tornister braucht es mindestens vier Hände. Mit sechsen geht es noch besser. Im Alarmfall ein wunderbar retardierendes Requisit.

Im Laufe des Tages erhalte ich meinen Mobilisationsbefehl, bevor noch die Plakate für die Generalmobilmachung angeschlagen werden. Wir Grenztrüppler haben einen telefonischen Code abgemacht. Er lautet in diesem Fall: »Wir treffen uns morgen früh beim Bläsi zum schwarzen Kaffee.« Bläsi ist der Name des Schulhauses, in welchem unsere Kompagnie mobilisiert.

Am Radio sickern allmählich einige Meldungen durch. Hitler hat Holland und Belgien überfallen. Deutsche Fallschirmspringer, zum Teil in holländischen und belgischen Uniformen als ›Landesverteidiger‹ getarnt, landen an Brückenköpfen, in Befestigungsanlagen und auf den Dächern als Heckenschützen. Hunderte von Stukas stürzen sich schlagartig auf Städte, auf eine ahnungslose, noch schlafende Bevölkerung. Man spricht davon, dass Rotterdam nur noch ein rauchender Trümmerhaufen sei. Und dann ertönt die immer strapazierte Stimme des ›Wunderknaben von Berchtesgaden‹:

»Soldaten der Westfront!« (Das Wort ›Soldaten‹ spricht er als ›Soltatten‹ aus) »Eure Stunde ist nun gekommen. Der Kampf, der heute beginnt, wird über das Schicksal des deutschen Volkes für das nächste Jahrtausend entscheiden. Tut eure Pflicht! Der Segen des deutschen Volkes begleitet euch.«

Am 11. Mai mobilisiert unsere Kompagnie. Es geht schnell, still, ohne Stimmaufwand. Das Korpsmaterial wird verteilt, die Munition, die Mannschaftsliste bereinigt. Noch vor dem Mittagessen melde ich meinem Hauptmann die Kompagnie marschbereit. Wir besetzen unseren Abschnitt.

Er ist für eine kommende Kampfhandlung unbestreibar ideal gelegen. Gewissermassen Logenplätze: direkt vis-à-vis vom Badischen Bahnhof! Wenn auch nicht anzunehmen ist, dass die deutschen Landser per Expresszug einfahren, sich auf den Bahnsteigen formieren und in Viererkolonne durch das Hauptportal des Gebäudes auf das ›kleine Stachelschwein‹ (so hiess die Schweiz im soldatischen Nazi-Jargon) zum Angriff ansetzen – die breiten Alleen von Riehen her dürften doch für die deutschen Tanks blendende Anrollwege sein. Und eben diesen Tanks haben wir nicht sehr viel entgegenzustellen. Eine Infanteriekanone pro Kompagnie, die aber nur auf kurze Distanz panzerbrechend wirkt, sogenannte Stahlmantel-Gewehrmunition, die sich – darüber ist sich der hinterste ›Dätel‹, trotz ihrer von höherer Stelle gepriesenen Durchschlagskraft, längstens im klaren – auf den gepanzerten Platten zu kleinen Rappenstücken zusammenquetschen würden, und dann unsere Barrikaden, Eisenbahnschienenstücke, die in ausbetonierte Löcher festgekeilt werden. An diesen Pfählen hält sich unsere ganze Abwehrhoffnung, der Glaube an eine mögliche siegreiche Verteidigung, obwohl mir ein Fachmann bereits 1939, als wir in den Strassen Basels eben jene zur Verbarrikadierung taugenden Löcher aushoben, die nicht besonders beruhigende Versicherung gab, die Panzer schweren Kalibers würden solche Barrikaden unter ihren Stahlleibern abknacken, als wären es Zündhölzer. Dann verfügt unser Abschnitt noch über einen Bunker, ein aus Steinquadern gemörteltes Gehäuse, das man als ein zwar etwas schmuckloses, aber im Hinblick auf den Ernst der Zeiten doch höchst geeignetes Grabdenkmal für einige heldenhafte Füsiliere bezeichnen konnte.

Sagen wir es offen: Aussichtsreich sah unsere Lage nicht aus, insbesondere wenn man sich vorstellt, dass bei den ersten Anzeichen eines Überfalles die vier damaligen Rheinbrücken in die Luft geflogen wären.

Wir begannen sofort mit der Befestigung unseres Abschnittes in die Tiefe. Keller, die sich mit einem Fenster auf eine Strassenkreuzung hin öffneten, wurden mit einem Maschinengewehr bestückt, der Raum mit Gerüststangen, im Hinblick auf die zu erwartende Bombardierung, abgestützt. Wir beschlagnahmten gute Stuben, wenn sie das Pech hatten, Aussicht auf eine Barrikade zu gewähren, räumten zum Leidwesen der Hausmutter Gardinen und Vorhänge ab und tapezierten die Fenstersimse mit Sandsäcken aus, zum Schutze unserer Handgranatenwerfer. Die uns zugeteilten Mörser vergruben wir in einem Hof des Geigy-Areals, mit Schusswinkel über die Direktionsköpfe der Chemiebarone. Dann begannen wir die Barrikaden zu schliessen bis ›auf Wagenbreite‹, so lautete der Befehl des Stadtkommandos. Auf diese Art war der Strassenverkehr nicht behindert, anderseits im Alarmfall das völlige Abriegeln eine Sache weniger Augenblicke. Aber da ergab sich bereits die erste Schwierigkeit: die zur Festigung notwendigen Holzkeile waren nicht aufzutreiben. Rückfrage ans Bataillonskommando, dieses ans Regiment, jenes ans Stadtkommando. Dann kam nach Stunden langen Wartens wieder über die Kommandostellen die Rückantwort: »Man wisse es auch nicht.« Man nennt diese Zeitvergeudung auch den Dienstweg.

Das mindere Basel

Unsere Kompagnie rekrutierte sich aus Insassen Kleinbasels, meistens Chemiearbeitern, eigenwilligen Persönlichkeiten, denen nichts so ungelegen kam wie das Gehorchen. Ich war manchmal dabei gewesen, wenn ein Offizier, in Unkenntnis des Menschenschlages, der hier auf diesem ennetrheinischen Boden, der auch das ›mindere Basel‹ genannt wird, aufwächst, in etwas zu schroffem militärischem Tone den einen zur Ausführung eines Befehles aufforderte. Der also Angefahrene pflegte dann meistens, die Hände tief in seine Hosentaschen vergraben, sich im Umkreis bei seinen Kameraden umzusehen und sich mit unnachahmlich gelangweilter Stimme zu erkundigen: »Dü, hösch! Redt dä mit mir oder mim Hund?« Drohungen mit Arrest oder Anzeige verschlimmerten die Situation nur. Sie liessen es auf Insubordination ankommen, diese Herren, die eben, auch im Militärdienst, kameradschaftlich zu einer Dienstleistung aufgefordert werden wollten. Dann klappte alles wunderbar. Denn sie waren hochherzig und mutig.

Diese Kleinbasler kannten sich in ihrem Stadtteil aus wie die Dörfler in ihrem ›Kaff‹. So war es denn bald heraus, dass die benötigten Holzkeile in einem Schuppen der Badischen Bahn gelagert waren. Doch der diensttuende Bahnhofbeamte, höflich ersucht, den Schlüssel auszuhändigen, verschanzte sich hinter alle möglichen Ausreden: der Schuppen-Chef sei eben in den Pfingstferien, und nur er verfüge über den gesuchten Schlüssel. Worauf wieder Telefone zum Bat.-Kdo. und rückwärts mit dem Befehl: in keinem Falle das Geringste selbständig vorzukehren, da der Schuppen auf exterritorialem Gebiet liege und man jegliche Provokation tunlichst zu vermeiden habe!

Am Tisch beim Nachtessen gab ich meinem Unmut Luft über diesen ›Hosenpfeifer-Befehl‹. Ich war erbittert. »Was wollen wir denn hier auf diesem Pflaster, wenn unsere Obersten vor einem schwäbischen Weichensteller kapitulieren? Schmeisst doch das Gewehr in eine Ecke! Geht heim zum Mami!« Nach einer Weile stand Korporal Fridli auf. Er versah das Amt eines Zöllners am Badischen Bahnhof. »Reg dich ab, Kleiner!« rief er mir zu, »in einer Stunde spätestens hast du deine Klötze.« Er ging zu den Tischen hinüber, wo sich die Mannschaft verpflegte und verschwand bald darauf in Begleitung von zwei ›Füseln‹. Der eine war ein langer, blonder Hagerer mit einem Sommersprossengesicht; dem andern sah man den Hafenarbeiter vom Rheinhafen an: der Uniformrock spannte sich in lauter Querfalten, wenn er beim Gehen die Schultern bewegte.

Eine Stunde später fuhr ein grosser Lastwagen vor dem Mustermessegebäude vor, in welchem unser Kompagniebüro untergebracht war – vollbeladen mit den Holzkeilen!

Und alsbald begann ein herzhaftes Klopfen in allen Strassen Kleinbasels, bis in die Nacht hinein. Von den Mietshäusern, aus ihren offenen Fenstern, schauten in die sanfte Maiennacht die Bürgerinnen und Bürger des minderen Basels auf das ungewohnte Treiben hinunter. Manches witzige Wort wurde ausgetauscht. Etwas von der enervierenden Spannung der letzten zwei Tage war verflogen, als hätten diese Eisenstäbe, die sich plötzlich gradstellten und festgerammt wurden, auch die Zuversicht wieder aufgestellt. Zufällig traf ich noch den Korporal Fridli, der hemdärmlig wacker mitholzte. »Wie hesch das gmacht?« rief ich ihm zu. Er hielt in der Arbeit inne, wischte sich den Schweiss vom Kopf, deutete auf den Sommersprossigen, der neben ihm schanzte, und erklärte mit einer Prise Ironie: »Waisch, dä isch scho ghockt – wege-n Ibruch.«

Erst sehr spät begab ich mich zurück ins Kantonnement. Es war still geworden, so still wie im Frieden. Ich hörte die Schritte meiner festen Schuhe auf dem Strassenbelag hallen.

Gerüchte, Gerüchte, Gerüchte...

Das ›Cornichon‹ war mir in diesen ersten Mobilisationstagen 1940 weit entrückt. Ich hatte andere ›Programmsorgen‹: Am 13. Mai, zwei Tage nachdem wir eingerückt waren, begann es mit einem Gerücht. Gerüchte sind wie Spinnfäden auf dem Waldweg eines Altweibersommertages. Unsichtbar bleiben sie an einem hängen, kleben sich fest. Es ist unappetitlich.

Da war eines, das flüsterte, es lägen oben im Schwarzwald ein Dutzend Divisionen, die nur auf den Pfiff ihres obersten Spielleiters warteten, um sich auf die Schweiz zu stürzen. Denn, so munkelte ein zweites Gerücht, zur Umgehung der ›uneinnehmbaren‹ Maginotlinie sei mit einem Einfall nach Basel über den Jura Richtung Belfort in Frankreichs rechte Flanke zu rechnen. Übrigens, raunte ein drittes Gerücht, die Franzosen hätten längs unserer Nordwestgrenze 20 Divisionen aufgestellt, um uns brüderlich zu Hilfe zu eilen. Und dann kam noch eines hinzu: von Norden her sollten die Deutschen über uns herfallen, zu gleicher Zeit aber die Italiener uns im Süden angreifen.

Gerüchte sind wie Suppen, die man kocht. Je länger sie über dem Feuer brodeln, desto mehr dicken sie ein. Sie verdichten sich, die Gerüchte, zu Gewissheiten. Was eine blosse Vermutung war, verwandelt sich zu einer Felsenfestigkeit. So kam es denn, dass Herr Hübscher seiner Frau erklärte: »Du, die Deutschen kommen, wir müssen abhauen.« – »Wer sagt das?« fragte Frau Hübscher. Und der Mann: »Der Herr Dändliker hat's mir gesagt, und er weiss es aus ganz sicherer Quelle.« Da wurde das Auto vollgepackt: mit einem Kartoffelsack, den Wertpapieren, den Kindern, dem Notproviant, zwei Liegestühlen, einer Bettflasche und der Katze. Hübschers Nachbarn sahen zu und sagten: »Du, wenn Hübschers gehen, müssen wir auch.« So begann das betrüblichste Kapitel dieser ersten Kriegstage: die Flucht aus dem Norden und Osten unseres Landes. Es rissen hauptsächlich die ›Besseren‹ aus. Die kleineren Leute blieben, teils weil sie mutiger waren, teils aber auch, weil sie das nötige Kleingeld für eine Wohnung im Berner Oberland nicht hatten.

Zuerst flüchteten sie tropfenweise. Tags darauf in Strömen...

»Auf meine deutsche Offizierseehre!«

14. Mai morgens: Der Grenzposten Otterbach, den unsere Kompanie gestellt hatte, schickte einen Meldefahrer mit folgender Beobachtung: Ort: GrP. Otterbach – Zeit: 09.05. Hohe deutsche Offiziere (5) in 60 Meter Entfernung vom Drahtverhau. Diskutieren über einer Landkarte. Haben zu wiederholten Malen gegen unser Land gezeigt. – Sig.: Zech, Gfr.

Mein Hauptmann beorderte mich hin. Ich fand die Meldung bestätigt und beobachtete die Gruppe mit dem Feldstecher. Nach einer Weile trennte sich einer der Offiziere von den übrigen und schritt gegen die Drahtverhaurolle auf mich zu. Zwei Meter trennten uns. »Feldweibel«, sagte er und salutierte lässig. Ich benahm mich betont zivil. »Sie scheinen sich ja in unseren militärischen Graden bestens auszukennen«, gab ich zurück. »Klar!« lächelte er, »ich habe in Zürich studiert. ETH. Waren herrliche Zeiten!« – »Und Sie freuen sich jetzt auf ein Wiedersehen?« Er schien meine Frage zu überhören. »Bei Ihnen klappt natürlich alles wie gewohnt«, warf er beiläufig hin. »Mich kriegst du nicht!« dachte ich bei mir. Ich sagte: »Natürlich. Wir haben sogar etwas ganz Neues in unserer Armee eingeführt. Einen Strickkurs für Soldaten, um uns die Langeweile zu vertreiben.« Er lachte. Ich musste zugeben, es war ein unbefangenes, heiteres Lachen. »Das Beste, was Sie tun können! Die Schweiz hat ja in diesem Krieg nichts zu befürchten«, fügte er hinzu. Ich schwieg. Da er einige Zweifel bei mir mutmassen musste, argumentierte er: »Sollen wir uns ein schwieriges Gelände wie Ihren Jura aussuchen, wenn es anderswo einfacher geht?« Ich tat einen tiefen Schnauf und antwortete, in dem ich jede Silbe betonte: »Hören Sie, Herr, Sie – Ihr Land – Ihre Führung haben uns in den letzten Jahren derart belogen, dass ich Ihnen kein Wort glaube.« Und siehe da, der Offizier schien von meinem Ausbruch betroffen zu sein. Eine Röte – Zorn oder Scham – stieg ihm ins Gesicht, er kniff die Augen zu, der Ton seiner Antwort war schneidender: »Wir werden Ihr Land nicht angreifen – auf meine deutsche Offiziersehre!« Er machte rechtsumkehrt und marschierte zurück. Als ich meinem Hauptmann Rapport erstattete, sagte dieser: »Der Offizier lügt, wie er brünzelt.« Ich war ganz seiner Meinung.

Etwas später wurde mir von einem MG-Posten im Keller an einer Strassenkreuzung gemeldet, ein Zigarrenladen erhalte auffällig viel Besuch von deutschen Reichsbahnbeamten. Das sei verdächtig. Ich rief die Polizei an und bat um Auskunft über den Ladeninhaber. Das sei alles in bester Ordnung, eine Frau Eisele, allerdings eine Deutsche, aber einwandfrei. Auch die Bähnler seien ›rechte Leute‹, alle. Was denn auch los sei? Von überall her bekäme die Polizei Anrufe. Allenthalben würden durchaus ehrbare Leute der Spionage verdächtigt. Das sei ja eine wahre Sucht, eine Manie, lauter Hirngespinste! »Im übrigen, Feldweibel!« eiferte sich der Polizeichef weiter, »ich rate Ihnen zur Mässigung. Sie wissen, die Deutschen haben eine gewisse Empfindlichkeit in Sachen Ehre. Man muss sich hüten, sie herauszufordern. Das könnte Komplikationen geben.« Damit war das Gespräch zu Ende.

Nicht zu Ende war die Sache für den Postenchef der MG-Stellung. Er hat auf eigene Faust gehandelt. Er betrat den Zigarrenladen und verlangte nach einem Päcklein Stumpen. »Die Sorte füere mer nit«, antwortete die ehrbare Frau Eisele, »aber vielleicht darf ich mit einer anderen Marke dienen, Herr Soldat?« Der Herr Soldat hatte sich aber bereits mit einer behenden Flanke über den Ladenkorpus geschwungen und betrat das Hinterstübchen, das vom Verkaufsladen nur durch einen Vorhang getrennt war. Er kam eben zurecht, um mit einem Blick feststellen zu können, dass zwei dort sitzende Reichseisenbahner etwas in die Tischschublade verschwinden liessen. Mit einem resoluten Griff und einem »Hände hoch, sunscht klöpfts!« nahm er das Ding an sich. Es war ein Stadtplan, auf dem unsere gesamten Stellungen und Barrikaden eingezeichnet waren. Mit deutscher Gründlichkeit!

Auf verlorenem Posten

Es war 14.15 Uhr des gleichen Tages. Wir sassen beim Kompagnierapport, als die Tür aufging und unser Bataillonskommandant eintrat. Er stand im Ruf, ein gestrenger Vorgesetzter zu sein, und führte den Spitznamen ›der Geschupfte‹. Wir fuhren bei seinem Erscheinen von den Sitzen. »Stehen Sie bequem!« sagte er. Es klang fast feierlich.

»Meine Herren!« sprach er nach einer Weile: »Das 2. AK« (das Armeekommando, dem wir unterstanden) »ist auf Grund bestimmter Informationen der Überzeugung, dass die Deutschen uns morgen früh hier im Norden überfallen werden. Gleichzeitig wird Italien in den Krieg eintreten und uns von Süden her angreifen.«

Nach einer Pause, in der sein Adamsapfel Schluckbewegungen vollführte, fuhr er fort: »Ich werde Sie nicht mehr sehen. Ich weiss, dass jeder von Ihnen seine Pflicht erfüllen wird.«

Ehe er ging, grüsste er mit einer Achtungsstellung, die eher jener Reverenz gleichkam, wie man sie bei einem Beileidsbesuch einer Trauerfamilie gegenüber vollzieht.

Ich kann nicht behaupten, dass wir uns aus überschäumender

patriotischer Begeisterung um den Hals fielen, als der Major gegangen war. Vielmehr herrschte bei uns fünfen jene Betretenheit, welche die Angeklagten vor Gericht befällt, wenn der Richter das Urteil eröffnet und anschliessend spricht: »... und auf Tod durch Erschiessen anerkannt.«

Der erste, der wieder zur Sprache zurückfand, war Leutnant Karli, mein Vorgänger als Feldweibel, im Zivilleben Lagerchef im Rheinhafen Basel, ein aufgeräumter Typ, energiegeladen, ganz unkompliziert, herzensgut und sackgrob, wenn dies von Nutzen war. Er sagte in die Stille hinein: »Es isch e Schiff ako!«

Es war dies eine seiner stehenden Redensarten, und es waren in diesem Moment goldene Worte, eine herrliche Metapher des poetischen Volksmundes, recht eigentlich dazu angetan, den Schrecken, der uns in die Glieder gefahren war, zu verscheuchen. Dass wir Angst hatten, das war völlig normal. Mut ist immer nur die Überwindung der Feigheit – oder dann Abstumpfung eines Kriegers nach langen, leidvollen Kriegstagen.

Wir gingen an die Arbeit.

Munition für zehn Minuten

Des Feldweibels dringlichste Pflicht ist der Munitionsnachschub: Ich nahm mir eine Ordonnanz, und wir fuhren mit dem Velo zur Kaserne. Die Reserve sollte, einer Regimentsorder zufolge, dort eingelagert sein. Wir durchstöberten diesen zinnenbewehrten, roten Sandsteinbau vom Keller zum Estrich. Einige Militärpatienten sassen auf ihren Tornistern und warteten auf den Abtransport. Es roch überall nach Lysol, aber von Munition keine Spur.

Wir radelten weiter ins Grossbasel, in die Gewerbeschule, den Sitz des Stadtkommandos. Hatte dort gestern noch ein bienenhausartiges Treiben geherrscht, so sah das Gebäude heute recht gottverlassen aus. Das heisst, Gott sass vielleicht noch drin, aber die nach seinem Abbild geschaffenen höheren Militärs hatten sich schon hinterwärts abgesetzt. In einem der verlassenen Büros stiess ich auf einen Adjutanten, der mit dem Sortieren von Akten beschäftigt war. Ich meldete mich und mein Anliegen an.

Er unterbrach seine Arbeit nicht und schien reichlich nervös. »Was geht mich Ihre Munition an?« murmelte er ohne aufzusehen. »Aber uns geht sie etwas an. Wir brauchen sie schliesslich auch, um Ihren Rückzug zu decken, Herr Adjutant«, bemerkte ich. Er wurde böse und schrie: »Ich habe Wichtigeres zu tun, als mich um Ihre vermaledeite Munition zu kümmern. Machen Sie, dass Sie zum Teufel fahren!« Ich verabschiedete mich mit jenem von Herrn Rat Wolfgang von Goethe im ›Götz von Berlichingen‹ überlieferten Zitat, das schon so manchen Unmut gelindert hat.

Basels Strassen waren vereinsamt. Nur die Trams, die in Richtung Hauptbahnhof fuhren, waren mit Menschen und ihrem Gepäck vollgepfropft. Autos, überladen mit Wäschekörben, Töpfen, Matratzen und Sitzwannen, rollten, Vehikeln von Marktfahrern gleich, gegen die Südausgänge der Stadt.

Plötzlich schoss mir ein Gedanke durch den Kopf: die Munition war in der Messehalle eingelagert! Ich hatte selbst an einer der grossen Eisentüren den Anschlag gelesen: Achtung! Feuergefahr! Nicht rauchen!

Allerdings, gestand mir der Abwart, in der Halle 7 wäre Munition eingelagert gewesen. Aber die hätte man die letzte Nacht verladen. »Wohin denn?« brüllte ich den Mann ergrimmt an. Es war dumm von mir. Sie war eben weggefahren, wie alles, was hier nicht in die Luft gehen wollte.

Das Bataillon bestätigte mir, dass ausser der bereits verteilten Munition keine andere nachgeschoben werde.

Ein Regiment Soldaten, einige hundert Häuser voller Frauen, Kinder und älterer Leute: wir waren auf Vorposten, auf verlorenem Posten. Die Munition, über die wir verfügten, reichte im Kampfeinsatz für zehn Minuten!

Amsel im Morgengrauen

Es war die Nacht der Befehle und Gegenbefehle. Man merkte: die Führung hatte den Kopf verloren. Plötzlich hiess es: »Barrikaden schliessen!« Die Autoschlangen stauten sich wie das Wildwasser an einer Staumauer. Mütter kamen nach vorne, warfen sich wie die Irmgard in der Hohlen Gasse vor unseren Soldaten auf die Knie und bettelten: »Machen Sie auf, bester Herr Soldat, wir haben fünf Kinder!« Nach einer halben Stunde war der andere Befehl da: »Barrikaden wieder aufmachen!« Unsere Soldaten fluchten einen ganzen Katalog herunter. Ich ging von Posten zu Posten, liess die Leute Chiantiflaschen, Putzfäden und Benzin ›organisieren‹, zeigte ihnen, wie man ›Cocktails‹ konstruiert. Ich hatte das Verfahren im spanischen Bürgerkrieg kennengelernt. Mit diesen Dingern liess sich, mit etwas Wagemut und einem gutgezielten Wurf, ein Panzer in Brand schiessen. Wir hatten in unserer soldatischen Ausbildungszeit wohl Millionen von Gewehrgriffen geklopft. Wie sich ein Soldat notfalls verteidigt, das verstiess aber bei unserer Armeeleitung gegen die unumstösslichen Sitten des Parade-Drills.

Gegen Abend hatte rheinabwärts im Westen ein Trommelfeuer eingesetzt. Die Luft geriet in Aufregung, wie das Wasser eines Sees bei Föhnsturm. Auf meinem Rundgang wurde ich von einem Wachposten angerufen. Er bat mich, für einen kurzen Augenblick mit geschultertem Gewehr an seiner Stelle zu stehen. Ich tat es gern. Kanonendonner ist ein herrliches Abführmittel. Bei der Munitionskontrolle ›auf dem Mann‹ stellte ich fest, dass nicht wenige eine Patrone aus einem Lader entfernt hatten und in die Rocktasche versorgt. »Für Himmelfahrt einfach«, erklärten sie, wenn ich sie nach dem Zweck dieser Manipulation fragte. Sie wollten den Nazis nicht lebend in die Hände fallen. Wahrhaftig, es waren rechte Leute, diese Kleinbasler!

Gegen Mitternacht trollte ich mich zum Kantonnement zurück. Ich war zerschlagen. Im Widerschein einer Strassenlaterne – wir hatten ja immer noch keine Verdunkelung – sah ich eine Schildwache stehen. Der Waffenrock bauschte sich über ein ganz ordentliches Wänstlein. Es war Füsilier Schaller. »Die nämmes meini ernst«, sagte er, als ich bei ihm stehen blieb. Es ging von ihm eine wohltuende Ruhe aus. »Vielleicht brechen sie unten durch die Maginotlinie durch. Dann haben wir hier unsere Ruhe«, antwortete ich. »Vielleicht«, meinte er nach einer Weile. »Vielleicht ist es auch nur ein Ablenkungsmanöver, und wir kriegen die Bescherung dennoch.« Das war taktisch klug durchdacht. Politiker sind ja immer auch Taktiker. Der damalige Füsilier ist heute Nationalrat. Um 4 Uhr früh stand ich nach drei Stunden unruhigen Schlummers auf. Mir war sterbenselend. Meine Glieder taten mir weh, die Füsse waren geschwollen. Ich war seit drei Tagen nicht aus den Schuhen gekommen. Mein Gesicht musste aussehen wie ein Stück zerknittertes Papier. Ich trat aus dem Portal auf die Strasse. Es war still und dunkel. Einzig im Osten kündete sich der kommende Tag an. »Jetzt«, dachte ich, »wenn sie kommen, dann jetzt.« Auf der anderen Strassenseite stand ein Kastanienbaum, dessen Blätterdach weit über das Trottoir ragte. Darin waren die Blüten aufgegangen wie kleine Weihnachtsbäume. Ich stellte mich darunter. Ich fühlte, dass ich zitterte. Einmal hörte ich ein leises Surren. Ich hielt den Atem an. Der Ton ging schnell vorüber. Es war ein Auto, ein ›Selbstevakuierer‹. Und dann plötzlich geschah's:

Über meinem Kopf begann eine Amsel zu singen, trillerte, jubilierte. In der überreizten Stimmung, in der ich war, klang dieses Vogelgezwitscher in einer Lautstärke, die mich zusammenzucken liess. Es schallte, als hätte sie durch einen vollaufgedrehten Lautsprecher gesungen. Und zugleich fiel alles von mir ab. Die Qual, das Beben, die Todesangst, alles hatte der Vogel mit seinem Goldschnabel weggepfiffen.

Ich ging gegen unsere vordersten Stellungen. Da hörte ich mich angerufen: »Feldweibel, hösch Dicke!« Es war ein Posten hinter einer Palisade, das Gewehr im Anschlag. Als ich mich gegen ihn umdrehte, rief er mir zu: »Ich glaub, em Dölfi isch der Wecker nit abgange!«

›Limmat-Athen‹

Um das Jahr 400 vor Christi Geburt fand der Peleponnesische Krieg statt. Sparta führte ihn gegen Athen und zerbrach dessen Vormachtstellung. Athen, immer noch berühmt durch hervorragende Männer wie den Philosophen Sokrates, die Tragödiendichter Sophokles und Euripides, den Komödienschreiber Aristophanes, durch Phidias, den Bildhauer, durch Maler, Architekten, Historiker, war eine rings von Feinden umschlossene Stadt.

Ihr, der Wiege der Demokratie, war zeitweilig eine fremde Regierungsform aufgezwungen worden, wie die dreissig Tyrannen. Denn die Spartaner waren die Preussen Griechenlands, zuweilen auch ihre Nationalsozialisten.

Die Lage Helvetiens hatte nach der Niederwerfung Frankreichs durch Hitler und durch den späteren Kriegseintritt Italiens eine verflixte Ähnlichkeit mit derjenigen Athens. Auch die Schweiz war ringsum von Feinden umschlossen, wohl noch ein demokratisches Inselchen, aber bereits im Innern von Spitzeln, Kollaborateuren – Quislinge, wie man sie nach dem tristen norwegischen Naziverräter nennen sollte – durchdrungen, dazu von einer verworfenen Gesellschaft von Gleichschaltern, die unter Hitlers wotanischer Herrlichkeit ihr Walhalla suchten: die ›Zweihundert‹ genannt. Hinzu kam eine schwache, wankelmütige Regierung in Bern, mit einem Bundespräsidenten, der sich bereits in schäbiger Haltung dazu hergegeben hatte, eine Delegation der ›Fronten‹ zu empfangen, Individuen, die sich geschworen hatten, am Schweizerkreuz jene Haken anzubringen, die es zum Emblem der braunen Horde ›erniedrigen sollte‹. Zu all diesem Elend kam aber noch etwas hinzu: der Widerstandswille der Schweizer Bevölkerung war durch den blitzartigen Erfolg der deutschen Armeen in Frankreich ganz bedrohlich ins Wanken geraten. »Wozu noch kämpfen?« hörte man allenthalben.

Als Weissert und ich uns im Sommer im Tessin trafen, waren wir uns einig, unsere Kabarettistinnen und Kabarettisten in der Toga und im Peplon[3] des Jahres 400 vor unserer Zeitrechnung auftreten zu lassen: als Athener und Athenerinnen.

Die vorangehenden persönlichen Kriegserlebnisse sowie die Situation der Mai-Juni-Wochen 1940 waren der notwendige Hintergrund, der Prospekt, wie wir in der Theatersprache sagten, um das Geschehen auf den ›kleinen Brettern‹ verständlich zu machen. Einen Beitrag zur Ermutigung lieferte Gretler als ›Sokrates‹ in einem Chanson von Walter Lesch:

(...)
En Toote isch en Toote,
Der Korpus wird e Lych.
Für d Würm sind d Idiote
Und d Philosophe glych.
Doch was me vor em Sterbe
Im Chopf gha hät, blybt da,
Für das gits immer Erbe,
Da chömmed d Würm nüd dra.
D Idee blybet läbe,
(...)
Is Gfängnis chönnds mi rüere,
Doch gschweige chönnds mi nie!

Ein Film zeigt Hitler, als man ihm die Nachricht von der Kapitulation des Westens übermittelt: er hüpft im Kreise herum, schlägt sich immer wieder auf die Schenkel und benimmt sich wie ein Kind, dem der Papi das versprochene Velo geschenkt hat. Die erste Gratulation trifft aus Moskau ein. Sie spricht zum grossartigen Erfolg der deutschen Truppen wärmste Glückwünsche aus. Signatur: Molotow! Im Augenblick, da der Zusammenbruch offensichtlich wird, fällt auch Mussolini hinterrücks in Frankreich ein. Er benimmt sich wie die Hyäne, die sich erst an das Opfer heranmacht, wenn dieses von einem grossen Raubtier erschlagen worden ist.

Wir schrieben eine Art Story zu unserem Programm, die ich noch bei meinen Akten vorgefunden habe:
›Sparta führt Krieg. Die Athener haben zwar mobilisiert und ihren General Gysanos beauftragt, Grenzbefestigungen zu erstellen, erfreuen sich aber immer noch des Friedens. Während einige Bürger mit den gutbürgerlich-athenischen Namen Glynkion, Gallöridas, Kaibos und Tubelon jassend ihrem Nationalspiel frönen und sich rühmen, dank der Gnade der Götter und dank ihrer jahrhundertelang streng durchgeführten Neutralität noch einmal davongekommen zu sein (Chor in Hexametern), kommt ein Bote, Gestaponides, mit der Meldung, dass Sparta seine Feinde vernichtend geschlagen habe. Athen ist wirtschaft-

lich, politisch und geographisch von Sparta eingeschlossen. Was nun? (Prosa und Chor.)

Die bestürzten Athener beschliessen, sich der Situation anzupassen, gegen den Willen des Sokrates. Sie führen sogleich einige Reformen durch, bei welchen die defaitistischen Bürger, vor allem die athenischen Geschäftsleute, welche vom Export von Töpferwaren und Olivenöl (Olivenöl = Butter!) leben, und jugendlich unerfahrene Nachäffer (Frontioniken genannt) sich besonders hervortun. In einem zu Propagandazwecken gross aufgezogenen Strafprozess wird der unentwegt kritische Sokrates als Schädling zum Tode verurteilt. (Chanson Sokrates.)

Athen wird schliesslich durch die Athenerinnen gerettet, indem sie sich ihren Männern so lange verweigern (nach dem Vorbild der ›Lysistrata‹ von Aristophanes), bis sich diese entschliessen, Sokrates wieder auf freien Fuss zu setzen.«

›Limmat-Athen‹ [Premiere 7.9.1940] wurde kein besonderer Publikumserfolg. Ich erinnere mich noch genau der restlichen Billettblöcke, die mir Weissert jeweils nach der Vorstellung mit einer Miene vorwurfsvollen Beileids entgegenhielt. Aber der Erfolg kam gewissermassen durch die Hintertüre: die Presse war des Lobes voll. Denn für sie, die immer mehr der Zensur unterworfen wurden, war die literarische Kritik ein letztes Ventil. Es ist höchst amüsant, Rezensionen über ›Cornichon‹-Programme durchzulesen. Fast durchgehend, gerade in ›Limmat-Athen‹, ist der immerhin eklatante Vergleich zwischen der athenischen Situation und der prekären geschichtlichen Gegenwart sorgfältig gemieden, so als hätte man sich heimlich die Parole gegeben, das ›süsse Geheimnis‹ nicht zu verraten. Es heisst etwa: »Das ›Cornichon‹ ist in den sechs Jahren seines Wirkens nicht saurer geworden, aber pikanter. Auch anspruchsvoll tritt es auf, vor allem im Stofflichen – buchstäblich und geistig genommen.« Wir waren ›pikanter‹, und das hiess für den, der damals zwischen den Zeilen lesen konnte: Hört euch doch an, was die Spatzen von den Dächern pfeifen! Punkto politischer Seitenhiebe werdet ihr auf eure Rechnung kommen!

Vielleicht blieb anfänglich das Publikum diesem ersten wirklichen ›Kriegsprogramm‹ fern, weil es sich in den vielen Figuren der ›Antike‹ nur allzugenau wiedererkannte. Spötteleien, welche die eigene, nicht allzu ehrenhafte Haltung im Hohlspiegel der Komik einfangen, sind manchmal recht beschämend. Der Zuschauer will sich über den andern hämisch freuen können. Einsicht in seine eigene Unzulänglichkeit verlangt doch schon eine gute Dosis Intelligenz und Selbstironie. Da waren beispielsweise in einem Sketch, ›Der Verfassungshain‹, einige unserer damaligen, nicht sonderlich schmeichelhaften Charakterzüge festgehalten. In diesem Hain befinden sich drei Grazien: die Göttin der Freiheit, der Gleichberechtigung und der Wohlfahrt. Die beiden Limmat-Athener, Gallöridas und Glynkion, treten auf:

Kaibos erscheint und sieht die beiden. Er will sich wieder verdrücken, doch wird er zurückgerufen.

Gallöridas: »Kömmet emal da here! Lueget die a! Fallt eu nüt uf? Im Gsicht? – D Nase!... Isch das es griechischs Profil? Söll das öbbe attikarisch sy? Wemmer wette, där-n-ihri Grossmueter stammt uus Chly-Asie. Schmeisset si um! Schleife söll mer si, alli! Holet Strick, Brächiise, schaffet en Hammer häre!«

Glynkion: »Jo! – Aber me muess denn scho e bitz ufpasse, dass si nit z'fescht am Boden ufschlön... falls me si spöter emol wiider bruuche sötte.«

»Das isch der Gipfel!«

Eine Spielsaison war damals reichlich befrachtet: mit drei Programmen. Das hiess mit andern Worten: sobald das erste Programm zu laufen begann, mussten sich die Autoren und Komponisten wieder an die Arbeit machen und, gewissermassen frisch ab Presse, wurden die Chansons und Sketches an die Schauspieler verteilt. Das Proben begann von neuem: Von morgens 10 Uhr bis in den Nachmittag hinein. Dann war für die Schauspieler schon Zeit, ihre Garderoben aufzusuchen und sich für die Abendvorstellung zu schminken. Autoren und Komponisten fanden sich derweilen zu Besprechungen zusammen, zu Änderungen bereits geschriebener Texte. Denn nicht jeder sass auf den ersten Anhieb. Ja, manche geschickte Wendung und manche träfe Pointe wurde aus diesem Kollegium heraus geboren. Denn jeder war darum bemüht, jedem zum Besten zu verhelfen.

Ich hatte mich zuoberst im Hotel ›Hirschen‹ eingemietet, in einer Dachstube, und arbeitete manchmal bis tief in die Nacht hinein. Zuweilen, durch mein Maschinengeklapper neugierig gemacht, guckten die Damen vom Milieu zu mir herein, setzten sich einen Augenblick zu einem Plausch am meinen Tisch oder brachten mir ein Sandwich und eine Flasche Bier zur geistigen Stärkung... Sie fanden, auch mein Metier verdiene alle Achtung.

Ganz besonderes Kopfzerbrechen schaffte dann noch die Wahl des Programmtitels. Denn er sollte zweierlei: den Autoren einen Anreiz geben, ihrer Phantasie Flügel und damit auch geflügelte Worte zu verleihen, dann aber beim Publikum schon beim Lesen des Titels ein Schmunzeln hervorzurufen und eben jene Mitverschwörerschaft zwischen Spieler und Zuhörer begründen, die für jedes Cabaret Voraussetzung seines Erfolges wird – vor allem zu jener Zeit, wo man so vieles auf dem Herzen hatte, das man auszusprechen nicht wagte, aber doch so gerne gehört hätte.

> Sparsam cha Di Red ja si,
> Leisch der richtig Uusdruck dri,
> Under eus, da simmer einig:
> D'Hauptsach isch: me ghört Di Meinig.
> Verstöh-mer-is?
> Ja? – Nei? – Jaaa!
> Natürlich verstöh mer is!

Aus einer Reihe von 40, 50 Titelvorschlägen wurden die ansprechendsten heraussortiert und manchmal nach langem Hin und Her das schlagendste gewählt. Hatte ›Limmat-Athen‹ etwas zu anspruchsvoll geklungen, so ging man für die nächsten Programme mehr aufs Volkstümliche aus. ›Frischi Weggli‹, [Premiere 2.11.1940] das war damals in aller Munde: als Erinnerung nämlich! Denn es gab längst keine mehr, nur Brot, auf Rationierungsmarken, recht dunkles und altbackenes dazu, da die Bäkker nur drei Tage altes verkaufen durften. »Das isch der Gipfel!« sangen Voli Geiler, Margrit Rainer und Edith Carola in ihrem Anfangsterzett:

> Nüt hät's meh,
> Nüt git's meh!
> Kais Bölleli Anke,
> Au nüd für en Franke,
> Kai Gas und kai Chole,
> Nüt z kaufe, nüt z hole.
> Kai Milch meh, kais Tröpfli.
> Kein Chabis, kais Chöpfli,
> Nüt Neus meh, kai Bluse, kai Strümpf und kai Huet,
> Kai Nidle, kai Rasse, kai Chäs und kai Muet!
> Das isch de Gipfel,
> Der Gipfel vom Gipfel!

Hier, im zweiten, wie dann im dritten Programm der Saison ›Mir pflanzed!‹, [Premiere 8.4.1941] das der Anbauschlacht gewidmet war, der grossartig vorausschauenden Vorsorge des ›Plans Wahlen‹, ging es aber in erster Linie um ein anderes Pflänzlein, das dazumal recht dürftig aussah, mit hängendem Köpfchen und ziemlich angegilbten Blättern: das Stäudelein ›Democratia Helvetica‹. Rasser hatte es als Gärtner gekleidet, die Stechgabel in der Hand, gesungen:

> Do underm Bode an de Wurzelknolle,
> Do frässe d'Schärmiis Dag und Nacht,
> Und d'Ängerling, die hogge in der Scholle,
> Und wiehle sich vo Schacht zu Schacht.
> Au i de Bletter sehsch si sitze,
> Dert frässe sich d Insekte digg,
> De kasch der ganz Dag um Di spritze,
> Sunscht serble d'Pflanze Stigg um Stigg.
> Uuse mit dem Deifelsdrägg!
> Jätte! Gratze, Rupfe!
> Äntli radikal ewägg
> Mit de bruune Dupfe!
> (...)

Wir schrieben im Sommer 1941 an unserem neuen Programm, das ›Geduld, Geduld‹ heissen sollte. [Premiere 13.9.1941] Sich in dieser Tugend zu üben, war damals ziemlich strapaziös. Denn man hörte nur von Siegesmeldungen des OKW (Oberkommando der Wehrmacht). Was sich so am Rande abspielte, darüber waren wir auf Mutmassungen angewiesen oder sahen es überhaupt nicht. Herr Göring hatte zwar einmal in seiner vorlauten Art geprahlt: »Wenn ein feindliches Flugzeug Deutschland überfliegt, so will ich Meier heissen!« Schon Ende August 1940 hatte Herr Meier in spe bei der Luftschlacht über London 650 Maschinen samt ihren Besatzungen verloren. Und der 7. September 1940, mit der Meldung des OKW: »Der Feind griff bei Nacht die Reichshauptstadt an«, darf als die Geburtsstunde des modernen Luftkrieges – und die des Herrn Meier – bezeichnet werden. Wir ahnten damals noch kaum welches Unmass an Vernichtung und Zerfleischung hinter diesem nüchternen Satze verborgen war.

Dieweil rüsteten wir hier in unserem Ländchen zu etwas anderem: Zur Feier des 650. Geburtstages unserer Eidgenossenschaft am 1. August 1941. Es wurde daraus eine sehr stille Geburtstagsfeier. Ich glaube, eine bessere und sinnigere ›Hymne‹ zu diesem Feiertag konnte nicht geschrieben werden als die, welche M.W. Lenz für seinen ›Kettensprenger‹1 dichtete. Es war ein Sketch, in welchem Zarli Carigiet als Modell für einen ›Kettensprenger‹4 auftrat, und zum Schluss ein Chanson sang, dessen letzter Vers und Refrain folgendermassen lautete:

> Was söll en Chettlesprenger mache
> in sonere Zyt wie üsere Zyt?
> En Chettlesprenger hett hüt nümme z lache,
> will me-n-em nüd zum Sprenge git.
> I muess mi würkli fascht geniere,
> i bin e komischi Figur.
> S neu Nationallied heisst: Pariere!
> Me singt s in Moll, me singt s in Dur.

Me singt zwor au no üseri alt Hymne, zum Bispil ›Rufst du mein Vaterland‹ - aber hinedry möcht me fascht fröge: *Was rufst du, mein Vaterland?* Und me spitzt d Ohre und me ghört ganz wyt hine vo Bern e zarti Melodie:

> Roulez tambours - doch trummlet lieber lisli,
> Am beschte so, dass es niemerts meh ghört,
> Battez doucement, damit im Schwyzerhüsli
> kein lute Ton fremdi Nerve me stört.
> C'est le p'tit coeur qui fait les sages.
> Und d'Schwyz wird bräver jour für jour.
> Mir bringet s Ussland nöd in Rage,
> Roulez tambours, roulez tambours!

Es war ein schönes Chanson, zum Weinen schier, wenn Zarli während der letzten zwei Verszeilen langsam seitwärts und in sich gekrümmt gegen die Kulissen sich absetzte, wobei er das »Roulez tambours!« nur noch vor sich hinhauchte...

Ein Pfarrer schrieb nach dieser Aufführung: »Ich glaube, dass es in Zürich nicht manche Kanzel gibt, von der herab mit der gleichen Freimütigkeit zur Wahrheit gestanden wird. Es geschieht auch, aber nicht genug! Darum muss ich Ihnen jetzt einfach danken für so vieles, das Sie in den letzten Jahren ins Zürcher Publikum hineingerufen haben. Es gab Augenblicke, da es im Hirschensaal - im besten Sinne des Wortes! - still war wie in einer guten Predigt.«

Ich erinnere mich, in der Zeit dieser Jahrhundertfeier unserer Eidgenossenschaft, nicht einer mutigen Rede aus dem Gremium unserer höchsten Landesbehörden. Nach der lausigen Rede unseres Vertreters im Departement des Äussern, Pilet-Golaz, aus dem Jahre 1940 hüllten sich die Herren in hoheitsvolles Schweigen, das nur Bundesrat von Steiger, Chef des Justiz- und Polizeidepartementes, später noch einmal unterbrechen sollte. Auch nicht zum Ruhm unseres Landes, insbesondere nicht unserer Heimat als Asyl für die Vertriebenen.

Wer nicht schwieg, das war unser General. Er errang sich gleich zu Beginn des Krieges eine unglaubliche Popularität im ganzen Volk und begreiflicherweise auch Neider, vor allem im höchsten Offizierskorps und im Bundesrat.

Mit unseren drei Programmen des Jahres 1941/42 ›Geduld, Geduld!‹, ›Vogel Strauss‹ und ›Plaudereien am Kaminfeuer‹ vollziehen wir unseren zweiten Winterfeldzug während Hitlers Blitzsieger im Morast stecken bleiben, in eisigen Winden unter Schneeverwehungen frieren und erfrieren, weil die Winterbekleidung infolge Lokomotivmangels im Bahnhof Warschau liegengeblieben ist.

Unser Programm ist um eine neue Nuance reicher: ein eigenartiges und eigenwilliges Persönchen von kleinem Wuchs, mit Stupsnase, Kulleraugen und einem grossen Mund, einen weiblichen ›Pinocchio‹ steuert sie bei: Trudy Schoop. Sie wird dem ›Cornichon‹ als Tänzerin, Choreographin und Regisseurin bis über das Kriegsende hinaus einen Beistand leisten, der unverkennbar ihre Züge trägt: die Clownesken.

›In Nazedonien‹

Über ›Geduld, Geduld!‹ hatte die ›NZZ‹ geschrieben: *»Das Cornichon ist ein brillantes Kollektiv geworden; da jeder ein Stern ist, gibt es keine Stars mehr«* (›NZZ‹ 16.9.1941, Nr. 1456). Das Ausgeglichene der künstlerischen Reife hatte begonnen. Das nächste Programm, »Vogel Strauss« [Premiere 13.11.1941], war eines mit lauter Tiernummern und Tiernamen: Fabeln. In [Trudi] Schoops ›Familie Pfau‹ waren die Wohlanständigkeit und der Sonntagnachmittagsspaziergang persifliert, das auf Eitelkeit und Putzsucht aufgebauschte Sicherheitsgehabe, das mit einem Sturz eines der beiden Mädchen in den Strassenkot wie ein Ballönlein platzt. Für die damalige Zeit war die Doppelbödigkeit dieser Tanzparodie so augenscheinlich, dass man nicht einmal mit der Conférence darauf hinweisen musste. Sie hiess: Innerlich müsst ihr eure Sicherheit tragen! Von eben solcher Doppelbödigkeit war der Schlager von Lesch, ›Das Mondkalb‹, eine grimmige Parodie in lieblichstes musikalisches Gewand gekleidet, war doch der Refrain nach dem bekannten Liede komponiert: ›Schlaf, Kindlein, schlaf!‹ Das Chanson war auf die Jungen gemünzt, auf die damaligen ›Teenager‹, denen ›Swing‹ als Höchstes galt. In einer Bar, lässig hingelümmelt, mit Zöpflein unterm Béret, sang Voli Geiler. Geballte Konzentration, in der alles, Wort, Musik, Bewegungsstil und Mimik, nur auf eines tendierte: auf Wirkung über die Rampe hinaus – das offenbarte sich damals schon ganz eindeutig in ihrem ›Mondkalb‹.

Es hat, soviel ich mich erinnern kann, keine Vorstellung gegeben, damals in diesem ›Vogel Strauss‹, in der das Publikum nach dem ›Mondkalb‹ nicht stürmisch nach einem Da Capo gerufen hätte.

So lautete die dritte Strophe:

> Si, händ Si hütt z'abig ghört der Radio prichte?!
> Wie das zuegaht zringelum uf dere Wält!
> Nei! ich lose nümme uf die Schauergschichte.
> Immer nu die Politik! Das hett no gfällt!
> Wämme-n-all das glaubti, chönnt mer nümme pfuuse.
> Schluss! Das alles z'ghöre hett doch gar kein Zwäck.
> Was isch passiert? Es chunnt derby nüt uuse,
> s'Läbe isch au ohni das bym Eid kein Schläck.
> (...)
> Swing, Baby, swing!
> Lass doch die Welt zum Teufel gehn,
> Im Swingen wird sie auferstehn,
> Swing, Baby, swing!

Was aber zu jener Zeit von einer blossen Vermutung zu einer unumstösslichen Sicherheit wird, das sind die veschärften Judenverfolgungen in Deutschland, der eigentliche Beginn der ›Endlösung‹, wie die Ermordung der 6 Millionen Juden in der buchhalterischen Sprache der Nazi heissen sollte.

Dem Flüchtlingsandrang von 1942 glaubte der Bundesrat Einhalt gebieten zu müssen. So kam es zu dem ominösen Beschluss des Bundesrates vom 4. August 1942, der in einem Kreisschreiben der Polizeiabteilung vom 13. August 1942 seinen Niederschlag fand: »Flüchtlinge nur aus Rassegründen, z.B. *Juden, gelten nicht als politische Flüchtlinge.*[5]

Diese bestialische Verordnung wurde von unserem Bundesrat erlassen, obwohl er vollumfänglich, und zwar von einem prominenten Augenzeugen, über die Massenhinrichtung und Vergasungen der Juden informiert war.

Im Schweizervolk brach ein Sturm der Entrüstung aus. Wir sind ein Tüpfelchen auf der braunen europäischen Karte, ein kleiner Hauch freiheitlichen Geistes, der mit Kanonen und Bombern im Nu ausgelöscht werden kann. Dennoch: Die Zurückweisung von Zivilflüchtlingen, in ihrer grossen Mehrheit Juden, entfacht einen unseren Behörden höchst unwillkommenen Aufstand der Herzen. Aus ist es mit ›Roulez tambours, doch trummlet lieber lysli!‹ Die Erregung setzt sich durch, über die geknebelte Presse der verschiedensten politischen Richtungen und in zahlreichen Zuschriften an die eidgenössischen Behörden. In einer spektakulären Session des Nationalrates, in welcher Bundesrat von Steiger seine Politik zu begründen sucht mit dem Bild des »Rettungsschiffleins, das, mit Menschen überladen, untergeht«, muss er vehementeste Beschuldigungen einstecken. Gleichsam auf Vorrat, also aus Furcht vor dem, was noch geschehen könne, grausam zu sein, rechtfertige sich nicht. Es entbehre der Konsequenz, zwar politische Flüchtlinge und Deserteure aufzunehmen, weil ihnen sonst der Tod drohe, die jüdischen Flüchtlinge dagegen, denen kein weniger schweres Schicksal in Aussicht stehe, abzuweisen.

Das ›Cornichon‹ hatte schon 1938 die Vernichtungskatastrophe eines Volkes vorausgesehen, in einer Moritat, die Lesch gedichtet, H. G. Früh komponiert und Mathilde Danegger gesungen hatte:

> In Nazedonien, Nazedonien,
> Wo die Ururarier wohnien.
> Müssen heute schon die Knaben
> Ihren bösen Juden haben.
> Denn: Wie könnt' man sonst sich trauen,
> So sie über's Ohr zu hauen.
> Irgend etwas muss geschehen,
> Dass sie nicht die Wahrheit sehen,

Irgend jemand wird gebraucht,
Den man in die Tinte taucht.
Und der Führer, dräuend späht er
Nach dem bösen Attentäter.
Denn es ist wohl, ohne Frage,
Jemand schuld an dieser Plage.
Jude oder Kommunist,
Bibelforscher, tapfrer Christ,
Alle können dazu passen,
Dass wir nicht die Richtigen hassen.
Und so bleibt noch etwas Frist,
Bis man selbst am Messer ist.
Und das Volk, wenn auch verraten,
Riecht noch lange nicht den Braten.
Und die Moral von der Geschicht,
Also heisst sie kurz und schlicht:
Wenn der böse Jud nicht wär,
Wo nähme man den Schuldigen her?

Reden wir vom Wetter...

Das zu Ende gehende Kriegesjahr 1942 brachte die Deutschen bis nahe an den Nil und bis an die Wolga. Die Marksteine: El Alamein und Stalingrad.

Das ›Cornichon‹, wie immer, nahm seine Zuflucht zu Symbolen, zu Allegorien, es transportierte gewissermassen seine Kostbarkeiten, wie ein Schmuggler, im doppelbödigen Koffer. Das Gefährliche war nur: je gründlicher verborgen es seine Satire über die Rampe ins ›Hirschen‹-Sälchen als Konterbande einschleuste, desto mehr lachte das Publikum. Und je mehr das Publikum lachte, desto schärfer spitzten sich der Spitzel Ohren, die immer regelmässiger die Vorstellungen unserer Programme als wohlgesinnte Bürgersleute besuchten. Wir konnten unsere Pointen in Reime hüllen, in fast unverständliche Dialektformulierungen oder nur so – en passant – in die Conférencen einflechten, immer wieder flogen die Reklamationen der Behörden auf unseren Tisch: »Seien sie vorsichtiger, meine Herren, bei allem Verständnis für Ihre Kleinkunst, bitte mehr Zurückhaltung, Sie ersparen Ihnen und uns Schwierigkeiten!«

Wie subtil gearbeitet werden musste, zeigt eine der Conférencen aus dem Programm ›Grün ist die Hoffnung‹, die, heute vorgetragen, den Zuschauern nicht ein Pipslein entlocken würde. Schaggi Streuli und Carlo Meier begegneten sich als ›Büezer‹ gekleidet vor dem Vorhang:

M.: Jä salü Fritz! Das isch au s erscht Mal, syt mer zämme uf em Bau schaffet, dass ich dich uf em Wäg triffe.
St.: I bin e chly z'früeh gsy, da han ich tänkt: Machsch na en Bummel, Morgenstund hat Gold im Mund.
M.: Vom Gold vo däm Morge isch na niene nüt z'gseh. 's isch tunkel wie im ene Fabrikchämmi.
St.: Ja, aber doch werdet d'Nächt kürzer. Lueg es taget!
M.: Wo?
St.: He, im Oschte, denk.
M. (leise): Hesch öppis ghört? Isch öppis passiert?
St.: He, was jetzt ächt? D'Sunne wott ufgah. – Lueg die erscht Helli!
M.: Ah, das meinsch du! Eigetlich chaibe schön! Wenn d'Sterne so afönt gwagglig werde und denn i d Himmelstüüfi zruckversinket, he? Jetz chunnt de bald der erscht Silberstreife am Horizont.
St.: Hoffet mer's.
M.: By dem frische Wind, wo jetz blast! Dä putzt!
St.: Dä Wind! Dä macht Schluss mit em.
M.: Mit wem mainscht?
St.: Mit em Morgenäbel natürli.

Schon acht Tage später musste diese Conférence auf Grund einer scharfen Massregelung der deutschen Botschaft, die uns der »verleumderischen Hetze gegen die deutsche Armee und ihren Führer« bezichtigte, und auf eine Ermahnung unseres Justiz- und Polizeidepartementes hin gestrichen werden, »da die im Osten aufgehende Sonne und die dadurch entstehenden reinigenden Windströmungen tatsächlich als eine beleidigende Anspielung auf das Nachbarland Deutschland ausgelegt werden könnten«.

Natürlich spielte dieser Dialog auf die ersten durchsickernden Meldungen des Misserfolges der deutschen Wehrmacht vor Stalingrad an, die sich allerdings erst im Laufe unseres Programmes bestätigen sollten. Denn die Einkapselung der deutschen Armee an der Wolga stand erst Mitte Dezember einwandfrei fest, während die Premiere unseres Programmes am 11. November 1942 stattfand, einen vollen Monat vor dem sicheren ›Aufgang der Sonne‹ im Osten!

Auch unsere Behörden sahen jeder frischgebackenen Produktion unseres Cabarets mit Schaudern entgegen. Sie delegierten jeweils einen Polizeiwachtmeister in Zivil in den ›Hirschen‹. Mancher, der uns später ins Verhör nehmen musste, entschuldigte sich für seine ihm pflichtgemäss auferlegte Aufgabe und gestand unumwunden zu, er habe sich während der Vorstellung ›meineidig‹ amüsiert! Da die Kantone mit der Untersuchung durch den Bund beauftragt waren, hat uns mancher mit der Untersuchung beauftragte Beamte damit geholfen, dass er diese so lange hinausschob – bis wir mit unserm Theater auf Tournée gingen, wodurch automatisch ein anderer Kanton die Beurteilung neu beginnen musste. Auch hier also machten sich die Vorteile des Föderalismus angenehm bemerkbar.

Ende eines garstigen Liedes

Auch auf die sentimentale Tour wurde gedrückt, und selbst wenn's vielleicht mit unserer Gastfreundschaft nicht ganz so rosig aussah, wie es das Franzosenkind im Chanson ›Vive la Suisse‹ von Walter Lesch sang, es war doch eine verdiente Huldigung an manche Familie, die, schon mit etlichen Kindermäulern gesegnet, einen fremden Bub oder ein Mädchen aufnahm, ungeachtet der zusätzlichen Kosten und der Schwierigkeit damals, sich zu ernähren. Es gab Zeiten, wo man pro Kopf und pro Monat nur Anrecht hatte auf 100 Gramm Butter! Öl war vom Markt so gut wie verschwunden, Eier gab's keine mehr. Eine Rösti, wie wir sie heute essen, hätte den gesamten Fettvorrat aufgebraucht. Kochen war eine Hexerei geworden.

Die ›Stupsi‹, Margrit Rainer, sang sich mit diesem Chanson in die Herzen ihres Publikums und entlockte Abend für Abend manches Tränlein den mäuschenstill dasitzenden Schweizern und Schweizerinnen. Dabei hat es aber auch den Vorteil gehabt, dass unter dieser ausgelösten Gefühlsbewegung manches ausgesprochen wurde – vom Terror vor allem, der ringsum in den besetzten Ländern wütete –, ohne dass es die Behörden gewagt hätten, dagegen einzuschreiten:

> (...)
> Nein, bei uns, da ist es nicht schön,
> und ich würde gern noch länger bleiben,
> könnte später dann noch immer geh'n,
> und dir dann viele Briefe schreiben.
> (...)
> Ja, vielleicht lebt auch mein Vater noch,
> und man hat ihn wieder freigelassen?
> Und vielleicht hat es zu Hause doch
> keinen Stacheldraht mehr auf den Strassen?
> (...)
> Nein, ich bin nicht traurig, sicher nein!
> (...)

Schon 1943[7], ehe noch die Alliierten in Italien und in der Normandie gelandet waren, feierte das ›Cornichon‹ seinen Endsieg. Noch einmal widmete es den grossen Siegern von gestern, Deutschland, Italien und Japan, ein Terzett, eine Art ›Götterdämmerung‹ in einem meisterlich aufgeführten und von Tibor Kasics komponierten Liede: das ›Weine, Bajazzo!‹ Es traten auf: Voli Geiler in der wagnerschen Tracht der Sieglinde, Zarli Carigiet als italienischer Lazzarone und Margrit Rainer als Geisha:

> (...)
> *Siegelinde:*
> Wir drei, einst rasend applaudiert,
> Wir werden nicht mehr engagiert,
> Die grossen Arien sind vorbei,

Nur eine noch bleibt für uns drei:
Alle:
Weine, Bajazzo!
Niemand zahlt mehr die Gage,
Welche Blamage:
Das Lied ist aus!

1 Zitat von Walter Lesch, Mein Weg zum ›Cornichon‹ und dessen Geschichte, in: ›Schweizer Spiegel‹, Januar 1944 (Nr. 4), S. 25.
2 ›Seltsamer Krieg‹: Phase des Abwartens Frankreichs und Englands nach dem deutschen Angriff auf Polen (1.9.1939) bis zur deutschen Westoffensive.
3 Aus einem rechteckigen Stück Tuch bestehendes, lose gegürtetes, ärmelloses Obergewand.
4 Text siehe auch: Elsie Attenhofer, Cornichon. Erinnerungen an ein Cabarett, Bern 1975, S. 202f.
5 Vgl. Gaston Haas: ›Wenn man gewusst hätte, was sich drüben im Reich abspielte...‹ 1941–1943. Was man in der Schweiz von der Judenvernichtung wusste, Basel 1944, S. 127; Jacques Picard, Die Schweiz und die Juden 1933–1945, Zürich 1944, S. 415.
6 Weitere Premieren: 28.3.1942 (›Plaudereien am Kaminfeuer‹), 15.9.1942 (›Teure Heimat‹).
7 Im Programm ›Schöni Ussicht‹ (Premiere 10.4.1943).

Die Sommerferien, schrieb Katja Wulff 1939 dem Zürcher Schriftsteller Rudolf Jakob Humm, verbrächten sie und Vaucher am Lago Maggiore, »wo wir einsam und ausruhsam leben« (22. August 1939). ›Einsam‹ ist ein Wort, das in den Briefen Katja Wulffs oft wiederkehrt. Sie schien diese Einsamkeit zu lieben und zu suchen, litt aber auch unter ihr. Auch den August 1940 verbrachten Vaucher (›V.‹) und sie noch zusammen im Tessin: »Ich habe meine Ferien verlängert. V. musste zurückfahren; arbeitet fürs Cornichon; nun ist Mariette v. M[eyenburg] hier und teilt die Einsamkeit mit mir und auch die nächtlichen Unterbrechungen durch Fliegeralarm von Locarno her.« (16.8.1940) Die Freundschaft mit R. J. Humm beschränkte sich nicht auf den Austausch privater Kümmernisse. Am Ostersonntag 1941 bat Katja Wulff Humm auf einem Briefbogen mit gedruckter Adresse Vauchers auch um ein Leumundszeugnis für die wie sie selbst aus Hamburg gebürtige Mathilde Levy – »für die Zeit, die sie in Zürich lebte«. Sie sei Jüdin, lebe in einem Lager in Italien und »möchte« in die USA. Humm beschaffte ihr das Behördendokument umgehend. »Ich fühle mich wieder mal wie ein Weichtier ohne Schalen«, schrieb Katja Wulff ein andermal, nach einem Arztbesuch: »(...) ich dachte, ich habe Scharlach; sind aber nur dumme Erscheinungen von Übermüdung« (11.5.1941).

Sie und Vaucher hatten stets getrennt gewohnt. Seine Nächte waren lang und betriebsam, und wenn er morgens seinen Schlaf nachholte, stand Katja Wulff längst mit ihren Schülerinnen im Tanzsaal. Zusammenleben ohne Trauschein war damals auch noch kaum üblich. Es galt ein Konkubinatsverbot. Nun hatten zwar Vaucher und Katja Wulff am 5. Mai 1939, kurz vor Ausbruch des Krieges, noch geheiratet, aber an ihren Lebensgewohnheit änderte dies nicht viel. Eher im Gegenteil. Denn als Vauchers Tätigkeit am ›Cornichon‹ begann, hielt er sich andauernd in Zürich auf, war wochenlang auf Tournee, und Katja Wulff und er sahen sich noch weniger – eigentlich nur noch, wenn das Cabaret ›Cornichon‹ und somit auch er in Basel ein ›Gastspiel‹ gaben.

Hinzu kam eine neue Liebe. Damit trat eine grundsätzliche Wendung ein. Die Frau hiess Edith Carola. Es war eine ernsthafte Geschichte. Ein Schürzenjäger war Vaucher nie gewesen. Gekreuzt hatten sich ihre Lebenswege bei den Proben zu ›Limmat-Athen‹. Bei der Scheidungsverhandlung – die wegen Katja Wulffs lange hinausgezögerter Einwilligung erst 1947 stattfand – hielt Vauchers Anwalt ein hämmerndes Plädoyer bar jeglicher Poesie: »Es ist nicht richtig, dass die Ehe deswegen disharmonisch wurde, weil der Beklagte die vorgenannte Frau Carola kennenlernte. Als sich der Beklagte mit Frau Ca-

›Cornichon‹ (Karikatur von Hans Fischer – mit Alois Carigiet, Bühnenbildner im berühmten Cabaret).

rola zu einer Lebensgemeinschaft verband, war die Ehe der Parteien bereits weitgehend zerrüttet. Die Parteien sind beides künstlerisch orientierte Naturen. Es fehlen beiden Parteien die üblichen bürgerlichen Vorstellungen und Hemmungen. Die Parteien haben von allem Anfang ihrer Ehe an nicht zusammen gewohnt. Sie verbrachten höchstens das Weekend zusammen in der Wohnung des Beklagten. Im übrigen wohnte die Klägerin in ihrer Wohnung, Rheinschanze 2, und der Beklagte in seiner Wohnung, Tüllingerstrasse 62. Richtig ist allerdings, dass der Beklagte, als er die vorgenannte Frau Carola kennenlernte, sich in diese verliebte (...). Die künstlerische Atmosphäre, in welcher der Beklagte lebt, ergab sozusagen zwangsläufig den Anschluss an eine andere Frau.« Das war zugegebenermassen hässlich gedacht, und mit pflichtschuldig schlechtem Gewissen fuhr der Anwalt fort: »Der Beklagte sieht durchaus ein, dass er im Sinne der gesetzlichen Bestimmungen unrichtig gehandelt hat...«

Jean Jacques Vaucher kam am 23. März 1943 in Zürich zur Welt. Edith Carola war solange es ging aufgetreten. Nach einem Spagat auf der Bühne musste sie blitzartig ins Spital, erzählte sie später ihrem Sohn. Fast hätte sie ihn verloren. Ursprünglich stammte Edith Carola aus Berlin, wo sie am 14. Oktober 1908 im Bezirk Neukölln zur Welt kam. Ihr Vater Karl Wernecke war Flachmaler, und er habe getrunken. Ihre Mutter, die Schauspielerin Frieda Klara Karoline Lübcke, trennte sich früh von ihm und verliess mit der kleinen Edith 1911 Deutschland. Wechselnde Engagements führten sie u.a. nach Interlaken, Glarus, Wil/SG, St. Gallen und schliesslich nach Zürich. Wenn die Mutter, die sich nur nach ihrem letzten Vornamen »Carola« nannte, mal wieder in Berlin oder Hannover auftrat, blieb Edith bei der Grossmutter Emma Lübcke, geborene Prause. Sie hatte die beiden in die Schweiz begleitet und war wie eine zweite Mutter für Edith. Anfangs ebenfalls Schauspielerin, arbeitete sie danach als Näherin. Die Mutter selbst wurde schliesslich Garderobiere im Opernhaus, dem damaligen ›Stadttheater‹.

Wie die Tanzjournalistin Ursula Pellaton herausfand, trat Edith da schon als fünfjähriges Mädchen in Kinderrollen auf. Bald legte sie sich als Künstlerinnennamen das ›Carola‹ der Mutter zu. Noch nicht einmal 15jährig absolvierte sie das Tanzdiplom: »Mit Vergnügen bestätige ich«, schrieb »die Ballettmeisterin« Fanny Bourgean am 5. Juni 1923 im Zeugnis, »dass Edith Carola die von mir geleitete Tanzschule des Zürcher Stadt-Theaters mit gutem Erfolge besuchte. Sie hatte am Schluss dieser Spielzeit die Reife zum Eintritt in das Balletkorps des Stadt-Theaters erreicht. Bei ihrer aussergewöhnlichen Begabung für den Tanzberuf wird sie bei weiterer Ausbildung und genügender Beschäftigung eine ausgezeichnete Tänzerin werden.« Die »Gesamtnote« war die höchst mögliche, eine 6. Von der Spielzeit 1923/24 an war Edith Carola als Teil des Ballettensembles wie alle anderen KünstlerInnen auch mit Namen und Adresse im Jahrbuch des Stadttheaters aufgeführt, zuletzt noch 1930/31. Als sie 1927 mit knapp 19 Jahren den ›Mohren‹ in Strawinskys ›Petruschka‹ spielte, bescheinigte ihr die ›Volkszeitung‹ (13.9.1927) »grosse Gelenkigkeit«. »Ein grotesker Mohr, viel Talent verratend, war Edith Carola«, schrieb das ›Winterthurer Tagblatt‹ (19.9.1927). Auch die ›Neue Zürcher Zeitung‹ meinte, dass sie »den Mohr mit natürlicher Komik sehr drastisch tanzte« (13.9.1927). Ebenfalls in einer Männerrolle, nämlich als Graf, trat sie 1930 in ›Der Zwerg und die Infantin‹ von Bernhard Sekles auf.

Warum sie kurz danach entlassen und wie sie 1931 von der Ausdruckstänzerin Trudi Schoop aufgenommen wurde, die soeben in der Alten Kirche Fluntern eine neue Tanzschule begründet hatte, hielt Hadassa K. Moscovici in ihrem Buch ›Vor Freude Tanzen, vor Jammer in Stücke gehn‹ (1989) fest. Trudi Schoop, die 1903 in Zürich geboren wurde, tanzte zunächst als Jugendliche ganz frei und ohne Anleitung, bevor sie – nach einer kurzen Ballettausbildung in Stuttgart und Wien – 1921 in Zürich zu unterrichten begann und mit Solotanzabenden in Berlin, Paris und anderen europäischen Grossstädten auftrat. 1928 war sie auch Mitglied im kurzlebigen Cabaret ›Krater‹, zu dem unter anderen Max Bill, Marie-Eve Kreis und Katja Wulff zählten. 1929 trat sie im Berliner politischen Kabarett ›Katakombe‹ auf. Über ihre Zürcher Tanzgruppe erzählte sie Hadassa Moscovici:

»An dieser Schule hatte ich nicht nur Laien. Eines Tages ist Edith Carola, die später die Stütze meines Ensembles wurde, weinend ins Kirchlein gekommen. Sie sagte, sie sei aus dem Ballett des Stadttheaters ausgegliedert worden. Sie war sehr gross, ihre Freundin auch, zusammen waren sie wie Pfeiler im Ballettcorps gewesen. Nun hatte diese Freundin aber geheiratet und war aus dem Corps ausgeschieden, und mit der Carola allein konnte der Ballettmeister nichts anfangen. So ist sie zu mir gekommen. Ich sagte: ›Also ich kann dir noch nichts bezahlen, aber komm nur!‹ Von da an war sie in meiner Schule; die grösste Begabung, die ich je gesehen habe. Unwahrscheinlich! Von einer Zartheit und einer Grobheit – sie hat alle Register gehabt. Das Stadttheater hat so was damals einfach nicht gebraucht. Die Mädchen mussten möglichst gleich sein, die Beine gleich hoch schwingen können, schnell drehen, manchmal brauchten sie ein bisschen Spanisch, für Carmen, aber nicht mehr.«

Im Juli 1932 wurde Trudi Schoop mit ihrer Gruppe zum Internationalen Tanzwettbewerb im Théâtre Champs-Elysées eingeladen. Ihre ›Tanzkomödie‹ ›Fridolin unterwegs‹, die in Paris die Uraufführung erlebte, gewann den vierten Preis und wurde später in ganz Europa und auch in den USA gezeigt. Es ist, laut Programmheft (Schauspielhaus Zürich, 1.11.1932), die Geschichte des einsamen und traurigen »komischen Menschen«, der ein um das andere Mal die Hoffnung begraben muss, die Aufmerksamkeit der von allen umschwärmten Eulalia zu gewinnen, bis er – nach Begegnungen mit einer misshandelten Dirne und einem dubiosen Sektenprediger aus der »Unterwelt« in einem »Boxkampf von parodistischer Sachlichkeit« um Eulalia überraschend zum Helden wird, »Ordnung in die Gesellschaft« bringt und sich auf dem Sockel eines Denkmals, das ihm errichtet wird, »zur Ruhe« begibt. Trudi Schoop spielte in diesem Gesellschaftsfresko den jungen Mann Fridolin, Edith Carola die Eulalia. Am Flügel spielten Werner Kruse und Tibor Kasics, die später Pianisten im ›Cornichon‹ wurden.

Für Edith Carola eröffnete sich an Trudi Schoops Seite eine zweite Karriere. Am 5. Februar 1935 stand die Gruppe unter dem Namen ›Trudi Schoop und die tanzenden Komikerinnen‹ im Zürcher Stadttheater auf dem Programm. »Tanzen heisst da: mit Gebärden Menschengeschichten erzählen«, heisst es in einem Bildbericht der ›Zürcher Illustrierten‹ vom 1. Dezember 1933 über eine andere Aufführung. In der Tanzkomödie ›Die blonde Marie‹ »fasziniert« Edith Carola, wie die ›Schweizer Illustrierte Zeitung‹ über die Probenarbeiten schrieb, »durch ihre zauberhafte Gestalt« in ihrer Rolle »als junger, temperamentvoller Geiger und Orchester-Dirigent« (21.10.1936). Die ›NZZ‹ reihte »Edith Carola, diese köstliche Spezialistin für exaltierte Frauenzimmer«, unter die Verwalterinnen »der Sonderaufgaben« (27.10.1936, Nr. 1851). Ein ohne Datum aus einer nicht näher bezeichneten Illustrierten herausgeschnittenes Bild im Nachlass zeigt eine Szene aus der Tanzkomödie ›Alles aus Liebe‹, das 1937 in Wien uraufgeführt wurde‹: vor einer Schiefertafel und der mit wenigen Tänzerinnen angedeuteten Schulklasse wird die unglaublich verwandlungsfähige Trudi Schoop gerade von der gestrengen Lehrerin Edith Carola am Ohr genommen. Von »durchschlagendem Erfolg« ist in der Bildlegende die Rede: »Die berühmte Schweizertruppe wird nunmehr ihre Tournee durch die Welt antreten und u.a. demnächst in Amerika auftreten.« In der Rezension des Gastspiels im Zürcher Stadttheater hob die ›NZZ‹ neben anderen »Edith Carola mit ihrer groteskkomischen Gelenkigkeit« hervor (8.12.1937, Nr. 2221). Dem Tanztheater-Ensemble waren für Auftritte keinerlei Ländergrenzen gesetzt. Im Zürcher ›Corso‹-Theater sass Ende der dreissiger Jahre auch einmal Peter Surava im Publikum, der später einer der besten Freunde Vauchers wurde. Freimütig bekannte er in einem Gespräch: »Die Edith war dort eigentlich erste Tänzerin, und wir Jungen gingen im Grunde genommen alle nur wegen der Beine von Edith in diese Vorstellung. Trudi Schoop war eine hervorragende Grotesktänzerin und hatte viel Erfolg in Amerika. Sie hatte gute Tänzerinnen, und die beste war Edith Carola. Sie war eine wunderschöne Frau.«

Für kurze Zeit war Edith Carola einmal verheiratet gewesen mit dem aus altem Zürcher Geschlecht stammenden, gleichaltrigen Grafiker und Kunstmaler Robert S. Gessner (1908-1982). Die Hochzeit hatte am 6. Februar 1933 in Zürich stattgefunden. Selbständiger Grafiker war Gessner erst seit 1932 : »Das erreichte Diplom stürzte mich in das Unerwerbsleben der Wirtschaftskrise«, notierte er in einer späteren biographischen Notiz. »Mit dem Mäpplein unterm Arm wanderte ich von Ladengeschäften und Fabriken zu Werbeberatern. Von zwanzig Besuchen war kaum einer erfolgreich.« In Ascona beteiligte er sich vorübergehend an einer Keramikwerkstätte, kehrte Ende 1933 zurück »und versuchte mich wieder in Zürich als Grafiker. Hätten meine Eltern nicht durch Ateliermiete und Mittagessen geholfen, meine Frau Edith Carola als Tänzerin nicht ein kärgliches Honorar heimgebracht, wäre es eine schlimme Zeit gewesen.« Erst nach dem Zerbrechen der Ehe wurde Gessner »langsam erfolgreich«. Ähnlich wie C.F. Vaucher, aber weniger aufs Politische ausgerichtet, wagte Gessner mit Edith Carola den Ausbruch aus seinem gutbürgerlichen Milieu und bildete danach während Jahren einen Eckpunkt der Zürcher Bohème.

Die beiden liessen sich am 21. November 1934 scheiden. Sowohl Jean Jacques Vaucher wie die nachmalige ›Cabaret Kaktus‹-Kollegin Susi Lehmann erinnern sich, wie Edith Carola jeweils erzählte, Gessner sei ein »sehr schöner Mann, aber ein furchtbarer Langweiler« gewesen. Nicht, dass er nie was gesagt hätte, er war direkten Quellen zufolge im Gegenteil »enorm« gesprächig, redete in einem fort; langweilig hätten ihn, so eine der Befragten, nur diejenigen gefunden, die um ihn herum »selbst nicht zu Wort kamen«. Seine dritte Frau Selma Gessner-Bührer erinnert sich, Robert Gessner sei es als Mann sehr schwer gefallen, »allein zu sein«, und Edith Carola habe ihn, wenn sie auf Tournee war, oft allein gelassen. Edith Carola und Robert Gessner seien, als sie noch »verliebt« waren, nachmittags manchmal ins ›Esplanade‹ tanzen gegangen: »Er musste sie jeweils in ein Kleid einnähen, in dem sie ganz schlank wirkte. Beide waren schön, es war ein schönes Paar. Das hat toll ausgesehen.« Entscheidend für die Trennung sei gewesen, dass Edith Carola ihm eines Tages von unterwegs schrieb, sie habe »eine Liebschaft« mit Trudi Schoops Bruder Paul. Paul Schoop komponierte für die meisten Schoop-Stücke die Musik. Nach einer der darauffolgenden USA-Tourneen der Gruppe beschloss dieser aber, nicht mehr in die Schweiz zurückzukehren. Den Krieg verbrachte er als ziviler ›defense worker‹ und spielte in Kasernen und Militärspitälern auf einem Klavier mit Gummirädern die Lieblingslieder der amerikanischen Soldaten.

Edith Carolas Grossmutter und Mutter waren im Juni 1939 und im Oktober 1940 kurz nacheinander gestorben, als Edith Carola und Vaucher sich im ›Cornichon‹ näherkamen. Damals war sie noch mit dem Pianisten Max Fickel befreundet, der ebenfalls Trudi Schoops Tanzgruppe angehört hatte. Wegen dem Krieg war diese aufgelöst worden. Vaucher selbst stand eine ganze Weile zwischen Katja Wulff und Edith Carola. Die Entscheidung schien ihm nicht leicht zu fallen. In einem undatierten Liebesbrief schrieb ihm Edith Carola: »Bitte, bitte, bitte komm bald, damit Max wenigstens Grund hat, eifersüchtig zu sein.«

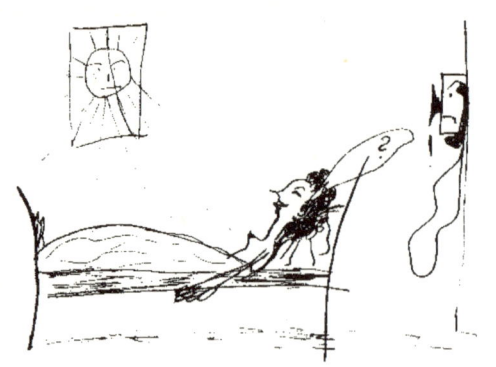

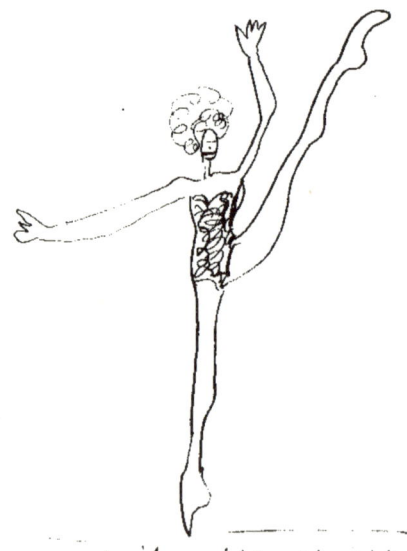

Liebesbriefe Edith Carolas.

Wenn die Beine nicht
geschmissen werden, wird
gekocht.

Wenn Du ja nur
bald nach zurück
kommst, will ich
gerne leiden. Aber
lange noch so alleine,
 da, gehe ich einfach
ein!

Bitte, bitte, bitte
komm bald, damit
Mau wenigstens
Grund hat, eifer-
süchtig zu sein.

Seine Dich so sehr
zurück sehnende
B.

»Damals«, erzählt Selma Gessner-Bührer, »sind alle nicht so treu gewesen.« Für Edith Carola war Vaucher »die grosse Liebe, auf die ich immer gewartet habe«, wie sie ihm in einem anderen Brief anvertraute. »Möchte so gerne wissen, wo Du bist, mein liebes grosses Wunder. Im Hotel, bei Freunden in einer Pension? Wieso weiss ich das nicht? Jetzt sitze ich schön im Salat, möchte mit Dir plaudern und weiss nicht, wohin ich plaudern soll. Aber ich weiss mir zu helfen. Ich drücke ganz fest die Augen zu, bis Du ganz deutlich da bist. Das geht natürlich nicht so ohne weiteres, aber ich habe Dich noch so ganz frisch vor und in mir (ich meine im Herzli!), dass mir das Experiment sofort gelingt«, schrieb Edith Carola ihm am 1. Februar 1941.

Der Schriftsteller Rudolf Jakob Humm und seine Frau Lili wurden damals Vertraute von Katja Wulff. Sie schien fasziniert vom chinesischen Orakelspiel ›I Ging‹ und berichtete Humm jeweils, was sie ›warf‹. Wie Vaucher gab sie auch viel auf Astrologie. Katja Wulff schrieb Humm später einmal, »nur eine Handvoll Menschen« erinnerten sich ihres Geburtstags, es sei der 31. August, und sie »also eine Jungfrau, von der es (...) heisst, dass sie ordentlich und fleissig sein soll. Und wenn ich nicht ein hübsches Trigon im Geburtshoroskop hätte zwischen Jupiter, Neptun und Merkur, würde ich mich etwas grämen über diese ewige Fleiss-Verpflichtung, zumal es nicht blühend sich tut, weil der Saturn sich an meine Sonne innigst gehängt hat.« (22.1.1955)

Edith Carola spürte die Spannung, unter welcher der zwischen Basel und Zürich hin- und hergerissene Vaucher stand. Seine damaligen Briefe sind indessen nicht mehr erhalten. Anfang 1941 hatte er sich auf einer Skitour einen komplizierten Beinbruch zugezogen und musste in Basel wochenlang das Bett hüten. »Du, gestern ist mir etwas sehr merkwürdiges passiert«, schrieb Edith Carola ihm in einem undatierten Brief im Februar oder März 1941: »Es war 10 Uhr früh und ich lag noch im Bett. Da, auf einmal sträuben sich mir die Haare, Schweiss bricht aus allen Poren, mir wird übel und mein Gehirn arbeitete wie irre: Herzschlag, alles zu Ende, schnell. Und da hatte ich auch schon alle Deine Briefe in tausend kleine Fetzen zerrissen und in den Papierkorb geworfen. Was ich jetzt für eine Wut auf diesen falschen Alarm habe, kannst Du ja denken. Alle die lieben Briefli, von denen ich doch gelebt habe. Alle sind hin. Ausserdem hat es mich sehr geärgert, dass mir so etwas passiert ist, dachte natürlich, ich hätte mir das nur eingebildet. Scheinbar muss ich aber sehr schlecht ausgesehen haben.« Einmal schreibt sie ihm auch, dass sie sich »unwürdig« vorkomme, »einen verheirateten Mann zu lieben«. »Oh Charly, lieber, süsser, guter Mensch, was hast Du aus mir gemacht.« Ihrer Freude über jeden seiner Briefe verschaffte sie auch in Zeichnungen Ausdruck. »Du lieber, guter, schöner, grosser Mann, den ich liebe, dass mir fast die Sinne vergehen. Für den ich alles gebe, selbst mein Leben (...). Habe *nie geglaubt,* dass Liebe so schön ist, so quälend, schmerzhaft weh tut. Bitte bekomme aber keinen Schreck. Darfst Dich durch dieses schreckliche Geständnis nicht etwa verpflichtet fühlen. Sag mir ruhig, wenn Du mich nümme magst, *aber sag es,* ich kann sehr viel vertragen, das Leben nehme ich mir deswegen nicht. Sollte es einmal so weit kommen, so weiss ich heute schon, dass es mein schönstes Erlebnis in meinem Leben *war.*« (ca. Februar/März 1941) Als eine Blinddarmreizung auch sie ins Bett zwang – »Bin noch nie so viel krank gewesen wie in diesen zwei Monaten« –, schickte sie ihm ganze Bildergeschichten, mit witzigem Zeichenstrich.

Nachdem die Trennung zwischen Vaucher und ihr endgültig wurde, dankte Katja Wulff in einem Brief R.J. Humm: »weil Du gemerkt hast, dass ich am Ertrinken war« (21.5.1942). »Ich stecke in einer gänzlich unerwarteten, elenden Baisse, nachdem ich doch ohne sonderlichen Demütigungen gut durch die Tage in Zürich gekommen war; ich fühle mich wie ausgeblutet; kommt dazu, dass es unentwegt gewittert in der Luft. (...) Grüsse Lili und sag ihr, dass ich es nicht bereue, dass ich vor Euch meinen Mund aufgemacht habe neulich Nacht.« (10.6.1942) Durch den Entscheid Vauchers – »einen ›Verrat‹ und seine Folgen« nennt sie es gegenüber Humm – sei sie »sehr verletzt worden«. Die Aussprache mit Humm und seiner Frau konnte dies nicht ändern: »Unser nächtliches Gespräch – mein Monolog – war ungenügend. Man kann sich, scheint es, nicht gut an zwei Menschen gleichzeitig wenden, wenn man von Dingen spricht, die so direkt den Lebensnerv berühren; ich habe die unangenehme Vorstellung, als wenn mein Reden sich manchmal bis zum Klatsch zerfasert hätte.« (30.6.1942)

Vaucher war bereits auf den 1. Januar 1942 von Basel nach Zürich gezogen. Ende Juni 1942 schrieb er Katja Wulff: »(...) ich denke viel an Dich; ich möchte vieles besser machen, als ich es tue; c'est difficile.« Sein mit Hypotheken stark belastetes Haus an der Tüllingerstrasse verkaufte er für Fr. 32'000.– dem ›Cornichon‹-Pianisten Tibor Kasics. Davon kamen ihm ganze 4000 Franken zu. Der Rest ging zurück an die Bank. Mit diesem letzten Geld und erneuten hohen Hypotheken kaufte sich Vaucher gleichen Jahres in Herrliberg bei Zürich ein altes Weinbauernhäuschen und zog mit Edith Carola da ein.

Katja Wulff lebte wie zuvor ganz für ihre Tanzarbeit, und das blieb auch so, noch jahrzehntelang: »Meine Schule frisst mich bisher immer noch so ziemlich ganz auf: 6 h aufstehen, und sieben Stunden unterrichten, todmüde ins Bett fallen, sobald der letzte Schüler weg ist.« (18.11.1951) In den Ferien unternahm sie Reisen. Nach Ascona und anderswo. Von einem Besuch bei Humms im ›Rabenhaus‹ am Zürcher Limmatquai sprach sie am 19.4.1944 als von »zwei friedlichen Tagen in der Hechtplatz-Oase«. Humm und sie liehen sich gegenseitig Bücher aus und unterhielten sich über Literatur. Im Juni 1944 begann sie die Lektüre von Hesses ›Glasperlenspiel‹. Im Februar 1945 schickte sie Humm den Band zurück (Briefe 27.6.1944/ 7.2.1945). Im Juli 1944 weilte sie zur Kur in Leukerbad: »Die Kur hat mich einige Tage lang sanft umgeschmissen; ich war ›down‹, schalenlos; weisst Du«, schrieb sie R.J. Humm. »Nun geht es wieder. (...) Meine schalenlosen Reaktionen sind: lachen, wo es zum Lachen ist, und weinen, wo es zum Weinen ist.« (31.7.1944) Im November 1944 bezeichnete sie sich noch einmal als »ein bisschen flügellahm«, doch Vaucher war vom Juni 1942 an kein Thema mehr. Für die Scheidung wollte sie sich allerdings Zeit lassen. Susi Lehmann, die mit zum Ensemble des Basler ›Cabaret Kaktus‹ gehörte, erinnert sich an »eine schöne Geschichte«, die Vaucher damals selbst zum besten gab: Um sich endlich scheiden lassen zu können, habe er eines Nachts versucht, Katja Wulff zu überführen. In einem kleinen Park neben ihrer Wohnung lauerte er, denn jemand hätte ihm zugetragen, sie habe einen Freund. Er wartete und wartete, doch niemand kam. Dafür fiel er hin, als er beim Weggehen im Finstern stolperte. Das sei ihm ganz schlecht bekommen. Als er das später erzählte, habe er gelacht – und dies sei, so Susi Lehmann, typisch für ihn gewesen.

VIII Geschichten aus dem Garten

Hungerkraut

Es war im 2. Weltkrieg. Wir hatten uns auf dem Lande ein kleines Häuschen erstanden, meine Frau und ich. Dann war noch ein dritter da. Zwar noch nicht in der Wiege, aber angemeldet. Bei meiner besseren Hälfte deutlich wahrnehmbar. Das Jahr 1942 gehörte nicht zu den sieben fetten Kühen, auch nicht zu den ganz mageren, aber ziemlich durchzogen. Mit wenig Fett. Unser vormaliger Besitzer hatte die Gartenfläche, auf dem seither schon längstens Gras wuchert, angepflanzt. Bei uns wütete die Anbauschlacht – gottseidank nur diese! Bohnen gab's, Lauch, Sellerie, Kartoffeln, Kabis. Und als die Kabisköpfe dick, hart und rund wie kleine Globusse geworden waren, da seufzten wir: »Was machen wir denn mit all dem Kraut?« Da kam uns, uns Städtern, die wir vom Landwirten so viel verstanden, wie ein Affe vom Buchstabieren, ein Bauer zu Hilfe, fast ein Nachbuur, denn sein Hof stand nur ein paar hundert Meter von unserm Haus entfernt. Er brachte einen mächtigen Krauthobel mit und einen hölzernen Bottich, der aussah wie ein in der Mitte abgesägtes Fass. Erst riss er eine Krautkugel nach der andern aus, schnitt dann die äusseren Blätter ab, bohrte die Storzen aus. Dann wurde gehobelt, bis auf einem ausgebreiteten Tuch vor uns ein ganzer Berg von Krautspähnen sich aufhäufte. Die hat er in den Bottich gepresst, Lage um Lage mit grobem Salz bestreut, einen Holzdeckel darübergelegt, der kleiner war als die Öffnung, und ihn mit einem wuchtigen Stein beschwert. »So«, sagte er nach getaner Arbeit. »So, was?« fragte ich in der dummen Weise kluger Stadtleute. »Ihr werdet's schon schmecken«, meinte er und trollte sich, nachdem er die Stande im Keller versorgt hatte, ohne kaum zu grüssen in jener bemerkenswerten Weise vieler Leute hier, die so etwas wie Scheu vor der Höflichkeit haben. Dabei sind sie hilfreich und gastfreundlich.

Nun, nach ungefähr einem Monat ›schmeckten‹ wir es. Es erhob sich, im wahrsten Sinne des Wortes, ein würziges Düftlein aus dem Bottich und zog durchs Haus hinauf. Denn aus dem eingeschnittenen Kraut war Sauerkraut geworden!

Natürlich hat uns dieses Sauerkraut geschmeckt, wie später kaum mehr eines, obwohl wir oft keine Zutaten besassen. Speck und Rippli und Schinken und die Würste – das hatte Seltenheitswert. Manchmal konnte man sich etwas erschleichen. Bei einem Bauer, der schwarz geschlachtet hatte. Wehe jedoch, wer dabei ertappt wurde! Der wurde hart gebüsst. Aber es war Notzeit, und die macht erfinderisch. Noch etwas merkte ich in diesen Jahren, die der Krieg noch dauerte, wobei die Essrationen immer schmäler wurden. Ich will es sagen, und weil es etwas so Wichtiges ist, sage ich es sogar in einem gereimten Satz:

> Das Sauerkraut im Haus
> Macht dem Hunger den Garaus.

Notzeiten, Zeiten, wo der Hunger drohte, da war das Sauerkraut, man weiss es aus Chroniken, oftmals die einzige Rettung. Aber wer hat es erfunden?

Sicher ist es so alt wie die Menschheit, als diese nämlich das Nomadentum aufgab, sesshaft wurde und Ackerbau trieb. So sicher wie einmal ein Jäger Feuer zündete, so bestimmt hat einmal ein Bauer sein Kraut geschnitten und vergären lassen – lange bevor ausgerechnet ein Deutscher es im frühen Mittelalter zufällig entdeckt haben soll. Denn die Chinesen kannten es bereits, und zwar rund 200 Jahre vor Christi Geburt. Da bauten sie nämlich ihre chinesische Mauer, und die Kulis, die zu diesem Frondienst aufgeboten waren, die nährten sich in der Hauptsache von Reis und Kraut. Reis kann man vor Kälte schützen, Kohl aber nicht. So schnitten sie ihn und liessen ihn mit Reiswein vergären. Woraus man sieht, dass die Chinesen nicht nur das Pulver erfanden, sondern auch das Sauerkraut. Als aber der gefürchtete Mongolenfürst Dschingis-Chan rund tausend Jahre später China eroberte, da waren seine Krieger von diesem Kraut derart entzückt, dass sie es mitnahmen auf ihren weiteren

Kriegszügen, tonnenweise, sagt der Chronist, bis an die Pforten Europas. Also wäre Dschingis-Chan, der Schreckliche, gewissermassen unser erster Sauerkrautlieferant gewesen.

Dass das Sauerkraut aber bereits bei andern Völkern heimisch war, davon berichtet die griechische Sage. Der Mathematiker Pythagoras, der 400 Jahre vor unserer Zeitrechnung lebte und den berüchtigten Pythagoräischen Lehrsatz entdeckte (zur Auffrischung Ihrer Schulkenntnisse hier die Formel: $c^2 = a^2$ plus b^2), soll auch eine Abhandlung über die Kohlpflanze geschrieben haben. Demnach hatten für ihn Kraut und Mathematik dieselbe Wertschätzung. Der zwei Jahrhunderte später lebende Philosoph Aristoteles war von dieser Kraut- und Kohl-Dissertation seines Vorgängers hell begeistert. Und wer weiss, obwohl er Philosoph war, oder gerade deshalb, noch viel mehr vom Sauerkrautessen.

Bedeutend mehr darüber erfahren wir von den Römern. Da ist einmal Cato, der Ältere genannt, der als Consul zu den höchsten Würden des Römerreiches gestiegen war, der es sich aber nicht nehmen liess, die Äcker seines Landgutes selber zu bestellen. Er war ein harter Mann, vorbildlich sittenstreng und ein ausgemachter Gegner der im Luxus schwelgenden Aristokratie in Rom. Er war ein glänzender Redner und Schriftsteller und hinterliess uns ein Buch über die alte Gutswirtschaft, betitelt: ›Über den Ackerbau‹, worin er ein Loblied auf den Kohl singt, auf den grosskopfigen, von dem er sagt, dass seine Landleute alle durch diesen von Krankheiten geheilt worden wären. Nun wissen wir, dass gerade die Römer eine besondere Kunst des Konservierens von Kohl kannten. Er wurde gereinigt, eingeschnitten, dann in ganz saubere, trockene Ölkrüge eingelegt und die Öffnungen sorgfältig verstopft oder mit Wachs ausgegossen, um das Eindringen von Luft zu verhindern. Wir wissen heute, dass dadurch ebenfalls eine milchsaure Gärung entsteht, aus Kohl also Sauerkraut wird. Auch eine zweite Gärungsart ist uns durch den Schriftsteller Plinius bekannt, der beim Ausbruch des Vesuvs in Pompeji ums Leben kam. Das ›Wonnekraut‹ – so benannten es die Römer – wird ebenfalls gereinigt, geschnitten und dann mit Kräutern in eine Salzlake gelegt. ›Compositum‹

hiess diese Einmachart, also ›Zusammengesetztes‹. Später im Mittelalter nannte man das Sauerkraut noch nach diesem lateinischen Namen: Kumpost.

Überdies: Hätte es kein Sauerkraut gegeben, höchstwahrscheinlich hätte Columbus Amerika nie entdeckt.

Die nächsten Nachbarn

Wir kamen als Nachbarn jahrelang trefflich aus, und über den Lattenzaun, der meinen Garten von ihrem Hof trennte, kam es oftmals zu einem ausgiebigen Abendplausch über Wetter, Krankheiten und Wachstum der Kohlköpfe. Die Frau war klein und rundlich, und das Rundliche nahm mit den Jahren immer mehr zu, was ihr in meiner Familie den Spitznamen ›das Kugeli‹ einbrachte. Sie ertrug diese ›Ausweitung‹ mit dem Humor der Fettlichen und mit viel Standhaftigkeit. Denn ihre globalen Formen behinderten sie sehr bei den Hausarbeiten. »Wenn ich mich bücke und den Boden scheuere, habe ich immer das Gefühl, zwischen mir und dem Scheuerlappen kniee noch eine zweite Person vor mir«, beschrieb sie mir einmal ihre Mühsal. Ihr Mann hatte riesengrosse Füsse, als wäre bei seiner Geburt schon festgelegt worden, dass er einmal als Vertreter für Lackfarben viel zu gehen hätte.

Da begab es sich, dass am Lattenzaun, zwischen seinem Betonsockel und einer Steinplatte des Zugangsweges zu meiner Haustür, ein Bäumchen wuchs. Aus einem Ritz, nicht grösser als die Öffnung eines Fingerhutes. Daraus wurde ein Baum, ein Holunder mit einem herrlichen Gupf, der im späten Frühling mit Blüten übersät war wie aus feinsten St.-Galler Spitzen gehäkelt. Die schönsten, die duftigsten brach ich mir ab, wälzte sie in Teig und buk daraus Holunderküchlein. Im Herbst hing er voller weinroter Beeren. Ich braute daraus den Holunderwein, der heilsam ist für Husten, Durchfall und Schlaflosigkeit.

Eines Morgens, als ich zum Holder hinsah, war er auf der Nachbarsseite weggestutzt, in Verlängerung des Zauns senkrecht hinaus abgeknickt, wegrasiert. Er sah aus wie ein halbier-

ter Gugelhupf. Gut, es ist des Nachbars Recht, Bäume, die auf sein Besitztum überhängen, zu schneiden. Jeder ist in Haus, Hof und Garten sein Meister. Was ›mein‹ ist, muss nicht ›dein‹ sein, wenn das Meinige das Deinige schädigt. Aber wo war da der Schaden? Ein Hof, aus schäbigem Beton ausgepflastert, hatte etwas Holderblätterschatten abgekriegt. – Eigenartig, wie Kleinigkeiten (ein paar abgesägte Äste) den Weltfrieden gefährden! Das nachbarliche Verhältnis wurde kühl. An Stelle von Herzenswärme trat Höflichkeit. Wenn drüben eine Tür aufging, ging bei uns eine zu. Aus dem Spitznamen ›Kugeli‹ war ein ›Dicksack‹ geworden. Ade holder Nachbarsfrieden!
Ich hatte eines Herbstabends die meinerseitigen Fruchtstände geschnitten und war mit meiner Lese eben ins Haus getreten, als gegenüber die Haustür aufging und Frau Schelber mit Bürste, Besen und einem dampfenden Wasserkessel heraustrat. Erst fegte sie die durchs Pflücken auf die Betonfläche gefallenen Kügelchen mit behutsamen Wischern beiseite, dann sank sie ächzend, von der Last ihrer Fettleibigkeit niedergeworfen, auf die Knie – und rieb die Fleckchen, die durch überreife, platzende Beeren hinterlassen waren, Tüpfchen um Tüpfchen von der grässlichen, rauhen, moderfarbigen Fläche! Weil aber täglich, sei's durch einen Windstoss, durch das Aufflattern einer geängstigten Amsel neue Holderflecken entstanden, vollzog sich täglich jene Reinemachenfron am Fusse meines Holunders, bis endlich die erste Schneedecke barmherzig ihr weisses Tischtuch über die Schandflecklein ausrollte.
(Ich habe den Fleckenspender später dann gefällt. Darüber freuen sich meine Nachbarn – aber den Ärger meiner Frau habe ich dafür eingetauscht.)

Aus Mehl, 1 Eigelb und dunklem Bier einen Bierteig anrühren, der sämig ist, und ihn leicht salzen. Die vielstrahligen Dolden in der allerersten Blütezeit darin eintunken und sie kurz in Schweineschmalz, in Butter oder schwimmend in Öl backen. Schmeckt zu Fisch und Poulet mit dem Prädikat: Herrlich!

In seiner Radioreportage »»Mir Zircher« Auf den Spuren von Heimweh- und anderen Baslern in Zürich‹ meinte C.F. Vaucher 1961: »Zürich hat eine Art Unverbundenheit, die einem immer wieder wohl tut.« Und zu seiner Geburtsstadt, die ihm offenkundig mehr als Vater- denn als Mutterstadt in Erinnerung geblieben war, bemerkte er maliziös: »Basel ist so etwas wie ein Chemiedirektor unter den Städten, man begrüsst sie respektvoll, wenn man sich manchmal auch viel Respektloses von ihr gefallen lassen muss.« Die Bilanz fiel nüchtern aus: »Ich habe in Basel nie so gute Freundschaften, aber auch nie so ›gute‹ Feindschaften gehabt, während ich mich in Zürich eigentlich weniger der Freundschaften rühmen kann, aber ich habe sehr wenig Feinde, und man lässt einem eigentlich wirklich tun.«

Über unausgefüllte Zeit konnte sich Vaucher seit seiner Übersiedlung nach Zürich wirklich nicht beklagen. Neben den 327 Diensttagen in der Armee, der Tätigkeit für das ›Cornichon‹ sowie den vergeblichen Versuchen, wieder in der Filmbranche Fuss zu fassen – im April 1940 schrieb er ein Drehbuch für einen ›Tell‹-Film –, übernahm er auch eine ganze Reihe kleiner Rollen im Schauspielhaus. Zwischen 1941 und 1944 spielte er in elf Stücken mit, unter anderem in Schillers ›Tell‹ (Spielzeit 1941/42) und in Brechts ›Galileo Galilei‹ (1943/44). Für die deutschsprachige Erstaufführung des Stücks ›Sodom und Gomorrha‹ von Jean Giraudoux (1943/44) besorgte er die Übersetzung aus dem Französischen und schrieb für das Programmheft einen Text über den Autor. Er selbst inszenierte 1941 von Georg Bernard Shaw ›Man kann nie wissen‹ (Premiere 27.9.1941). »Beachtliche Leistung«, »schwungvoll und mit einem feinen Gefühl«, taxierte der ›Tages-Anzeiger‹ (29.9.1941) seine Spielleitung. Mit seiner »vitalen Regie« habe er »aus Shaws Zweikampf der Geschlechter alle Heiterkeiten geholt« und »alles unnötige Fett wegmassiert«, meinte die ›NZZ‹ (29.9.1941).

Unter dem Titel ›Cantus Helveticus‹ trug er mit dem Tenor Max Meili am 28. Oktober 1940 ausserdem Texte aus der frühen Schweizergeschichte sowie alte Kriegerlieder und ›Alprufe‹ und ›Kuhreihen‹ vor. Als Vaucher, Haufler und Günther Stapenhorst von der ›Gloriafilm‹ im November 1942 planten, aus diesem helvetischen Ur-Stoff einen Dokumentarfilm zu machen, scheiterte das Projekt an den Kulturinstitutionen des Bundes, die nicht zu mehr als einer ›lächerlichen Unterstützung‹ (Hervé Dumont) bereit waren. Wie der Kameramann Otto Ritter dem Filmhistoriker Dumont schilderte, habe Vaucher nach der hitzigen Diskussion mit den drei Vertretern des Eidgenössischen Departements des Innern das fragliche Bundeshaus-Büro mit den Worten »Wo Sie wüten, wächst kein Gras mehr«

und heftigem Zuschlagen der Türe verlassen. Kurz darauf sei auch Stapenhorst aufgestanden und habe den erstarrten Bundesbeamten – unter ihnen einem Vertreter der ›Schweizerischen Filmkammer‹ – nachdrücklich zu verstehen gegeben: »Ihr braucht den Schweizer Film nicht noch mehr zu demütigen; er ist schon gedemütigt genug!«

1943 dürften sich Vaucher und Edith Carola in ihrem bescheidenen Häuschen oberhalb des Zürichsees bereits gut eingelebt haben: das Kind war auf der Welt und sowohl Vaucher wie Edith Carola hatten sich in der Zürcher Kabarettszene einen Namen gemacht. Da aber fasste Vaucher – wie es schien unversehens – den Entschluss, dem ›Cabaret Cornichon‹ den Rücken zu kehren, um zusammen mit Alfred Rasser ein eigenes politisches Cabaret zu gründen. Wie? Ein Konkurrenzunternehmen zu einem Kabarett zu gründen, an dessen Erfolg Vaucher und Edith Carola ihren eigenen Anteil hatten? Das ›Cornichon‹, dieses Kabarett der Nation, das mit jedem Programm auf Tournee ging und mit seinen bissigen Kommentaren zur Weltlage und den hiesigen Zuständen bis in die hintersten Winkel des Landes wirkte, freiwillig verlassen? Um das eigene Aktionszentrum nach Basel zurückzuverlagern, wo Vaucher eben gerade mühevoll sein Domizil aufgelöst hatte? Der Entscheid schien einem sprunghaften Gemüt zu entstammen, das Risiko – nach dem durch den ›Farinet‹-Film erlittenen Rückschlag – in noch tiefere Schwierigkeiten zu geraten, gross. Es schien alles keinen rechten Sinn zu machen. Die Waghalsigkeit C.F. Vauchers drohte endgültig zur Lebensregel zu werden. Träumte er nicht davon, endlich Zeit zu finden, um Theaterstücke und Romane zu schreiben? Was machte ihn so ruhelos?

Die Sache war verwickelt. Zwei Dinge kamen zusammen. Zum einen scheint Vaucher zunehmend der Meinung gewesen zu sein, dass das ›Cornichon‹ dem Druck der Behörden und der Deutschen Gesandtschaft stärker nachgab, als er noch verantworten konnte. Lakonisch sagte er später in der Radiosendung ›Aus meinem Leben‹: »Mit dem ›Cornichon‹ hat's Zwistigkeiten gegeben, wie es sie eben manchmal geben kann.« Zum anderen hatte Alfred Rasser das Ensemble, dem er bereits 1936, zwei Jahre nach dessen Gründung, beigetreten war, anfangs 1941 im Zorn verlassen. Trotz des Erfolgs seiner Figuren – allen voran ›Benedikt Sirisian‹ (1936) und ›Professor Cekadete‹ (1937) – fühlte Rasser sich im ›Cornichon‹ nicht genügend gefordert. Ein erstes Mal hatte er im April 1938 gekündigt, sich aber wieder umstimmen lassen. Wie sein Biograph Franz Rueb festhält, vertraute Rasser seinem Tagebuch damals an: »Ich bin nicht das geworden, was ich hätte werden können als Schauspieler.« 1940 spitzte sich der Konflikt zu. Vordergründig ging es, wie Rueb schreibt, um Tantiemen, Gagen und Vertragsfragen – »Nebensächlichkeiten«, wie Rasser sich selber eingestand. Zwischen ihm und dem Cornichon-Direktor Otto Weissert wanderten Briefe hin und her; der künstlerische Leiter Walter Lesch und Rasser »verkehrten« sogar zeitweilig »vornehmlich über ihre Rechtsanwälte.« Franz Rueb weiter: »Wieder einmal bewährte sich sein Basler Freund C.F. Vaucher, der zwischen Rasser und der ›Cornichon‹-Leitung unermüdlich vermittelte und es dabei fertigbrachte, ebenso beherzt an Rasser wie an das ›Cornichon‹ zu denken.« Rueb zufolge schrieb Vaucher am 21. Januar 1941 an Rasser: »Du kennst meinen Grundsatz, die Auflösung des Cornichon gestatte ich nicht von innen, sondern höchstens von aussen durch Brachialgewalt.« Doch eben als sich der Konflikt zwischen Rasser und dem ›Cornichon‹ »wieder gelegt hatte«, schreibt Rueb, »lehnte Rasser ein weiteres Engagement ab.« Er zog es vor, eine Weile lang in Schwänken, Volkskomödien und einträglicheren Moderevuen und Vereinsanlässen aufzutreten, bis er im Herbst 1942 mit sehr viel Erfolg als Regisseur und Hauptdarsteller in Basel George Bernard Shaws Stück ›Pygmalion‹ auf die Bühne brachte.

Der enorme Druck von aussen stellte die ›All-Star‹-Gruppe ›Cornichon‹ – das »Prachts-Team«, wie die Basler ›National-Zeitung‹ sagte (17.4.1942) – auf eine harte Probe. Die Gagen waren gering, die Einschränkungen, die sich alle auferlegen mussten, gross. Fast jedes Mitglied wäre berühmt genug gewesen, um selber Karriere zu machen. Nur der Krieg und das Wissen, gemeinsam die bedrohte Redefreiheit besser verteidigen zu können als allein, schweisste die Einzelpersönlichkeiten zusammen. Wenn beispielsweise die ›Weltwoche‹ befand, das ›Cornichon‹ habe »nichts vom Vereinstheater«, da sei »alles aus einem Guss« (20.11.1942), dann steckte dahinter auch sehr viel Verzicht. Die Notgemeinschaft führte zu einer Explosion der Kreativität. »Der stürmische und, ich möchte sagen: innige Applaus bei der Premiere«, schrieb die ›Weltwoche‹ ein andermal, »bewies, dass die Truppe nicht nur unter sich zu einer vollkommenen Einheit verschmolzen ist, sondern auch mit ihrem Publikum einen kompakten Block bildet« (16.4.1943). Wenig Probleme, sich einzugliedern, hatte Trudi Schoop, die beim Programm ›Geduld, Geduld!‹ (Premiere 13.9.1941) zum ersten Mal mitmachte. Sie führte die Arbeit von Edith Carola, die Ende 1940 ausschied und erst 1942 in einem Sommerprogramm wieder dazukam, fort und bewirkte eine Verwandlung des ganzen ›Cornichon‹-Stils: »Nach den schon längst gelösten Zungen verstand sie es, die Glieder zu lösen«, meinte die ›National-Zeitung‹

anlässlich des Basler Gastspiels (2.3.1942). Die ›Weltwoche‹ bezeichnete sie als »Weltmeisterin des Groteskstanzes«, die »ihre eigenen Rekorde jeden Abend aufs neue« schlage (19.9.1941). Als Trudi Schoop einmal an einer Premiere – welcher ist leider nicht mehr bekannt – »Hitler als ›sterbenden Schwan‹« tanzte, wurde die Nummer auf Intervention der Behörden gleich wieder abgesetzt, wie sie in ihrem Buch ›Komm und tanz mit mir‹ (1981) berichtet: »Ein schwarzes Ballettröckchen deutete die SS-Uniform an und mein Gesicht war verziert mit einem Schnurrbart gleich dem des Führers. Die letzten Bewegungen meines verendenden Schwans waren ekstatische Grussgesten: der ›Flügel‹ erhob sich steif wieder und wieder zum Gruss, bis dieser makabre Vogel tot zusammenbrach. Diese Satire trug ich nur einmal vor.«

Selbst die Nöte mit der eigenen Staatsgewalt durfte das ›Cornichon‹ nur verschlüsselt zum Ausdruck bringen. Es gehörte mit zur Zensur, dass die Zensurierten die gegen sie verordneten Massnahmen nicht bekannt machen durften. Eingeweihte wussten, warum sie sich um die Premierenkarten rissen. Nummern verschwanden unversehens oder mussten eilends umgeschrieben werden, wie etwa ›Zarte Beziehungen‹ von Lenz im Programm ›Grün ist die Hoffnung‹ (Premiere 14.11.1942). In diesem Sketch mimte Zarli Carigiet einen Bundesweibel, der sich über die engen Kontakte eines ganz bestimmten Bundesrats mit einem Gesandten eines ganz bestimmten Landes so seine Gedanken machte: »Dass die Journalisten bei dieser Szene blass vor Neid werden«, schrieb die ›Weltwoche‹ (20.11.42), »braucht kaum betont zu werden.« Die Bundesanwaltschaft schaltete sich ein, und in der abgeschwächten Fassung verwandelte sich das beziehungsreiche Spiel des gewissen Gesandten in einen eher schmerzfreien Auftritt des Journalisten »Dr. X«.

Walter Lesch, Max Werner Lenz und C.F. Vaucher, die drei Haupttexter im ›Cornichon‹ der Kriegsjahre, verstiessen ein um das andere Mal gegen die verordneten Gebote der aussenpolitischen Zurückhaltung und der ›Neutralität‹ – wie dieser staatliche Souveränitätsverzicht beschönigend genannt wurde. Am ›ergiebigsten‹ waren die kleinen Sketches und Conférencen, welche die Umziehpausen zwischen den einzelnen Nummern überbrückten. Die Kunst bestand darin, Politisches wie reife Erbsen aus ganz unverfänglichen Worthülsen hervorplatzen zu lassen. »Die Conférence« sei »jedesmal ein Extra-Leckerbissen, zwischen plätschernder Musik werden Hiebe ausgeteilt, die von geheimer Ironie nur so funkeln«, schwärmte die ›Weltwoche‹ (10.4.1942), und das ›Volksrecht‹ erläuterte: »Das Cornichon hat keinen Solo-Conférencier. Die Ansage wird mit verteilten Rollen gemeistert. In dieser wechselvollen, immerzu rotierenden Conférence, die zwischen die Hauptstücke ein Dutzend Nebennummern von Bedeutung legt, steckt eines der vielen Geheimnisse, die den Erfolg des Schweizer Kabaretts garantieren.« (24.10.1942)

Die grösste politische Aufregung jener Jahre rief die Eröffnungs-Conférence zum Programm ›Plaudereien am Kaminfeuer‹ (Premiere 28.3.1942) hervor. Da im nachfolgenden Sketch ›Einersiits, andrersiits‹ von Walter Lesch die deutsche Propaganda-Zeitschrift ›Signal‹ als angeblich »neutralscht Zytig i dr Schwyz« auf die Pike genommen wurde – die sehr professionell gemachte Nazi-Illustrierte war für wenig Geld an jedem Kiosk erhältlich und fand weite Verbreitung –, ging ein Schauspielerduo bereits in der Ansage auf die braune Postille ein. Wie ein in der Vorstellung sitzender Aufpasser des Reichsministeriums für Aufklärung und Propaganda in einem empörten Bericht festhielt, betrat ein Zeitungshändler »mit einem Packen Zeitungen die Bühne« und schlug das fragliche Heft »mit einer mimischen Darstellung, die ohne jeden Zweifel den Führer erkennen lässt«, auf: »Wer denn dies sei. Es wird erwidert, dies sei selbstverständlich ›ER‹ (...). Hierauf nimmt der Partner das ›Signal‹ und sagt, er wolle sich ›IHN‹ ausschneiden. Auf die Frage, was er denn nun mit ›IHM‹ machen wolle, wird unter frenetischem Beifall des Publikums geantwortet: ›Aufhängen oder an die Wand stellen!‹« (6.5.1942) Wie die Kantonspolizei Zürich aus einem selben Tages abgehörten Telefongespräch des Deutschen Botschaftsrats Freiherr von Bibra erfuhr, hiess dies, »in der frechsten und unverschämtesten Weise den Führer beleidigen«: »Das soll geradezu himmelschreiend sein, was man sich da an Unverschämtheiten leistet.« Laut einer Aktennotiz der Zürcher Kantonspolizei waren allein für eine dieser Vorstellungen »von den Deutschen« Eintrittskarten für »20 Plätze gekauft worden«. Auf Veranlassung der Bundesanwaltschaft wurde darauf die Aufführung auch »von Polizeiorganen besucht« (v. Steiger an Pilet-Golaz, 2.7.1942). Die deutsche Gesandtschaft beschwerte sich in einer Note vom 20.5.1942 offiziell bei Bundesrat Pilet-Golaz, der darauf am 28.5. vom Vorsteher des Eidg. Justiz- und Polizeidepartements, Bundesrat von Steiger, verlangte, gegen das ›Cornichon‹ »einzuschreiten« und »bindende Weisungen zu erteilen«.

Vieles deutet darauf hin, dass der Dialog von Vaucher war. Er war 1940–1943 der Conférence-Schreiber schlechthin des ›Cornichon‹. Im fraglichen Programm zeichneten er sowie Schaggi Streuli und Karl Meier für die Ansagen verantwortlich. Da Vaucher zusätzlich für die Regie zuständig war, kam die angriffige Bemerkung sicherlich nicht gegen sein Wissen ins Programm. Walter Lesch, der Leiter des ›Cornichons‹, musste darauf am 9.6.1942 in Bern zu einer »Aussprache« mit dem Chef des Polizeidienstes der Bundespolizei, Dr. Werner Balsiger, erscheinen. Mitanwesend war der Chef der Polizeiabteilung im EJPD, Heinrich Rothmund, der die Sitzung arrangiert hatte. Lesch spielte die Affäre herunter und erklärte Balsiger zudem schriftlich (12.6. 1942), die Schauspieler hätten »diesen nicht selbst erfunden«, sondern »weit herum als Witz erzählten, angeblich aus einem reichsdeutschen Kabarett stammenden« Satz ohne sein Wissen vorgetragen und »schon andern Tags« wieder in Beachtung »unseres strengen Allgemeinverbots jedweder Improvisation« weggelassen.

Die Ironie der Geschichte ist, dass Walter Lesch im berüchtigten Heinrich Rothmund, dem Chef der Polizeiabteilung im eidgenössischen Justiz- und Polizeidepartement, auf einen persönlichen Helfer zählen durfte und die erwähnte Aussprache bei der Bundesanwaltschaft zumindest aus der Sicht Rothmunds eine Art Protektionsmassnahme war. Bereits am 13. Mai 1942 hatte Lesch diesen hohen Polizeiverantwortlichen angerufen: »Hat Gefühl, dass wieder etwas los sei«, hielt Rothmund in einem handschriftlichen Protokoll des Telefongesprächs fest.» Lesch und Rothmund hatten sich in der Studienzeit bei »den Zürcher Singstudenten« kennengelernt, wie dieser gegenüber Bundesrat Eduard von Steiger bekannte, und waren miteinander per Du.

Bezeichnenderweise beklagte sich Rothmund nach dem Krieg bitter darüber, dass Lesch im Programm ›Arche Noah‹ (Premiere Mai 1948) eine Nummer des jungen Friedrich Dürrenmatt mit dem Titel ›Der Gerettete‹ aufnahm, in welcher ein »Dr. Blauhals« – hinter dem unschwer Dr. Heinrich Rothmund selbst vermutet werden konnte – gezeigt wird, wie er als »Chef« des »Amts für Schiffbrüchige« einen Aus-dem-Wasser-Gefischten namens »Armin Schlucker«, der sich schon gerettet glaubte, so demütigt, dass dieser sich wieder ins Wasser stürzt.

Emil Hegetschweiler spielte damals den ›Schiffbrüchigen‹; ›Dr. Blauhals‹ wurde von Peter W. Staub verkörpert. Rothmund wertete in einem Brief an das ›Cornichon‹ die, wie er sagte, »offenkundige Analogie zu meinem Familiennamen« als »geschmacklos und drekkig«; Lesch habe sich »als schwankendes Rohr« gezeigt (19.5.1948). Der Angesprochene schrieb in seiner Antwort, er selber sehe in der Dürrenmattschen Nummer keine »Verleumdung«: Der »Angriff auf die Missachtung der Persönlichkeit politischer Flüchtlinge wird, fürchte ich, hier und *in aller Welt* noch lange die vornehmste Aufgabe oppositioneller Bühnen und Bühnchen bleiben« (19.5.1948). In einer Replik zeigte Rothmund keinerlei Verständnis dafür, dass seine enorme persönliche Macht während des Krieges, die den Kontrollmechanismen der direkten Demokratie weitestgehend entzogen war, einmal zwingend zu einem Thema werden musste. Beleidigt schrieb er: »Dazumal, während des Krieges, hat sich das Cornichon meines Erinnerns zur Flüchtlingsfrage wohl andeutungsweise ausgelassen, was durchaus verständlich ist. Meine Person wurde jedoch nicht hineingezogen. Heute ist es wohl anders. Man braucht bei mir heute weder Rückhalt noch Stütze. Man kann mich also hemmungslos verunglimpfen.« (26.5.1948)

Lesch, der das ›Cornichon‹ gegen aussen vertrat, war es während des Krieges gelungen, seinen Kopf immer wieder mit viel Rhetorik aus der Schlinge zu ziehen. Im Oktober 1941 zum Beispiel, als das ›Cornichon‹ vom Zürcher Regierungsrat Briner darauf aufmerksam gemacht worden war, dass »die Darbietungen dieser Bühne (...) sich wieder einmal der Grenze des politisch Tragbaren genähert haben, sofern diese Grenze nicht stellenweise bereits überschritten sei«, war der Kantonspolizei in einem Bericht nur die Feststellung geblieben, »Lesch gibt noch bekannt«, er habe das laufende und das nächste Programm »hinsichtlich der politischen Tragbarkeit eingehend mit seinem Verbindungsbruder Dr. Rothmund, Bern, durchbesprochen und von ihm die Versicherung erhalten, es sei hier nichts zu beanstanden« (8.10.1941).

Dieser Schutz hatte aber auch etwas Zwiespältiges. Der Druck war nicht aufgehoben, sondern verlagerte sich lediglich auf eine privatpersönliche Ebene. Lesch, der sich durch die Macht im Staate und das Entgegenkommen eines ihrer wichtigsten Verwalter nicht korrumpieren liess, musste sich doch zumindest um den Anschein der Zurückhaltung bemühen, auch wenn entsprechende Zusagen mehr oder weniger Lippenbekenntnis blieben. Sicher war ein am 12.6.1942 gegenüber der Bundesanwaltschaft angekündigter, »unabhängig von den Beschwerden gefasster Entschluss, uns immer stärker auf das ›Innenpolitische‹ zu konzentrieren«, kaum wörtlich zu nehmen. Schon das folgende Programm ›Teure Heimat‹ (Premiere 15.9.1942) brachte dem ›Cornichon‹ denn auch wieder einen Strauss neuer Klagen ein – nicht zuletzt wegen C.F. Vaucher, auf den in dieser Hinsicht stets Verlass war. Dieser hatte in einer Conférence nicht nur sinnreich Tells ›zweiten Pfeil‹ gelobt, ohne den ›wir wahrscheinlich bis 1938 Österreicher geblieben wären‹, sondern auch gleich das Kunststück fertig gebracht, mit einem Wortspiel auf die Nationale ›Front‹, die Schweizer Nazis, versteckt auf die geplante Landung der Alliierten auf dem Kontinent – die sogenannte ›zweite Front‹ – zu verweisen, ›die ruhig kommen könne‹. In einer weiteren Ansage erweckte Vaucher mit einem unangekündigten antiken Zitat den Eindruck, er rede von der Gegenwart, bis das Missverständnis deutlich wurde. Der Text stammte aus Ciceros Klagerede (69 v.Chr.) gegen Gaius Verres, einen römischen Provinzstatthalter, der durch seine »Habgier« und »Gewalttätigkeiten« in »allen besetzten Staaten« Trauer hervorrufe und gegen welchen »alle freien Völker« Klage erhöben: »Ah so, Si hend sich jetzt vorgschtellt, das seigi es Zitat usere bundesrötliche Rede anno 42«, rief Vaucher scheinheilig. «Uusgschlosse wär's nöd, höchstens vilicht verfrüeht! Nei!« Gegen diesen Verres also, stellte er richtig, »het eusen Cicero Rede ghalte, im Grund also Leitartikel gschribe. Nöd Leid-Artikel, mit eme weiche, nachgiebige, sondern mit emene harte, unerschrockene ›T‹. (...) Gsehnd Sie, das het me chönne uf latinisch säge. Versuechet Sie das emal (...) zum Byspiel uf dütsch z'säge! (...) Sie werdet gseh, Sie werdet gwüssi Schwierigkeite, Sie werdet enormi Schwierigkeite (...) ha!«

In die gleiche Kerbe schlug Vauchers direkt anschliessender Sketch »Reif oder nicht reif?«, wo ein unter »Zuckungen« und einem seltsamen unkontrolliert auftretenden Redeschwall voll martialischer Töne Leidender sich in ärztliche Behandlung begibt: »So, Sie wen sich also rückumschule lo auf d'Demokratie?« Von einer Mitpatientin, die von Margrit Rainer gespielt wurde, bekommt der Mann die Diagnose gestellt: »Sie hend ganz aifach en Artikolosklerose.« – »Ganz aifach? Was isch das?« – »Das chunnt vo de Zytige. Vo der Pressi. (...) Allerdings nöd vo der Pressi, wo presst wird, sondern vo der Pressi, wo die Pressi presst, vo dere bekannte Presserei also – nöd vo der Presserei wo schwarz uf wyss presst, sondern vo dere, wo druf presst, dass eusi Press nöd e so presst wird, wie mir gern wötted presst ha! Verstöhnd Sie mich?« Auch da galt wohl, was die ›Basler Nachrichten‹ anlässlich eines anderen Programms des ›Cornichon‹ über »die gespielte Gleichgültigkeit und die erregende Nonchalance« Vauchers schrieben: »Wir begreifen es vom ersten bis zum letzten, auch wenn der Conférencier Vaucher besorgt und diabolisch fragt: ›Hab' ich mich unklar genug ausgedrückt?‹« (2.3.1942)

Der Freiraum aber blieb begrenzt, und angesichts der dem ›Cornichon‹ laufend abgenötigten Zugeständnisse konnten trotz der über jeden Zweifel erhabenen Integrität Walter Leschs interne Konflikte nicht ausbleiben. Um das Gesamtunternehmen nicht zu gefährden und Gegner nicht zu ermuntern, das Ensemble zu spalten, wurde indessen alles getan, um die Spannungen nicht nach aussen dringen zu lassen: »Gottlob und Dank gibt es noch ein paar Meter Bretterboden und eine Handvoll Menschen darauf, die das Wort ›Vorsicht‹ nicht kennen, denen Diplomatie ein wesenloser Begriff und fälschlich angewandte Ehrfurcht ein Buch mit sieben Siegeln ist« (24.9.1943), schrieb die ›Weltwoche‹ nichtsahnend über das Programm ›Salem aleikum!‹ (Premiere 16.9.1943) – in welchem Vaucher erstmals nicht mehr auftrat und nur noch mit einem Text erschien. Angesichts der auf die Länge zermürbenden Zensurmassnahmen waren auch die Worte der ›NZZ‹ vom 7. April 1942 (Nr. 549) in den Wind gesprochen: »Es ist schade, dass wir in der Schweiz für Leute, die sich um die geistige Gesundheit des Landes verdient machen, nur die exklusive, akademische Auszeichnung des Ehrendoktorats kennen; gäbe es so etwas wie eine schweizerische Légion d'honneur, so wäre es eine angenehme Pflicht, dafür einzutreten, dass die Mitglieder des Cornichons, auch der Regisseur C.F. Vaucher, vor allem aber der Leiter und Verfasser der bei allem Lächeln herzstärkenden Texte, Walter Lesch, das rotweisse Bändchen ins Knopfloch geheftet erhielten.«

Es muss angenommen werden, dass Vauchers Weggang vom ›Cornichon‹ in direktem Zusammenhang mit zwei vergleichsweise gewagten Nummern stand, die er im Sommer 1943 schrieb. Hinter einem durchsichtigen Schleier möglichst Unverblümtes und Unverhülltes zu bieten, das war das Generalthema des in pseudo-orientalischem Stil geplanten Programms ›Salem aleikum!‹ (Premiere 16.9.1943) – ganz ähnlich, wie das schon mit den Tierfabeln in der Nummernfolge ›Vogel Strauss‹ im November 1941 vorgemacht worden war. Während Vauchers Satire auf das Schicksal des Ende Juli 1943 vom italienischen König abgesetzten – und dann von den Deutschen befreiten und wiedereingesetzten – ›Duce‹ wenigstens zur Aufführung kam und erst nach der Premiere aus dem Programm genommen wurde – die Zürcher Polizei hielt die Nummer für »geschmacklos« –, brachte Vaucher seinen zweiten Kabarett-Text offenbar schon in der Planungssitzung nicht durch, obwohl dieser sich fugenlos dem Generalthema einpasste. Der Sketch hiess »Und sie bewegt sich doch...!« (September 1943) und verstand sich als »Beitrag zur Pressefreiheit«, wie es im Untertitel ironisch heisst: Auf der Bühne befinden sich die drei Pressezensoren »Ali Pascha« A, B und C. Sie gehören, schrieb Vaucher einleitend, zum »Sultanat des Innern« in »Helvetistan« und versuchen zunächst »dem Völklein zwischen Wadi Rhyn und Wadi Rhone klar und plausibel zu machen, dass der Milchpreis ab Ersten des nächsten Monats wiederum um eine Rupie pro Liter aufschlägt«: »Einer stiert in tiefster Konzentration vor sich her, der andere geht ruhelos im Zimmer hin und her, der dritte wälzt in einem Schmöker. Gebärden der Hilflosigkeit. Seufzer. Plötzliche Gedankenblitze, die sich als falsch herausstellen. Alles gemimt.« Das war nur Vorgeplänkel. Kurz darauf ging's mit der Erwähnung des Churchillschen Codewortes ›Wenn die Blätter fallen‹, das auf den Beginn der bevorstehenden Landung der Alliierten an der Atlantikküste verwies, ans Eingemachte:

A.: Herr Ali Pascha B, hend sie no es zweites Traktandum?
B.: Es Gedicht. Schynbar uus eme Chorgsang. Wie d'Amerkig luutet uus eme Theaterstück, wo ›Die Braut vo Messina‹ heisst.
A.: Ich ersuch um Verlesen des inkriminierten Textes.
B.: Wenn die Blätter fallen
In des Jahres Kreise
Wenn zum Grabe wallen
Entnervte Greise ... etc. etc.
A.: (pfeift durch die Zähne) Zu mindest e scharfi Verwarnig. Herr Ali Pascha C, wend sie denn villicht en Brief ufsetze, ungefähr des Inhalts: Sie werden dringend ersucht, ihre poetischen Elaborate in das Gebiet der reinen Dichtung zu verlegen und die Armut ihrer Verse nicht mit politischen Plagiaten aufzufüllen, etc. etc. (...) Wie isch bitte der Name vo dem Verseschmied?
B.: Schiller.
A.: Nämmet sie dä Herr bitti uf die schwarzi Liste. No öbbis, mini Herre?

Auch ohne diese Nummer Vauchers scheuchte das Programm ›Salem aleikum!‹ die Behörden auf. Der deutschen diplomatischen Vertretung war in Kabarettfragen vom Bundesrat und von der Bundesanwaltschaft schon so oft nachgegeben worden, dass diese, allein schon um ihr faktisches Vetorecht frisch zu halten, fast systematisch Einspruch erhob. Die Deutsche Gesandtschaft war sogar dreist genug, den Schweizer Bundesbehörden »als Beleg« für ihre Beschwerde einen fixfertigen Bericht über die neueste ›Cornichon‹-Aufführung zuzustellen, der dann schweizerischerseits auch in Abschrift – als sogenannte »Aufzeichnung« – widerspruchslos zu den Akten genommen wurde, ganz so, als sei diese Gesandtschaft ein Teil der eidgenössischen Verwaltung. Dabei war allein schon vom Tonfall her klar, worauf die Sache hinauslief: »Weisungsgemäss habe ich gestern Abend die Vorstellung im Cabaret ›Cornichon‹ besucht. Das Lokal war bis auf den letzten Platz besetzt. Es war bereits eine halbe Stunde vor Beginn, obwohl Montag, vollkommen ausverkauft. Die Besucher waren vorwiegend bessere, gut gekleidete Leute, darunter viele hochdeutschsprechende Emigranten und sehr viele Juden. Die einzelnen Programm-Nummern, die gegen Deutschland gerichtet waren, wurden von den Letzteren offensichtlich besonders laut belacht und langanhaltend beklatscht.« (21.9.1943)

Lesch blieb einmal mehr nichts anderes übrig, als einzulenken und – zwei Tage nach einer Vorladung bei der Kantonspolizei – Vollzug zu melden (8.10.1943): »Verschiedene kleine ›Dämpfungen‹ wurden vorgenommen und insbesondere die Conférence-Nummer, die den deutschen Berichterstattungs-Stil persifliert, vollständig entfernt.« Stolz berichtete der Vorsteher der Polizeidirektion des Kantons Zürich, Regierungsrat Rutishauser, dem Vorsteher der EJPD Bundesrat Eduard von Steiger (25.10.1943), das Deutsche Konsulat in Zürich sei über das »Resultat meiner Bemühungen in Kenntnis gesetzt worden und hat sich befriedigt erklärt.« Die Zürcher Polizei teilte der Bundesanwaltschaft auf Anfrage ausserdem mit, »Dr. Lesch habe (...) gleichzeitig versprochen, inskünftig keine ›aussenpolitischen‹ Nummern mehr in sein Programm aufzunehmen.« (28.10.1943)

Dieses Katz- und Mausspiel mit Beamten, welche ihre Befriedigung eher aus der Pflichterfüllung gegenüber Deutschland als aus der Garantie der freien Meinungsäusserung zogen, war Vaucher offensichtlich müde. Mit Rasser setzte er im neugegründeten Cabaret ›Kaktus‹ nochmals alles auf eine Karte. Mit zum sechsköpfigen Ensemble gehörten auch Edith Carola und Ruedi Walter. Premiere war schon am 19. Oktober 1943 im ›Gambrinus‹ in Basel, und das erste Programm hiess denn auch nicht ganz zufällig ›Wenn die Blätter fallen‹. C.F. Vauchers Titelsong lautete:

> Es geht alles vorüber,
> Es geht alles vorbei,
> (...)
> Es geht alles zurücke,
> Es geht alles entzwei,
> Aus ist's mit dem Glücke,
> Das Gold wird zu Blei,
> Die Wolgaschlepper
> Sind schon auf dem Dniepr,
> (...)
> Und einst die so Herrlichen
> Werden zu Sterblichen
> (...) Warum nur (...)?
> Von Mund zu Mund hörst Du es hallen,
> Eben weil die Blätter fallen.
> Grosse Helden, grosse Zeiten
> Messen sich mit Ewigkeiten

Und höhnen gern mit einer Phrase
Dem Sand, der rinnt und rinnt im Stundenglase.
(...)
Auch das geht vorüber,
Auch das geht vorbei,
Nach Zeiten von Fieber
Folgt wieder ein Mai,
(...)

Den Klagen der deutschen Diplomaten in der Schweiz entgingen Vaucher und Rasser aber auch in Basel nicht. Der deutsche Generalkonsul bezeichnete das Programm am 26. Oktober 1943 gegenüber der Basler Polizei als das »Bemühendste« und »das Übelste«, »das je während des Krieges geboten wurde« und verlangte, »dass hier Abhilfe geschaffen werde«: »Von den 12 Nummern müssen mindestens 6 als unfreundlich, [als] politische Mache gegen Deutschland, Beschimpfung etc., ausgelegt werden. (...) In der letzten Nummer, die den Gipfelpunkt erreicht, würde gesagt, dass die Sprache der Deutschen die Sprache der Lumpen sei.« Die ›Arbeiter-Zeitung‹ (22.10.1943) witzelte, der ›Kaktus‹ »sticht«, das ›Cornichon‹ »kitzelt«: »Das erste Programm des jüngsten Schweizer Brettls (...) rechtfertigt seinen Namen. Es ist voller Dornen. So ein Kaktus ist rundherum bewaffnet, man ist auf keiner Seite vor ihm sicher.« Den Mut, den es damals behördlicherseits offenbar brauchte, so was gut zu finden, brachte die Basler Polizei auf: Zwar wurden Vaucher und Rasser »von der Politischen Abteilung in Basel sachbezüglich einvernommen«, doch in seinem Bericht berief sich der zuständige Beamte (Dr. P. Issler) auf den »strafrechtlichen Grundsatz: nullum crimen sine lege« [kein Verbrechen ohne Gesetz] und betonte, die »einzelnen Nummern« hielten sich »in der Aufmachung und in Wort und Mimik durchaus im Rahmen einer Darbietung von überdurchschnittlichem Niveau.« Auch die Nummern, »welche auf die aktuellen Geschehnisse ausserhalb unserer Landesgrenzen anspielen, sind nicht verletzend.« Eine »öffentliche Beleidigung eines fremden Staates in der Person seines Oberhauptes« liege nicht vor: »Der Bundesratbeschluss betreffend die Strafbestimmungen gegen die Störung der Beziehungen zum Ausland vom 29.7.41 (Str.G. Art. 296) könnte auch bei extensivster Auslegung des Textes nicht zur Anwendung gebracht werden (...) Es werden ganz einfach die aktuellsten Ereignisse innerhalb und ausserhalb unseres Landes in zur Hauptsache gelungener Art parodiert.« Die Aufführung, schloss der Basler Beamte, halte sich »durchaus im Rahmen des Erlaubten.«

Zu einigen Retuschen allerdings war das Cabaret ›Kaktus‹ doch gezwungen worden. In der von Vaucher geschriebenen Nummer ›S'Finele vo Häsige‹, in der Rasser eine elsässische Marktfrau spielt, die sich nach ihrem alten Stand auf dem Marktplatz in Basel sehnt und in ergreifenden Worten Misshandlungen russischer Zwangsarbeiterinnen im besetzten Frankreich durch Nazi-Aufseher schildert, mussten laut heute zugänglichen Bundesanwaltschaftsakten einige Worte gestrichen werden. So der Satz: »Ich kennt bigott sonige Lumpe / Us Rach mit em nackige Fidle ins Gsicht ine gumpe.« Ebenfalls wegzufallen hatten zwei Zeilen, in denen sich »Dass Eich öu der Teifel bald hol« auf »de Gaulle« reimte! Die Basler Polizei nahm es jedoch hin, dass Rasser auf der Bühne einleitend das Publikum auf Zensureingriffe aufmerksam machte und die Stellen während der Vorstellung mitten im Text jeweils durch einen lauten, aus den gespreizten Mundwinkeln gequetschten Zischlaut markierte – ein »gsii«, wie ein Beamter notierte. Rassers Sohn, der Kabarettist und Schauspieler Roland Rasser, kann diesen Ton noch mühelos nachmachen!

Über seine eigenen Gefühle bei der Uraufführung dieser wegen der Verkleidung sowohl urkomischen wie erschütternden Nummer, die an Gewalttätigkeiten erinnerte, welche die Baslerinnen und Basler kurz zuvor von der Grenze aus mitverfolgen konnten, erklärte Alfred Rasser 1967 in einer Erinnerungssendung am Radio: »Ich war selber dem Heulen so nahe. Das hat sich derart aufs Publikum übertragen, dass die Leute geheult und gelacht haben in einem – es ist ein Regen von Bierdeckeln auf die Bühne raufgekommen.«

Rasser hatte einen Vater, der aus dem Elsass stammte, und war wie Vaucher von Kind auf mit dem regionalen Dialekt vertraut. Im vierten ›Kaktus‹-Programm »Jetz isch gange!« (Premiere 14.9.1944) schuf Vaucher für Rasser die Figur des elsässischen Widerstandskämpfers »Schampedis«. ›Der Maquisard‹ hiess die Nummer und wurde 1946 auch in der französischen Nachbarregion gezeigt: »Sie passen glänzend zusammen, Rasser und Vaucher, sie ergänzen sich, sie sind aufeinander eingespielt und abgestimmt«, schrieb Walter Blickensdorfer, der für die Rorschacher Wochenzeitung ›Der Demokrat‹ (3.7.1946) dem Cabaret ›Kaktus‹ nachgefahren war:

»Der ›Maquisard‹ erreichte (...) bei der dieser Tage zu Ende gegangen Elsässer Tournee des ›Kaktus‹ einen derart unerhörten Beifallssturm, wie ich ihn noch gar nie erlebt habe. In diesem ›Maquisard‹ tritt Rasser als ›Schampedis‹ (Jean-Baptist) auf, ein biederer, älterer Elsässer, der vor dem ›totalen Einsatz‹ der Nazis geflüchtet ist und nun mit seinem Gewehr als Franctireur mit seinesgleichen in den Vogesen herumstreicht und den Deutschen das Leben sauer macht.

Es ist kein grollendes, teutonisches Heldenlied und auch kein falsches ›Freiheitshelden‹-Pathos, das dieser äusserlich schmutzige, abgerissene Schampedis singt. Es ist ein Lied, in dem er seine Angst nicht verschweigt und bekennt, wie oft er um sein Leben zittert. Drückende Sorgen liegen auf ihm – er verhehlt das nicht. Die Menschlichkeit in ihm ist nicht erstorben. Er hat letzthin vor einem Dorfe auf einen deutschen Posten gezielt... ›i fasse Druckpunkt, ziele – was seh i doo: E Kepfle rosigrot, kaum sibzeh Johr...‹ Schampedis lässt sein Gewehr sinken. Aber dann packt ihn die Wut und er denkt an Struthof und an Schirmeck und zielt wieder. ›Da lächlet dä Schnuuderi‹ und Schampedis rinnen die Tränen übers Gesicht. Aber er ist kein Weichling, der den ganzen Kampf in Tränengeplätscher ertränkt. Nein, (...) dort kracht's, wenn er mit seinen Männern Bahnen und [Munitions]-Lager in die Luft jagt... ›und d'Alsaciens in ihre Hiisli (...) singe liisli: Dä Schampedis, dä Schampedis, das isch bi Gott en glatte Fils, er knackt sie scho, die fremde Liis [Läuse] und gheit si all zum Ländli iis...‹ Jeder Vers klingt aus in das mitreissende, jubelnde ›aux armes, citoyens!‹ der Marseillaise. Sekundenlang herrscht tiefe Stille, als Rasser in Mülhausen sein Schampedis-Chanson geendet und der Vorhang sich vor ihm gesenkt hat. Dann aber bricht ein Jubeln und Klatschen los. Wie rasend klatschen die Leute und viele schluchzen und lachen zugleich, denn so mancher tapfere Schampedis ist nie mehr zurückgekehrt. Das ist die Grösse dieser Vaucher-Texte, die Alfred Rasser nicht mehr vorspielt, sondern vorlebt, als wäre er selber dieser Schampedis oder das Finele... Die Grösse liegt darin, dass keinerlei falsches Pathos (...) empfunden und wiedergegeben wird.«

Über Rassers schauspielerische Leistung in ›Vorwiegend heiter‹ (Premiere 4.10.1945) schrieb die ›Weltwoche‹ staunend: »Welche Fülle der Mittel! Welche Kunst der Verwandlung! Und welche Intensität! Manchmal erschrickt man fast, wird es einem ganz unheimlich, manchmal droht er die kleine Bühne, den Rahmen des Kabaretts zu sprengen. – Wir haben Glück, einen solchen Darsteller zu haben, und ein Glück ist es auch, dass es ihm vergönnt ist, seine Persönlichkeit, seine Begabung, sein Können im Rahmen dieses Kabaretts so restlos zu verwirklichen!« (19.10.1945)

Dem ›Berner Tagblatt‹ (25.11.1945) gestattete das Cabaret ›Kaktus‹ anlässlich des Gastspiels im Berner ›Corso‹ auch einen Blick in die Garderoben:

»Ganz so romantisch, wie man sich denken möchte, ist es hinter den Kulissen eines Cabarets nicht, aber interessant, zügig, manchmal dreckig und immer gehetzt. Glauben Sie ja nicht, von der Bühne könne man seelenruhig in die Garderobe gehen, sich in Musse umziehen und schminken, um dann gemächlich auf seinen Auftritt zu warten. (...) Wenn wenigstens die Garderoben hinter der Bühne wären. Doch nein, da geht es erst durch eine Tür, von der man nie weiss, muss man stossen oder ziehen, dann eine steile Wendeltreppe hinauf ins zweite Stockwerk, durch einen langen Gang mit einer Flügeltüre, die einem, wenn man Pech hat, eins an den Kopf schlägt, um die Ecke in einen zweiten Gang und endlich in die geheiligten Räumlichkeiten, wo es so bezaubernd nach Schminke, Kostümen, Parfüm, einfach nach Theater riecht. (...) Welchen Weg legt einer der Kaktus-Künstler zurück, wenn er jeden Abend ein gutes Dutzend Male oder mehr von der Bühne in den Umkleideraum und zurück jagen muss? 27 Treppenstufen, 30 Schritte durch den Gang. Keine geringe Leistung, und so ziehen denn bald klebrige Schweissbächlein durch die dicke Schminke auf den Gesichtern. Manchmal reicht die Zeit nicht, um in die Garderobe zurück zu rennen. Dann wird auf der Bühne gewechselt. Die Frisur geändert, ein Mantel umgeworfen, und schon ist man bereit für die Conférence vor dem Vorhang, während dahinter in wenigen Augenblicken das Bild gewechselt und die nötigen Requisiten aufgestellt werden; es sind ja nur wenige. Cabaret bedeutet harte Arbeit, das merkt man erst, wenn man einer Vorstellung von hinten beiwohnt. Und doch, der Zauber und das leicht Bohèmemässige fehlen nicht. Da wird ein Kirsch in die Damengarderobe gebracht. Für wen? Gehen wir einmal frech hinein. Was uns begrüsst, ist Hundegebell. Auf Edith Carolas Schoss sitzt ein netter Dackel, während sich zwei junge Krummbeiner leidenschaftlich um einen Knochen balgen. An der Wand hängen die verschiedenen Kostüme mit allem, was dazugehört, auf dem langen Schminktisch mit den drei grossen Spiegeln liegen Puderdosen, Stifte, Mastix (Pardon, das ist noch die Frage, ob auch in der Damengarderobe Mastix zu finden ist. Bärte werden hier ja nicht geklebt), Kämme, Bürsten und unzählige Kleinigkeiten, Bilder und Maskottchen.«

Das »Kirschglas« in Edith Carolas Garderobe hätte den Berichterstatter des ›Basler Volkblatts‹ , der am 15. Februar 1945 die Premiere des fünften ›Kaktus‹-Programms ›Eile mit Weile‹ besuchte, nach ihrer ›Vamp‹-Nummer nicht erstaunt: »Ach – und dann ist die Carola da. Ich habe das letzte Mal gesagt, sie sei eine Kostbarkeit. In jedem neuen Programm beweist sie die Richtigkeit dieser Behauptung aufs Neue. Ihr ›Vamp von Niederbipp‹ mit dem Tango vom Sternen, das fabelhafte Kosakenlied von Thurgaustan, in dem die Selbstgenügsamkeit und das Eigenlob der Schweizer bis zur Weissglut geschürt wird, waren darstellerisch und inhaltlich Höhepunkte des Abends. So etwas knallig Ordinäres von einer Schlampe, ohne verletzend zu sein, hat selten die Bühne betreten. Aber es ist bei ihr alles in dem besonderem Mixtum ihres Wesens gebadet, in dem selbst die Frechheit mit Liebreiz verschwistert wird. Schon wie sie auftritt, mit einer Visage, aus der die Früchte des Schwachsinns und menschlicher Öde glänzen, ist unbezahlbare Komik. Wie sie die einzelnen Register ihrer Stimme beherrscht: diesen dunkel-krächzenden Timbre der Tiefe, dieses ölig Schmelzende der Mittellage oder das fauchende Fortissimo der Höhe –, all dies ist bei ihr zu selbständiger Clownerie des Gesanges geworden, die sich neben der des Körpers als eigene Partnerschaft austobt: Köstlich bleibt die Carola auch in der Tanzparodie ›Kasch dänke‹, wo sie mit Frederic Bucher zusammen die Weltferne der Gelehrten zur schaurigen Groteske erhebt...« (17.2.1945) Den ›Vamp‹-Text schrieb der österreichische Dichter und Flüchtling Hans Weigel – unter Pseudonym, da die offizielle Schweiz ihm keine Arbeitserlaubnis gab.

Eine weitere Glanznummer hatte Edith Carola nach dem Krieg im Chanson ›Die Jesäuberte‹, das von Vaucher war und eine politisch belastete Lebedame porträtiert, die trickreich und reuelos der verordneten Entnazifizierung durch ein Schlupfloch in der Schweiz entgeht. Es sei »kaum mehr zu überbieten«, schrieb ›Der Demokrat‹ (3.7.1946), »mit welch unnachahmlicher Schnodderigkeit und Frechheit Carola (...) diese Berlinerin spielt, die aus der Schweiz ausgewiesen ist, aber dank guter Beziehungen (...) in Lugano unten sitzt.« Edith Carola, die »Mit-Regisseurin und Tanzmeisterin des ›Kaktus‹« sei, spiele »gern und glänzend ›freche Weibsbilder‹«, meinte der Berichterstatter: »Privat ist sie von grosser Liebenswürdigkeit und Schlichtheit und scheint in ihrer ruhigen Art das Ensemble ein wenig zu bemuttern. Das galt am ehesten für »die beiden Nachwuchskräfte Olga Gebhardt und Susi Lehmann«, wie sich das ›Basler Volksblatt‹ (17.2.1945) ausdrückte. »Wir drei Frauen sind immer bestens ausgekommen«, erinnert sich Susi Trachsler-Lehmann im Gespräch. »Die Edith schaute immer ein wenig ›mütterlich‹ zu uns – wir waren zwei so junge ›Tüpfi‹. Wir Frauen hielten eigentlich immer zusammen. Sie war eine gute Kollegin. Dann war natürlich interessant, wenn sie von früher erzählte, von ihrer Ehe mit Robert Gessner und von Amerika. Wir waren ganz verschiedene Typen. Olga war hellblond und ganz schmal und hatte ursprünglich Gesang studiert; Edith kam vom Tanz, und ich war Schauspielerin; und jede musste auch etwas von der anderen ›können‹. Edith machte täglich Ballett-Training mit uns. Wir mussten ja tanzen. Wir waren sozusagen Tag und Nacht zusammen, monatelang.« Die Tourneen waren lang und beschwerlich, vor allem im Winter: »In den Hotelzimmern haben wir doch immer so gefroren; während des Krieges war in diesen Hotels nie geheizt.« Wenn es in einem Zimmer einen Ofen hatte, dann rückten sie schon mal zusammen, Olga Gebhardt und sie in einem Bett – »wir hatten immer ein Doppelzimmer miteinander« – und der Musiker Walter Baumgartner und Ruedi Walter im anderen, »damit man es überhaupt aushalten konnte.« Wenn es nur einen Raum im Hotel gab, der geheizt war, dann sassen alle ›Kaktus-Leute‹ in dem Raum zusammen und spielten Karten. In Erinnerung geblieben sind ihr auch die Kakerlaken der Elsass-Tournee: »Wenn man den Kasten aufgemacht hat, dann hat's ›k-k-k-k-k-k‹ gemacht. Und in Strasbourg hatte es Wanzen.« Dazu wisse sie auch »eine typische Vaucher-Geschichte«. Er sei ja viel in Frankreich gewesen – sie und Olga Gebhardt aber damals zum ersten Mal –, und da habe er beim Nachtessen davon zu reden begonnen: »Ja, im Elsass und in Frankreich gebe es das halt immer. Es sei aber so: die kämen erst wenn's dunkel sei, wenn man das Licht lösche, dann kämen sie – und dann erzählte er, was er einmal erlebt habe: die seien marschiert in Scharen, wie in Kriegsformation vom Fussende des Bettes hinauf, kaum dass es dunkel geworden sei – und dann habe er sie alle totgeschlagen. Da rief das Olgeli: ›Jee, die arme Tierli!‹. Darauf begab ich mich mit ihr ins Zimmer, und was sitzt mitten auf ihrem Kopfkissen: eine Wanze! Da ging das Geschrei los! Und dann habe ich gesagt: ›Ja, das isch doch es arms Tierli!‹ Und dann musste ich die Wanze nehmen und irgendwie zum Fenster hinausbefördern! Und da Vaucher uns erzählt hatte, wir müssten in einem solchen Fall völlig angekleidet bleiben und immer das Licht brennen lassen, gingen wir mit Kleidern ins Bett und getrauten uns die ganze Nacht nicht, das Licht auszumachen. Der Vaucher hat uns die grausamsten Geschichten erzählt! Ja, da hat man einiges erlebt. Überhaupt in diesen Hotels. Die Toilette irgendwo auf dem Korridor und von Dusche keine Rede. Aber wir waren es nicht anders gewohnt. Mit den Füssen ins Lavabo, um sich zu waschen. Was anderes gab es doch nicht.«

Den grössten Triumph erlebte das Cabaret ›Kaktus‹ am 31. Dezember 1945 mit der Premiere des Stücks ›HD-Soldat Läppli‹. Die Figur des Theophil Läppli gab es eigentlich schon seit 1923. Rasser erfand sie, wie sein Biograph Rueb berichtet, beim Improvisieren im Hause eines Jugendfreundes. »Es gab kein Vorbild für ihn, kein Modell. Er existierte nirgends. Er entsprang rein aus meiner Phantasie«, schrieb Alfred Rasser einmal und fuhr fort: »Plötzlich war er da, der Hilflose, der Einfältige, der Naive, der Unwissende, der in seiner Beschränktheit doch so beneidenswerte und glückliche Läppli, in seiner Güte und Pfiffigkeit.« Damals hiess die Gestalt noch »Seppli«: »Typische Worte, Ausbrüche, Gesten kamen und gingen. Aber im Grundton ist der Läppli derjenige geblieben, der mir mit 16 Jahren einfiel.« In der Nummer ›Düpfli contra Läppli‹ hatte Rasser die Figur im Programm ›Jetz isch gange‹ (14.9.1944) auch schon mal im ›Kaktus‹ ausgelotet. Zum ›HD-Soldaten‹ wurde Läppli aber erst im Sommer 1945, als der Basler Verleger Kurt Reiss Alfred Rasser dazu überredete, das 1921 veröffentlichten Buch ›Die Abenteuer des braven Soldaten Schwejk im Weltkrieg‹ des tschechischen Schriftstellers Jaroslav Hasek mit dem ›Läppli‹ zu kreuzen. Der Roman selbst war sehr bekannt. Von Hans Reimann und Max Brod gab es eine Bühnenfassung des Schwejk, die im Stadttheater Basel im Juni 1929 als Gastspiel und im Januar 1933 als Eigeninszenierung zu sehen war. Eine weitere Dramatisierung stammte von Erwin Piscator. Einen ›Schweyk im zweiten Weltkrieg‹ (1944) gibt es auch von Brecht. Selbst im ›Cornichon‹ bestand einmal der vage Plan, den Stoff unter dem Titel ›Der brave Soldat Schweizer‹ für das Kabarett herauszubringen. Das beweist eine – allerdings wenig überzeugende – maschinengeschriebe-

Alfred Rasser als ›H.D.-Soldat Läppli‹

ne Ideenskizze Otto Weisserts vom 3. Januar 1942 im Nachlass Vauchers. Erst Rasser verstand es, die Figur des ›braven‹, antimilitaristischen Soldaten mit Schweizer Erfahrungsmaterial auszustatten und auf neue Weise zum Leben zu erwecken.

»Die Geburt des ›HD-Soldat Läppli‹ habe ich hautnah miterlebt«, erzählt mir Susi Trachsler-Lehmann. »Wir waren in Basel, spielten jeden Abend das Kabarett-Programm, und gleichzeitig liefen die Proben zum ›Läppli‹. Der ›Läppli‹ wurde in der Nacht geschrieben, von Vaucher und Alfred Rasser. Miteinander haben sie Szene für Szene nach dem Buch von Hasek zu Papier gebracht, und am Morgen bekamen wir so einen Zettel oder auch zwei oder drei – ein Stück der Rolle – und mussten das lernen. Anhand von dem wurde dann wieder geprobt. Damals konnte man nicht ›schnell zum Xerox gehen‹, das wurde alles auf Durchschlagpapier vervielfältigt. Alfred kam selbst nie dazu, den Text zu lernen: tagsüber hat er geprobt, am Abend gespielt und in der Nacht mit Vaucher geschrieben. Die letzten Blätter bekamen wir am Tag vor der Premiere. Wer grad nicht ›dran‹ war, musste runter in den Souffleurkasten sitzen und soufflieren, weil Rasser wirklich keine Zeit gehabt hatte, sich den Text zu merken! Durch diese Methode hatten Vaucher und Rasser auch völlig den Überblick verloren und wussten nicht mehr, wieviel Text sie hatten. Es war viel zu lang! Sie hatten einfach die Szenen aus dem Schwejk auf unsere Verhältnisse und in unsere Sprache übertragen – in die verschiedenen Dialekte, ist ja klar, da jeder von uns einen anderen hatte. So ging das bis zur Premiere. Und an der Premiere – die am Silvester 1945 stattfand – war das Stück um Mitternacht noch keineswegs zu Ende! Es wurde unterbrochen, Alfred schmiss Räppler ins Publikum und irgendjemand brachte ihm ein lebendiges ›Säuli‹ auf die Bühne – als Glücksbringer. Das hat gestrampelt! Unterdessen war auch noch eine Frau – die so furchtbar hatte lachen müssen, dass ihre Wehen einsetzten – in den Spital gebracht worden und gebar ein Kind – von dem dann der Alfred Götti wurde! Danach mussten wir weiterspielen. Das Lustige war, dass Rasser vor der Vorstellung erzählte – er hatte natürlich Lampenfieber –, er habe in der Nacht geträumt, er sei in einen Hundedreck getreten. Wir sagten ihm alle: ›Das bringt Glück!‹ Und das brachte es auch! Die Vorlage war wunderbar. Die Leute kannten die Figur des ›Läppli‹ schon von Kabarett-Nummern her. Aber danach wurde festgestellt: Es ist zu lang. Rasser und Vaucher mussten es ›ausräumen‹, Szenen weglassen. Neue Proben folgten, und dann hatten wir es soweit, dass es nicht gerade über Mitternacht hinausging.«

Auf Tournée mit dem ›Läppli‹-Stück (1946, ›Corso‹-Zürich)

»Rasser und Vaucher hatten nicht damit gerechnet, dass es so gut läuft«, erzählt Susi Trachsler-Lehmann. »Alle wollten den ›Läppli‹ wiederhaben und -hören. Da es aber im Ensemble wieder ein paar gab, die Krach bekamen oder andere Verpflichtungen hatten, war das Ensemble nicht mehr vollständig. Natürlich hatte auch jeder die Zettel verloren oder fortgeschmissen, und ausserdem hatte sich das Stück im Lauf der Zeit sehr verändert. Denn Rasser nahm sich selbstverständlich die Freiheit zu improvisieren, und dann musste man auf das eingehen – so wurde sehr vieles anders. Als der Sommer 1946 kam, ging Rasser lauter neue Aufführungsverpflichtungen ein. Was war da zu machen? Es gab kein Buch, es gab keinen Text, es gab nichts! Also sind wir alle vor den Sommerferien um einen Tisch gesessen und haben das ganze Stück einfach sec durchgesprochen... auf ein Aufnahmegerät. Bei schrecklicher Sommerhitze tippte ich in Rassers Wohnung an der Lindenstrasse in Zürich den ganzen Text auf Matritzen – ab Kopfhörer. So entstand das später noch oft benutzte Textbuch zum ›HD-Soldat Läppli‹.«

IX Tränen lachen

›H.D.-Soldat Läppli‹

›Le roi est mort – Vive le roi! So lautete die Parole für den Darsteller und Autor des ›H. D. Soldaten Läppli‹, Alfred Rasser, am Ende der Theatersaison im Juni 1947. An die 370mal hatte sich der tapfere H. D.'lemer ›irgendwo in der Schweiz‹ und letzten Endes ›überall in der Schweiz‹ auf den Brettern geschlagen. Und wenn auch nicht ›bis zum letzten Blutstropfen‹, so doch, in allerletzter Zeit vor allem, ›bis zum letzten Schweisstropfen‹. Der hochsommerliche Vorsommer hatte ihn und seine Truppe bereits in Bern im Maien und anschliessend im Juni im Corso in Zürich überrascht. Die Vorzüge unseres helvetischen Ehrenkleides, dieses grau-grünen Sackes, welcher von Hunderttausenden von Soldaten während des Grenzdienstes in Feld, Wald und Wiesen, auf Bergeshöhen und in Tälern gebührend gewürdigt und über den mehr geflucht wurde, als es Faden braucht, um ihn zusammenzustoppeln, hatten sich auf der Bühne und im Theater als solche erwiesen: die durch Sonneneinwirkung, Zuschauermassen, Rampenlichter und Scheinwerfer schon recht hitzige Atmosphäre steigerte sich durch diese Uniform zur Temperatur eines Hochofens. Wir glühten und schmolzen. Jeder Auftritt war ein Saunabad. Unsere Garderoben boten den Anblick von Trockenräumen nach einem Grosswaschtag. Der Verbrauch an Läppli-Perücken ging ins Unermessliche, da sie nach einer halben Stunde schon durchweicht und klitschig wurden. Wenn sie tagsüber zum Trocknen aufgehängt wurden, glich Rassers Garderobe der Behausung eines Kopfjägers, der zum Zeichen seines hohen Mutes und seiner Unbesiegbarkeit die Skalpe seiner Feinde zur Schau stellt... Es blieb uns schliesslich nichts anderes übrig, als den ›H.D. Läppli‹ vom Programm abzusetzen, obschon der Zuschauerstrom nicht versiegte. Die kleine Armee, welche zum Ruhme Läpplis ausgezogen war, wurde – wie schon oft in der Weltgeschichte – nicht durch

Waffengewalt, noch durch Überlegenheit des Gegners, sondern durch das Klima besiegt.

›Le roi est mort.‹ In diesem speziellen Falle also der ›H. D. Läppli‹. Er hätte zwar mit Leichtigkeit wieder zum Leben erweckt werden können. Aber sein geistiger Vater Rasser war der Meinung, dass seine ›Aktivdiensttage‹ vollauf genügten und man ihn nach Hause entlassen dürfe.

Und nun hiess es: ›Vive le roi!‹ Wie aber sollte dieser andere ›König‹ aussehen? Es ist für einen neuen Regenten oft nicht leicht, sich durchzusetzen, vor allem, wenn der vorangehende in hohem Masse die Gunst des Volkes besass. Und das war ja bekanntlich beim ›H. D. Läppli‹ der Fall gewesen. Um bestehen zu können, musste dieser zweite also ebenso brillant, ebenso unbestechlich und hinreissend sein. Und vielleicht noch etwas mehr: zumindest eine Qualität besitzen, dank der man vergleichsweise sagen darf: »Er gleicht seinem Vorgänger aufs Haar, mit dem kleinen Unterschied, dass er menschlich noch ansprechender ist.«

Als ich einige Zeit nach Saisonschluss Rasser zu einer Besprechung aufsuchte, sass er im Garten unter einem Nussbaum. Der Himmel war glitzrig. Das Nusslaub raschelte, und die Nüsse fielen, obwohl es erst Juli war, aus ihren verdorrten Hülsen. Wir schnaubten beide und schwitzten. »Andere Theater«, sagte Rasser nach einer Weile, »haben es leichter. Sie nehmen das ›Dramatische Kochbuch‹ und wählen sich die Geschichte, die sie dem Publikum vorsetzen wollen, aus. Einen ›Hamlet nach Zürcherart‹ oder einen Tolstoi ›mit sauce tartare‹. Wir aber...« Er schwieg. Ich schwieg. Die Vögel schwiegen. Die Luft schwieg. Die Sonne klatschte auf den grünen Gartentisch vor uns. Er roch nach Lack und Ozon. »Ich reise jetzt ein wenig nach Frankreich«, erklärte er mir. »Gute Reise«, sagte ich. Als ich mich verabschiedete und schon die Türklinke in der Hand hielt, flüsterte er mir zu: »Übrigens, ich habe eine Idee... für den Neuen...«

Dann war er verschwunden. Aus Südfrankreich kam eines Tages eine Karte. Darauf stand: »Ich möchte am liebsten nicht mehr heimkommen.« Basta.

Der Juli ging seinem Ende zu. Mir begann allmählich der Geduldshaufen zu schmelzen. In sechs Wochen war Premiere! Endlich das Telefon. »Hast du ihn?« war meine erste Frage. »Ja!« schallte es aus dem Hörer. Ich raste zu ihm. »Zeig!« rief ich, kaum war ich in sein Zimmer getreten. »Halt, halt!« wehrte er mit ruhiger Stimme ab, »ich muss ihn noch schreiben.« Der Blick, den ich ihm zuwarf, glich wohl dem eines Erben, der bei Testamentseröffnung die Erklärung seines Erblassers liest, wonach dieser sein gesamtes Vermögen einem wohltätigen Zwecke vermachte. Rasser brach in ein schallendes Gelächter aus.

Am gleichen Abend setzte er sich an die Arbeit. Anderntags war die erste Szene fertig. Es folgte die zweite, dritte, in zwei, maximal drei Tagen Abstand. Nach vierzehn Tagen war das Stück geschrieben. Eine köstliche menschliche Komödie. Ein ausgezeichnetes Theaterstück. Wie war das nur möglich gewesen!?

Rasser hatte seinen ›Demokrat Läppli‹ bereits fertig ›in sich drin‹, als er seine Reise nach Frankreich antrat. Er nahm ihn quasi mit als blinden, unsichtbaren Passagier. Er zeigte ihm das Meer, badete mit ihm im Ozean. Er gab ihm Salzluft zu atmen, bräunte ihn an der südlichen Sonne. Er liess ihn Abstand nehmen von seiner Heimat, damit er sie besser, ruhiger, objektiver sehe. Er liess ihn Vergleiche mit zu Hause anstellen. Er zeigte ihm andere Städte, andere Landschaften, andere Menschen. Er liess ihn reifen an der milderen Atmosphäre der ›douce France‹. – Und heimgekehrt setzte sich der ›Demokrat Läppli‹ an Rassers Arbeitstisch und begann wie von selbst ihm in die Maschine zu diktieren: »Also nit wohr, das isch esoooo gsi...«

Als in Basel an der Premiere die Lachsalven von den Galerien des Küchlintheaters heruntergedonnerten und nach Vorstellungsschluss der Applaus losbrach, stand ich stillvergnügt und glücklich über den Erfolg meines alten Kumpanen Rasser in der Kulisse und dachte:

»Le roi est mort. Vive le roi!«
Es lebe der Demokrat Läppli!

HD Läppli wird 60 (›National-Zeitung‹, 28. Mai 1967)

Lieber Freund

Am 29. dieses Maienmonates hast Du 60 Lenze hinter Dir. Man pflegt dieses Alter das Reifere zu nennen. Wir kennen uns seit 50 Jahren ungenau, wenn wir nämlich jene Zeiten einberechnen, in denen wir in Quartierfehden mit Lanzen und Bogen gegeneinander in den Krieg zogen. Ein Dezennium haben wir Seite an Seite am Schreibtisch und auf dem Theater verbracht. Ich glaube, Dich zu kennen, soweit nämlich ein Mensch vom anderen etwas zu wissen imstande ist, nämlich von seinen äusseren Regungen und seiner äusseren Handlungsweise auf sein Innenleben Schlüsse zieht.

Da ist einmal der zivile Rasser Alfred, nicht sonderlich verschieden von der species hominum, ein Mann mit seinen Tugenden und Fehlern: launenhaft, manchmal höchst unverträglich, reizbar, kleinlich im Geben, sehr auf seinen Vorteil bedacht, nicht immer zuvorkommend, und dann auch wieder liebenswert, aufgeschlossen, sehr familiär veranlagt, zu Grosszügigkeit neigend, ein Mann der sich achselzuckend übervorteilen lässt...

Im grossen und ganzen eine gut veranlagte Dutzendware. Ich betone das nicht, um dem Betroffenen an seinem Geburtstage eines auszuwischen, vielmehr der meisten Leute wegen, welche von einem Künstler eine falsche Vorstellung haben, die Meinung, da wandle einer gewissermassen engelhaft durch diese Welt, glückselig, von schöpferischen Wonneschauern durchrieselt, hochherzig und allem niedrig Menschlichen abhold. Wenn das so wäre, dann frage ich aber, wie das wohl möglich sei, dass er von menschlichen Schwächen und Fehlern in so hervorragender Weise Zeugnis ablegte, so bewandert im Schrulligen eines Professors, in der mühsamen Pedanterie eines Beamten, der Verschlagenheit eines Läpplis? Sehr wohl, man kann abgucken die Art, wie sich einer gibt, einer läuft, gestikuliert und artikuliert. Aber den Inhalt muss der Künstler einfüllen aus seinem höchst privaten Reservoir an eigener menschlicher Fehlbarkeit, aus dem oft erlebten eigenen Kleinmut, seiner Dünkelhaftigkeit, seiner immer wieder feststellbaren mangelnden Einsicht für andere. Das aber zu können, das ist eben dann seine Kunst. Und darin ist der nun 60jährige ein Unschlagbarer. Er hat das Talent, sich so sehr mit seinen Typen zu identifizieren, dass man oft Mühe hat, von diesen auf ihn, den zivilen Alfred Rasser, zurückzufinden. Ich erinnere mich, zur Zeit, als er seine grossen Läppli-Komödien konzipierte, mich manchmal gefragt zu haben, ob nun nicht der Läppli der eigentliche Rasser und der amtlich eingetragene Zivilist Rasser nicht eine von ihm erfundene und gespielte Rolle wäre: So hauchdünn war gewissermassen die seelische Wand zwischen beiden Gestalten, so sehr glichen sie sich in Gang, Gestik und Mimik. Das einzige wesentliche Erkennungsmerkmal war der Schnauz: da wo er fehlte, da war's der Rasser. Diese Infiltrationsfähigkeit hat ihn hochberühmt gemacht. Aber eines kommt dazu: seine Treue zu sich selber, zu seiner ›Weltanschauung‹, ich meine damit seine Unnachgiebigkeit in der Kritik an unserem Zeitgeschehen. Er hat, materiell gesehen, einige Hochs und Tiefs durchgemacht, von Wohlhabenheit zu tiefster Not. Er hat sich nie nach der Decke gestreckt, in der guten Zeit nicht die Meinung wie ein frisches Hemd gewechselt, in der schlechten wurde er niemals zum Querulant. Seine Haltung blieb dieselbe. Die Nöte der andern wurden durch seine Nöte nicht verdoppelt, durch seine Besserstellung nicht verschönert. Das ist selten, rar, fast einmalig.

Etwas vom Glanz dieses Geburtstages möchte ich auf seine Frau Ninette übertragen. Sie hat ihn nicht nur betreut, sie hat ihn an die Zügel genommen.

Sie hat diesen Unbändigen mit viel Liebe und heimlicher weiblicher Tücke zu einem Umgänglicheren gemacht. Das war keine leichte Arbeit und – ich kann mir denken – für sie manchmal eine verzweifelte.

Nun, möge uns der Jubilar erhalten bleiben. Man sagt zwar, Humor könne tödlich wirken. Ich habe aber vor Rassers Bühne noch keinen in seinem Blute liegen sehen. Ganz im Gegensatz zu jenen Grossen, Hochgeehrten, Ordenbehangenen, die ihr Einmannspiel auf Schlachtfeldern inszenieren. Möge der tödliche Humor walten: an seiner Spitze noch lange Alfred Rasser.

Im Vorwort zu C.F. Vauchers Rezept- und Anekdotensammlung ›Herd Du meine Güte‹, welche 1978 – sechs Jahre nach Vauchers Tod – erschien, berichtete der Radio- und Fernsehreporter Jean-Pierre Gerwig, wie Vaucher während des Krieges einmal »auf seinem von unzähligen bibliophilen Werken umgebenen, etwas zerzausten Bett« lag und ihm »genüsslich die raffiniertesten Rezepte eines der grössten französischen Kochkünstler« vorlas: »Er schlürfte die einzelnen Wörter beinahe masochistisch (...). Fast alle Ingredienzien jener französischen Gerichte (...) waren bei uns entweder rationiert oder gar nicht aufzutreiben. (...) Es fehlte selbst das Kleingeld für den Gasautomaten, den sie ihm als freiem Schriftsteller mangels Kreditfähigkeit eingebaut hatten. Der solchermassen animierte Hunger machte uns alsbald zu Dieben. Im Gemüsegarten eines Nachbarn hatte Vaucher junge, knackige Zwiebelchen heranwachsen sehen. Ein grosser Teil davon wuchs in jener Nacht nicht weiter. Zusammen mit Brot, Salz und Rotwein wurden jene saftigen, weissen Knöllchen zur köstlichsten und zugleich einfachsten Mahlzeit, die mir Fauchi je serviert hat.«

Vaucher lebte nicht von Tinte allein. Er war ein Feinschmecker. Doch er dachte nie zuerst an sich allein. In späteren Jahren, als geschichtenerzählender Radio- und Fernsehkoch, brachte er die gastronomischen Rezepte wie ein Umstürzler unter das Volk und verriet, wie schon als Jugendlicher, frohlockend die Kochtopfgeheimnisse der Reichen. Kochen war, so ist zu vermuten, für C.F. Vaucher die Fortsetzung der Politik mit sinnlichen Mitteln: grösstmögliches Glück für eine grösstmögliche Zahl von Menschen – es frei nach dem Philosophen Jeremy Bentham nicht dulden, dass der Umfang des Geldbeutels die Grenzen der kulinarischen Lüste zieht.

Der Schauspieler Robert Freitag, der mit Maria Becker ein paar Mal bei Vaucher zum Essen war, erzählt: »Wenn er kein Geld hatte, brachte er sich irgendwie sonst durch. Wenn wir da eingeladen waren, hat er meistens gekocht, immer alles hergerichtet. Das war verhältnismässig einfach, er hat nicht etwas Besonderes ersonnen. Aber wie er es gemacht hat, war halt grossartig. Er musste gar nicht lange nachdenken, er hatte eine Unzahl von Speisezetteln im Kopf.« Die Schauspielerin Marlis Vetter, die in erster Ehe mit Jean-Pierre Gerwig verheiratet war, hatte um 1950 herum auch eine Zeitlang bei Edith Carola und Vaucher in Herrliberg gewohnt: »Es war herrlich da oben, ein altes Haus, der Garten verkommen und die Küche schmuddelig. Der Vaucher hat gekocht und die Edith hat aufräumen müssen. Das war einfach Bohème, wie's im Buch steht.« Beim Metzger Niedermann in der Zürcher Altstadt habe es in einer Toreinfahrt einen sogenannten »Bühneneingang« gegeben, weiss Marlis Vetter noch: »Da durften wir immer rein, und der Metzger Niedermann hat für Vaucher und für die armen Schauspieler immer vom Erst-Klasse-Fleisch die Reststücke behalten. Die Edith hat das eigentlich mehr geduldet und erlitten, diese Kocherei von ihm. Wenn der Fauchi einen Gigot gemacht hat – mit viel Knoblauch drin und Rosmarin und mariniert – dann wurde der im Ofen gebraten, und das Fett, die Krusten und das alles, das hat dann die Edith geputzt.« Jean-Pierre Gerwig schrieb, C.F. Vauchers »Charme« sei »auch später, als uns wieder alles zur Verfügung stand, die Hauptzutat zu all seinen Gerichten geblieben (...) – zum Beispiel zu seinen orgiastischen Gigot-Schlemmereien. Er hielt die Schafskeule, bevor sie in den Ofen kam, fast so liebevoll wie ein Baby im Arm.« Kochen, das sei für C.F. Vaucher »ein Spiel zwischen Improvisation und Perfektion« gewesen, »und er freute sich, wenn dieses Spiel unentschieden endete.« Dazu habe er seine Geschichten erzählt: »Unzählige davon sind leider wie der Dampf aus seinen Pfannen für ewig verduftet. Fauchi lachte und weinte und schwitzte dazu aus all seinen vielen Falten.«

So halb auf dem Land zu leben, hatte damals durchaus seine Vorteile. Jean Jacques Vaucher erzählt: »Als es während des Krieges nichts mehr zu Essen gab oder nur noch alles auf Marken, haben die beiden sehr oft auf ihrem Heimweg im ›Rössli‹, der Dorfbeiz von Herrliberg, Theater gespielt. Wenn sie mit dem letzten Zug von Zürich kamen, war ziemlich genau Mitternacht, dann kehrten sie da zu ihrem Schlummertrunk ein. Je nachdem, wie viele Herrliberger da waren, wurden sie überredet: ›Edith, komm, tanz mal etwas‹ oder, ›Fauchi, chum zeig emal öppis, was händ er denn gmacht?‹ Und dann gaben sie eine Privatvorstellung!« Jean Jacques Vaucher hat später beim Dorfmetzger und anderswo »Rechnungen beglichen, die in die Tausende gingen«! C.F. Vaucher wurde nicht zuletzt wegen der Cabaret-Auftritte in der Dorfkneipe Kredit gegeben – »der Fauchi zahlt schon einmal«, hiess es. Im System gegenseitiger nachbarlicher Hilfeleistungen verfügte er auch noch über weitere Trümpfe. Jean Jacques Vaucher weiter: »Das habe ich sehr oft erlebt: Plötzlich hat es an der Türe geklopft und dann stand zum Beispiel der Bauer von oben da: ›Ja, Ruedi, was häsch?‹ – ›Ich muess hürate!‹ – ›Ja und? Isch doch guet!‹ – Sagt der: ›Jetzt muess i än Liebesbrief schriibe!‹ – Und dann sagt er: ›Ja, also, chum ufe! Chum!‹ Und dann sind sie rauf, ins Studierzimmer von meinem Vater, und dann haben sie sich hingesetzt und er sagte zu ihm: ›Ja, und was willst du jetzt schreiben?‹ – ›Ja, du bisch dä Schriftsteller, säg mir, was ich söll schriibe!‹ – Sagt er: ›Nein, du bisch verliebt, nöd ich, du seisch mir, was ich söll schriibe!‹ Und so haben sie dann zusammen den Liebesbrief geschrieben, und am Schluss wurde geheiratet.«

Als Feldweibel musste C.F. Vaucher 1950 bei der männlichen Dorfbevölkerung einmal während zweier Tage die militärische Inspektion leiten, so ist es im Dienstbüchlein vermerkt. Das Ereignis ging in die Dorfgeschichte ein. Jean Jacques Vaucher: »Dann kam zum Beispiel einer und sagte: ›Vauchi! Ich habe Rost in der Gamelle.‹ – Sagt er: ›Was hast du?‹ – ›Ich habe Rost in der Gamelle.‹ – ›Ich höre nicht gut! Zeig einmal die Gamelle!‹ Hat sie auf den Boden geworfen, ist draufgetrampt und hat gesagt: ›So, jetzt gehst du eine neue holen, es ist ein Lastwagen drüber gefahren!‹ Oder einer hatte ein Mottenloch. Hat er gesagt: ›Was? Wieviel?‹ – ›Ein Mottenloch!‹ – ›Was hast du?‹ – ›Ein Mottenloch.‹ – ›Zeig einmal!‹ Ratsch! ›Stacheldraht! Motten gibt es keine!‹ Das hat man ja früher alles noch selber bezahlen müssen, und das war für die Bauern viel Geld, wenn sie eine neue Armeehose kaufen mussten. Das haben sie ihm alles sehr hoch angerechnet.«

In Herrliberg fanden auch Freunde aus der Stadt immer ein offenes Haus. Es war ein ständiges Kommen und Gehen: »Der Brecht ist bei ihm eingekehrt. Er wohnte eine Zeitlang im benachbarten Feldmeilen, und dann sind sie am Abend zusammengesessen und haben miteinander diskutiert und debattiert«, erzählt Jean Jacques Vaucher. Brecht war am 5. November 1947 von New York kommend in die Schweiz eingereist. Am Schauspielhaus erfolgte am 5. Juni 1948 die Uraufführung von ›Herr Puntila und sein Knecht Matti‹ – ›offiziell‹ unter der Regie von Kurt Hirschfeld. Brecht selber inszenierte zudem in Chur die ›Antigone‹ von Sophokles nach einer Textfassung von Hölderlin. Das Stück gastierte am 14. März 1948 als Matinee auch im Schauspielhaus. Schon am 19. April 1941 war da ›Mutter Courage und ihre Kinder‹ und am 4. Februar 1943 ›Der gute Mensch von Sezuan‹ uraufgeführt worden, gefolgt am 9. September 1943 vom ›Galilei‹ in deutscher Erstaufführung. Vaucher hatte damals ein Flugblatt verfasst und wahrscheinlich auch vor dem Theater selber verteilt: »Er sagt, was er sieht! Und er traut sich, aus dem, was er sieht, seine Schlüsse zu ziehen«, stand darin – keinesfalls nur auf den berühmten Sternforscher gemünzt. »Helfen Sie durch Ihren Besuch mit, dass Brechts ›Galileo Galilei‹ in Zürich recht oft aufgeführt wird!«

Zürich war im Krieg eine Brecht-Stadt geworden. Als dann aber der Dichter und Theatermann Bertolt Brecht persönlich kam, wusste die Schweizerische Bundesanwaltschaft mit solcher Anhänglichkeit wenig anzufangen und hintertrieb alle Versuche Brechts, sich in der Schweiz niederzulassen. Er war Staatenloser, ein von Nazideutschland Ausgebürgerter, und verfügte nur über ein amerikanisches ›Affidavit‹, das am 29. Februar 1948 ablief. Auf sein Ersuchen, ihm einen ›Identitätsausweis‹ auszustellen, damit er Reisen nach Deutschland machen und nachher wieder in die Schweiz zurückkehren könne, wies die Bundesanwaltschaft die Eidgenössische Polizeiabteilung an, Brecht »keinen Ausweis auszustellen«: »Aus politisch-polizeilichen Gründen sind wir interessiert, dass Brecht so bald als möglich die Schweiz wieder verlassen muss« (24.5.1948). Nur ein Ausweis »zur definitiven Ausreise« (23.6.1948) wurde vom Chef der Polizeiabteilung in Betracht gezogen. Erst nach Interventionen der sozialdemokratischen Nationalräte Hans Oprecht (22.7.1948) und Valentin Gitermann (9.8.1948) erhielten Brecht und Helene Weigel am 8. September 1948 befristete Identitätspapiere, die ihnen das Reisen ermöglichten. Als sie am 3. Januar 1949 von Berlin aus um eine Verlängerung der am 28. Februar 1949 ablaufenden Dokumente baten, gab es erneut Probleme. Brecht kehrte darauf am 24. Februar 1949 rechtzeitig in die Schweiz zurück. Wie Thomas Mann wollte Brecht der deutschdeutschen Falle entgehen und sich weder für den einen noch für den andern Teilstaat entscheiden müssen. Die Bundesanwaltschaft hatte aber ihre eigenen Vorstellungen von schweizerischer Kulturpolitik und liess die Eidgenössische Fremdenpolizei am 29. März 1949 wissen: »Nach wie vor sind wir daran interessiert, wenn Brecht die Schweiz so bald als möglich verlassen muss.« Valentin Gitermann schrieb darauf der Bundesanwaltschaft in einer erneuten Eingabe: »Herr Bert Brecht bittet mich, bei Ihnen ein gutes Wort für ihn einzulegen. Bei der Kantonalen Fremdenpolizei sei ihm gesagt worden, die Bundesanwaltschaft wünsche nicht, dass ihm, falls er sich wieder ins Ausland begebe, ein schweizerisches Rückreisevisum erteilt werde. Herr Brecht beklagt sich, dass ihm daraus die allergrössten geistigen und materiellen Nachteile erwachsen würden. Er müsste sich dann in Deutschland in der westlichen *oder* östlichen Zone niederlassen, und dann würden seine Werke in der *andern* Zone verboten werden. Er lege aber grössten Wert darauf, beiden Zonen gegenüber unabhängig zu bleiben. Er wolle, nach wie vor, sich mit seinen Werken im Sinne dieser Unabhängigkeit an das ganze deutsche Volk wenden können. Es widerstrebe ihm überdies, sich um Wiederherstellung seines deutschen Bürgerrechtes zu bemühen, solange es keine deutsche Regierung gebe.« (8.4.1949) Brecht erhielt darauf noch einmal eine Verlängerung des Rückreisevisums.

In den Bundesanwaltschaftsakten Brechts ist von den Abstechern nach Herrliberg zu C.F. Vaucher nichts vermerkt. Brecht selber erhalte »viel Besuch, zeitweise bis zu 5 Personen« (28.8.1948), steht im Dossier nur ganz allgemein. Bald wurde auch der Verdacht geäussert, Brecht verfüge in Feldmeilen über eine Sendeanlage. Offenbar hatte Brecht mit Freunden aber einfach Radio gehört – höchstwahrscheinlich ausländische Sender, die womöglich wegen schlechtem Empfang dann und wann piepsten und jaulten: »In der Wohnung des Bert Brecht in Feldmeilen sollen öfters unbekannte Personen zusammenkommen. Es seien dann jeweils Geräusche feststellbar, die von einer Sendeanlage herrühren könnten. In der Nachbarschaft des Brecht wird nun der Funküberwachungsdienst der PTT in Verbindung mit dem ND[Nachrichtendienst]-Zürich eine Kontrollapparatur montieren.« (7.9.1948) Für weitere Abklärungen gingen die Staatsschutzbeamten sogar so weit, sich Zugang zu einem Zimmer zu verschaffen, das just neben den Räumen lag, in denen Brecht zur Untermiete war. Der am 28. August 1948 gefasste Plan, da »ein Horchgerät« zu installieren, scheint tatsächlich auch umgesetzt worden zu sein, anders lassen sich die einschlägigen Erkenntnisse nur schwer erklären. Einem abschliessenden Bericht des Nachrichtendienstes der Zürcher Kantonspolizei vom 6. Mai 1949 zufolge erwies sich die Meldung, dass es sich bei Brechts Wohnung »anscheinend um ein kommunistisches Agitationszentrum« handle, »das sich mit Nachrichtendienst befasse und womöglich eine eigene Sendeanlage besitze«, schliesslich als falsch: »Hinsichtlich der vermuteten Sendeanlage ergaben die Erhebungen, dass diese Vermutung einem belanglosen Gespräch eines Dienstmädchens entsprang. Bertolt Brecht hat inzwischen die Schweiz wieder verlassen und lebt heute in Berlin.« Geblieben wäre Brecht, der 1949 in Ost-Berlin das ›Berliner Ensemble‹ gründen konnte, ja vielleicht unter anderen Umständen gerne noch etwas länger. Von den österreichischen Behörden, die sich nicht lumpen liessen, nahm der Dichter 1951 die Staatsbürgerschaft auf jeden Fall gerne entgegen.

Seltsamerweise wurde über Vaucher in all den Jahrzehnten bei der Bundesanwaltschaft nie ein eigenes Dossier angelegt. Auch intensive Nachforschungen meinerseits in Basel, Zürich, Bern – auf lokaler, kantonaler und Bundesebene – brachten nichts zutage: Sein Name war durch die Maschen des Überwachungsstaates geschlüpft. Einen Polizeieinsatz gegen ihn hatte es allerdings einmal gegeben, 1941 oder 1942. »Das muss noch in Zürich gewesen sein. Er wohnte an der Freiestrasse. So wie er es erzählt hat, sind die Beamten um fünf Uhr morgens eingefahren«, berichtet Jean Jacques Vaucher. »Sie rissen alle

Bücher raus und suchten irgendwas. Scheinbar haben sie dann nichts gefunden und hinterliessen einfach ein Riesenchaos. So hat er's mir erzählt.« Vor der Hausdurchsuchung soll sich auf der Türschwelle zwischen Vaucher, der den Weg offenbar nicht freigab, und den zivilen Bundespolizisten ein Handgemenge ergeben haben. »Er kam an die Türe, und dann haben sie ihn herausgerissen und die Treppe runtergeworfen. Also ziemlich massiv.«

Erwähnung findet C.F. Vaucher bloss im einschlägigen Dossier der Bundesanwaltschaft über das Satire-Blatt ›Der grüne Heinrich‹. Der Journalist und Buchautor Peter Surava, der Maler Max Sulzbachner und Vaucher gaben die ›satirisch-literarische Zeitschrift‹ von September bis Dezember 1945 in Basel heraus. Sie verkaufte sich gut. Die Auflage von 6000 Exemplaren wurde jedesmal restlos abgesetzt.

Surava, der Ende 1944 die Wochenzeitung ›Die Nation‹ verlassen hatte, arbeitete damals als Redaktor des ›Vorwärts‹. Beim ›Grünen Heinrich‹ – den die ›NZZ‹ (21.7.1945) als ›Roten Heinrich‹ verspottete – hatte er die Geschäftsleitung inne, wollte aber, um das Unternehmen nicht zu gefährden, weder im Verlauf des offiziellen Bewilligungsverfahrens noch im Impressum erwähnt werden. Wie Surava später in einer umfangreichen Artikel-Serie in der ›Tat‹ schilderte, wurde die Zeitschrift durch den PdA-Sekretär Karl Hofmaier finanziert, sollte aber »nicht an die Partei gebunden werden« (9.7. 1948). Das Geld stammte aus der selben legendären ›Million‹ des Industriellen Schauwecker, welche bis Sommer 1946 auch den ›Vorwärts‹ speiste. Die PdA war damals als breite, undogmatische linke Sammelpartei gegründet worden und verkörperte für eine kurze Zeitspanne die politischen Hoffnungen vieler, welche, wie Surava schrieb, »von der Sozialdemokratie und den historischen, bürgerlichen Parteien bitter enttäuscht waren« (›Die Tat‹, 18.6.1948). Sulzbachner, Surava und Vaucher war für den ›Grünen Heinrich‹ zugesichert worden, sie hätten völlig freie Hand. Fürs Grafische war Sulzbachner, fürs Redaktionelle Vaucher zuständig.

Dem Erscheinen des satirischen Blattes gingen ermüdende Kämpfe mit Bundesrat von Steiger um die nötige Papierzuteilung voran. Die erste Nummer hätte eigentlich schon am 3. Mai 1945 herauskommen sollen. Die Basler Staatsanwaltschaft sprach sich zwar für eine Bewilligung des satirischen Blattes aus – Vaucher und die anderen Beteiligten böten »Gewähr für ein gutes Niveau« und das Projekt könne »sachlich nur begrüsst werden« –, bezeichnete es aber als »fraglich«, »ob es sich um eine unpolitische Zeitschrift handelt«: »Mit Vorbehalt dürften sämtliche genannten Personen als der Partei der Arbeit zugehörig oder sehr nahestehend bezeichnet werden.«

Die Bundesanwaltschaftsakten enthüllen, dass das Eidg. Justiz- und Polizeidepartement das Verfahren aus »Misstrauen« mehrere Monate lang vorsätzlich bremste und die Papierfrage nur vorschob. C.F. Vaucher und der Anwalt des ›Grünen Heinrich‹ sprachen am 7. Mai 1945 erfolglos bei der Bundesanwaltschaft vor. Wochenlang protestierten sie dagegen, dass die Bewilligung von dieser Amtsstelle »in unerhörter Art und Weise verschleppt« werde (18.6.1945).

Kein Wunder also, dass der für Zensur zuständige Bundesrat Eduard von Steiger schon in der ersten, als Werbenummer deklarierten Ausgabe des ›Grünen Heinrich‹ zum ›Sujet‹ wurde, wie es baslerisch heisst: Max Sulzbachner zeichnete ihn, unter dem Titel ›Majestätsbeleidigung‹, wie er sich im Affenkostüm barbrüstig von einem Ast schwang. Intern informierte der Bundesanwalt den ›blossgestellten‹ Bundesrat, die Karikatur sei »eine Beschimpfung gemäss Art. 177 StGB«. Von einer »Beschlagnahme« riet er Bundesrat von Steiger jedoch ab, um für das Blatt nicht noch Werbung zu machen. Nur weil die seit dem 30. Dezember 1941 geltende strenge Bewilligungspflicht für neue Presseerzeugnisse am 31. Juli 1945 aufgehoben wurde, entging der »Grüne Heinrich« einem Verbot. C.F. Vaucher hatte gleichwohl am 2. August 1945 bei der Bundesanwaltschaft zu erscheinen – und wurde als redaktioneller Verantwortlicher streng zurechtgewiesen: »Die Darstellung des Bundespräsidenten« sei »widerlich und beschimpfend«. Vaucher gab sich gemäss behördlicher Aktennotiz von seiner verständnisvollsten Seite und bemerkte lediglich, »dass man bei der Darstellung des Bundespräsidenten etwas die Basler-Mentalität berücksichtigen müsse, die im allgemeinen boshafter sei, was sich anlässlich der Basler-Fasnacht zeige. Proteste seien deshalb auch nicht von Basel eingegangen, sondern von der übrigen Schweiz.«

Leider wurden dem ›Grünen Heinrich‹ dann aber Surava zufolge Ende 1945 die von Karl Hofmaier »bewilligten und fest versprochenen Geldzuwendungen« kurzfristig gestrichen und das hoffnungsvolle Satire-Blatt in den Konkurs getrieben: »Der ›Vorwärts‹ war in Nöten, und der Parteisekretär warf alle Mittel, die er noch hatte, in das ›Organ der Partei‹.« (›Die Tat‹, 10.7.1948) Peter Surava bemerkte mir gegenüber: »Da ist auf Wunsch – man kann es nicht anders sagen – der alten Kommunisten, die in der PdA wieder eine gewisse Machtstellung errungen hatten und sagten, ›Für so etwas haben wir kein Geld!‹ der ›Grüne Heinrich‹ leider verstorben.«

Anschliessend gestalteten Surava und Vaucher noch ein paar Monate lang die satirische Seite des ›Vorwärts‹ mit den kabarettartigen ›Hans und Heiri‹-Dialogen, die schon ein Markenzeichen des ›Grünen Heinrich‹ gewesen waren. Nunmehr war es Vaucher, der aus Vor-

267

Majestätsbeleidigung.

Bundesrat Eduard von Steiger (Max Sulzbachner, ›Grüner Heinrich‹ August 1945)

sichtsgründen die Anonymität wählte. Nur für kurze Zeit und nicht einmal formell trat Vaucher damals im Frühjahr 1946 der PdA bei – denn da er trotz Aufforderung den Mitgliederbeitrag nicht bezahlte, erhielt er auch nie einen Ausweis.

Mitte Mai 1946 wurde Peter Surava auf Betreiben der obersten schweizerischen Polizeibehörden verhaftet. Der Anlass war nichtig und eher ein Vorwand: eine angeblich rückdatierte, zu grosszügige vertragliche Regelung mit den Strassenverkäufern seiner früheren Zeitung ›Die Nation‹. Mit eine Rolle spielte auch der Konkurs des ›Grünen Heinrich‹. Erich Schmid hat in seinem Dokumentarfilm (›Er nannte sich Surava‹, 1995) zeigen können, wie sehr dieser behördliche Zugriff einer Racheaktion der Bundesanwaltschaft und Bundesrat von Steigers glich. C.F. Vaucher schrieb Surava damals in die Untersuchungshaft: »Mein lieber Peter, ich scheine unter den wenigen zu sein, die bei der Nachricht Deiner Verhaftung nicht einen Purzelbaum gerissen haben, sondern die ganze Geschichte als das genommen haben, was sie ist: eine politische Affäre. Dann aber resümiert sich meine Haltung Dir gegenüber in vier Worten, die den Vorteil einer Vereinfachung aller Vorgänge um Dich herum haben: Du bist mein Freund. Da wird alles unproblematisch, ganz und gar einfach.« (21.5.1946) Ende August – Surava war inzwischen wieder frei und wartete auf den Prozess – ging der PdA dann auch das Geld für den ›Vorwärts‹ aus. Dahinter steckten heftige Parteikämpfe, die zur Entmachtung und 1947 schliesslich zum Ausschluss Karl Hofmaiers führten, der seinerzeit den ›bürgerlichen‹ Surava angeworben hatte. Das ganze Personal wurde entlassen.

Auch als die Anfeindungen von allen Seiten über Surava hereinbrachen, hielt C.F. Vaucher zu ihm. Mehrfach kam Surava in Vauchers Haus in Herrliberg unter. Seine Briefe an Vaucher aus den Jahren 1947-50 schildern die Auswegslosigkeit seiner damaligen Lage. Unter seinem Namen liess ihn damals fast keine einzige Zeitung der Schweiz mehr schreiben. Das traf ihn um so härter, als er in der ›Tat‹-Serie (30.6.1948) bekannt hatte: »Der Journalismus ist nicht nur ein Beruf. Er ist eine Leidenschaft.« Zur PdA war er auf Distanz gegangen, auch wenn er den formellen Austritt erst am 17. März 1948 gab.

In »arge Not geraten, betrieben und gepfändet«, wie er der ›Tat‹ vom 7.7.1948 berichtet, arbeitete er – unter Pseudonym – unermüdlich, um nicht unterzugehen. C.F. Vaucher verschaffte ihm einen kleineren Auftrag beim Radiostudio Zürich. Unter Vauchers Namen konnte Surava das Manuskript einer Sendefolge schreiben, die unter dem Titel ›15 Minuten der guten Nachrichten‹ am 15. Februar 1948

269

erstmals ausgestrahlt wurde und laut einem Schreiben (18.2.1948) des Leiters des Programmdienstes an Vaucher »guten Anklang« fand. Das zweite Manuskript wurde bereits zum 1. März erwartet. Zu gleicher Zeit spitzten sich bei Surava die privaten Konflikte zu. Als er und seine Freundin Else Koerfgen keinerlei Perspektive mehr zu sehen schienen, versuchten sie Anfang März 1948 in Basel, ihrem Leben gemeinsam ein Ende zu setzen.

Im Mai 1949 schrieb Surava an Vaucher: »Schliesslich bist Du der einzige, der verblieb, während sich der Kranz der Abgesprungenen immer mehr vergrössert« (29.5.1949). »Jeden Tag versende ich mindestens 10 Manuskripte, doch es bleibt nichts hängen« (22.7.1949). Erst in den fünfziger Jahren begann sich für Surava dank einer Reihe von Ghostwriter-Aufträgen die Lage allmählich zu verbessern, und unter dem Pseudonym Ernst Steiger wurde aus Surava ein namhafter, wenn auch im öffentlichen Leben gänzlich inexistenter Publizist. »Es waren Jahre von ganz harten Kämpfen«, sagte mir Surava einmal am Telefon. Geheimnisse hatten Surava und Vaucher voreinander keine. Auch im Privaten nicht. Soviel Vaucher über Surava und seine Scheidungen und Ehen wusste, soviel wusste dieser über Vaucher und Edith Carola.

1949 stand für die beiden zuerst einmal die lang erwartete Hochzeitsfeier an. Katja Wulff hatte in die Scheidung eingewilligt und die zweijährige Wartefrist bis zum Eingehen einer neuen Verbindung, die sie von Vaucher verlangt hatte, war abgelaufen.

Edith Carola und C.F. Vaucher liessen sich am 2. Juli 1949 an ihrem Wohnort Herrliberg trauen. »An das Riesenfest kann ich mich noch gut erinnern«, erzählt Jean Jacques Vaucher, der damals sechs Jahre alt war. »Das waren einfach drei bombastische Tage. Der Lesch! Ich kann mich an das Bild vom Lesch erinnern, wie wenn es gestern gewesen wäre. Er kam am ersten Tag, setzte sich an den Tisch, das Kinn so in die Hand gestützt, und ich ging jeweils spielen, und wenn ich zurückkam oder am Morgen wieder aufstand, sass der Lesch immer noch gleich da und redete und redete und redete. Ich bin mir nicht mehr ganz sicher, aber ich glaube, es war zu dieser Hochzeit, da haben sie eine geschwellte Sau gemacht, das heisst sie gruben im Garten ein riesiges Loch, heizten und feuerten da drin wie verrückt, legten eine Sau oder ein Spanferkel, was immer es war, rein, deckten alles zu, liessen sie zwei Tage oder einen Tag ziehen – und dann haben sie sie wieder ausgebuddelt und gegessen.«

Der spätere Radio- und Fernsehreporter Jean-Pierre Gerwig verfügte im Hause Vaucher-Carola über ein kleines Zimmer und betätigte sich dafür als »Babysitter, Haushälter und Dackelhüter«, wie der Karikaturist H.U. Steger, der damals wie Jean-Pierre Gerwig in Küsnacht wohnte, noch weiss. Gerwig habe Edith Carola sehr verehrt: »Er schwärmte für sie, und sie schien es zu geniessen.« Vaucher und Gerwig arbeiteten später am Radio und im Fernsehen eng zusammen. »Es war ein Katzensprung bis Herrliberg« erzählt H.U. Steger. »So wurde ich auch bald regelmässiger Gast bei Vauchers. (...) Von allen Räumen hatte man einen herrlichen Blick auf Zürichsee und Alpen. In einer kleinen Garage stand ein alter Topolino, schon länger nicht mehr benützt. (...) Wenn Edith und Fauchi auf Tournee waren, hatte Schampi (Jean-Pierre Gerwig) den Hund zu hüten, und wenn auch er auf Tournee musste, war ich an der Reihe.« So vorzüglich Vaucher aber gekocht habe, erinnert sich H.U. Steger, »weniger begabt war er fürs Abwaschen. Wenn er mit Schampi allein haushalte, erzählte er einmal, komme alles gebrauchte Geschirr in die Badewanne, bis kein sauberer Löffel mehr da sei. Dann werde alles abgeduscht.«

»Am Nachmittag des 2. Juli 1949 bei strahlendem Sommerwetter«, schrieb H.U. Steger in seinen Aufzeichnungen, »begann im ›Berghöfli‹ die Hochzeitsfeier. Zu den ersten Hochzeitsgästen gehörte die schöne schwarzhaarige Bündnerin Claire. Zum feierlichen Anlasse hatte sie sich von einer Freundin ein hochelegantes Kleid ausgeliehen.

Max Haufler der Schalk...

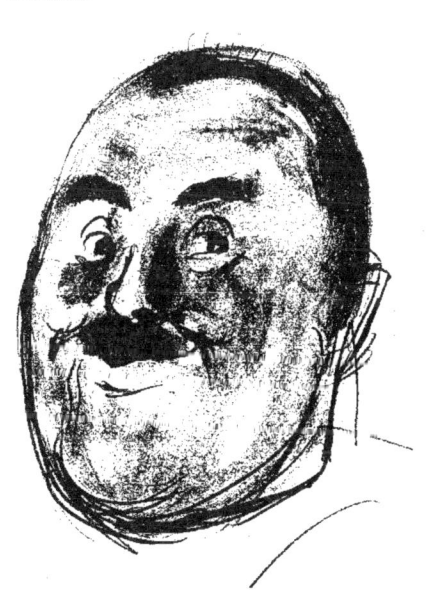

So herausgeputzt traf sie beim Hochzeitspaar ein. Vaucher war nur mit einer alten Arbeitshose bekleidet, Edith noch im Bademantel und Schampi, in alten Shorts, putzte das kleine Bassin. Sie war schon ein wenig erstaunt. Etwas später trafen dann weitere Gäste ein. Hannes Fröbel, früher ein bekannter Fotograf, später Bratschist beim Tonhalleorchester, war Götti von Jean Jacques und brachte als Hochzeitsgeschenk einen Schultornister mit. Dann erschien der Cornichon-Gründer Walter Lesch mit seiner Gattin, der Schauspieler Max Haufler, der junge Regisseur Zimmerli mit seiner Frau, Vauchers alter Freund Siegrist und noch viele Leute, die ich zum Teil nicht kannte, wie z.B. Herr und Frau Kriesi, Strassenwärter, welche in der Küche aushalfen, aber wie Hochzeitsgäste behandelt wurden. Das Fest begann im Garten. Beim Anblick meines Motorrades, einer Motosacoche Jahrgang 1935, bekam Hannes Fröbel Stielaugen und Lust, wieder einmal Töff zu fahren. Ich musste den Schlüssel rausrücken, und der bekannte Frauenheld führte jetzt etliche Damen im Pfannenstilgebiet herum. (...) Später verlagerte sich das Fest ins Innere des Hauses. Max Haufler stand am Tisch, eine grosse Whiskyflasche in der Hand, und begann eine mehrstündige Hochzeits-Festansprache, wobei er mühelos von einer Sprache zur anderen zappte, von Baselditsch ins Bühnenhochdeutsch, GI-Amerikanisch, français-diplomatique, in breites Zürichdeutsch und dann in täuschend echt klingendes Origi-

...und der Kino-Bösewicht.

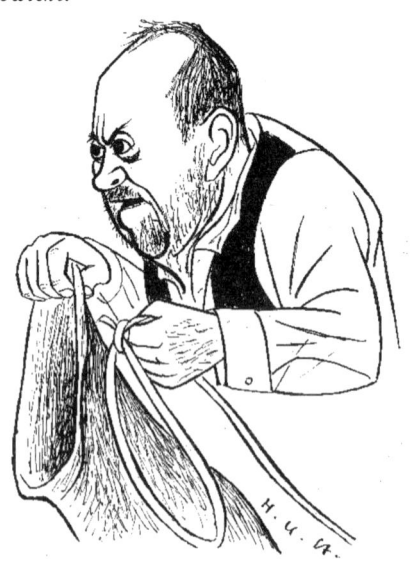

nal-Russisch oder von einem Russen geradebrechtes Deutsch, wobei er die Braut mit ›Chedit-Täubchen‹ ansprach und ihr mit der Flasche zuprostete. Auf das ›Jus primae noctis‹ verzichtete er grosszügig, dafür mimte der kleine, kugelige Mann einen tollen Kosakentanz, bevor er wieder ins Bayrische, Italienische, Arabische oder Berlinerische überging. Ich sehe noch jetzt Walter Lesch vor mir. Er hielt sich an einer Tischecke fest, lachte völlig erschöpft und tonlos, wobei ihm die Tränen wie Ameisen über die Lachfalten herunter hüpften. Leider musste ich am Abend die Hochzeitsparty für einige Stunden verlassen, aber als ich kurz vor Mitternacht zurückkam, war Haufler immer noch in allerbester Form kabarettistisch tätig. Die Whisky-Flasche war allerdings beinahe leer. In einer Zimmerecke lag ein unförmiges Paket. Claire Kasper erzählte mir später, plötzlich sei ein riesiger Mann im Zimmer gestanden, habe mit heiserer Stimme die Leute begrüsst und sich dann aufs Essen gestürzt. Danach habe er sich in einen Teppich eingerollt und schlafen gelegt. Tibor Kasics, der Pianist. Um ihn herum wogte das Fest weiter. Vor Sonnenaufgang ging ich spazieren, um mich etwas zu verlüften. Es war sehr frisch, doch bald ging die Sonne auf. Ich kehrte zurück. Da lag draussen neben dem Bassin in einem Liegestuhl, hemdsärmlig, rot-bis-blauviolett angelaufen ein tief schlafender Max Haufler, neben sich die nun leere Whisky-Flasche. Alle meine Versuche, ihn zu wecken, waren um-

Tibor Kasics

sonst. Ich suchte eine Decke und deckte ihn etwas zu. Nach einer Stunde kehrte er erfrischt zurück. Etwas später ging ich Schampi suchen, klopfte an seine Zimmertür, trat ein und erblickte ein schlafendes, nacktes Paar im Bett. Es war nicht Schampi, sondern Jean Jacques Götti. Als erfolgreicher Frauentröster weitherum bekannt, hatte er wieder einmal die Gunst der Stunde benützt. Das Brautpaar Vaucher hingegen kam nicht zu seiner Hochzeitsnacht, es hatte die vielen Gäste zu betreuen. Fauchi bereitete schon das Frühstück vor, mit viel Alka-Selzer.«

X ›Achtung Sendung läuft‹

Kunst, Ferien zu machen (1954)

Da sitze ich nun, am Meer, am fernherauschenden, wogenumbrandeten, saphirblauleuchtenden Mittelmeer. »Glückspilz!« und »Hasdusgut!« haben mir meine Freunde nachgerufen, als ich die Schweiz verliess. Fort aus dieser grauverhangenen Pfütze in die südliche Bläue, raus aus unserm Schüttstein an die sonnigen Gestade des Midi!...

Und da sitze ich nun, mitten im Midi – in meinen alten Wintermantel eingemummelt, die Kapuze gegen die Regenböen hochgeschlagen, die Knie gegen meine rotangeblasene, tropfende Nase gezogen. Das Meer ist gar nicht so fernherauschend, denn es kommt, nur eine Steinwurfweite weg, aus einem grässlichen, verfranselten Wolkenvorhang hervor und ›wogenumbrandet‹ sich kaum merklicher, als wenn auf dem Zürichsee die ›Stadt Rapperswil‹ sich längs der einst so lieblichen Rebgestade vorbeischaufelt. Kurz, es ist hier in der herrlichen Maienzeit ebenso feuchtkalt und nasskühl wie der Schweizermai es gewöhnlich zu sein beliebt. Nur dass es bei uns zu Hause die herrliche, die wagemutige Einrichtung, genannt ›Öfen‹, gibt, die, wie ich in der kurzen Zeit meiner Anwesenheit hier feststellen konnte, noch nicht in den Midi vorgedrungen ist. Und natürlich liegt meine Frau am ersten Ferientag schwer erkältet im Bett!

Man reist in den Midi mit einer hauchdünnen Garderobe. Für Herren eine Nylonmütze in rahmigem Weiss, Shorts und polobehemdet. Für Damen ... was brauch ich zu detaillieren? Moins que rien. Weniger als nichts. Dass mein Wintermantel mitkam, war eine Verirrung, wie die weibliche Logik sie manchmal hervorbringt, eine ›dämliche‹ Idee meiner Frau: er sollte während der Reise zur Abschirmung gegen die Polsterung der französischen Eisenbahnwagencoupés dienen. Denn, so erklärte meine

275

Frau, mein alter, verfranster Mantel sei hundertmal sauberer als die erwähnten Polster, welche »wahre Brutnester für Läuse, Wanzen, Pest und Podagra sind«. (Dabei gibt es heute gar keine Podagra mehr, weil sie ›Arthritis‹ heisst.) Kurzum, ich war bei der Abreise über die Mitnahme dieses nordischen Requisites sehr verärgert. Jetzt muss ich gestehen: er ist das einzige diesem Klima angepasste Garderobenstück, das wir mitführen. Er ist unentbehrlich!

Eine Nacht und einen halben Tag bin ich hier. Aber etwas steht so unerschütterlich fest wie der Schillerstein im Vierwaldstättersee: Morgen reise ich von hier weg. Wohin? Egal! Am liebsten in die Schweiz zurück. Gut, ich hatte mir einen Ferienort auserwählt, wo man ausspannen kann, wo es keine Kinos, Casinos, kein mondänes Leben gibt. Ich wollte, wie man so sagt, ›meine Ruhe haben‹. Aber nicht die Ruhe wie nach dem Tode! Dieses Fischernest, dieses triefende, nach Hering und andern Verwesungsdünsten duftende, trostlose Kaff! Ein Rundgang durch seine höckrigen Gassen hat mir vollends genügt. Die Kirche mitten im Dorf, ein wahrer Klumpen von Kirche, aus gräulichen Quadern aufgebaut, eine Art Festung mit Zinnen gekrönt, von einem kurzen, bockigen Turm überhöht, ohne Charme, ohne Ornamente! Nicht einmal Fenster hat's! Ein wahrer Kerker von Kirche, der einem statt Gottesfurcht Furcht vor Gott einjagt. Drum herum die Häuser, von denen die Tünche abblättert, mit rostigen Traufen und spinatgrünen Fensterläden. Ein bisschen verlottert mag romantisch sein, aber so! Nein! Heim!

Über das Hotel habe ich mich grün geärgert. Gleich am ersten Tag. Meine Frau liegt, wie erwähnt, schwer angeschlagen im Bett. Die Betten sind sauber, das ist das mindeste. Allein, die Bettdecke besteht aus einem Leintuch und einem leichten, baumwollenen Bettüberzug. Das mag für tropische Nächte fast zuviel sein. Für das bestehende Hudelwetter ist es entschieden zu wenig. Meine Frau friert. (Trotzdem sie die gesamte Midi-Garderoben-Garnitur am Leibe trägt, inklusive Badanzug!) Ich gehe also in die Küche und verlange bei der Frau Hotelier eine

Wärmeflasche. Sie ist eine typische Südländerin, die Frau Hotelier, mit kohlrabenschwarzem Haar, etwas Bart, lieblichen, grossen Augen, von etwas untersetzter, weicher Statur. Wenn sie spricht, zerdehnt sie die Endsilben und lässt den Stimmton eine halbe Note tiefer fallen. Es hört sich an wie ein ›glissando‹ auf einer Geige. Sie hübsch zu nennen, ist nicht der richtige Ausdruck. Aber ansprechend ist sie, sehr sogar, etwas verwirrend eigenartig. Nun, diese ansprechende und eigenartig verwirrende Dame überreicht mir eine Bettflasche, die lauwarm ist! Ich erkläre ihr, meine Frau sei krank, und in Anbetracht des nicht vorhandenen Deckbettes sei eine heisse Wärmeflasche höchst erwünscht. Worauf sie bedauert, aber das Boilerwasser sei eben nicht wärmer. Ich repliziere, man könne bekanntlich seit Prometheus, der es den Göttern stahl, laues Wasser auf dem Feuer bis zur Siedehitze aufwärmen. Worauf sie wieder bedauert, aber im Herd sei kein Feuer. Meinen Vorschlag, ein Herdfeuer eigenhändig zu entfachen, lehnt sie rundweg ab, und auf alle meine Einwendungen antwortet sie mit einem Achselzucken und einer Handgebärde, die ungefähr besagt: »Leider ist es mir nicht gegeben, laues Wasser in heisses zu verwandeln, wie ehedem unser Herr Jesus Christ Wasser in Wein verwandelte!« Ich fühle, wie mir die Wut in die Nase steigt. Und plötzlich, durch diese lauwarme Flasche gesehen, finde ich diese ›ansprechende und eigenartig verwirrende‹ Frau höchst widerlich, ihr kohlrabenschwarzes Haar ungepflegt, ihren Blick kuhäugig, ihre Statur verfettet und faul. Die Geige ihrer Stimme verwandelt sich in Katzenmusik. Ja, plötzlich ist diese unscheinbare Frau Hotelier Ausdruck und Symbol für alle Franzosen, für ihre wirtschaftlichen Schwierigkeiten, ihre Kabinettswechsel, ihre unglückliche Kolonialpolitik. Ganz Frankreich ist durch eine lauwarme Wärmeflasche gesehen kuhäugig, verfettet faul und ungepflegt. Und gleichzeitig wächst mein Nationalstolz zur Matterhornhöhe und gipfelt in einen Satz aus, den ich ihr, der Frau Hotelier, und ganz Frankreich ins Antlitz schleudere: »So etwas könnte bei uns in der Schweiz nicht geschehen!« – wonach mir nichts anderes übrigbleibt, als mit meiner lauwarmen Flasche den Rückzug anzutreten. Aber womöglich noch unerschütterlicher als der vierwaldstättische Schillerstein steht mein Entschluss fest: So schnell wie möglich von hier abzuhauen!

Meine Frau lächelt über mein lauwarmes Abenteuer, beteuert, dass es ihr besser geht, und bittet mich, etwas zu essen und einen guten Schluck zu trinken.

Als ich die Treppen aus Steinfliesen hinuntersteige, steigt mir ein Duft in die Nase, eine Mischung von Fischfriture und Ammoniak... En Guete! Wenn man vermittels Düften einen Menschen umbringen möchte, wäre mit einer solchen Geruchsverbindung ein erfolgversprechender Anfang getan!

Der Wirtschaftsraum, der dem Speisesaal vorgelagert ist, ist mit Männern vollgeladen. Sie drängen sich an der Bar entlang und umlagern die Tische. Ein Londonernebel aus Zigarettenrauch verwandelt die Wände des Raumes in eine Art wattierte Polsterung. Hier riecht's nach Teer, Tang und sehr nach Knoblauch. Und ein jeder dieser Männer spricht, spricht in voller Lautstärke ein Kauderwelsch, eine Vierfruchtmischung aus Französisch, Italienisch, Spanisch und Babylonisch.

Ich schäme mich etwas, mich hier in meinem Aufzug zu präsentieren. Denn eine blitzblanke Nylonmütze über einem zerschlissenen, restlos zerfransten Mantel, aus dem unten zwei nackte, wachsbleiche, behaarte Männerbeine herausgestreckt werden, ergeben eine Gestalt, die mit ›Bö‹ unterzeichnet frisch aus dem ›Nebelspalter‹ herausgefallen sein könnte. Man kennt sogar aus dem ›Fremdenkurort Schweiz‹ den mokanten Ausdruck und die würzigen Bemerkungen, mit denen etwas ausgefallen bekleidete Gäste bedacht werden.

Ich setze mich auf einen freien, von einem Tisch etwas abseits stehenden Stuhl. Denn meine Eitelkeit sträubt sich dagegen, in meinem Böggengewand Spiessruten zu laufen. Ich bin kaum abgesessen, als einer der Männer vom benachbarten Tisch zusammenrückt und mit einem: »Allez, mettez-vous ici!« mich an seiner Seite Platz zu nehmen auffordert.

Er ist gross, hakennasig, hager, hat einen kurzgeschnittenen Schopf mit weissen Haarspitzen, wie der Igel, und blaue, nasse Augen, die ihr Wasser tropfenweise über den Nasenbuckel absondern. Es ist der Wind- und Wetterblick eines Fischers. Er und seine drei Kumpane satteln von ihrem Kauderwelsch auf Französisch um, einem Französisch, das mit dem klassischen soviel gemeinsam hat, wie das Deutsch von Uri mit dem Schriftdeutsch. Man versteht es brockenweise. Sie sprechen mit mir, als ob ich mein Leben lang auf Fischzüge ausgewesen wäre, vom Fischen, vom Wetter (sie nennen es cochong de täng = Sauwetter), von den Netzen, die verfaulen, wobei eines 30'000 französische Brocken kostet. (Im Ausland wird man so etwas wie ein automatischer Valuta-Rechenschieber, sodass ich sofort weiss: 30'000 ffr. = 342.- sFr.) Und dann trink ich mit ihnen eine hellbraune Lösung, Pastis genannt, die verflixt ähnlich schmeckt wie unser Absinth und dito wirkt. Sie laden mich ein zum Fischen. Der vorsichtige Schweizer hinter mir will sich eben über den Kostenpunkt einer solchen Schifflifahrt erkundigen, als mir der eine weismacht, ich könne dabei noch ordentlich verdienen! Ja, Hilfskräfte seien eben rar. Dann zahlen sie ihre Pastis, inklusive die meinen! Ich will protestieren und meine Brieftasche zücken, da fällt mein Blick auf meinen Pandurenmantel. Aha! deshalb Fischereihilfskraft mit 120 Francs Stundenlohn. Ja, halt meine Herren, aber nicht mit mir! Ihr könnt euer Drecksgeld behalten, wenn ich mitkomme. Oder zumindest die Hälfte. Jawoll! So bin ich. Im übrigen sind 120 Franzosenfranken ein Spottgeld. Das macht kaum einen harten, guten helvetischen Franken Stundenlohn aus. Überhaupt, ich wäre ja dumm, wenn ich das Geld nicht nähme. Time is money, auch in den Ferien. Und schliesslich, was ärgere ich mich: es wird ja nicht dazu kommen, denn bekanntlich steht felsenschillersteinfest, dass ich abhaue. Morgen. Spätestens übermorgen!

Das Essen war abscheulich. Es schmeckte nach Tran, Knoblauch und Salmiak! Aber eine Flasche Wein war dabei: Clos Vauvert. Ein würziger, fruchtiger Rosé! Und gar nicht teuer der Liter. Nicht ganz zwei Schweizer Stützli! Dazu herrliches, knuspriges Weissbrot, nicht dicker der Laib als eine Blockflöte. Und saftige, samtweiche Oliven! Schade, darum, um dieser Köstlichkeiten willen, würde es sich fast lohnen, hier zu bleiben.

Wenn ich jetzt schon drei Tage hier bin, so liegt's nicht an mir. Meine Frau war wirklich arg vergrippt. Das schöne Wetter hat zwar eingesetzt, aber mit einem mörderischen Wind, den sie hier ›Mistral‹ nennen. Er weht von überall her. Er kommt direkt aus den Sternen herunter. Und kalt ist er, wie die Bise bei uns zu Hause. Da kann ich es natürlich nicht verantworten, eine arme, kranke Frau den Unbilden dieser eisigen Witterung auszusetzen. Im übrigen aber steht immer schillerundsoweiterfest, dass ich wegfahre. Bise kann ich zu Hause haben. Und billiger!

Heut hatten wir ein ganz nettes Abenteuer. Wir beschlossen, eine kleine Landpartie zu machen, obgleich der Mistral immer noch im Hundertkilometertempo vom Himmel herunterschleust. Meine Frau hat sich einen alten Ledermantel gepumpt. Verschmiert, ölig und verbletzt ist er. Aber was tut's! Die Leute hier achten überhaupt nicht auf die Kleidung. Und das ist sehr sehr angenehm. Eigentlich beruhigend. Ein Ort, wo Kleider keine Leute machen, das grenzt beinahe ans Wunder. Na, also keine Übertreibungen!

Das Land ist topfeben. Zwischen Sümpfen und Salzwassertümpeln wächst ein scharfes Riedgras, das von Kuh- und Pferdeherden abgegrast wird. Die Kühe sind im Gegensatz zu den unsern schwarz, die Pferde sind weiss. Ganz hübsch.

Wir waren ungefähr eine Stunde gewandert durch ebenbesagte Kuhherden hindurch, als wir etwas abseits einem dieser Rindviehgattung Angehörigen begegneten, der bei unserm Anblick seltsame Bewegungen auszuführen begann: er schlurfte, scharrte mit den Vorderhufen, dass es um ihn herum mächtig zu stäuben begann, prustete dabei mit geblähten Nüstern, als ob er ein Loch in die Erde blasen wolle... Es kam mir irgendwie etwas unbehaglich vor, dieses Staubaufwirbeln. Nirgends in der Umgebung ein Mäuerlein, kein Bäumchen, nur in weiter Ferne die Dünen ...

Das Heil in der Flucht suchen. Ich packte meine Frau bei der Hand und lief los, mit dem Mistral um die Wette, jederzeit gewärtig, vom stiebenden, stäubenden, schnaubenden Hornochs auf die Hörner genommen zu werden. Ein Blick nach hinten: da seh ich, wie ein Reiter auf einem weissen Pferdlein unsern Auerochs von seiner Bahn ablenkt und mit vorgehaltener Lanze in die uns entgegengesetzte Richtung treibt. Gerettet! Ich war nachher wütend. Es verträgt sich schlecht mit der Schweizer Ehre, vor Munelis davonzulaufen!

Ich sah wenige Tage später mit ebensolchen Munelis einem Stiergefecht zu. Einer sogenannten Arlésienne, wobei es gilt, kleine an den Stierhörnern befestigte Papierschnitzel mit der blossen Hand zu erwischen. Nun – trotz unserem traditionellen, ja sagenhaften Umgang mit Rindviechern –, ich hätte nicht gewagt, mich mit diesen Tierlein einzulassen. Das Schauspiel fand übrigens auf dem Dorfplatz vor der Kirche statt, und daran beteiligt war die gesamte Dorfjugend, mitsamt den Mädchen! Einen der Jungen hat's erwischt, gerade, als er über die schützende Palisade flitzte. Ein Horn mitts in den Hosenboden! Der Arme, er wird in nächster Zeit das Sitzen hübsch bleiben lassen müssen.

Die Ferien gehen ihrem Ende zu. Es sind die schönsten, die ich je erlebt habe! Ich ging fast jeden Tag fischen. Zusammen mit dem Fischer mit dem ›Igelhaar‹. Er sagt, ich bring ihm Glück. Er habe nie soviel Fische gefangen wie mit mir, und immer die besten. (Er zahlt mir Stundenlohn aus. Ich lass ihm die Freude. Wenn ich ihn ausschlüge, wäre er bestimmt beleidigt!)
    Übrigens die Kirche ist ein Kleinod im frühromanischen Stil. Ich entdecke Tag für Tag neue, herrliche Ornamente. Ein Säulenkapitell ist bestimmt griechisch. Ich hätte die grösste Lust, hier einmal Ausgrabungen vorzunehmen. Vielleicht kämen die tollsten Venustempel zum Vorschein!
    Ich ass fast jeden Tag Bouillabaisse. Meine Frau hat von der Fischersfrau das Rezept: Das muss bei uns auf den Tisch. Und wenn sie nur mit Läugeli gemacht werden kann.
    Kenn Dutzende von Leuten. Ging mit einem auf die Entenjagd. Knallte aber nur daneben. Sie wissen aber hier nichts von Wilhelm Tell, also brauche ich mich nicht zu schämen.

Die Düfte im Treppenhaus haben meine Frau und ich ›Düfte des Orients‹ benannt. Sie werden uns zu Hause sehr fehlen. Vielleicht aber lassen sie sich künstlich erzeugen.

Die Frau des Hoteliers ist wirklich ansprechend und eigenartig verwirrend. Meine Frau findet, ich schäkere etwas zu augenscheinlich mit ihr. Im Süden übertreibt man eben etwas.

Und das Mittelmeer ist fernherauschend, wogenumbrandet und saphirblauleuchtend.

Und man lebt hier wie ›der Herrgott in Frankreich‹!

In der Kirche ist eine Wand mit Votiven. Da hängen Schiffchen für mirakulöse Errettungen aus Seenot, hängen Krücken, Arme nachgeformt in Wachs, Zeichen gläubiger Dankbarkeit. Ich habe in einem unbewachten Moment eine kleine Baby-Wärmeflasche hingehängt aus Dankbarkeit für die Errettung aus meiner gutschweizerisch bürgerlichen Bequemlichkeit. Und meine Frau hat eine dicke Kerze angezündet. Man muss ja etwas sehen, denn die Kirche hat wirklich keine Fenster. Sie ist eine Festung, eine feste Gottesburg, erbaut gegen die Überfälle der Heiden von anno dazumal. Denn sie birgt eine der grössten Kostbarkeiten: es ward an ihrem Standort die erste christliche Gemeinde auf unserm Festland gegründet. So berichtet die Legende.

Nachwort auf der Rückreise niedergeschrieben:
Gehe ohne Vorsätze in die Ferien. Lass dich überraschen.

Sich ausspannen heisst, etwas Anderes, Gegensätzliches erleben. Verlange also nicht, immer gerade das wiederzufinden, was Du zu Hause hast. Verpflanz also Deine Chalet-Träume nicht in andere Gegenden. Sie passen nicht hinein.

Alfred Rasser war unbestritten ein Schauspielgenie. Von Genialität in finanziellen Fragen indessen konnte keine Rede sein. In einem kleinen Text ›Ein Narr über andere Narren‹ schrieb Vaucher über ihn: »Er gehörte zu den absonderlichsten Narren unserer Zeit: eine himmlische Begabung und ein höllischer Charakter. Privat ist er ein Geiziger in Molière'schem Umfang, aber wenn er von einer künstlerischen Idee besessen ist, wird er ein Verschwender sondergleichen. Er hat mehr als einmal sein gesamtes Hab und Gut in die Schanze geschlagen, und es war mindestens einmal ein ganz ansehnliches Vermögen. Ich kenne ihn im Privatleben nur als restlos Abgebrannten, von einer Meute von Gläubigern Gehetzten – oder dann als hablichen Herrn, einen gesegneten Familienvater und von einer Gattin mit höchst liebenswerten Eigenschaften umsorgt: ein Pascha, aber zugleich ein unermüdlicher Kuli seiner Arbeit, immer voller Pläne, aktiv bis zum Umfallen, pedantisch, fahrlässig, liebenswert, skrupellos, sagenhaft charmant und grauenhaft roh. Sechs Jahre haben wir uns gegenseitig ausgestanden, er als vielgerühmter Läppli – ich als Autor, Kulissenschieber, Souffleur, Regisseur, Conférencier und Vorhangzieher.«

Auf der Erfolgswelle des Stücks ›HD-Soldat Läppli‹, das ein erstes Mal bis Ende 1946 gespielt wurde, übte das Cabaret ›Kaktus‹ mit ›Harti Nüss und weichi Bire‹ tagsüber bereits wieder eine klassische Nummernfolge ein, als mit einer Streikdrohung der Schauspielerinnen und Schauspieler gegen Rasser kurz vor Weihnachten die Stimmung den Nullpunkt erreichte. Obwohl die Premiere des neuen Kabarettprogramms auf den 31. Dezember 1946 im Basler Küchlin-Theater angesetzt war, entliess der verärgert reagierende Alfred Rasser kurzerhand das ganze Ensemble. Streitpunkt waren lächerliche fünf Franken Entschädigung pro Kopf – Auswärtsverpflegung, die allen Mitwirkenden auf Tournee zukamen und die Rasser eines Abends zu zahlen verweigerte, als die Truppe von einem reichen Verehrer des ›Kaktus‹ zum Abendessen eingeladen wurde und die Spesenpauschale damit Rassers Ansicht nach überflüssig war. Rasser, der damals mit dem ›Läppli‹ »irre gut verdient hatte«, wie Susi Trachsler-Lehmann bemerkt, zahlte dann schliesslich doch, aber der Schauspieler Hannes Zinder, der im Namen des Ensembles von Streik gesprochen hatte, wurde von Rasser nicht wieder eingestellt. Rasser lehnte in der Folge sogar ein von Vaucher vor dem Schweizerischen Bühnenkünstlerverband ausgehandeltes Schiedsgerichtsurteil ab.

Nach Beendigung der ›Harti Nüss und weichi Bire‹-Aufführungen, die C.F. Vaucher wieder die Möglichkeit zu angriffigen Conférencen – u.a. gegen Bundesrat Etter und die Affäre der ›staatstreuen‹

Werkausgabe des Schriftstellers Carl Spitteler – gegeben hatten, lief im ›Kaktus‹ zunächst nichts mehr. Es waren für Vaucher einkommenslose »tote Monate«. Im März schrieb Vaucher verzweifelt sein Haus in Herrliberg zum Verkauf aus. Es fand sich aber kein Käufer. Am 19. März 1947 wurde ihm wegen ausstehender Prämienzahlungen an die ›Christlich-soziale Kranken- und Unfallkasse‹ vom Betreibungsamt Herrliberg ein 1942 neu gekauftes ›Philips‹-Radio im Schätzungswert von 250 Franken gepfändet. Vermutlich bereits von diesem Zeitpunkt an lebten er und seine Frau versicherungslos. Das sollte in den frühen fünfziger Jahre für Edith Carola bittere Folgen haben, als sie eine Knieverletzung erlitt und ein chirurgischer Eingriff privat nicht zu finanzieren war. Keine Kasse nahm sie mehr auf. Ihre Existenz als Tänzerin war auf einen Schlag zerstört.

Bei der Gründung des ›Kaktus‹ hatte Rasser zwar Vaucher gemeinsame Beteiligung am Reingewinn »bei gemeinsamem Tragen des Risikos« vorgeschlagen. Doch Vaucher war von seinem Erbe so gut wie nichts geblieben. Er zog damals, wie Rasser ihm im Juli 1947 bei der Neuaushandlung des Vertrags etwas selbstgerecht in Erinnerung rief, »den sicheren Weg des Fixbesoldeten« vor. Das intellektuelle und kreative ›Kapital‹, das Vaucher als Regisseur und Autor einbrachte, liess Rasser auch im Sommer 1947 ausser Betracht, als er die Forderung seines Weggefährten nach einer Gewinnbeteiligung erneut von einer »Kapitaleinlage« abhängig machte, »welche zum jetzigen Geschäftskapital im gleichen Verhältnis« stehen solle wie der »angestrebte Gewinnanteil« (7.7.1947). Der ›Kaktus‹ stand links, war aber kein Kollektiv. Intern galt Kapitalismus. Rasser willigte lediglich ein, Vaucher auf ein Jahr hinaus eine feste »Gage von Fr. 1200.– pro Monat zu bezahlen«. »Alfred Rassers Ideen, was er predigte und was er mit seinem Kabarett sagen wollte, stimmte nicht immer mit seinen Taten überein«, bemerkt Susi Trachsler-Lehmann im Gespräch. Auf einigen wenigen Zeilen notierte C.F. Vaucher am 17.6.1947: »Gewisse Fähigkeiten scheinen auf der anderen Seite Löcher aufzureissen, aus denen dann die übelsten Untugenden ausfliessen: Geiz, Misstrauen und Missachtung der besten Freunde selbst.« Alfred Rasser wurde für Vaucher plötzlich zum literarischen Thema: »Stoffe: A. R.'s Aufstieg und Niedergang. Psychologische Studie eines Stars in gleicher Augenhöhe.« Leider blieb es bei dieser Prosaskizze.

Unter Vauchers Regie wurde auch der ›Demokrat Läppli‹, der am 13. September 1947 in Basel Premiere hatte, zu einem Kassenrenner. Er brachte es auf 400 Vorstellungen. Franz Rueb schrieb in seiner Rasser-Biografie: »Vor allem aber lebte Alfred Rasser nun im Vollen. Denn er war ja Unternehmer, und dieses Unternehmen konnte sich in finanzieller Hinsicht sehen lassen. Im ersten Monat spielte der ›Demokrat‹ runde 70'000 Franken ein, ein absoluter Rekord sowohl für Rasser wie für das ›Küchlin‹-Theater. In seinem Übermut kaufte Rasser zwei Bilder aus Hodlers Werkstatt für 10'000 Franken. Einige Jahre später verlor er sie wieder.«

Vaucher und Rasser trennten sich am Ende der Spielzeit. Ein ursprünglich in Aussicht gestelltes neues Kabarett-Programm kam nicht mehr zustande. Der Schauspieler Walter Roderer, der beim ›Demokrat Läppli‹, mitspielte, erklärte im Gespräch: »Vaucher hat sicher sehr viel geschluckt. Er war immer sehr geduldig und versöhnlich, aber einmal war dann natürlich genug. Beim Rasser hat eigentlich jeder einmal genug bekommen. Alfred Rasser war eben egozentrisch wie kaum jemand. Natürlich war das auf der anderen Seit nach aussen auch sein Erfolg. Er war ein unvorstellbar präziser Schauspieler, und wenn einem [selber] diese Präzision abhanden kam, dann hat Rasser einen auf der Bühne gemassregelt. Unter dem Schnauz unten durch sagte er: ›Füre, füre!‹, ›Zruck!‹, ›Aus dem Licht!‹« Diese für das Publikum nicht hörbaren, unter dem struppigen, bis über die Lippen hängenden ›Läppli-Schnauz‹ hervorgepressten Szenenanweisungen waren für die Mitspielenden eine dauernde Plage. Susi Trachsler-Lehmann erinnert sich: »Es gab zwischendurch schon Zeiten, da bestand eine eisige Kälte zwischen dem Ensemble und Rasser. Bei einem ›Läppli‹-Gastspiel in einem Frankfurter Zirkus waren auf der Bühne Mikrophone aufgestellt, weil das Zelt so riesig war. Das Publikum hörte alles, was Rasser unter dem Schnauz brummelte. Es ging über die Mikrophone bis in die hinterste Ecke. ›Gang ä chli wiiter füre!‹, ›Gang ä chli hindere!‹, ›Du häsch hüt so Honigauge!‹ Das wurde für ihn eine Manie. Ich stelle mir vor, er hat das nicht mehr gemerkt. Er bewegte sich ja auch wie ein Fisch im Wasser auf der Bühne.«

Einmal hatte sich Vaucher auf seine Art Luft gemacht. Jean-Pierre Gerwig, der im ›Demokrat Läppli‹ mitspielte, erzählte die Geschichte C.F. Vauchers Sohn Jean Jacques: »Am 29.1.1948, als er 46 Jahre alt wurde, lud er nach der Vorstellung neben allen andern auch Alfred Rasser ein: ›Kommt, wir feiern noch meinen Geburtstag.‹ Da sagte Alfred: ›Tut mir leid, muss weg, muss gehen!‹ und verschwand. Fauchi war ziemlich beleidigt. Eben weil sie beide doch den ganzen ›Kaktus‹ auf die Beine gestellt hatten. Die Feier fand im Theater statt, und dann ist der Fauchi plötzlich verschwunden. Ungefähr eine Viertelstunde später kam er mit erigiertem Glied wieder, hatte auf dem Glied sämtliche Schnäuze vom Alfred draufgesteckt und machte einen Tanz, was weiss ich, einen russischen Beintanz. Alle lachten sich natürlich kaputt, und dann ist er wieder ab. Am nächsten Tag hat der Alfred alle diese Schnäuze wieder angeklebt – er hatte fünf oder sechs und wechselte sie immer, wenn sie durchgeschwitzt waren –, und die Vorstellung ist einfach ›geflogen‹, weil es alle immer geschüttelt hat vor Lachen, wenn der Alfred wieder mit so einem Schnauz ankam! Das war Fauchis Rache... wegen dem Geburtstag.«

Rasser, der glaubte, auf Vaucher als Drehbuchautor und Regisseur verzichten zu können, inszenierte anschliessend im Herbst 1948 mit dem Schauspielhaus-Regisseur Leonard Steckel, der Ettore Cella zufolge »mit einem fertigen Konzept ankam und Rasser gar nicht verstand«, die Revue ›Ein Herr vom Olymp‹. Das Stück wurde, wie Rueb schreibt, »nur zwölf Mal gespielt«, dann musste es abgesetzt werden. Die 30'000 Franken Schulden konnte Rasser nur mit neuen Gastspielen des Dauerbrenners ›HD-Läppli‹ wiedereinspielen. Der ›Weltbürger Läppli‹ (Premiere 29.9.1949) – erneut ohne Vauchers Regie – brachte dann aber die endgültige Pleite und die Auflösung des ›Kaktus‹. Das Huhn, das goldene Eier legte, war geschlachtet worden. »Zwischen Vaucher und Rasser herrschte eine merkwürdige Symbiose«, meint Susi Trachsler-Lehmann: »Die zwei haben sich ergänzt. Vaucher war der Intellektuelle, Rasser so ein Naturtalent. Und Vaucher bildete für das Ensemble die Brücke zu Rasser. Vaucher war sehr kompromissbereit. Sicher war Rasser zu einem Teil auf Vaucher angewiesen, denn er wusste, mit einem anderen bekäme er Krach.« Danach folgten auch für Alfred Rasser schwere Jahre. Der Kunsthistoriker und Schriftsteller Carl Albert Loosli hatte Vaucher am 8. Oktober 1948 geschrieben: »Schade, schade, dass der ›Kaktus‹ Sie verlor, denn damit wird auch er verloren sein, wenigstens in dem gewissensaufrüttelnden Sinne, dessen Weckung seine eigentliche Mission war. Aber bei uns geht eben alles Hochwertige zum Teufel!«

Vaucher versuchte, sich durchzubringen, wie es ging. Er machte Übersetzungen, schrieb erneut für das ›Cornichon‹ und auch für das seit 1948 selbständig auftretende Duo Voli Geiler und Walter Morath. Damals, 1948, fragte er die ›Bank Prokredit A.G. Zürich‹ um einen Kredit an – möglicherweise zur Verwirklichung eines Schreibprojekts. Doch er wurde als nicht kreditwürdig eingestuft. Ein Ausweg bot sich beim Radio. Schon im Mai 1947 hatte er seinen ›Cantus helveticus‹ aus dem Krieg für das Studio Zürich bearbeitet. ›Der Freiheit eine Gasse‹, hiess die Sendung. Untertitel: ›Der Kampf um die Menschenwürde in schweizerischen Dokumenten aus 7 Jahrhunderten.‹ Die Musik schrieb Rolf Liebermann. 1948 plante er eine Reihe über ›Künstler in der Schweiz‹. Ein zweites Thema, das er vorschlug

– »Antisemitismus« – wurde vom Programmleiter als »unendlich viel heikler« eingeschätzt: Er glaube nicht, »dass es eine Möglichkeit gibt, im Rahmen eines konzentrierten Radioberichtes diesem Thema gerecht zu werden« (14.9.1948). Für einen Geist, der wie Vaucher auf der Bühne dafür gekämpft hatte, frei heraus zu sagen, was ihm auszusprechen nötig schien, war eine Anpassung an den kreuzbraven Radiobetrieb der späten 40er Jahre schwer. Im Auftrag der ›Schweizer Europahilfe‹ gestaltete er 1949 noch »20 bis 30 Kurzsendungen bis zu 4–5 Minuten Dauer« für den Westschweizer Sender ›Sottens‹ und für ›Beromünster‹.

Dann zog es ihn zurück zur Bühne. März/April 1949 ging er mit der Theatergruppe von Maria Becker und Robert Freitag (›Neue Bühne‹) auf Gastspiel-Tournee. Er gab den Pastor in ›Frau Warrens Gewerbe‹ von George Bernard Shaw. »Er war ein sehr feiner Schauspieler, ein Charakterschauspieler, ein unglaublich amüsanter, kluger, origineller Mann«, erinnert sich Maria Becker. Edith Carola trat derweil für drei Monate in Strasbourg im elsässischen Cabaret ›Barabli‹ von Germain Muller auf. Den Sohn nahm sie mit. Im August spielten Vaucher und Edith Carola zusammen in einem Schwank beim Komiker Fredy Scheim. Vaucher ging dann zum Cabaret ›Embassy‹. Dabei handelte es sich, wie der Regisseur und Autor Ettore Cella noch weiss, um ein grossräumiges Zürcher Tanzlokal im Häuserblock zwischen dem Stadthausquai und der Fraumünsterstrasse. Auf Rechnung des Hauses produzierte Vaucher da im September 1950 mit Margrit Rainer, Ruedi Walter, Helen Vita und Harro Lang das kabarettistische Programm ›...ganz unverbindlich!‹ Die Musik steuerte Walter Baumgartner bei, den Vaucher wie Tibor Kasics auch schon vom ›Cornichon‹ und ›Kaktus‹ her kannte. Einen Monat später traten Voli Geiler und Walter Morath im ›Embassy‹ auf. »Das ist wahrhaft internationale Klasse, vollendet in Diktion und Mimik«, schrieb der ›Tages-Anzeiger‹ zur Nummer ›La Respectueuse‹, die Vaucher für Voli Geiler über »die Lebens- und Liebeserfahrungen einer leicht angejahrten Pariserin« verfasste (14.10.1950). Der ›NZZ‹ schien hingegen, Vauchers Texte seien »Pflichtexemplare mit kürzester Lieferfrist«; »der an sich von den Feen des Kabaretts geküsste Vaucher« habe »zu diesem Programm nicht die poetisch angetupften textlichen Bijoux geliefert, die wir von ihm sonst kennen« (18.10.1950, Nr. 2152). Unleugbar war, dass Vaucher sich oft überhaupt nur unter Zeitdruck in der Lage sah, Nummern, die er im Kopf hatte, fertigzuschreiben.

Im September 1950 liess er sich schliesslich wieder als Regisseur im Cabaret ›Cornichon‹ verpflichten. Edith Carola war bereits Ende 1948 an diese alte Wirkungsstätte zurückgekehrt und zeichnete für die Choreographie. Den ›Hirschen‹ hatte das ›Cornichon‹ auf der Suche nach einem grösseren Raum Ende Dezember 1948 mit dem ›Neumarkt‹-Theater vertauscht. Edith Carola und C.F. Vaucher waren sehr hoffnungsvoll. Sie wollten sich in der gemeinsamen Arbeit auch persönlich wieder näher kommen, wie Briefzeugnisse zeigen. Denn einen kurzen Augenblick lang hatte Jean-Pierre Gerwig zwischen ihnen gestanden, und Vaucher zeigte sich in solchen Dingen verletzbar.

Da Edith Carola und er dauernd unterwegs waren, lebte der kleine Jean Jacques meist in nahegelegenen Kinderheimen. Es war nicht immer leicht, das Kind von Kabarett-Eltern zu sein: »Ich habe auch ziemlich Protest gemacht. Ich war sehr widerspenstig. Das Heim, wo ich als ganz kleines Kind war, mochte ich gut. Aber im zweiten war eine ›Tante‹, die ihre Befriedigung suchte, indem sie Kinder hütete – eine Schreckensperson. Mit sechs Jahren habe ich rebelliert. Ich war wegen irgendwas bestraft worden und fand, es sei zu Unrecht geschehen. Ich bin davongelaufen und eine Woche untergetaucht.« Um nicht in der freien Natur zu bleiben, versteckte er sich zu Hause im Kohlenkeller. »Ich baute mir dort unter Holzscheiten eine Hütte, und in der Nacht, wenn alle schliefen, stieg ich in die Wohnung hinauf, um mich zu ernähren.« Natürlich suchten C.F. Vaucher und Edith Carola, die von einer Tournee zurückkehrten, den Kleinen. »Meine Eltern merkten, dass immer Esswaren verschwanden, und waren sich im klaren, dass ich irgendwo stecken musste.« C.F. Vaucher entdeckte das Versteck. Die Begegnung mit dem Vater hat Jean Jacques Vaucher als sehr eindrücklich in Erinnerung: »Wir sind zusammen rauf und setzten uns an den Küchentisch. Er hat mich wie einen Erwachsenen behandelt: ›Du weisst doch, wir müssen beide Geld verdienen. Wenn wir nicht Geld verdienen, verhungern wir schlicht und einfach. Wir müssen beide! Und was soll ich mit dir machen? Ich kann dich da doch nicht allein lassen?‹ Und ich habe gesagt: ›Doch! Das kannst du!‹ An dieses Gespräch kann ich mich erinnern, wie wenn es gestern gewesen wäre. Ich sagte: ›Ich kann das. Lieber allein als nochmals ins Kinderheim!‹ Und von da an haben sie mir immer das Essen bereitgestellt. Die Nachbarin hat auch zu mir geschaut. Aber für mich war es so, als wäre ich allein. Und dann bin ich sehr oft am Abend – ich war ja noch nicht in der Schule – mit ins Theater am Neumarkt und da auf dem Flügel eingeschlafen. In der Pause haben sie mich geweckt, und dann ging ich allein auf den Zug und kehrte nach Herrliberg zurück. Ich hatte unterwegs immer einen Stein versteckt, den ich zur Hand nahm, und sagte mir einfach: ›Wenn einer kommt, dann knall ich ihm den Stein an den Kopf. Mich fasst niemand an. Dann bin ich allein zum Haus hochgetigert und habe ein Jahr lang so gelebt. Als ich in die Schule musste, habe ich mich zu Hause selber versorgt. Da haben sie mir einfach alles vorbereitet. Ich kochte mir selber und wusste, ich musste um 9 Uhr im Bett sein. Da konnte ich nicht mehr mitgehen. Wenn ich am anderen Morgen um 8 in die Schule musste, schliefen meine Eltern noch. Ich hatte selber aufzustehen. Es gab nur wenige Kinder, die so viele Freiheiten hatten wie ich. Ich war mein eigener Herr.«

1951 musste das ›Cornichon‹ den Betrieb einstellen. Das Publikum hatte dem Traditions-Cabaret den Lokalwechsel zuerst ins ›Neumarkt‹-Theater und schliesslich 1951 ins ›Embassy‹ nur schwer verziehen. Eine neue Zeit war angebrochen. »In der Küche des schweizerischen Wohlstandes verliert selbst die hartmäuligste Satire ihre Giftzähne«, schrieb die ›NZZ‹ am 22. März 1949 in einer Besprechung des Programms ›Grimmige Märchen‹. Auch hatte sich das ›Cornichon‹ selbst fortgepflanzt und sah sich plötzlich umringt von Konkurrenz. Voli Geiler und Margrit Rainer, Stammspielerinnen des alten ›Cornichon‹, machten ihre eigene Karriere. Auch Otto Weissert, der einstige Direktor, hatte sich – unterschiedlicher politischer Einschätzungen wegen – von Walter Lesch getrennt und 1949 im ›Hirschen‹ ein eigenes Cabaret, das ›Federal‹, ins Leben gerufen.

»Das ›Cornichon‹ war kriegsbedingt«, urteilte Vaucher 1954 in der illustrierten Monatsschrift ›Matinee‹. »Es war eminent politisch. Es geisselte alles Laue, Leise, Betretene, Doppelzüngige, kurz: unsere liebenswerten Untugenden. Das war seine Grösse und nach Kriegsende sein Tod. Alle Cabarets, die später dieses ›bewährte‹ Programm auf ihren Spielplan setzten, gingen Pleite. Denn es fehlte die Schreckenskulisse des Krieges. Unsere ›liebenswerten Untugenden‹ wurden wieder, was sie sind: spiessbürgerliche Marotten. Als es 1951 die Pforten schloss«, ergänzte Vaucher in einer von der Zeitschrift weggekürzten Passage, »hat kein Hahn danach gekräht, weder von den stolzen Misthaufen der Presse herunter, noch aus den staatlichen Hühnerhöfen. Nicht, dass man von Bern aus Hilfe erwartet hätte. Das Departement des Innern hat sich in kultureller Hinsicht stets durch Unauffälligkeit hervorgetan. Aber wo blieb die stolze und reiche Stadt Zürich? Die Stadt Zürich, die am ›Cornichon‹ seine Million verdient hatte? (An Billett-Steuern nämlich!) War kein Literaturpreis für jenen Mann fällig, der das Cornichon mitbegründen half und vor allem während des Krieges für seine Haltung gradstand? Nämlich für Walter Lesch. Er trug nach Torschluss das Defizit allein. Kein allzugrosses, wenn man die Summe auf Theaterverhältnisse bezieht. Aber für einen alleinigen

Mann der Feder ein sehr schweres. Er schrieb's sich ab. Es war eine Leistung, die mindestens an die der Gründung und Wahrung des Cornichon herankommt.«

Mit seinen Texten belieferte Vaucher danach über Jahre die Duos Voli Geiler/Walter Morath und Margrit Rainer/Ruedi Walter. In ›Ein Narr über andere Narren‹ berzeichnete Vaucher Ruedi Walter ironisch als »wildgewordenen Kleinbürger«: Die »Verbundenheit zu jener staatserhaltenden Schicht« verleihe ihm eine »Musikalität, welche das Herz des Volkes zu rühren« vermöge, und er verfüge über die »Fähigkeit, selbst noch den Kitsch mit einem Anstrich von Gold zu überziehen«. Über dessen Partnerin Margrit Rainer – die ›Stupsi‹ – schrieb er, sie sei »in ihrer Kunst (...) eine ›Immaculata‹, nämlich eine, die unberührt geblieben ist von aller Hoffart, Wichtigtuerei, Intrigen und Buhlerei, die Stars zum eigenen grösseren Ruhme in Szene setzen«. Für die beiden habe er »manch Schreibmaschinenband abgenützt«. Im Ausland, meinte Vaucher, wäre er damit wohl »Millionär« geworden. »In der Schweiz bleibt ein Cabaretautor nur immer Nullionär.«

Voli Geiler und Walter Morath bei einem Sketch.

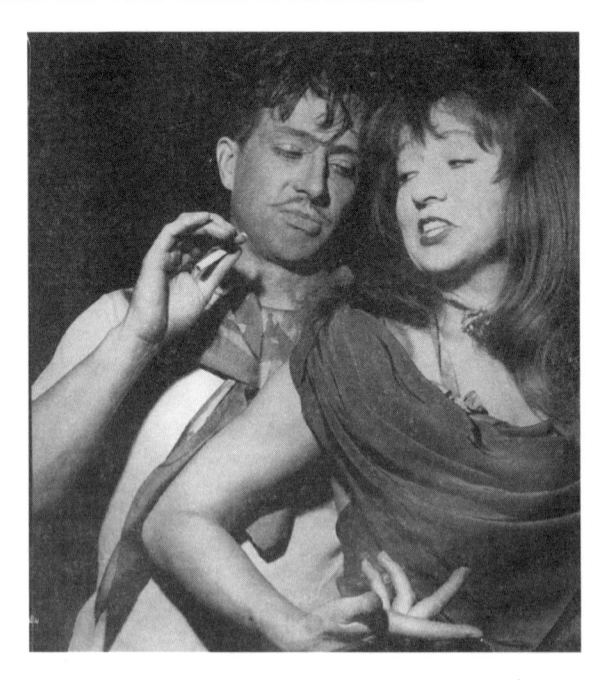

»Von ganz anderem Teig« als die Rainer sei Voli Geiler. »Ich war ihr, seit wir uns kennen, vollumfänglich gleichgültig. Sie hat von mir jeweils Chansons leicht degoutiert-höflich entgegengenommen, wie Prinzessin Grace von Monaco bei einem Jubiläum ein Mastschweinchen aus der Hand eines Bauern empfängt. Dieses Mädchen hat eine Energie, die ans Barbarische grenzt. Wobei sie auf den Proben die Verzagte ist, an sich und allen mitwirkenden Herrgöttlein restlos verzweifelt und am liebsten mit einem Sprung von der Quaibrücke ihrer und der sie umgebenden Stümperei ein Ende machen möchte.« Walter Morath hingegen sei »unter den Narren (...) der einzige, der am ehesten das Gesicht zu wahren weiss.« Er habe »eine englisch anmutende Höflichkeit«. Ein Jahrzehnt lang, schrieb Vaucher in einem anderen Text, sei er »ungefeierter Hofautor« dieses »Regentenpaares Geiler-Morath« gewesen. Für sie schrieb er neben zahlreichen Einzelnummern die abendfüllenden Kabarett-Komödien ›A la carte‹ (1953), ›Romanze‹ (1954) und ›Adam und Eva‹ (1956). Andere wichtige Autoren der beiden waren Ettore Cella – er führte gleichzeitig Regie – und Werner Wollenberger. Das Duo feierte wegen der stark pantomimischen Spielweise, die sie mit dem niederländischen Choreographen Albert Mol erarbeitet hatten, auch international Triumphe. Im Frühling 1955 begleitete Vaucher Geiler-Morath auf eine Tournee nach Israel und schrieb für Walter Morath die Anfangsconférence. Es war womöglich die erste deutschsprachige Theateraufführung seit der Gründung des jüdischen Staates. Der germanische Zungenschlag weckte noch immer entsetzliche Gefühle. Über Moraths Auftritt nach der ersten Gesangsnummer berichtete Vaucher einige Monate später im Radio: »Es war totenstill im Saal. Ich stand – nur durch den Zwischenvorhang getrennt – hinter ihm. Ich fühlte meinen Pulsschlag in den Ohren.« Vaucher hörte »am Suffitenlicht eine Fliege brummen«, als Morath nach dem ›Schalom‹ eine Pause machte und fortfuhr: »Gestatten Sie mir, als einem Vertreter der ältesten Demokratie Ihnen als den Repräsentanten der jüngsten meine Glückwünsche zu überbringen.« Vaucher: »Da donnerte minutenlang der Applaus! Ich bekam ihn wohltuend unter die Augenlider zu spüren. Und als Morath weiterfuhr: ›Meine lieben israelischen Säuglinge!‹ Da kollerte, klirrte und hüpfte vom ganzen Zuschauerraum ein munteres, befreiendes Lachen hinter die Kulissen... stieg, schwoll, brandete auf und ab... Ich glaube, das Publikum hat mindestens so stark wie wir davor gezittert, dass etwas für sie Peinliches sich ereignen könnte.«

Diese freiberufliche kabarettistische Tätigkeit reichte indessen nicht zum Leben. Es nützte auch nichts, dass Vaucher zusätzlich für das

Cabaret ›Federal‹ zu texten begann und ihm das ›Volksrecht‹ am 19. April 1952 für seine vier dort aufgeführten Szenen ›Von Zeit zu Zeit‹ den Kabarett-Doktor ›Dr. cab.‹ zusprach oder dass die ›NZZ‹ 1956 zu seiner ›Fedéral‹-Conférence zum Ungarn-Aufstand meinte, sie sei von »bewundernswerter Differenziertheit«: »Es kam im Theater zu jener seltenen Stimmung, bei der das Publikum sich scheut, seine Zustimmung laut kundzutun« (3.12.1956). Auch seine Regie bei der schweizerischen Erstaufführung des Stücks ›Das unbewohnte Eiland‹ des Niederländers August Defresne im September 1952 auf der Bühne des Theaters am Neumarkt verbesserte Vauchers Lage nicht trotz guter Kritiken. Für die »ohne richtige Kulissen, ohne richtige Kostüme, ohne Schminke« (›Die Tat‹, 25.9.1952) vollbrachte experimentelle Inszenierung blieb der Wunsch der Beteiligten, sich als »Kollektiv« zu formieren und von Tourneen zu leben (›National-Zeitung‹ 29.9.1952), unrealisierbar. Nein, Vaucher hatte sich zur Deckung auch nur der nötigsten Auslagen längst gezwungen gesehen, Werbeaufträge anzunehmen. Von 1950 an verfasste er unter dem Pseudonym ›Edith‹ für das Migros Wochenblatt ›Wir Brückenbauer‹ auch eine wöchentliche Kolumne mit Kochrezepten, die er in Kurzgeschichten verpackte. Ebenfalls um 1950 herum arbeitete er eine Weile für die Central-Film (CEFI) in Zürich, erledigte mit dem Komponisten Tibor Kasics eine »Reklamesache« an der Basler Mustermesse, organisierte 1951 für den Automobilclub ACS ein unterhaltendes ›Martini-Mahl‹, schrieb 1952 für einen Redner des Kantonalbernischen Handels- und Industrievereins eine bestellte »satirische Ansprache« und begann im Mai 1953 sogar, mit ›Bunten Abenden‹ für das Suppen- und Gewürzunternehmen ›Maggi‹ durch das Land zu tingeln.

Sicher, er mochte sich gesagt haben, dass kein geringerer als der Dramatiker Frank Wedekind im 19. Jahrhundert ebenfalls für ›Maggi‹ Werbetexte kreiert hatte, doch ein Trost war das eigentlich nicht, wenn seine Frau Edith Carola mit geschwollenen Knien am Stock ging, nur weil die Operation unerschwinglich war. Da mochte er auch nicht lange fragen, woher das Geld kam, und dachte wohl nur in schwachen Stunden an den Vater, der ihn einst mit allen Mitteln davor hatte bewahren wollen, zu einem ›pitre‹ oder angestellten Possenreisser zu werden. Mit Gefassheit, innerer Grösse und unbeirrbarem Gespür für feine Ironie und drastische Situationskomik entledigte er sich auch dieser Aufgabe – etwa wenn er in einer Werbenummer für ›Maggi‹-Backpulver einen ›gewöhnlichen‹ Gugelhopf zur Abschreckung mit Gips statt Mehl buk, der sich zur Verwunderung und zum Gaudi der Zuschauerinnen erst mit der Axt in Stücke hauen liess.

Im Sommer 1953 bot ihm das Schweizer Fernsehen für den Start der Versuchssendungen plötzlich eine Pionierrolle an. In den ersten öffentlichkeitswirksamen Programmen überhaupt – auf der Radio- und Fernsehausstellung vom 29. August bis 6. September 1953 im Zürcher Kongresshaus – sollte er vor der Kamera als Koch auftreten: ›A la carte. Ein kleiner Fernseh-Kochkurs mit C.F. Vaucher‹, war in der Programmzeitschrift ›Radio‹ ausgedruckt. Über Nacht wurde aus C.F. Vaucher der Küchenmeister der Nation. Mit dem gewohnten Respekt vor dem Publikum blieb er sich selbst auch in dieser unerwarteten Rolle treu. In ganz gewöhnlicher Strassenkleidung – ohne weissen Kochhut, dafür mit über die Ellbogen gekrempelten Ärmeln und bis zum Brustbein aufgeknöpftem Hemd – zelebrierte er seine Gerichte, wie ein Bild in der ›Radio‹-Zeitschrift zeigt: »Zu den besten Programmen gehören die Vorführungen des Schriftstellers und Fernsehkochs C.F. Vaucher. Seine Rezepte sind immer mit witzigen Bemerkungen und literarischen ›Seitensprüngen‹ gewürzt«, vermerkt der Text (22.11.1953).

Ein Fernsehabend dauerte damals gerade mal sechzig Minuten – und dies, nach dem ersten Paukenschlag im Sommer, an nur drei bis vier Abenden die Woche. Mit zu den ersten Fernsehstars gehörte auch Alfred Rasser, der sich in der Figur des ›Professor CKDT‹ auf kabarettistische Weise mit dem neuen Medium auseinandersetzte – was noch einmal beweist, welche Unterhaltungs-Potenzen das Gespann Vaucher/Rasser hätte freisetzen können, wäre ihnen neben etwas Glück nur ein klein wenig mehr Weitblick vergönnt gewesen. Vauchers Fernseh-Kochkurs wurde bis August 1954 weitergeführt. 1958/59 folgte am Radio eine Serie von Rezeptsendungen mit kabarettistischem Einschlag, die ›Thymian und Rosmarin‹ hiess und schliesslich auf ›Liebe, Haushalt und Musik‹ umgetauft wurde.

Erst im Laufe der fünfziger Jahre wurde das Kochen für Männer salonfähig. 1950 bis 1952 hatte Vaucher als Kochexperte für die Migros-Zeitung ›Wir Brückenbauer‹ noch in eine weibliche Geschlechtsrolle schlüpfen müssen und seine Rezept-Kolumne mit ›Edith träumt vom Kochen‹ überschrieben. Dem festgezimmerten Frauenbild der Zeit, dem Vaucher mit der ›Edith‹-Serie Vorschub leistete, obwohl er es ironisch von innen zu lockern suchte, entsprach ein nicht minder konstruiertes Männerbild. An vorderster Front leistete er da Abbitte: 1958, an der 2. Schweizerischen Ausstellung für Frauen-Arbeit (Saffa) – ›Die Schweizerfrau, ihr Leben, ihre Arbeit‹ –, als Iris von Roten mit ihrem Buch ›Frauen im Laufgitter‹ einen Skandal bewirkte, führte C.F. Vaucher im Auftrag der ›Männerparadies-Kommission‹ (!) vom 8. August bis 15. September 1958 an insgesamt sechs Abenden zu je zweieinhalb Stunden ›Kochkurse für Männer‹ durch.

Ein ›Club kochender Männer‹ wurde im März 1959 in Zürich gegründet, typischerweise – Geschlechternormen hielten durch die Hintertür wieder Einzug – mit einem »Wettkochen«. C.F. Vaucher, dem die Ehrenpräsidentschaft angeboten worden war, errang mit einer zu kaltem Fleisch servierten Dattelsauce des Römers Apicius – Datteln, Mandeln, Petersilie, Schnittlauch zerhackt, in Olivenöl gedämpft und mit Wasser und Essig aufgekocht – den dritten Preis.

Die Schriftstellerin und langjährige Redaktorin Laure Wyss liess Vaucher am 14. März 1959 in ihrer monatlichen Fernseh-Sendung ›Magazin für die Frau‹ auftreten: »Das war eine Zeit, wo die Frauen mit dem Kochen identifiziert wurden«, erzählt sie mir: »Da habe ich ein Gegengewicht bilden wollen, und es wurde ja damals auch Mode, dass Männer kochen. Ich fand, das müsse man auch *sehen.*« Die Reihe, die im November 1958 begann, hiess ›Heute kocht Er‹. Zum Zug kamen, wie Laure Wyss erzählt, auch Intellektuelle, die am Fernsehen – etwa mit einer Pizza – ihr allererstes Gericht zubereiteten.

Walter Plüss, der Regie führte – später wurde er von der Regisseurin Doris Wydler abgelöst –, erinnert sich noch an Vauchers Auftritt: »Er zeigte eine Sauce béarnaise. Das macht man ja in einem Wasserbad. Wir hatten einen improvisierten Herd mit Butan-Gas. Das waren Live-Sendungen und er erzählte eine Geschichte. War alles improvisiert. Wir wussten einfach, er macht eine Sauce, und das darf im Maximum eine Viertelstunde gehen. Er setzte das Wasserbad auf, da hinein kam die Schale mit dieser Sauce, die dann hätte dick werden sollen – aber nicht zu heiss –, und er hat immer ein wenig gerührt und gerührt, und wir waren mit den Kameras drauf, und die Sendung lief. Es ging fünf Minuten, es ging sieben Minuten. Ich war in der Regie oben, und wir sahen, das Wasser siedet nicht! Er aber erzählte und erzählte. Nach zehn Minuten sagte ich. ›Da kann etwas nicht stimmen!‹ Und habe Vaucher ein Zeichen gemacht, er soll mal schauen. ›Oh, es hat gar nicht gebrannt!‹ erklärt er seelenruhig dem Publikum. Er hätte stundenlang in dem kalten Wasserbad rühren und erzählen können, wenn er einmal so richtig in Schwung war! Denn erzählen konnte er.«

»1958«, fährt Walter Plüss fort, »hatten wir eine Direktsendung – sie war in einer Reihe sogenannter Fabrikreportagen. Da waren wir in einer Teigwarenfabrik. Als Höhepunkt hatten wir den Vaucher, der zeigte, wie man Spaghetti machte, al dente, und zwar in einem grossen Kessel, damit alle, die da mitmachten, davon essen konnten. Es war zu sehen gewesen, wie die Spaghetti zur Maschine rauskamen und abgeschnitten wurden, und ich glaube, da half der Vaucher bei der Reportage und fragte den Fabrikdirektor, was denn mit dem abgeschnittenen Teil der Spaghetti geschehe. Als Gag – da war dann aber der Vaucher nicht im Bild – wurden darauf an der Stelle die Gitter aufgeklappt, und dann kam ein dicker, befreundeter Pressefotograf von uns mit einer Serviette um den Hals rausgekrochen und hatte noch Spaghettireste im Mundwinkel! Darauf sagte der Direktor: ›Wir haben immer Leute, die sich anmelden, und die kommen, um bei uns die abgeschnittenen Spaghetti zu essen.‹ So durfte man damals noch Reportagen machen! Am Schluss machte Vaucher den Kessel heiss, erklärte, wie lange man die Spaghetti sieden muss und wieviel Salz reinkommt. Wir hielten das Sieb hin, er kippte die Spaghetti auf die bereitgestellte Schüssel... und da rutschten sie ihm über den Rand hinaus und klatschten auf den Betonboden! Das war live, eine Direktübertragung! Vaucher bückte sich, nahm die Spaghetti mit den Händen wieder auf, warf sie zurück in die Schüssel, wie wenn nichts wäre und sagte: ›Ja, dann machen wir das halt so.‹ Rührte sie ein wenig um und zeigte sein Menü. Fertig! Das war seine Art. Grosszügig wie immer. Er hat sich aus jeder Situation retten können.«

Karikatur auf die Vaucher-Radio-Kochsendungen.

XI Mühsal und Musse

›Die Treppen zum Himmel‹

Ich freute mich auf die Sonne, auf die ohne Wolkenschleier getrübte Himmelsleuchte – auf jenes Feuer vom Himmel, das einem Landstrich Europas den Namen gab: dem Süden.

Ich hatte in meinen alten FIAT gepackt, was man im Süden nicht braucht, und das ist, was man hier im Norden braucht: keine Socken, keinen Mantel, kein Halstuch, keinen Anzug, keine Schuhe, keine warme Unterwäsche. Mein Reisegepäck trug ich am Leibe.

Und schnurrte los über Bern, Fribourg, Bulle, Oron. Eine Strassensperre brachte mich vom geraden Weg nach Genf ab. In den Kehren über dem Lac Léman gab's plötzlich einen kleinen Knall, als ob man einen Zapfen aus dem Flaschenhals herausgeholt hätte...

Ich liebe diesen Laut, dann wenn die Etikette am Flaschenleib einen köstlichen Tropfen verspricht. Wenn's aber unter der Motorhaube geschieht – ist dieses Knallen nicht sonderlich erheiternd, vor allem, wenn man die über achthundert Kilometer entfernte Sonne im Auge hat.

Ein Blick auf den öligen Motor förderte das Unglück zutage: eine Kerze war aus ihrem Gewinde herausgesprengt worden.

Panne. Die Reparatur dauere drei Tage, liess sich der Mechaniker in der Garage vernehmen. Es war Samstagmittag.

Warum Pannen auf einen Mann wirken wie der Korb einer schönen Dame, bleibt mir rätselhaft. Wie ich von der Garage weg zu Fuss gegen den See hinunterging, fühlte ich mich um Jahre älter. So als hätte der Arzt mir gesagt: »Junger Mann, ich fürchte, wir müssen Ihnen das Bein abnehmen.«

Ich setzte mich unter den Baldachin einer Wirtschaft und bestellte mechanisch ›une chopine de blanc‹.

Wo war ich eigentlich? Ich glaube, der Geschmack des Weines liess mich erstmals wieder aufblicken. Die Mischung zwischen

Blume und etwas Alkalischem, die meinen Gaumen belegten und dann leicht angewärmt die Kehle hinunterflossen, das war wie ein Zuspruch, wie die Stimme der Mama, wenn sie sagte: »Nimm's nicht so ernst!« Und nach dem Schlucken war's, als hätte ich die Nase in einen bunten Blumenmaien gesteckt und tief eingeatmet!

Vor mir erstreckte sich bis zum Seeufer ein geräumiger Platz mit Bäumen. Kastanien, Buchen, Erlen schirmten den Himmel ab. Durch die Stämme drüben waren die Savoyerberge sichtbar, diskret, wie in Plastikfolien verpackt...

An meinen Tisch setzte sich ein Herr. Er war robust, hemdsärmlig, die Haut seiner Hände etwas rostig, der Kopf massiv, die Nase klobig, borstig und grauhaarig, was da im Gesicht und auf dem Schädel keimte und wuchs. Aber seine Augen waren ›laubig‹ vom gedämpften, freundlichen Licht unter gedeckten Terrassen. Als er sich setzte, hat er die Luft um sich kaum verdrängt. Sie roch nach Weinstein, Salpeter und jenem etwas, das man in einer guten alten Flasche als ›Satz‹ anspricht.

Wir kamen ins Gespräch. Ich erzählte ihm vom Elend, das mir widerfahren war. »Es gibt Ärgeres«, hat er gelassen gesagt oder mit scheinbar nichtssagenden Sätzen geantwortet wie: »Man fühlt sich dort wohl, wo man sich wohlfühlt.« Dabei sprach er in jenem Französisch, das am Klassischen gemessen so herrlich falsch ist, mit dem singenden Klang, den disharmonischen Nasallauten, den Fehlbetonungen auf den Anfangssilben, ein Französisch in cis Moll. So wenigstens klingt für mich die waadtländische Sprache. Von ihm erfuhr ich auch, wo ich gestrandet war: in Cully, dem Nabel jener Weinküste, die man den Lavaux nennt.

Er lud mich in seinen Keller ein.

La Cave – der Keller – des Waadtländers ist so etwas wie sein grosser Empfangssalon. Hier herrscht er, empfängt er, ist er Gastgeber. Er lädt mit einem bestimmten Satz ein. Er sagt: »Si on allait en piquer trois?« Was unübersetzbar übersetzt heisst: »Wie wär's, wenn wir drei anstechen würden?« Was damit gemeint ist, merkt der Ortsfremde bald, wenn er zu Gast ist. Es wird im Keller unten aus ganz kleinen Gläsern getrunken, und man trinkt nie weniger als drei, nämlich: das erste für den Durst, das zweite, damit das erste nicht alleine ist, und das dritte, um zu schlichten, falls eins und zwei sich streiten sollten! Natürlich besteht die Möglichkeit – und die Gefahr –, dass man mehr als drei trinkt. Es soll sogar das Übliche sein.

Wir tranken mehr als drei, Monsieur Dürst und ich. Da bekanntlich das französische u sich als ü ausspricht, schrieb sich mein Kellermeister mit dem Wort, das gemeinhin mit Trinken in engster Verbindung steht: Durst. Doch belehrte er mich eines andern, nämlich, dass der Mensch nie aus Durst trinken soll. Zumal bestimmt nicht Wein.

Ich hatte bald nach unserer Sitzung festgestellt, dass alles Widerborstige an meinem Monsieur Durst sich plattgelegt und einem inneren Strahlen Platz gemacht hatte, das sich feucht und rötlich unter die Haut ausbreitete: mein Mann war glücklich, glücklich, einen gefunden zu haben, der mit ihm trank. Denn er trank nie allein, allem bösartigen Gerede zum Trotz, das da besagt: »Tout bon Suisse, toujours boit seul, mais jamais seul ne pisse.« Er schwor, dass kein Waadtländer je allein zu einem Gläslein greife. »Sehen Sie«, erzählte er, »mein Père, ein echter Winzer aus dem Lavaux, als er über achtzig war und nicht mehr arbeiten konnte, hatte die Gewohnheit, auf einer Bank vor seiner Cave zu sitzen, in der Hoffnung, einen zu finden, mit dem er ›trinquer‹ konnte. Fand er keinen Bekannten, so lud er sich irgend einen Unbekannten ein – und fielen die auch aus, in Gottes Namen! so trank er eben nicht. Dabei ist der Wein für unsere Alten lebensnotwendig. Er konserviert sie. Sehen Sie sich die Kirchenbücher an, Monsieur! In den Jahren, wo der Wein karg und schlecht war, da hält der Tod reiche Ernte unter unsern Alten. Nun denn, als mein Père sich hinlegen musste und der Doktor ihn aufsuchte, da stand auf dem Nachttisch eine frischgeöffnete Flasche mit zwei Gläsern. Obwohl der Arzt nie trank, wenn er auf Krankenbesuch ging – mit meinem Alten hat er's nicht übers Herz gebracht. Ich glaub sogar, dass er ihn mehr besucht hat, als nötig gewesen wäre. Er wusste, wenn eine Medizin hilft, dann nur die unterm Zapfen. So ist denn mein Papa selig in Gottes Weinberg eingestiegen.«

Als ich tags darauf – ziemlich spät – einen wohltuenden Schlaf aus den Augen rieb und auf die Terrasse des Gasthofes trat, sass Monsieur Durst schon an einem Tisch zusammen mit einem andern Herrn. »Monsieur Jules«, stellte er mir vor. Er war eher klein, gedrungen und so rötschelig wie Messing, mit Märzentupfen überstreut, wo Haut an ihm sichtbar war. Und viel war das nicht, denn es war Sonntag, und die Herren trugen ihre gesteifte Hemdbrust unterm geknöpften Gilet. Man schenkte mir ein Glas ein, dann spannen die beiden ihr Gespräch weiter, einsilbig mit viel »uäh« [oui] dabei und »mafuä« [ma foi! wahrhaftig!] und wenn ein Bekannter vorbeiging, riefen sie sich ein »Conservation!« zu. Nett, dass man sich im Waadtland mit »Konserviere dich!« grüsst. Dann hat der kleine Rötschelige gesagt: »Bien – allons-y!«

Es war ein altes Steinhaus, beinahe eine ›Festi‹, zu der sie mich führten. Durch einen gewölbten Toreingang ging's. Von links her wehte ein kühler Kellerduft, und von rechts, eine enge Treppe herunter, schwebten wohlige Düfte einher.

Die gute Stube war gedeckt. Weisses Tischtuch, grüne Teller, schweres Besteck. Und die kleinen Dezibecher mit dem gerillten Boden. »Ce sera à la bonne franquette!« hat Herr Jules erklärt, was so viel heisst wie »ganz ohne Umstände«. »Er ist Witwer und kocht selber«, erklärte mir Monsieur Durst, als wir Herrn Jules in der Küche hantieren hörten.

Das ›umstandslose‹ Essen bestand aus einem Brotschinken, dampfend heiss in seiner erdkrumenfarbenen Teighülle und einem Berg von Sauerkraut – in Weisswein natürlich.

Das war noch Schinken, vom Bauern über Monate sorgsam gesalzen, geräuchert, luftgebeizt. Dazu ein ›kleiner‹ Luins, was Herrn Durst zu einigen Sticheleien gegen die Weine der ›unteren Küste‹ der La Côte (zwischen Lausanne und Genf) verlockte, aber dem Essen keinen Abbruch tat. Man schmatzte, kaute, schlürfte und – zum Ruhme des Gastgebers seis (unter Männern) gestanden – rülpste nach Herzenslust.

»Ja, die Charcuterie vaudoise, die könnte Weltruf haben!« tat ich meiner Begeisterung Luft. »Besser, sie hat's nicht«, erwiderte Monsieur Jules. »Zuviel Absatz schadet! Übrigens, es gibt noch eine andere Art, Schinken zuzubereiten. Aber dazu braucht's einen Teerkessel!«

»Da haben Sie typisch die Wirkung der La Côte Weine!« grinste Monsieur Durst, »er verleitet selbst ehrbare Bürger zu Lügen!«

»Mit eigenen Augen gesehen und mit meinem Mund gegessen!« widersprach Monsieur Jules.

»Nehmen Sie einen guten geräucherten Schinken vom Bauern, Monsieur«, wandte sich der Rötschelige an mich. »Packen Sie ihn in ein Tuch, dann in einen Jutensack und legen Sie ihn in ein Loch, das Sie in ihrem Garten graben. Netzen Sie ihn mit Apfeltrester und decken Sie ihn zu. Lassen Sie ihn 4 Tage unter der Erde. Und begiessen sie ihn täglich weiter mit dem Trester. Herausgenommen, wickeln Sie ihn in Kohlblätter und befestigen diese mit Bast, damit sie halten. Dann hüllen Sie Papier darum und um dieses noch eines, bis zu zehn, und ganz zum Schluss ein kräftiges Packpapier, das Sie dann tüchtig verschnüren. Lassen Sie am oberen Ende eine längere Schlaufe stehen. Und nun tunken Sie das Paket in heissen Teer, eine Viertelstunde lang. Lassen Sie erkalten, einen Tag lang, und dann öffnen Sie. Ihr fleischfarbener Schinken liegt wie in einem Ebenholzkasten...«

»Und vergessen Sie nebst dem Teerkessel den Pressluftbohrer nicht zum Öffnen!« schnaubte Monsieur Durst und warf sich den gesamten Inhalt seines Glases die Kehle hinunter. »Sehen Sie!« wandte er sich zu mir und dirigierte dabei meinen Blick zum Fenster hinaus, wo die Rebhänge steil und durch eine Unzahl Mäuerchen gehalten hinaufstiegen, so dass gerade noch am obersten Fensterrand ein Stückchen Himmel sichtbar war, »wissen Sie, was das ist: das ist das Treppenhaus zum Himmel!«

Ich sah, wie an seiner kantigen Nase eine Träne entlanglief. Dann wandte er sich zum Tisch, und mit einem lauten »Ouais!« schob er sein Glas weit von sich weg.

Monsieur Jules lud mich für den nächsten Tag ein. Er gehe Wein einkaufen in die Gegend von Aubonne. Mit einer kleinen Camionette fuhren wir los. Über Lausanne hinaus gegen Rolle und dann den sanften Hügeln, der La Côte, entlang.

Monsieur Jules war hier aufgewachsen. Und hier wurde der ehemals so Wortkarge gesprächig. »Wein, das ist vor allem die Heimat. Mir können Sie den grandiosesten Franzosen vorsetzen, hier diese« – und er wies mit der Hand über geradegezogene Parallelen aus Rebstöcken, die wie aus der Unendlichkeit auf uns zustrebten – »diese hier, die man als ›petits vins‹ anspricht, ich würde nicht eine Flasche Hiesigen gegen hundert Pommard oder Fouissé tauschen! Was heisst überhaupt ›petit vin‹? Ohne sie keine ›grands vins‹. Sie sind die Masse, aus der die Grossen, die Obersten, die Generäle rekrutiert werden.«

Ursprünglich wollten wir auf einen Tag hin. Es wurden vier Tage daraus. Ich hab sie alle kennengelernt, die Malessert, Tartegnin, Vinzel, Luins, Mont-Le Grand! Weine so sanft wie die Schulter einer Blonden und so gefährlich wie ihre Liebe!

Allmählich begann ich mich ›runder‹ zu fühlen, alle Hast in mir verlor sich, mein Gang wurde rollend, meine Nase schwoll vom Anriechen der verschiedenen bouquets, der ›Blume‹ des Weins, mein Geschmack verästelte sich zu ganz feinen, hochempfindlichen Papillen. Ich roch wie eine Tonne. Ich lernte die vier ›kultischen‹ Bewegungen der Weinprobe. Das Anheben auf Augenhöhe, um seine Farbe, seine Klarheit zu prüfen. Dann das Hinführen des Glases zur Nase, um ihn zu riechen, die Essenzen seiner Blume einzuatmen. Dann kam drittens: das Eingiessen in den Mund mit etwas eingeatmeter Luft vermischt, das Anwärmen in der Mundhöhle, das ›Verbeissen‹, um seine ›Frucht‹ zu entdecken. Und endlich das Hinunterschlucken, zusammen mit einem tiefen Atemzug, der dem Kenner die letzten, die geheimen Qualitäten verrät...

Bald lag auf dem Tisch des einen Winzers die würzige Waadtländer Wurst, bald war es ein Stück Käse, bald war es das Fondue, das einmal mit diesem, ein anders Mal mit jenem Wein verehelicht sich zu immer neuer, überraschender Gemeinschaft verband...

Wenn man vom ›Gott in Frankreich‹ spricht, ich fand damals, dass der Herrgott auch im Waadtland heimisch ist!

Die Geschichte, die mir Herr Jules erzählte, blieb mir in Erinnerung. In seiner Dorfgemeinde war es Sitte, an Silvester dem Herrn Pfarrer eine Flasche Wein vor die Haustür zu stellen, als Dank für seine über das Jahr reichlich gespendeten Trostesworte. Während des mitternächtlichen Gottesdienstes pflegte dann der Seelsorger für die Spende zu danken, fügte aber zugleich einmal ein: »Zu meinem nicht ganz geringen Erstaunen habe ich bemerkt, dass jemand mir eine Flasche geschenkt hat, dessen Inhalt mit Wasser verdünnt ist. Zufälligerweise habe ich an einem gewissen Merkmal den Sünder erkannt, der mich also schmählich hintergangen hat – und ich werde morgen am Neujahrsgottesdienst seinen Namen vor aller Gemeinde preisgeben, falls er mir nicht zuvor zwei Flaschen, und zwar zwei seiner besten, vor die Türe stellt.« Anderntags, als der Pfarrherr aufwachte, das stellte er zu seinem nicht geringen Erstaunen fest, dass vor seiner Tür vierzehn Flaschen standen!

Das hat sich Herr Durst nicht gefallen lassen: dass mich einer von der ›Petite Côte‹ zu einer Weintour verführt hat.
Und so war der Süden mit seiner Sonne, welche pipapoundundsoweiter ist! Vergessen der alte FIAT, der mit neu angesammelten PS in seiner Garage auf die zu fressenden Kilometer wartete!
In der Erinnerung hat sich alles leicht vermischt: Die Staatskellerei von Villeneuve und Aigle, die Saint-Saph, Yvorne, Vully...
Eine Einladung löste die andere ab. Gesichter kamen und gingen, Weinnamen und Jahrgänge, berühmte und gefehlte erklangen. Eine Einladung blieb in mir haften. Weil sie so spannend war, wie ein Pferderennen bei hohen Einsätzen. Aber es ging nicht um Pferde, sondern um Flaschen. Klar!
Wir lagerten um einen Tisch in einer Cave. Das übliche Bild: die Fässer, die Flaschen in ihren Fächern, der Käse, das Brot. Vor uns – und das waren Herr Durst, Monsieur Jules, der wieder zu uns gestossen war, ein Monsieur Michel, ein Monsieur Croupillon – der beste Weinkenner des gesamten Weinlandes der Waadt –, noch zwei Herren, deren Namen mir entgangen sind, und der Gastgeber – vor uns waren fünf Flaschen aufgestellt, sorgsam bis zum Hals in weinrotes Papier gewickelt, so-

dass ihre Bezeichnung keineswegs zu erkennen war. Und nun galt es, Wein und Jahrgang festzustellen. Nummero Eins, Zwei und Drei wurden verhältnismässig leicht gefunden: ein Mont sur Rolle 1949, ein Dezaley 57, ein Vully 61. Aber dann fing's an. Die Spannung stieg. Bei Nummero vier. Alle Herren sassen in sich versunken, mit geschlossenen Augen, in der Hand das Glas mit dem Inhalt von Nummero Vier. Es wurde geschnuppert, gegurgelt, gemahlen, rausgespuckt... Keiner wagte sein Urteil zu fällen. Plötzlich erklärte Monsieur Croupillon, des Waadtlandes bester Weinkenner: »Château Luins 60!« Der Gastgeber entrollte die Flasche aus der Schutzhülle. Oh Schande und Ärgernis: auf der Flasche stand ›Aigle 1959‹! Monsieur Croupillon wurde burgunderrot im Gesicht. Und sprach ganz leise: »Merde!«

Noch eine blieb. Und mit ihr die zu rettende Ehre des Kenners. Nach einer Weile erhob sich mein Herr Durst. Es war im Keller so unheimlich still, dass man in einem Fass einen jungen Wein gären hörte. Und da sprach er: »Ich sehe eine Kirche, das Dorf drum herum, umgeben von Weinbergen am Fuss hoher Berge. Eine Art Terrasse auf einem Talkegel erhebt sich, und unten durch fliesst die Rhone. Yvorne! Jahrgang 54.«

Als der Gastgeber die Flasche enthüllte, war's genau das Richtige. Man liess Herrn Durst hoch leben, sehr hoch und sehr lange.

Als nach meiner Rückkehr meine Freunde mich fragten, wie's gewesen sei ›im Süden‹, und: »Wo warst du eigentlich?«, gab ich zur Antwort: »Wo der Herrgott die Treppen zum Himmel gebaut hat.«

Edith Carola hatte 1949 im ›Cornichon‹-Programm ›Grimmige Märchen‹ noch einen ›ungestiefelten‹ Kater ›auf den Dächern des Niederdorfs‹ gespielt, der »über die vollmondbeschienen Mansarden streicht« »schon als Bild eine Sehenswürdigkeit«, wie die ›NZZ‹ schrieb (22.3.1949); hatte sich 1950/51 in ›O du liebi Zyt‹ mit Mimenspiel und Tanz einer Milchkuh anverwandelt: »Man brüllt vor Vergnügen, wenn die Kuh (die grosse Nummer Edith Carolas) gegen die pasteurisierte Milch brüllt« (›NZZ‹, 11.12.1950). Eine Verletzung jener Knorpelscheibe im Kniegelenk, die wegen ihres halbmondförmigen Aussehens griechisch Meniskus heisst, hatte dann für Edith Carola das Aus als Pantomimin bedeutet. Vaucher stellte ein paarmal Antrag auf Wiederaufnahme Edith Carolas in die Krankenkasse. Umsonst. Mit zwei dicken Knien sah sie sich in Herrliberg zur Untätigkeit verurteilt, wo doch eine Operation damals schon eine Leichtigkeit gewesen wäre. »Als sie nicht mehr in ihrer Gruppe war und nicht mehr tanzen konnte, ist sie vereinsamt, und wie immer, wenn so finanzielle Schwierigkeiten auftreten, dann ist eine Ehe schwierig zu führen«, erzählt eine Freundin der Familie. »Meine Mutter hat bis ungefähr 1953 gespielt, also bis ich etwa 10 war, und dann war fertig«, schildert Jean Jacques Vaucher: »Das hat ihr einen ziemlichen Schlag gegeben. Sie hat nicht nur Theater gespielt, sie war ein Theaterfeuer. Es gibt ganz wenige Menschen, die das so in sich aufsaugen, wie sie das machte. Und dann hat sie leider zu trinken begonnen und ist eine schwere Alkoholikerin geworden. Es ging finanziell schlecht: das dünnste vom dünnsten. Ich kann mich erinnern, mit 6 Jahren, da hatten wir so ein Kässeli, in dem Fünfzigrappen-Stücke und Fränkler drin waren. 50er haben wir gesammelt, damit man sich ›mal wieder etwas leisten konnte‹, und Fränkler sammelten wir, weil wir einen Lichtautomaten hatten, und es hat einfach Nächte gegeben, da haben wir im Dunkeln gesessen, weil wir kein Geld mehr hatten, um einen Fränkler in den Automat zu werfen, damit es Elektrisch gab. So haben wir gelebt. Robert Freitag und Maria Becker haben sogar einmal unser Haus gemietet ein halbes Jahr lang, weil mein Vater den Zins für den Hauskredit nicht mehr zahlen konnte. Mit der Miete, die wir von ihnen bekamen, ging das dann wieder. Man muss sich vorstellen, was das für Verhältnisse waren – alles auf dem letzten Drücker.« In die ›Pfandleihkasse der Zürcher Kantonalbank‹ wanderten nach und nach auch die letzten halbwegs wertvollen Stücke aus Vauchers Besitz: »Neben den Versatzscheinen Nr. 77261/62/63 ist uns ein Versatzschein abhanden gekommen (...), lautend auf Fr. 50.–, wobei uns aber die darauf notierten Pfänder leider nicht mehr erinnerlich sind. Wenn ich mich jedoch richtig besinne, handelte es sich bei einem der

Pfänder um Manschettenknöpfe mit Monogramm CV« schrieb Vaucher der Bank (30.1.1959). Den Fernsehapparat, »den ich – Gottseisgeklagt! – aus Berufsgründen brauche«, musste er mieten, weil er keinen kaufen konnte, und war ständig mit den Zahlungen im Rückstand und in einem Briefkrieg mit der Verleihgesellschaft: »Schriftsteller geniessen ein gewisses Ansehen – aber Kredit gar keinen« (Juli 1959). Die letzten paar Aktien aus dem väterlichen Besitz hatte er bereits 1947/48 verkauft. Aus dem Jahre 1958 ist ein mit rotem Farbstift geschriebenes Briefchen des 15jährigen Jean Jacques erhalten: »Lieber Paps, ich verzichte auf die 5 Fr[.] pro Woche. Du kan[n]st sie für besseres gebrauchen.«

Alte Briefe können unvermittelt ihre Bedeutung ändern, wenn das, was einst als das Selbstverständlichste der Welt schien, unerreichbar wird. Alltägliche Dinge wie Schuhe, Kostüme verwandeln sich plötzlich in stumme Zeugen: »Leider kann ich nicht kommen, weil ich Probe habe«, hatte 1948 in einem der Briefe Edith Carolas an C.F. Vaucher gestanden: »Willst Du mir also bitte, bitte per Express, weil am Montag die Generalprobe ist, folgendes schicken: 1. Das schwarze Kleid mit den rosa Kaffeebohnen darauf. (Ich wollte es als Petronella anziehen.) 2. Die grünen, weissen und dunkel-blauen Satinschuhe. Diese 3 Paar Schuhe müssen verteilt sein. 1. schwarzer Kostümkoffer sicher die blauen. 2. Schuhgestell in meinem Zimmer? Oder im Schuhkasten im Küchenvorraum« (18.12.1948). Wenn eine Hoffnung zerbricht, so hinterlässt das in aller Regel Spuren. 1944 hatte sie ihm in einem Liebesbrief geschrieben: »Keine Angst mehr vor der Zukunft zu haben, ist für mich das grösste Geschenk. Wenn es auch so aussieht, als seien wir finanziell nicht gerade rosig gestellt, so weiss ich doch, dass Du da bist und Dein möglichstes tust. Siehst Du, das ist etwas, was ich bis jetzt noch nicht gekannt habe. (...) Ich möchte so gerne, dass Du mich immer so lieb hast, und dass ich Dir nur ja nie auf die Nerven falle. Ich hab Dich ja so lieb und möchte alles tun, damit Du immer glücklich bist! Sag mir's, wenn ich etwas falsch mache!«

Manchmal, erinnerte sich Peter Surava, »wenn C.F. Vaucher daheim Cabaret-Texte schrieb, rief er ihr: ›Edith, komm einmal!‹ Wenn ein Vers nicht ganz stimmte, hat sie das mit Singen alles überbrückt. Sie war eine phantastische Künstlerin.« Als Vaucher 1950 wieder die Regie im ›Cornichon‹ übernahm, hatte er einer Freundin geschrieben: »Ich muss bis in drei Wochen ein Theater, das sich seit zwei Jahren auf den Hund gewirtschaftet hat, neu auf die Beine stellen (...). Nach aussen muss ich zuversichtlich sein. Nach innen bin ich es recht mässig. Die einzige grosse Ausnahme in diesem Ensemble, mit wirklichen Fähigkeiten, einem ausgesprochenen Können und einer glänzenden Begabung ist – Edith. Ein Sonnenfleck in dieser grau in halbgrau schattierten Gesellschaft. Ich habe mir geschworen, sie gut herauszustellen« (19.11.1950).

»Er hat sich ernsthaft um sie Sorgen gemacht«, schildert Jean Jacques Vaucher, »immer wieder lange Gespräche mit ihr geführt, um ihr Talent über den Alkoholismus zu stellen – um sie aufzubauen. Sie hatte Phasen, wo sie sagte ›Du hast vollkommen recht, jetzt trinke ich nicht mehr‹, und dann kam der nächste Schub, ein Rückfall – trank sie ein Glas, noch eins und verlor sich wieder im Alkohol. Dann ergriff ihn eine enorme Resignation. Um ihre Gefühle und ihre Beziehung haben sie wirklich gekämpft. Beide haben immer wieder versucht, sich zu finden.«

»Wir lebten damals hauptsächlich in den Beizen«, erzählt die Schauspielerin Marlis Vetter, die beide kannte: »Wenn wir damals in die Stadt gingen, trafen wir immer Bekannte. Alle, die wir zu dieser Bohème-Gesellschaft gehörten, waren in einem gewissen Sinne etwas labil. Ins Bett kamen wir sehr häufig besoffen. Gestritten wurde viel, politisiert wurde viel, gelacht wurde viel. Der Beruf brachte den Alkohol ganz einfach mit sich. Das Leben am Theater war so, beim Kabarett war es ähnlich: Die Proben begannen um halb zehn, zehn Uhr, dauerten bis zwei, drei oder vier. Dann ist man heimgeschlichen, hat sich hingelegt, und kurz darauf war die Vorstellung. Was man tagsüber zu sich nahm, das weiss ich heute nicht mehr: wenig. Nach der Vorstellung war es ganz normal, dass man in eine Beiz ging. Da hat man gegessen und getrunken. Danach ging's privat weiter.«

»Ich war damals furchtbar naiv«, erzählt Susi Trachsler-Lehmann: »Vaucher häkelte sich immer mit mir, erzählte mir absichtlich irgendeinen schrecklichen Witz, um mich endlich mal aus der Reserve herauszuholen. Er gab mir auch den ersten Alkohol zum Trinken, das war ein Glas Vermouth, und nachdem ich das getrunken hatte, habe ich kichernd unter dem Tisch gelegen. Da war ich immerhin schon über zwanzig.« Benötigt, wenn auch noch sehr dosiert, habe Edith Carola die Wirkung des Alkohols schon während des Krieges im Cabaret ›Kaktus‹, sagt Susi Trachsler-Lehmann: »Ich weiss genau, wie ich auf die erste Probe gekommen bin, habe ich gedacht: ›Diese Frau muss aber Durst haben, dass sie am Morgen früh schon so viel Most trinkt!‹ Es ist aber kein Most gewesen. Sondern Fendant oder so was. Sie hat das immer gebraucht zum Auftreten. Das werde ich nie vergessen. Zwei Optalidon und ein Schöppeli. Sie hat mir eben einmal Optalidon gegeben, als ich mal wahnsinnig Kopfweh hatte, darum weiss ich das auch noch – sie hatte das immer bei sich und sagte, ohne das könne sie nicht. Ich neige nicht zu solchen Sachen, und ich bin den ganzen Abend wie so eine Schlafwandlerin auf der Bühne umhergegangen.«

Auch Vaucher nahm Optalidon. Die Basler Tänzerin Mary Delpy, die ihn durch ihre Freundin Blanche Aubry kennenlernte, erinnert sich: »Das erste, was er mir gesagt hat, war: ›Du musst Optalidon nehmen, das ist denn ein ganz herrliches Mittel; nimmst einfach ein paar Optalidon im Tag, dann fühlst du dich gut.‹ Wir sassen alle im Auto und fuhren irgendwo hin, als er mir das empfohlen hat. Ich musste lachen. Dann sagte ich: ›Ich muss doch kein Optalidon nehmen, wenn ich kein Kopfweh habe.‹ Er war ein amüsanter Mann, sehr amüsant. Aber eben: hat Optalidon gegessen in jener Zeit. Das war 1941/42. Er fand einfach, das peitsche ein wenig auf. Heute nehmen sie andere Sachen.«

Als ›Analgeticum bei Schmerzen leichten und mittleren Grades‹ enthielt Optalidon laut Beipackzettel neben dem Schmerzwirkstoff, der über die Jahre wechselte, auch ein Barbiturat »als Sedativum« sowie »Coffein als zentrales Stimulans«. Unter den Indikationen wurde auch »Körperliche und psychische Verstimmung nach Alkohol- und Tabakabusus (›Kater‹)« vermerkt. Die Zulassung erhielt das Mittel 1928 und war in der kleinen Packung auch nach Einführung der Rezeptpflicht 1949 noch frei erhältlich. Nach Bekanntwerdung des Suchtpotentials der Barbiturate ersetzte die Herstellerfirma ›Sandoz‹ die fragliche ›Isobutylallylbarbituratsäure‹ und nahm schliesslich 1991 Optalidon ganz vom Markt, weil nach Auskunft der Firma inzwischen bessere Präparate existierten. In dem bereits einmal erwähnten Brief an eine Freundin schrieb C.F. Vaucher, der, wie erinnerlich, seit seiner Jugend unter Kopfschmerzen litt, 1950: »Meine Nerven sind heute leicht gereizt. Eine Traurigkeit, die meerbreit ist, schlägt an die Kontinente meines Herzens. Vor mir steht ein Glas Wasser und eine Tablette. Und bald wird die Traurigkeit im Wind der Narkose schwinden...«

»Beide haben ganz schön in die Flasche geguckt, aber bei ihm war's nicht so schlimm wie bei ihr. Bei ihr war es völlig jenseits von Gut und Böse«, erinnert sich eine weitere gemeinsame Bekannte: »Und sie hat immer das Kind losgeschickt, um die Flaschen zu besorgen. Furchtbar.« Dass er die Grenze der sogenannten Schicklichkeit nicht überschritt, bestätigen auch andere: »Der Weisswein gehörte einfach zu seinem Leben«, erzählt Ulla Kasics: »Ich fand nie, der Vauchi sei anders, wenn er getrunken – oder nicht getrunken hatte.« Bei Edith

Carola war es zu merken: »Sie hat gehadert mit ihrem Schicksal. Es ist bei ihr einfach irgendwie alles durcheinander gekommen.«

Zu Beginn hielt es sich zwar auch bei ihr noch in Grenzen. Beklemmend wurde es gegen 1956. Peter Surava erzählte: »Er hat dann einfach entdeckt, dass sie Flaschen mit Schnaps versteckt im Haus; irgendwo hat er dann Flaschen mit Schnaps gefunden, nahm sie ihr weg und sagte: ›Versuch doch das Mass einzuschränken!‹ Er hat das Problem gekannt. Aber er brachte das bei ihr nicht fertig. Sie war schon so krank und so süchtig, da hat alles versagt. Sie konnte sich dann immer wieder den Alkohol beschaffen, und das hat dann die Spannungen auch erhöht. Sie haben deswegen natürlich auch Krach gehabt.«

Peter Surava zufolge war es eine »Zusammenballung von Problemen«: Vaucher sei in seiner Kritik an ihr »herunterreissend« gewesen, und er habe sich ihr, als sie immer mehr trank, innerlich entfremdet, sie nicht mehr berührt – und sie sitzengelassen: »Hat ihr gesagt: ›Weisst Du, fertig, Ende, für alle Zeiten!‹«

»Sie hat dann sehr unverfroren zu saufen begonnen«, sagt Jean Jacques Vaucher, »und fing mit Trester an. Wir haben's alle gewusst, und wir haben auch immer versucht, ihr klarzumachen, dass sie aufhören und in eine Therapie soll.« Bis 1957 habe er ihr bei Bauern den Schnaps geholt. Dann, als Vierzehnjähriger, verweigerte er diesen Dienst: »Einmal holte ich alle Flaschen aus ihrem Versteck, stellte sie auf den Küchentisch – eine ganze Batterie – und nahm einen Hammer in die Hand. Als sie die Treppe herunterkam – sie konnte kaum laufen –, schlug ich eine Flasche nach der anderen kaputt und rief: ›Zum ersten, zum zweiten, zum dritten, zum vierten...‹ Ich weiss noch, meine Mutter ist fast hysterisch geworden dabei. Ich habe mich immer gewehrt dagegen, dass sie trinkt, dachte, es sei das beste, dass ich ihr das zeige, ihr vordemonstriere, dass ich das nicht gut finde. Ich kannte jeden Winkel des Hauses. Einmal warf ich alle Flaschen in den Garten hinaus, ein andermal kippte ich sie in den Kehricht und gab sie der Abfuhr mit.« Die Scherben räumte er jeweils wieder weg.

»Im selben Jahr ging sie mit dem Küchenmesser auf mich los. Ich hatte ihr wieder mal die Flaschen weggenommen. Sie fiel zwischen Sessel und Bett hin und konnte sich nicht mehr selbst befreien. Sie blieb da zwei Stunden liegen. Ich liess sie allein, hatte danach aber ein schlechtes Gewissen. All die Male vorher hatte sie stets behauptet, sie brauche keine Entziehungskur, sie wolle über sich selber verfügen, sie sei keine Alkoholikerin, wie das ja alle Alkoholiker von sich behaupten. Nach der Messergeschichte drohte ihr mein Vater aber mit der Scheidung, wenn sie keinen Entzug mache: ›Jetzt wirst du lebensgefährlich. Es ist unhaltbar. Es geht nicht mehr so.‹ Unter diesem Druck hat sie den Entzug gemacht.« So fing sie sich wieder.

All die Zeit, da sie sich aufgegeben hatte, tat sie, was sie tat, auch immer in sichtbarer und spürbarer Revolte gegen ihren Mann, der sie wie ein beleidigter Regisseur stehen liess, als das Kunstwerk, das sie und ihr Körper darstellten, kaputt gegangen und nutzlos geworden war – so als wollte sie mit sich selbst auch das Idealbild zerstören, das er sich von ihr machte und dem sie so offensichtlich nicht mehr entsprach. Diese negative Rebellion brachte dann auch ihn an den Rand der völligen Erschöpfung. »Und ich bin immer noch der alte Haberecht, der ebenso gerne laut lacht wie er heftig schimpft, und Edithlein eine närrische Dirn, querköpfig, genusssüchtig, zart«, schrieb er – noch vor dem Schlimmsten – der Halbschwester Edith Carolas, Anneliese Wernecke: »Ich muss jetzt an meine literarischen Bratheringe zurück.« (22.1.1955)

Er hatte sich vorgenommen, weiterzufunktionieren, fand darin vielleicht auch seine Stärke. 1956 und 1957 verfasste er neu auch Texte für das Cabaret ›Rüeblisaft‹. Kunden waren auch weiterhin Voli Geiler und Walter Morath, die ihm am 2. November 1956 aus Montevideo schrieben: »Du musst dahin gelangen, bis zu unserer Rückkehr alles, bis zum Letzten, ausgefeilt zu haben und besonders den zweiten Teil fix-fertig vorlegen zu können. (...) Als meine Nummer empfehle ich den Bierhausstrategen, der sich sein Weltbild im Fussbad zusammenzimmert und sich dafür in der Praxis ganz anders verhält. Das

Voli Geiler und Walter Morath

gäbe im Moment doch gewiss immense Möglichkeiten.« 1958 erschien eine seiner Nummern für das Duo erstmals mit auf einer Langspiel-Platte. Viel brachte das nicht ein. Max Rüeger, damals gewissermassen ein Zögling Vauchers am Radio und im Kabarett: »Er hat auch in einer Zeit geschrieben und geantwortet, wo die Auswertung noch nicht viel gebracht hat. Er war auch nie mehr integriert in eine Tagesproduktion. Er hat immer irgendwie geschwebt über allem, ein bisschen. Und alle die, die nach ihm kamen, haben ihn genau deswegen bewundert.«

Für das Fernsehen übertrug er 1958 Erich Kästners ›Pünktchen und Anton‹ ins Schweizerdeutsche. Regie führte Jörg Steiner. Intensiviert hatte sich seine Tätigkeit für das Radiostudio an der Brunnenhofstrasse in Zürich. Mit Max Haufler als Regisseur produzierte Vaucher 1953 eine Unterhaltungssendung mit dem bezeichnenden Titel ›Ha kä Zyt‹, worauf eine Zeitungskritik immerhin festhielt, »dass sich jeder Radiohörer freut, wenn man es sich am Mikrophon zutraut, Zeitkritik zu üben.« Im November 1953 inszenierte er in einer gekürzten Fassung auch seine Kabarett-Komödie »A la carte« mit Voli Geiler und Walter Morath für das Radio. Im Januar 1955 folgte mit Tibor Kasics die musikalische Komödie ›Nous irons à Oerlikon‹ und vom 1. Januar 1957 an hatte er einen Radiovertrag, der ihm eine monatliche Pauschale von Fr. 650.– sicherte. Ein Jahr lang gestaltete er danach mit ›Nur ein Viertelstündchen. Brunnenhöfliches und Unhöfliches‹ im Turnus die satirische Samstagmittagsendung des Studios Zürich.

Hinzu kamen Hörspielfassungen vom Roman Friedrich Glausers ›Gourrama‹ (29.10.1959) ebenso wie von der Biographie der Sängerin Billie Holiday. Von seinem jüngeren Chef Hans Gmür erhielt er zudem im Sommer 1959 den Auftrag, die berühmtesten Kabarett-Nummern der Kriegs- und Nachkriegszeit für eine vierzehnteilige Hörfolge mit den Originalinterpreten neu einzuspielen, und zwar in monatlichen ›Albumblättern‹: »Es ging darum, ein Versäumnis des Radiostudio Zürich nachzuholen, das in all den Jahren vorher vom Cabaret ›Cornichon‹ nicht eine einzige Aufnahme gemacht hatte, und zwar möglicherweise aus Angst oder aus Scheu vor Komplikationen«, erinnert sich Hans Gmür, der heute als freier Komödienautor lebt und als Kind von seinen Eltern zu den ›Cornichon‹-Gastspielen in Chur mitgenommen worden war: »Es ist durchaus möglich, dass die Anregung von Vaucher gekommen ist, dass es einfach ein Jammer sei! Und so sagten wir uns, wir nehmen die Sachen alle noch auf, solange es die Leute noch gibt, solange sie noch am Leben sind: mit Mathilde Danegger, die eigens aus Ostberlin kam, um einige ihrer berühmtesten Nummern aufzunehmen, mit Hegetschweiler, Zarlie Carigiet, der schon Mühe hatte mit dem Gedächtnis, Voli Geiler, Elsie Attenhofer, Margrit Rainer usw. Da haben wir einfach einen ganzen Haufen so alter legendärer Kabarettnummern nachträglich aufgenommen. Das hat der Fauchi betreut, und er war natürlich absolut der richtige Mann dafür, weil er die alle gekannt hat, es waren auch Texte von ihm dabei.«

In der Sparte Werbung organisierte Vaucher nach wie vor regelmässig Firmenanlässe – und verschaffte dabei den vielen auch nicht besser gestellten Kabarett-Kolleginnen und -Kollegen willkommene Auftrittsmöglichkeiten. Das ging von kleineren Firmen bis hin zur Swissair. ›Jelmolideien‹ taufte Vaucher 1957 das Personalfest des grossen Zürcher Warenhauses, in dessen Kabarett-Nummern er auch die Direktoren auf die Schippe nahm. Ernst im Unernst nahm er jedes Publikum. Er kniff 1958 auch nicht vor den Chemieunternehmern der ›J.R. Geigy‹ in Basel, obwohl die Brüder im Geiste seines alten Herrn nur schäbige Fr. 300.– boten und er vielleicht gerade deswegen im Laufe des Abends vor dem Mikrophon seinem Schicksalsstern dafür dankte, dass er er ihn nicht auf einem jener Stühle vor ihm hatte niedersitzen lassen, für die er durch seine Abkunft prädestiniert gewesen war. Im selben Jahr schrieb er für den Taschentuch-Hersteller ›Tela‹ in Balsthal/SO ein Werbe-Faltblatt mit einer 13teiligen physiognomischen Nasenkunde. Zur ›Manager-Nase‹ fiel ihm ein: »Eigentum von Männern in leitender Stellung. Ist stets mit einer dicken Hornbrille bekleidet und meist an zwei verschiedenen Sitzungen zugleich; mit einem Nasenloch ist sie in Brüssel, während das andere nach Rio de Janeiro fliegt. Steckt bis über beide Nasenflügel in Repräsentationspflichten und kann sich schon deshalb keinen Schnupfen leisten. Als Vorbeugung dagegen: Tela-Taschentücher zum Wegwerfen.« Zum Menschenfeind würde C.F. Vaucher nie werden, diese Gewissheit hatte er bei seiner ›Nasologie‹: »Misanthropen-Nase: Kann die Menschen nicht riechen. Am liebsten würde sie sich vor ihnen in die Stratosphäre verkriechen. Da sie aber – notgedrungen – auf der Erde leben muss, ist sie chronisch mit der ganzen Umwelt verschnupft.« Ihm näher stand da schon der ›Nasus Gastronomicus‹ – »Vorliebe für delikate Saucen und das blumige Bouquet alter Weine« – oder der ›Nasus Philanthropicus‹: »alle jene Ehemänner, die es der Hausfrau nicht zumuten, ganze Berge schmutziger Taschentücher zu waschen.«

Im Grunde betrieb Vaucher – von der Diversität und vom Aufwand her – eine Grossfirma. 1958 machte er auch Exposés zu Werbefilmen – für die Swissair, die damals noch für ein Drehbuch dürftige

Fr. 500.– zahlte, oder für die Gewürzpaste ›Cenovis‹. Im kulinarischen Bereich erstreckte sich die Zusammenarbeit mit ›Maggi‹ ab 1957 neu auch auf die Mitwirkung bei den damals nach amerikanischen Marketing-Methoden vertriebenen ›Marianne Berger‹-Kochbüchern.

Doch für wen er auch arbeitete, die Honorare waren kläglich, aber da es nicht seine Art war, mit Ellbogen um Geld zu kämpfen, schrieb er einfach seine »kleinen Anekdoten«, wie er das 1964 am Radio nannte, und fand sich mit seiner Rolle als »Commis voyageur ès lettres« – »literarischer Handelsreisender« – ab: »Denn ich habe heute noch wie zu früheren Zeiten, und das liegt wahrscheinlich an der Wohlhabenheit meiner Jugend, zum Geld überhaupt keine Beziehung. Ich weiss nicht, was ich einnehme, ich weiss nicht, was ich ausgebe, ich habe nie in meinem Leben eine Steuererklärung machen können, die richtig war, ich habe immer den Steuerkommissär gebraucht, der korrigiert hat, der gebohrt hat, der bei mir Bücher verlangt hat, die ich überhaupt nie geführt habe.«

Der Kragen war ihm 1959, einem für ihn persönlich ausgesprochen unguten Jahr, nur zweimal geplatzt. Einmal, als er nach einer – durch nicht näher geklärte Rippenbrüche hervorgerufenen – Rippenfellentzündung vom Leiter der Abteilung ›Hörspiel‹ gerüffelt wurde, weil er die Musikeinblendungen für eine Radiosendung nicht selber vornehmen konnte und der entsprechend instruierte Kollege die Sache verschlampte. Da war er nahe dran, die ganze Radioarbeit hinzuschmeissen, schickte dann aber den Brief, in dem er darum bat, von den Regiearbeiten entbunden zu werden, die jenem Vorgesetzten unterstanden, nicht ab und begnügte sich mit einer mündlichen Aussprache: »›Vorgesetzter‹ erweckt bei mir unangenehme Assoziationen: von einem gestikulierenden, polternden Mann, der Einschreibebriefe diktiert, mit Lohnkürzungen auftrumpft und mit Anzeigen an allerhöchster Stelle«, hatte er geschrieben: »Damit kann man einen kleinen Beamten schrecken, der für seine Rente bangt, aber keinen Selbständigen wie mich.«

Im gleichen Sommer 1959 aber legte er eine andere Arbeit tatsächlich nieder, und das musste ihm besonders wehgetan haben. Es ging um die Regie des Films ›HD Läppli‹. Rasser war Mitte der fünfziger Jahre, als der Kalte Krieg auch in der Schweiz seine Opfer forderte, vorübergehend in der Versenkung verschwunden. Verübelt worden war ihm 1954 seine Reise nach ›Rotchina‹, wie das Land der Mitte damals gemeinhin hiess. Ironischerweise trug aber Rassers Kaltstellung hierzulande mit dazu bei, dass seine langjährigen Bemühungen, die Rechte der Hasek-›Schwejk‹-Erben in der Tschechoslowakei für eine Verfilmung des ›Läppli‹ zu erhalten, 1957 endlich von Erfolg gekrönt waren. Pech mit einem deutschen Produzenten, der sich zuerst begeistert zeigte, dann aber eine Verfilmung des Originalstoffs mit Heinz Rühmann vorzog, kostete zwei wertvolle weitere Jahre. Damals lag neben einem Drehbuch von Max Haufler und Helmut Weiss, das Rasser aber enttäuschte, ein zweites, erst 1957 entstandenes von Vaucher vor. Die beiden hatten sich damals zusammengerissen und auf ihre Erfolgsformel besonnen, die darin bestand, am gleichen Strang zu ziehen. Nachdem Vaucher mit viel Resonanz im Dezember 1958 in Basel den ›Millionär Läppli‹ inszeniert hatte, übertrug Rasser, der inzwischen einen Schweizer Produzenten gefunden hatte, Vaucher die Regie auch für den Film. Es gab wohl kaum einen, der wie Vaucher dem eigenwilligen Rasser »seine Lieblingsthemen abkaufen« (Vaucher, 21.6.1969) und sein ausuferndes Spiel begrenzen konnte, ohne ihn wirklich zu beschneiden.

Die Sache liess sich auch gut an. Vom 1. bis zum 6. Juni und vom 6. bis zum 18. August 1959 war schon gedreht worden, doch leider zahlte der Produzent Werner Kägi in Verletzung des Vertrages die wöchentlich fälligen Honorare nicht. Für die projektierten acht Drehwochen waren für Vaucher je Fr. 1500.- ausgemacht gewesen. Nach drei Wochen Arbeit hatte er aber gerade mal Fr. 1000.- bekommen. Als die wegen fehlendem Geld unterbrochenen Dreharbeiten im November 1959 wieder aufgenommen wurden und die Rückstände immer noch nicht bezahlt waren, kam es zum Krach. Vaucher brauchte das Geld wirklich dringend. Wegen dem Film hatte er die Übersetzung eines Theaterstücks, das für eine Aufführung von Margrit Rainer und Ruedi Walter am Bernhard-Theater bestimmt war, so weit hinausgeschoben, dass schliesslich die ganze Produktion ins Wasser fiel und die beiden Kabarettisten wirklich sauer auf ihn waren. Mit den Prämien seiner Lebensversicherung lag er um ein halbes Jahr im Rückstand – und sollte diese vom 1. Dezember 1959 an auch definitiv »nicht mehr weiterführen« können. »Der Grund hierfür liegt in der Trennung zwischen meiner Frau und mir», teilte er dem Versicherungsagenten mit: «Sie hat es hier auf dem Lande nicht mehr ausgehalten und nahm sich eine Stadtwohnung. Dies war, um unsere Ehe vor gänzlicher Zerrüttung zu bewahren, die einzig mögliche Lösung. Dadurch sind mir aber Spesen erwachsen, die mich auf der andern Seite zu grösstmöglichen Einsparungen zwingen. Denn ich muss meiner Frau eine Rente auszahlen und habe zusätzliche Ausgaben für die Führung meines Haushaltes.«

»Ich bedaure die scheinbar unüberwindlichen Schwierigkeiten, die sich eingestellt haben und die eines der besten Projekte des Schweizerfilms wohl für alle Zeiten zunichte machen werden«, hatte Vaucher dem Produzenten Kägi noch am 16. August 1959 geschrieben. Als sich im November die letzten Hoffnungen Vauchers zerschlugen, vertragsgemäss entlöhnt zu werden, zog er die Konsequenzen. Rasser selber übernahm darauf – mit den von der Filmkritik beklagten Folgen – die Regie und rettete glücklicherweise als wundervoller Schauspieler den Film, der ihm als Regisseur misslang.

»Ist ›HD Läppli‹ ein guter Film? Ich weiss es nicht. Ich glaube eher, nein. Ist das überhaupt ein Film? Zweifel wären anzumelden«, schrieb Werner Wollenberger im ›Nebelspalter‹ (zit. nach Franz Rueb): »Läppli ist ein Knallfrosch. Aber was für einer! Und das intelligenteste, amüsanteste, zwerchfellerschütterndste Kompaniekalb, das es jemals gab.« Die ›Weltwoche‹ vermerkte ebenfalls: »Als Film recht problematisch – er schreit nach einem fähigen Regisseur – doch als verfilmter Bühnenschwank ein vermutlich grosser Breitenerfolg.«

Genauso kam es dann auch: Der Streifen wurde, wie der Rasser-Biograph Franz Rueb unterstreicht, »der gewaltigste Kassen-Erfolg«, den bis dahin ein Schweizer Film errungen hatte.

Edith Carola hatte ihre Rolle in Rassers Film als ›Frau Haldimann‹ zu Ende gespielt. Zwei Jahre später kam der ›Demokrat Läppli‹ in die Kinos. Es war wohl ein strategischer Fehler Vauchers gewesen, den zu einem Drittel schon abgedrehten Film nicht auch ohne Honorar noch zu Ende zu führen, selbst wenn dies auf eine weitere Verschuldung hinausgelaufen wäre. Gute ›Läppli‹-Kritiken hätten ihm mit hoher Wahrscheinlichkeit die Möglichkeit verschafft, andere Stoffe zu verfilmen – so wie es für ihn und Max Haufler 1939/40 schon einmal zum Greifen nah gewesen war. Nach dem Pech mit dem ›Farinet‹ scheiterte er noch einmal in Sichtnähe eines grossen Ziels.

»Auf der anderen Seite: Er ist nie ein Stratege gewesen«, gibt Jean Jacques Vaucher zu bedenken, »er war viel zu ehrlich, er ist auch viel zu direkt gewesen. Wenn er etwas nicht gut fand, dann sagte er es.«

XII LIEBESGESCHICHTEN

Eine Frau in Perugia

Es war die dürftigste Pizza, die ich je ass, in Perugia, der Hauptstadt Umbriens, ein trockener Fladen, dessen Zutaten kaum erkennbar waren, spärlich eingekrustet in den Brotteig. Nur am wilden Majoran, dem Oregano, der dort wie Unkraut wuchert, fehlte es nicht. Ich hatte eben den letzten Bissen mit Beimischung eines herben Landweines hinuntergewürgt, als eine alte Frau den Laden betrat. Sie war nach der Art der Landbevölkerung ganz in Schwarz gekleidet, den Schal um ihr Gesicht gegen die Sonneneinwirkung weit vorgezogen, dass ich kaum ihre Nasenspitze sehen konnte. Ihre nackten Füsse, gerade noch unterm Rocksaum sichtbar, steckten, von Staub gefleckt, in Zoccoli, deren Böden bis auf eine dünne Lage abgeschliffen waren. Die Arbeit mit der Erde hatte sie dieser näher gebracht: sie ging tiefgebückt. Der Wirt an der Theke schnitt von diesem Trokkengebäck ein Viertel aus und reichte es ihr. Es war ihr Mittagsmahl, ihr tägliches. Sie steckte es, uneingewickelt, in ihre Rocktasche und nahm aus dieser zugleich einige Münzen, um zu zahlen. Da gab ich dem Wirt einen Wink, dass ihr Teil auf meine Kosten gehe. Er wies das vorgehaltene Geld zurück, deutete mit dem Zeigefinger auf mich und murmelte ihr einige Worte dieses schwerverständlichen umbrischen Dialektes zu. Einen Augenblick blieb sie scheinbar unschlüssig stehen. Dann ging sie dem Ausgang zu, schlurfend, vornübergeneigt. Als sie an meinem Tisch vorüberging – spuckte sie auf den Boden.

Als ich etwas später die belebte Hauptstrasse hinunterflanierte, sah ich die Alte wieder. Sie war in ein Seitengässchen eingebogen, wo von Fenstern zu Fenstern gegenüber die Wäscheleinen hängen, Rundbögen sich wölben von Hausmauer zu Hausmauer, wo die Sonne tagsüber kaum eine halbe Stunde durchsickert, Schläuche, in denen Feuchtigkeit, Gestank und

Kühle kleben. Ihr folgten zwei Katzen, schwarz, ausgemergelt wie sie, die Schweife wie Zündkerzen hochgestellt. Sie setzte sich auf einen Mauervorsprung, kramte nach dem Pizzastück, brach sich kleine Stücke aus und begann sie zu kauen. Die Katzen strichen um ihre Beine, setzten sich abwechslungsweise auf ihren Schoss und leckten die Krümel auf. Dann und wann steckte sie der einen oder andern einen kleinen Brocken zu. So teilte sie, die vor mir, dem schäbigen Spender einiger Rappen, ausgespuckt hatte, sie, die zum Leben zuwenig, zum Sterben zuviel hatte, mit ihren zwei vierbeinigen Lieblingen ihr kärgliches Mittagessen.

Ein guter Auflauf

Mir ist elend zu Mute. Schon den ganzen Tag. Am liebsten wäre ich gleich nach dem Mittagessen ins Bett. 17 Uhr. In meiner Küche ist es dunkel und fröstlig. O diese Novembertage! Durchs Fenster sehe ich auf den Lindenbaum hinüber. Der Wind hat ihn leergerupft. Der Himmel schiebt dicke Packen von Wolken herbei, eisgraue, mausgraue, schiefergraue. Wenn ich ans Kochen denke, wird mir fast übel. Etwas Gutes müsste es sein, etwas Apartiges. Ich habe plötzlich das Gefühl, dass von diesem speziellen Gericht mein ganzes Seelenheil abhängt... Und da fällt mir auch schon etwas ein!

Ich rühre mir eine Bechamel, eine weisse Sauce, mit 60 Gramm Mehl, 40 Gramm Butter und einem halben Liter Milch an. Sobald sie angerührt ist, nehme ich sie vom Feuer, salze ganz leicht und füge 100 Gramm Vanillezucker (wer's vorzieht, nimmt gewöhnlichen, auch etwas Zitronensaft) bei. Wenn die Sauce abgekühlt hat, verrühre ich drei Eigelb und schlage das Eiweiss zu Schnee. Dann ›ziehe‹ ich dieses darunter (ein ganz blöder Ausdruck! Als ob man geschlagenes Eiweiss an Fäden angebunden durch die Pfanne ziehen müsste!...), giesse meine Sauce in die Auflaufform und stelle sie in den warmen, also nicht zu heissen, Backofen. Nach einer Viertelstunde hat sich der Auflauf gehoben. Noch wenige Minuten, und ich werde ihn mit einem Apfelkompott, Quarkkäse und dem wunderbar mundigen mehlfreien Migrosbrot zu einem Milchkaffee auftischen – Weg ist mein ganzes Elend. Vielleicht ist's, weil man die Wolken nachts nicht sieht, vielleicht liegt's am guten Appetit meiner Familie. Vielleicht ist's doch der Auflauf, obschon er nach wenigen Minuten weg ist – verschlungen.

Die Rückkehr zur Bühne schaffte Edith Carola als Schauspielerin. Ende Dezember 1955 war sie schon im Zürcher Bernhard-Theater als ›leicht chargiert gemimte heiratsgierige Tochter‹ (›NZZ‹, 29.12.1955) in einem Lustspiel aufgetreten. »Das Publikum quitschte vor Vergnügen«, schrieb die ›Zürcher Woche‹ (6.1.1956). Ihr eigentliches Comeback feierte sie im Herbst 1957 als ›Die Alte‹ in Goethes Faust I im Schauspielhaus. Von da an gehörte sie zum Ensemble. Der regelmässige Theaterbetrieb bot ihr einen neuen Bezugspunkt. Als Schauspielerin brauchte sie die Knie auch nicht so zu belasten wie als Tänzerin. Ihr Geliebter wurde das Berliner Theateroriginal ›Prüfi‹ – Hans Prüfer –, der als Chefgarderobier des Schauspielhauses mit seinen Witzen und noch viel mehr mit seiner unfreiwilligen Komik eine freilebende Anekdote war. Der Schauspieler Erwin Parker verfasste 1963 über diesen Freund »aus der Bruderschaft des Till Eulenspiegel und des braven Soldaten Schweyk, des Karl Valentin und des Charly Chaplin« ein kleines Buch mit einer Sammlung seiner ›geflügelten Worte‹. Einmal war einem Schauspieler während der Vorstellung das Gebiss herausgefallen und hatte auf der offenen Bühne für alle sichtbar gelegen, bis der rettende Vorhang kam oder sonst ein glücklicher Umstand erlaubte, die Panne zu beheben. Den Kollegen, der glaubte, über diese Schmach nicht hinwegzukommen, tröstete ›Prüfi‹ darauf mit den Worten: »So schlimm, wie Sie jlooben, is det nu ooch wieder nich. Schlimm wär' et jewesen, wenn det Jebiss jemand in der ersten Reihe uff'n Schoss jefallen wäre und hätte dort alleene weiterjeredet.« Hans Prüfer war verwitwet, aber kein Kind von Traurigkeit: »Weesste, Parki«, klagte Prüfi in späteren Jahren einmal über den Wandel der Zeiten, der auch am Theater nicht spurlos vorüberging, »det is jetz allens nich mehr so, wie et früher war«, und fuhr, wie Erwin Parker betonte, »gedankenschwer« fort: »Traurig is det, Parki, zu traurig is det alles. Also, wenn ick jetz nich meinen Humor hätte ick könnt' nur noch lachen.«

Vaucher verband sich in jener Zeit mit der Halbschwester Edith Carolas, Anneliese Wernecke, danach mit Elena Mangold, die als Bibliothekarin des Sozialarchivs in Zürich tätig war. Je mit einem anderen Partner hatten Edith Carola und er oft zu viert unter einem Dach gelebt und versucht, sich gegenseitig zu ertragen. Die letzten gemeinsamen Ferien hatten sie beide im Sommer 1958 verbracht. 1959 trennten sie sich, und Edith Carola nahm eine eigene kleine Wohnung in Zürich. Er blieb mit Jean Jacques in Herrliberg. Nach Weihnachten 1960 schrieb er Anneliese Wernecke, die sich inzwischen wieder von ihm gelöst hatte: »Die Einsamkeit tut mir wohl. Sie ist wie Höhenstrahlung bei Bleichsucht, wie ein verdoppeltes Optalidon nach

Kopfweh.« Mit ›Prüfi‹, der eine Lambretta besass, kam Edith Carola sehr oft zu Besuch. Beide mit Lederkappen. »Das war ein Anblick für Götter!« erinnert sich Marlis Vetter. Auch zur Weihnachtsbescherung waren die beiden gekommen, wie Vaucher es Anneliese Wernecke nicht ohne Sarkasmus schilderte: »JJ [Jean Jacques] hat mir zusammen mit Prüfi und der Edith eine Aktentasche geschenkt. Ein rindsledern bestandenes, seitentaschenbespicktes, reissverschlussumranktes Monstrum, genau und ausgerechnet das, was ich mir nicht wünsche. Aber es ist ja Weihnachten! Prüfi hat seine Edith in Seide und Nylon verschlungen. Ein asternübersätes Hausmäntelein, na ich sag Dir, die reinste Gartenbau-Ausstellung. Und ein Nachthemd! Pfft! So sieht unser Dorfpfaff in seinen schönsten Träumen die Englein jubilieren. Was ich mir dabei zwischen den Zähnen an Grinsen und Spötteleien verdrückt habe, das kannst Du Dir denken, meine Liebste.« (28.12.1960)

Anfang Dezember 1960 hatte Vaucher von Erich Kästners Roman ›Das fliegende Klassenzimmer‹ eine Hörspielfassung entworfen und für das Radio aufgenommen. Zu gleicher Zeit trat in Zürich gerade Walter Morath auf: »Der ›Hischen‹ ist auf Tage hinaus ausverkauft. Man löbelt mich für meine Texte. Vielleicht gehe ich noch hin vielleicht auch nicht. Das Beste ist noch immer die Illusion.« Arbeitsmässig lief nunmehr alles rund: »Und Aufträge hageln nur so rein«, berichtete er Anneliese Wernecke: »Pech in der Liebe, Glück im Spiel, alte Weisheit« (Dez. 1960). Vieles, nicht nur das »Neujahr, die Nacht dazu, ging«, wie er klagte, »in der Arbeit unter.« Lob, das er für seine Ansagen am Radio-Silversterball bekam, »verlor sich im Sand meines Unmutes.«

Am Bernhard-Theater erkor Rainer Litten ihn ausserdem als Schauspieler für die Komödie ›Die Falle‹ von Robert Thomas, wie er Anneliese Wernecke belustigt schrieb: »Ich bin für eine Rolle engagiert, ein alter etwas versoffener Pandur. Sie soll mir auf den Leib geschrieben sein. Wenn ich auch die Mühen etwas scheue, denn nach der Aufführung (...) geht's auf Tournee, so macht's doch einen Tausender mehr aus im Monat. Zu den übrigen Karotten ein angenehmer Zuschuss. (...) Mit der Anstellung bei der Maggi klappt's. Der Vertrag ist unterzeichnet. Und zusätzlich bin ich (...) für die Redaktion eines Textes zu einem Büchlein ›Parties von A-Z‹ vorgeschlagen. Gutes Beefsteak! Das Jahr hat sich also punkto Rubels ganz schön angelassen.« (15.1.1961)

Als ›vagabundierender Kunstmaler‹ – »ein Clochard von kabarettistischem Format« (›Volksrecht‹, 1.3.1961) überzeugte er, trotz der langen Abwesenheit von der Bühne, und sollte danach von 1962 bis

1965 auch im Schauspielhaus in einem halben Dutzend Stücken auftreten: »Die Rolle war gut, und selbst Leute vom Bau haben mich sehr gerühmt. Ich sei Weltklasse, hat die Maria Becker gerufen. So ganz ›Welt‹ fand ich mich nicht, aber der ›Vagant‹ liegt mir.« Die Anstrengungen jedoch begann er zu spüren. Er war froh, als es vorüber war: »Ich kann mich etwas mehr ausruhen. Es ist an der Zeit. Mein Herz hat gespukt. ›Präinfarktische Wehen‹, nennen es die Ärzte« (30.4.1961). Damals war C.F. Vaucher soeben 59 geworden.

Wenn zuweilen bei seinen Auftraggebern der Eindruck einer gewissen Unzuverlässigkeit Vauchers entstand, dann lag das vorwiegend an seiner Vielbeschäftigtheit. Angebote auszuschlagen glaubte er sich nicht leisten zu können und bürdete sich zu viel auf. Da kam es schon auch vor, dass er Termine überzog oder Zugesagtes völlig unterging. Denen, die ihn gut kannten, wie etwa Kurt Bürgin vom Radio, war dieser artistische Umgang Vauchers mit Lieferfristen »ein Faktum, das man hinzunehmen hat wie ein Naturereignis« – es nütze nichts, »das Meer zu peitschen«. Gelegentlich hatte er eben die Plakkerei auch über: »Mein verschlampter Morgen ist vorbei. Der Kopf sagt mir: arbeite! Das Herz nicht« (ca. Feb. 1962). Nicht immer war es leicht, sich für diese Brotarbeit zu motivieren. Auf die Frage »Wie inspirieren Sie sich« gab er der Zeitschrift ›Femina‹ am 8. November 1963 zur Antwort: »Ich löse Kreuzworträtsel, weil das eine gute Konzentrationsarbeit ist. Ich sage mir, auch wenn es ein Aberglaube ist: wenn du das Rätsel gelöst hast, dann bist du reif zum Arbeiten – sofern einem nicht ein anderes Kreuzworträtsel in die Finger kommt!«

Neben der Tätigkeit für ›Maggi‹ verfasste er mit dem Filmproduzenten Peter Goldbaum das Skript zu dem Film ›Finden Sie, dass Constanze sich richtig verhält?‹ (1962) sowie Drehbuchadaptionen von Stücken Somerset Maughams und des ›Fiesko‹ von Schiller, die aber unverfilmt blieben: »Ich verdiene dabei so viel, dass ich für's erste schuldenfrei geworden bin, sehr zur Unfreude meines netten Betreibungsbeamten Lehmann, der seinen liebsten Kunden (wie er meint) verloren hat. Ich mach ihm Mut und betone immer wieder: ›Was nun nicht mehr ist, kann noch in Zukunft sehr werden!‹« schrieb er Anneliese Wernecke (30.4.1961).

Seit langem fand er endlich wieder Zeit zu persönlichem Schreiben und Erzählen, und 1962/63 veröffentlichte er in der Zeitschrift ›Elle‹ in loser Folge Texte aus seinem Leben. Seinen ersten Beitrag vom 1. Juli 1962 überschrieb er mit ›Aus meiner linken Schublade‹ und liess der – im Prolog wiedergegebenen – Einleitung die Geschichte seines Studiums in Genf folgen. Das Verdienst, C.F. Vaucher als Prosaschriftsteller wiederentdeckt zu haben kommt also ›Elle‹ zu, der Vorläufe-

-h Carola im ›Cornichon‹: oben rechts als ›Kater Schnurre-Murre‹, unten rechts als
mp‹; unten links ›Chancen einer Tänzerin‹ zum Thema Kokain (Cabaret Kaktus).

Oben links: Cornichon-Programm ›Limmat-Athen‹ (1940) mit Voli Geiler, Edith Carola, Karl Meier, Ruedi Walter, Margrit Rainer.
Oben rechts: Susi Lehmann, Edith Carola und Olga Gebhardt im Cabaret Kaktus (1945).
Links: C.F. Vaucher als Conférencier (Cornichon oder Kaktus).
Unten: Programmbesprechung im Cornichon mit v.l.n.r Vaucher, Otto Weissert, (Direktor), Walter Lesch, (Leiter und Texter) und Alois Carigiet, (Maler, Bühnenbildner.

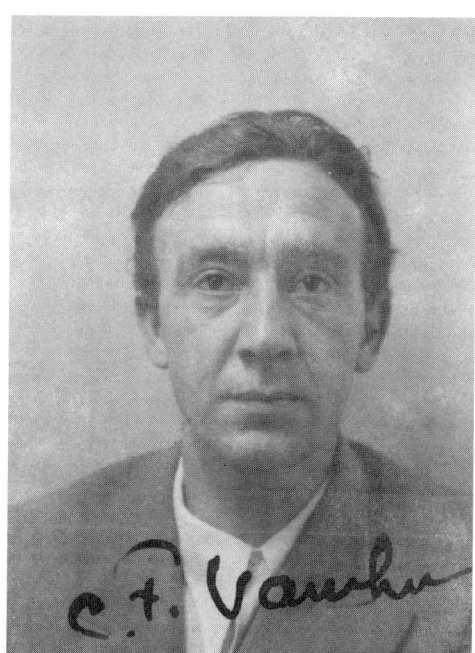

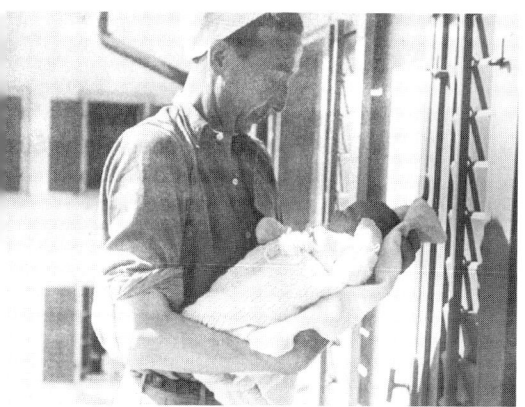

h Carola und C.F. Vaucher mit ihrem 1943 geborenen Sohn Jean-Jacques.

Oben links: Cabaret ›Kaktus‹, obere Reihe Sus Lehmann, Edith Carola, Alfred Rasser, Ruedi Walter; kauernd Olga Gebhardt, Frédéric Bucher (ca. 1944). Oben rechts: Edith Carola mit Harro Lang im ›Kaktus‹ Links: Edith Carola in einer Kuh-Nummer (›Cornichon‹ 1950).

Gegenüberliegende Seite, oben: Edith Carola und C.F. Vaucher im ›Kaktus‹. Unten, ›Flohengrin‹ (Lohengrin-Parodie), v.l.n.r. Frederic Bucher, Olga Gebhardt, Alfred Rasser, Edith Carola, Ruedi Walter (›Kaktus‹, Februar 1945)..

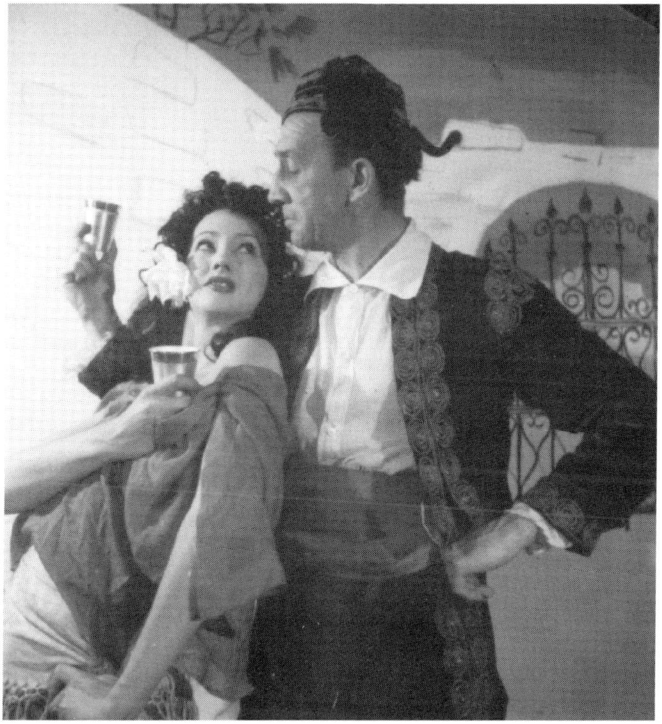

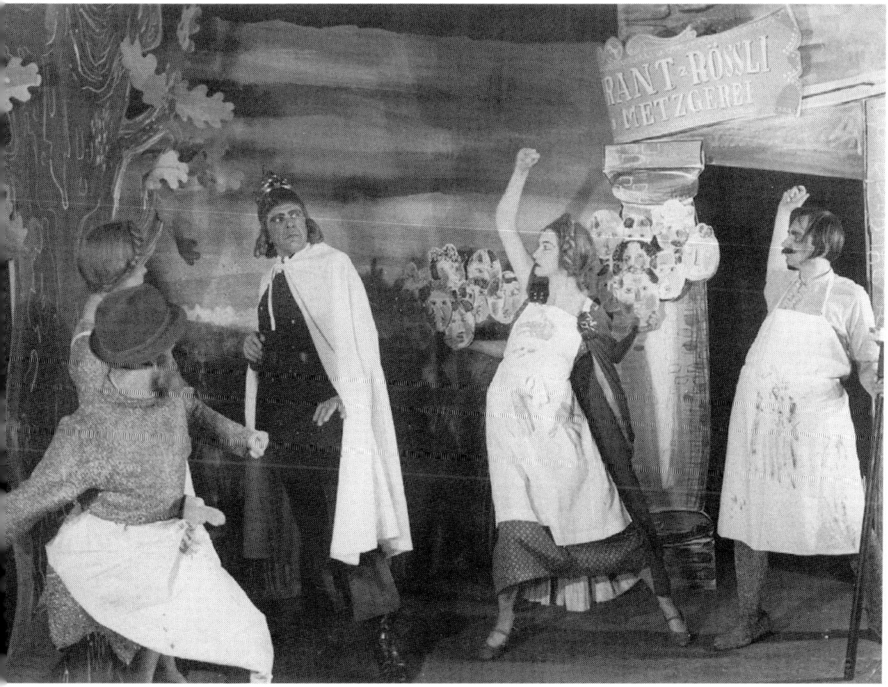
RANT z RÖSSLI
METZGEREI

Oben: Die Redaktion des ›Grünen Heinrich‹ in der Mittagspause: v.l.n.r. Max Sulzbachner, C.F. Vaucher, Peter Surava, unbekannt; diese literarisch-satirische Zeitung erschien von September bis Dezember 1945 in Basel
Links: Cabaret Kaktus auf Tournee in Bad Ragaz (ca. 1945): C.F. Vaucher, Edith Carola, Ruedi Walter und Susi Lehmann.
Gegenüberliegende Seite, oben: Zweimal C. Vaucher - als Offizier im ›HD Soldat Läppli‹ und in Zivil.
Unten: Edith Carola 1949 im ›Cornichon‹ (am neuen Spielort im Theater am Neumarkt)

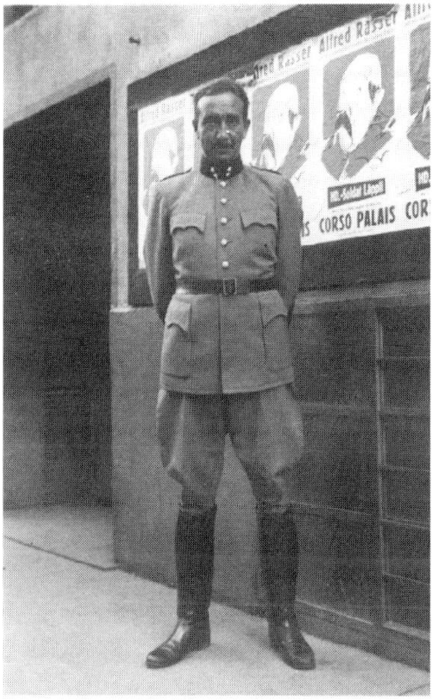
Alfred Rasser
CORSO PALAIS

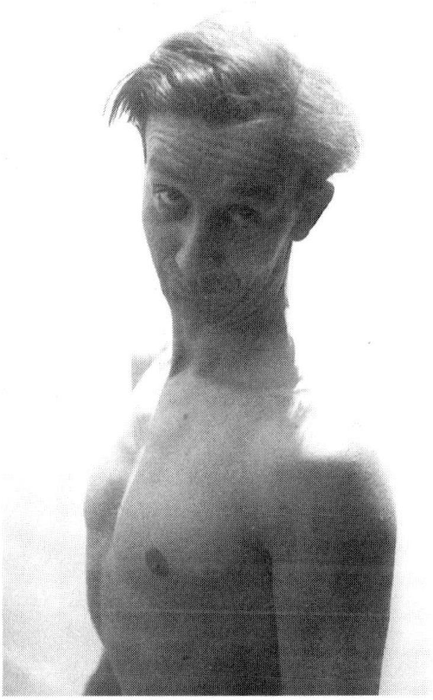

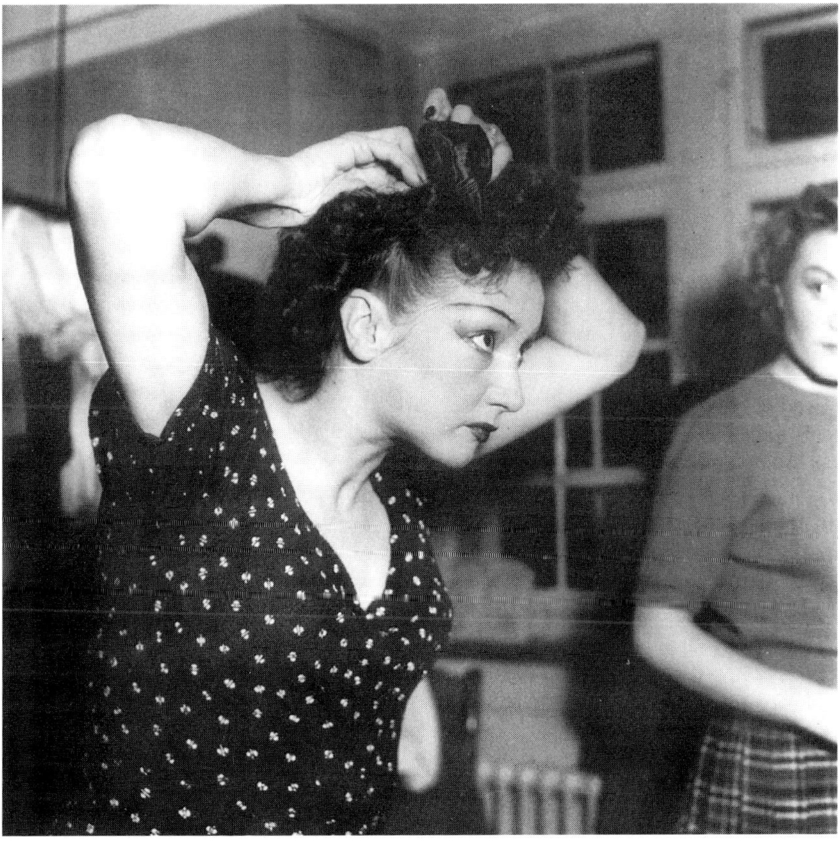

Cabaret Kaktus: Edith Carola mit Robert Lehmann.
Gegenüberliegende Seite, oben: C.F. Vaucher - Regianweisungen für Voli Geiler im
›Cornichon‹ (zwischen 1941 und 1943).
Unten: Vaucher als Textdichter mit Voli Geiler auf einer Israel-Tournee des Duos
Geiler/Morath (Frühjahr 1955).

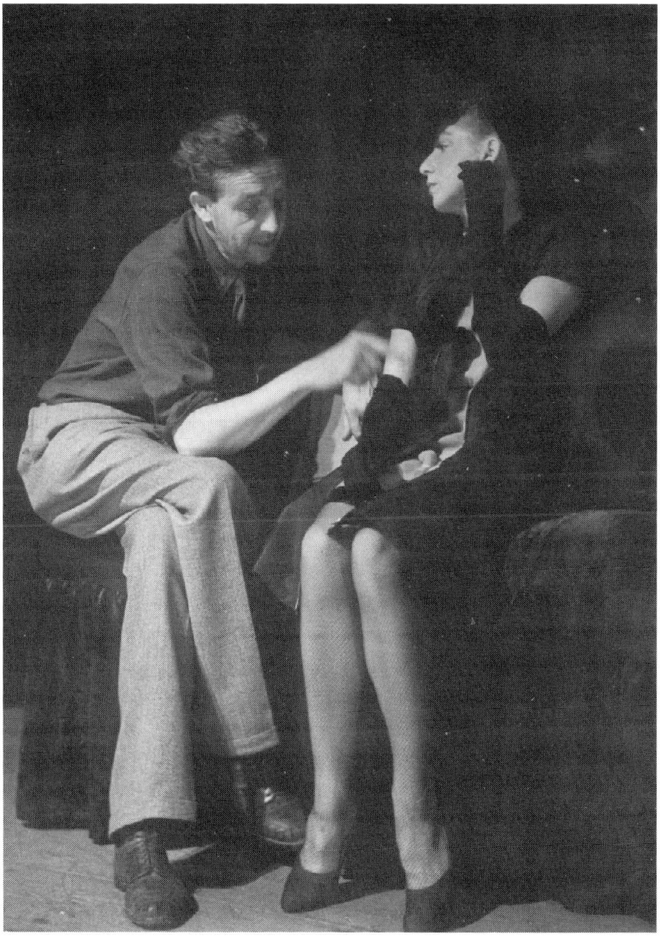

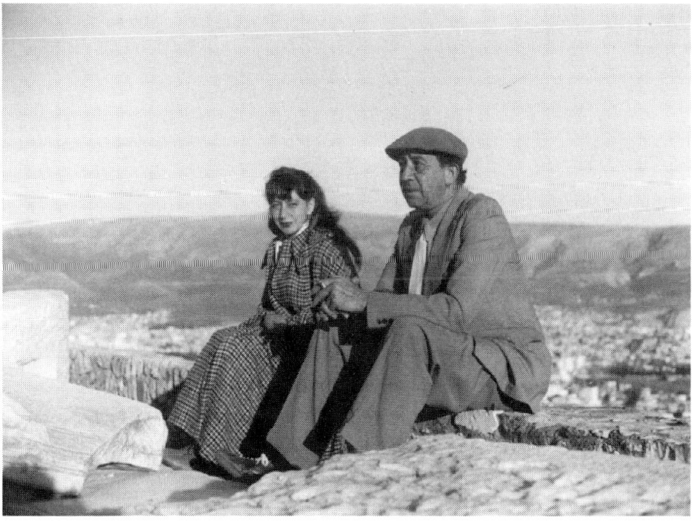

Vaucher der Vorzeige-Koch:
als Ehrenpräsident der Schweizer Hobbykoch-
Bewegung (mit Zigarette), bei mühseliger
Brotarbeit und als Fernsehkoch.

ochen privat: im Wohn-
aus ›Berghöfli‹ in Herrli-
g (ca. 1950);
ith Carola mit Sohn
an Jacques (1950);
F. Vaucher mit Jean-
ques in Davos (1956).

Oben: C.F. Vaucher (Mitte) im Stück ›Frau Warrens Gewerbe‹ (G.B. Shaw) mit
Maria Becker und Robert Freitag (Tournee 1949).
Unten: Mit Peter Surava und dessen dritter Frau Elsi Koerfgen.

.F. Vaucher: Im öffentlichen Park und im eigenen Garten; ob Krieg oder Frieden, jedes Jahr pflanzte er ›Sommerflor‹ an.

Vaucher-Porträt in der ›Femina‹ (Nr. 23, 8.11.1963).

F. Vaucher in ›Kümmere dich um Amélie‹ von Georges Feydeau im Schauspielhaus
Zirich 1965/66.

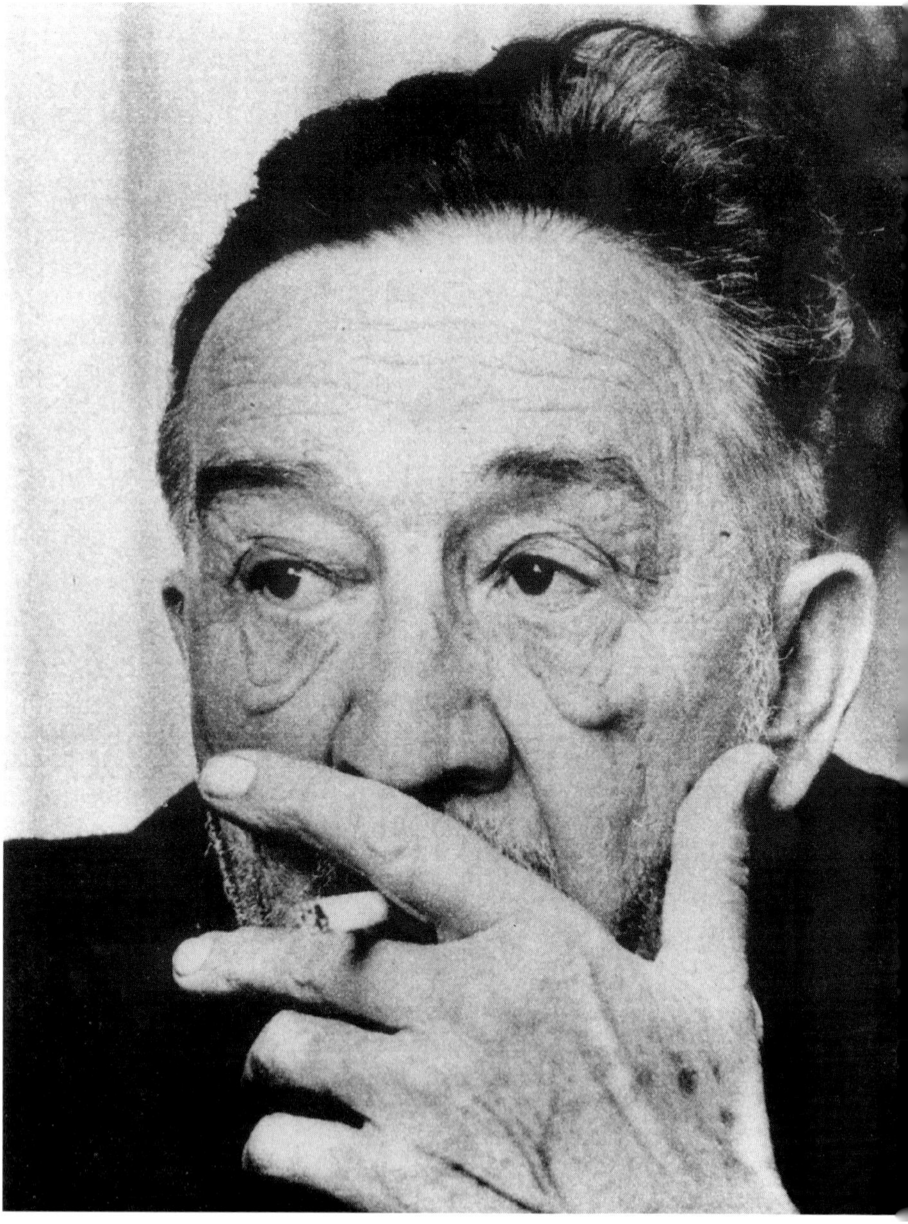

rin der ›Annabelle‹. Seine weiteren Artikel verknüpfte er jeweils ganz beiläufig mit einem Kochrezept und schickte 1962 auch zwei Reportagen aus den Ferien, die er in der Gegend von St. Tropez verbrachte. Auch am Radio galt inzwischen sein Wort recht viel, und er bekam Sendezeit, um über sich zu erzählen: 1959/60 über seine Schuljahre, 1963 in einer Reihe mit Albert Ehrismann, Kurt Guggenheim und N.O. Scarpi über das Ende der Jugend und den ominösen ›Schritt ins Leben‹, 1961 über die Zeit des Krieges und 1964 in drei Folgen ›Aus meinem Leben‹. Allmählich wurde er so zu einer Legende.

1963 bot ihm die Zürcher Lokalpresse Platz für eine wöchentliche Fernsehekolumne an, in der er beliebig bei einzelnen Sendungen anknüpfen und zu Papier bringen konnte, was immer er wollte. Von 1963–67 schrieb er in der von Roman Brodmann 1961 erneuerten ›Zürcher Woche‹, die damals linksliberal war oder – ›nonkonformistisch‹, wie das Schlagwort lautete, zu dem Vaucher einmal in der Zeitschrift ›Sie und Er‹ bemerkte, er sei »nicht beleidigt«, wenn man ihn so nenne. Danach wurde er Fernseh-Kolumnist in der ›Neuen Presse‹ (1967–69) und im ›Sonntags-Journal‹ (1969/70). »Vom menschlichen Bild am Bildschirm geht eine Faszination aus, die meist grösser ist als bei der Begegnung mit Zeitgenossen im Alltag«, heisst es in einem der im Nachlass lückenlos erhaltenen Manuskripte: »Der wiedergespiegelte Mensch ist ins Licht gesetzt, klarer umrissen, schärfer gezeichnet, in Konturen und Schraffierungen aufdringlicher: die Kamera detailliert intensiver als das Auge. Dieses sieht im Leben oft vorbei. Die Linse dagegen drängt dem Schauenden ihr Produkt auf.«

Allerdings verschlang die Tätigkeit als Berichterstatter aus der kleinen und grossen Welt des Fernsehens so viel Energie, dass die literarische Tätigkeit im engeren Sinn von neuem verkümmern musste. Vaucher hielt zwar am Glauben fest, den 1962 gefassten Entschluss, seine Lebensgeschichte aufzuschreiben, noch wahrzumachen. Er befand sich, wie die im Juli 1962 entstandene Geschichte über den Aufenhalt 1927 beim Onkel in Algerien beweist, auf einem Höhepunkt seiner sprachlichen Ausdrucksfähigkeit. Gegenüber der Zeitschrift ›Femina‹ hatte er in einem grossen Interview erklärt, seine »Hauptbeschäftigung« sei die »Abfassung eines Buches über ›Die Kunst zu leben‹« (8.11.1963). 1967 sagte er der ›Zürichsee-Zeitung‹ (13.1.1967), er habe ein autobiographisches Werk mit dem Titel ›Aus meinem Leben‹ bereits einem Verlag versprochen, vordringlicher aber sei ein Kochbuch, auf das ein anderer Verleger ›seit langem‹ warte...

In seinem Nachlass gibt es denn auch, neben den zahlreichen Rezeptgeschichten, die postum in C.F. Vauchers Buch ›Herd Du meine

Güte‹ (Pendo-Verlag 1978) erschienen sind, einen Plan für eine Sammlung anderer kulinarischer Texte, die er in der Marianne Berger-Reihe von ›Maggi‹ hätte herausbringen wollen: ›Küche, Keller und berühmte Männer. Geschichten und Rezepte aus manchem Jahrhundert‹...

»Ich lebe meist allein mit JJ im Berghöfli«, schrieb er Anneliese Wernecke zu Beginn dieser Jahre, die ihn zu einer unübersehbaren Figur des gesellschaftlichen Lebens machten. Als genauer Zeitzeuge, der er stets blieb, nahm er wahr, wie auch um ihn herum Anfang der 60er Jahre ein Bauboom die Lebenswelt wiederum wie in seiner Kindheit ganz neu gestaltete und auch in Herrliberg ganze neue Quartiere entstanden: »Kurz, es tut sich was«, bemerkte er zu seiner Brieffreundin, seiner einstigen Geliebten, »und die Bauern werden zu Millionären« (ca. Feb. 1962).

In der Wahrnehmung der Leute verblasste das Bild Vauchers als eines Kabarettisten und Theatermanns nach und nach, und er wurde immer mehr zum Bonvivant stilisiert – zum Lebemann, dessen Existenz allein darin zu bestehen schien, mit seiner Person im Fernsehen, im Radio und in der gedruckten Presse präsent zu sein. Die Bühne als Behelf zur Erreichung des Publikums schien plötzlich überall, und ehe er sich's versah, wurde er in diesem Lande einer der ersten medialen Lebensbegleiter – eine Ikone der modernen Informationsgesellschaft. Für viele verschmolz er förmlich mit seinem kulinarischen Oeuvre, besonders als er von Juli 1964 an bis Dezember 1966 jeden Samstagmorgen am Radio seine Sendung ›Was chochet mer‹ präsentierte. Sein ›Sendegefäss‹ hiess zum Schluss ›Das Familienmagazin mit dem Kochrezept von C.F. Vaucher‹ –, und es war auch, als ob Leib und Seele ohne Rest in seine Rezeptgeschichten einflössen, wenn er sich über die Ätherwellen mitteilte. Denn gegen diese letzte der Illusionen, die für ihn nie wirklich eine Selbsttäuschung war, protestierte er nicht mehr. Nur seinem Sohn vertraute er einmal an, dass das Kochen ihm zwar wichtig sei, er aber »nie geglaubt hätte, damit sein Leben verdienen zu müssen.« Wenn er versuchte, so persönlich wie möglich zu sein, dann vielleicht auch, um sich zu kontrollieren, und sicherlich war er der philosophischste Unterhalter im sogenannt anspruchslosen Programm jener Zeit. »Er wollte seine Leser und Hörer dazu bringen, das Leben nicht einfach an sich abtropfen zu lassen«, schrieb Peter Höltschi in einem Nachruf in der ›Schweizer Illustrierten‹ (6.3.1972). Er spielte seine Rolle melancholisch und souverän, und wann immer es am wenigsten erwartet wurde, war er plötzlich wieder der alte, der Querdenker, der Vaucher, der nie gezögert hatte, sich mit ungeliebten Wahrheiten das Maul zu verbrennen, wenn es denn sein musste. Die Tribüne besass er ja dazu, in seiner Zeitungskolumne. Im Andenken an den Radiokollegen Kurt Bürgin, dem die Studiogewaltigen das Leben scheint's eher schwer gemacht hatten und der »an den Folgen seiner Zurücksetzung starb«, die ihm »wie ein Stein auf dem Magen« gelegen habe, »und nicht an den Folgen einer Operation«, fand er in der ›Zürcher Woche‹ vom 1. Juli 1966 scharfe Töne: Es setzte dann einen Brief des Zürcher Radio-Direktors – »Kurzum, lieber Herr Vaucher, Sie hatten keinen guten Tag, als Sie diese Zeilen verfassten« (9.7.1966), worauf ihm – trotz seiner durchaus artigen Replik – wie zufällig noch kurz vor der Pensionierung auf Ende 1966 der langjährige Radiovertrag gekündigt und seine Rezeptsendung, die zu einer Institution geworden war und wöchentlich Hunderte von schriftlichen Rezeptanfragen auslöste, abgesetzt wurde. Vaucher bedauerte, sagte sich aber auch, zu einseitig auf »die kulinarische Masche abgestempelt« worden zu sein. »Unverzeihlich von Radio Zürich«, rief die ›Schweizerische Handelszeitung‹ noch Jahre später, dass Vauchers »kulinarische Plaudereien seit einiger Zeit verstummt sind« (13.1.1972); »oft genug« sei er »in die Wüste geschickt worden«, meinten die Basler Nachrichten: »Nicht mit grosser Publizität, sondern leise, so nebenbei, so gut geölt, wie dies hierzulande üblich sein mag« (1.3.1972). Immerhin, als Beantworter von Hörerinnen- und Hörerbriefen kehrte Vaucher 1969 zur Satire-Zeit am Samstagmittag zum Radio zurück und nahm die Landesseele noch einmal ›unter die Lupe‹: »immer sehr persönlich und präzis, nie grob, aber oft grimmig und stets unverblümt«, wie die ›Zürichsee-Zeitung‹ (19.1.1972) urteilte. »Die meisten Kritiker vergessen«, stellte Vaucher Anfang 1972 am Mikrophon klar, »dass ich zum Ressort Unterhaltung gehöre, wo der Humor nicht auszuschliessen ist.« Sogar amtlich bestätigt erhielt er auf seine alten Tage, dass er recht getan hatte, ein Leben lang für das offene Wort zu streiten, als der Kanton Zürich ihm Ende Dezember 1971 aus dem ›Literaturkredit‹ eine Ehrengabe zuteil werden liess, »zum Dank für seine kritische Anteilnahme an der schweizerischen Gegenwart, die er seit Jahrzehnten in Berichten, Essays und Kabarettexten präzis und humorvoll formuliert.«

Bereits seit Oktober 1965 zeigte Vaucher sich wieder im Fernsehen. Jean-Pierre Gerwig und Heidi Abel, die das ›Rendez-vous am Samstagabend‹ moderierten, hatten ihn für ein wöchentliches kabarettistisches Tête-à-tête mit einer naseweisen Holzpuppe namens ›Telewisel‹ angeheuert. Bewegt und mit Sprache versehen wurde der halbwüchsige Gesprächspartner Vauchers unsichtbar. Werner Wollenberger schrieb die meisten Dialoge. Die Unannehmlichkeiten liessen nicht lange auf sich warten. Bissige Passagen wurden mit zermürbender Regelmässigkeit aus dem Manuskript gestrichen. Vaucher nahm diesen Maulkorb nicht einfach hin: »Der Einspruch meinerseits wurde mit einem an die letzten Kriegszeiten gemahnenden zensurdiktatorischen ›Entweder-Oder‹ abgetan«, hob er in einem Brief an die Direktion hervor: »Ich stelle mit Bedauern fest, dass die Figur des Telewisel, der als freches und vorlautes Bürschlein konzipiert wurde, immer wie blutarmer und ideebleicher wird. Das liegt nicht zuletzt daran, dass die Autoren, immer wie mehr eingeschüchtert, kaum mehr ein Pointchen auf aktuelle Ereignisse zu setzen wagen – und die wenigen dann noch, weil ebenfalls gestrichen, in der Sendung vermissen.« Und er fügte hinzu: »Ich bin nicht gewillt, als guter Onkel neben einem mundtoten Hampelmann zu figurieren.« Seinen Freund Jean-Pierre Gerwig, dem er vorwarf, »den Weg des geringsten Widerstands« zu gehen und sich nicht genügend gegen die Streichungen zu wehren, habe er bereits »ersucht«, ihn »für die nächste Sendung durch einen geschmeidigeren Interpreten zu ersetzen« (19.6.1966). Möglicherweise wurde danach etwas pfleglicher mit den Texten umgegangen, denn Vaucher machte noch bis Dezember 1967 weiter.

C.F. Vaucher im Gespräch mit dem ›Telewisel‹. Die satirische Sendung lief 1965–67 im ›Rendez-vous am Samstagabend‹ (Fernsehen DRS).

»Ich selber lebe neben der Arbeit ein leichtes Leben. Ich habe viele Flirts, fast lauter junge schöne Mädchen (ich bin im Alter, wo man's anzieht!), die eine ist zu trösten, die andere zu erwecken, die dritte einzuschläfern. Ich tu's mit Takt, mit Blumen, Küssen und ohne Liebe, denn das bisschen Herz, was ich noch hatte, ist mit Dir weggegangen« hatte er Anneliese Wernecke 1962 geschrieben. In einem seiner letzten Briefe überhaupt, dem letzten auf jeden Fall an sie, sollte er ihr am 7. Februar 1972 noch anvertrauen: »Du warst in meinem Leben mein bestes Stück. Schad, dass ich Dich nicht halten konnte. Aber ich bin ein Landstreicher.«

Wie er 1963 der ›Femina‹ bekannte, bereitete es ihm erhebliche gedankliche Mühe, sich als Mann seines Alters zu verstehen, so schnell schienen die Jahrzehnte an ihm vorbeigezogen zu sein: »Ich fühle mich mit meinen 60 Lenzen ausserordentlich jung, weshalb ich, wenn ich in den Spiegel sehe, mich für meinen Vater halte. Ich fühle mich auch ganz besonders wohl unter jungen Menschen (...). Wenn ich mich dann aber in ihre Gespräche einmische, merke ich plötzlich, dass sie verstummen und etwas verlegen vor sich hinsehen. (...) Es erinnert mich (...) an meine Jugend. Damals sagte mir mein Vater, wenn ich mich in die Gespräche der Erwachsenen einmischte: »Wenn du einmal älter bist, kannst du mitreden. Vorläufig schweige und lerne!« So bescheide ich mich denn, wenn im Kreise der Jungen gestritten wird. Ich schenke den Wein ein, schweige und lerne. Es heisst, man sei immer nur so alt, wie man sich fühlt. Das stimmt nicht; man ist leider immer so alt, wie man aussieht.« (8.11.1963) Vaucher litt manchmal auch unter Nierenstein. 1966 schrieb er, an einem eher trüben Tag: »Es ist das übliche Karfreitagswetter mit dem grauschillernden See und einer regennassen Albiskette. Ich schlurf im Haus herum, seit sieben Uhr früh schon und steck mich dann und wann wieder ins Bett, wenn meine leidigen Nieren mich piepsen. Die eine ist eine wahre Kiesgrube geworden, und wenn die Steinchen von den Wänden rieseln – dann hilft nur eines: leises Fluchen und ein paar Gläser Weisswein. Dann ist das Stück beschwipst und lässt mir Ruh.«

Bis 1966 spielte Edith Carola am Schauspielhaus in über einem Dutzend Stücken. Das ging von Dürrenmatts ›Frank V‹ (1958/59) über die ›Kleine Niederdorfoper‹ von Walter Lesch (1959/60) bis hin zu Brechts ›Kaukasischem Kreidekreis‹ (1964/65) wo auch Vaucher eine Rolle erhielt. 1961 wurde bei ihr aber eine Diabetes diagnostiziert. Da sie allmählich auch wieder mehr zu trinken begonnen hatte, wirkte sich dies verhängnisvoll aus. Ihre Gelenke begannen sich zu verformen. Gegen die Zuckerkrankheit nahm sie zwar Tabletten, spritzte aber kein Insulin. Nach ein paar Jahren Zürich kehrte sie schliesslich nach Herrliberg zurück. »Ihr Zerfall hat damals angefangen«, erinnert sich Jean Jacques Vaucher. »Das habe ich natürlich damals noch nicht begriffen. Gegen Schluss waren die Füsse nach aussen gedreht und hat sie auf den Knöcheln gestanden, wegen dieser schweren Zuckerkrankheit, die sie hatte. Aber noch so hat sie sich am Ofen festgehalten und stehend den Spagat gemacht, das Bein senkrecht in die Luft. Mit deformiertem Fussgelenk: ›Ich kann ihn noch immer!‹ rief sie mir zu. Sie war eine Schwerarbeiterin. Sie lebte für ihren Beruf.« Er und Vaucher sahen der Tragödie hilflos zu.

1942 hatte Max Werner Lenz im Sommerprogramm ›S'gaht fürschi!‹ für Edith Carola die Nummer ›Chanson einer Tänzerin‹ geschrieben, die gegen Ende eine Geste macht, »als ob sie aus einer kleinen Dose schnupfen würde«: »Kokain!« sagte sie laut Szenenanweisung »düster«, ehe sie zu tanzen begann.

> Jeder Mensch erlebt hienieden
> seines Wesens tiefern Sinn.
> Und auch mir ist dies beschieden:
> Ich bin eine Tänzerin!
> Was bei andern Seelenregung,
> Trauer oder Seligkeit,
> wird bei mir sofort Bewegung,
> denn ich tanze Freud und Leid.
> Beispielsweise wenn die andern
> die Natur geniessen gehn,
> bleiben sie, bei ihrem Wandern,
> manchmal vor Entzücken stehn.
> Aber ich muss einfach tanzen,
> sei's im Wald, sei's auf der Flur.
> Unter Bäumen, zwischen Pflanzen,
> tanz ich wegen der Natur!
> (...)

»Wir verstehen uns immer noch wie Hund und Katze«, schrieb Vaucher 1966 Anneliese Wernecke: »Kriegt sie mit mir Krach, geht sie zum Prüfi, und klöpft's dort, kommt sie zu uns zurück. Praktisch und für die Nerven erholsam. Trotz ihrer Gebresten – und es sind ihrer so viele, als der Mensch Organe und Glieder hat, ist sie von einer erstaunlichen Vitalität.« Sie habe, berichtete er etwa ein Jahr später, drei Leiden unablässig und neun »sporadisch«: »Am schlimmsten ihre Füsse. Es faulen ihr einfach die Zehen durch. Das macht verflucht weh. Dabei ist sie von einer direkt höllischen Aktivität. Alle zwei bis drei Tage wünschen wir uns gegenseitig in die Hölle. Da knallen wie zur guten alten Zeit die Türen.« (3.1.1968)

Gefühle der Trostlosigkeit befielen auch ihn: »Peter ist mein einzigster Verbliebener: ein Freund«, schrieb Vaucher über Peter Surava: »Wir verbringen die Zeit in stundenlangen Telephonen.« (3.1.1968) Seit dem Kurswechsel der ›Zürcher Woche‹ 1967 und dem kollektiven Austritt der meisten, die für das Blatt geschrieben hatten, machte ihm die journalistische Arbeit immer weniger Spass. Seine Fernsehkolumne veröffentlichte er nunmehr in der ›Neuen Presse‹. »Ich habe noch nie mit so viel Mittelmässigem so unmässig Geld verdient (und ausgegeben)!« (27.12.1967) Einen seiner Briefe an Anneliese Wernecke beendete er mit den Worten: »So leb wohl, liebst Liebste. Ich muss noch einen Karren Mist auf meinen journalistischen Acker führen. Und heut Abend bin ich zu einem feudalen Frass eingeladen.« (15.1.1968)

Trotz oder vielleicht auch wegen der Folgen der Zuckerkrankheit trank Edith Carola weiter. Der Filmemacher Rolf Lyssy bekam die Geschichte von nahe mit. Seine Mutter war eine enge Freundin von Edith Carola und pflegte sie im ›Berghöfli‹: »Vaucher stand erfolgreich im Produktionsprozess drin, Edith war draussen. Das hat sie schwer verkraftet. Ihre Füsse sind abgefault, von unten her abgestorben. Sie konnte immer weniger laufen, zum Schluss nur noch unten im Wohnzimmer auf dem Diwan liegen. Es lässt sich leicht vorstellen, was es für eine Tänzerin bedeutet, wenn sie unbeweglich wird. Das ist das Schlimmste! Dennoch konnte sie sehr lustig sein. Sie zeigte Galgenhumor. Aber auch Weltschmerz.«

Am 22. Juli 1970 liess sie sich noch den Pass verlängern und reiste laut Grenzstempel am 21. August 1970 nach Rotterdam – in die Hafenstadt, die sie vermutlich von ihren Amerikatourneen in den 30er Jahren her kannte. Nach dieser letzten Ferienreise verstarb sie am 13. September 1970 im Spital Männedorf an den Folgen eines Blutsturzes. »Das ist eine typische Alkoholikerkrankheit«, erklärt ihr Sohn Jean Jacques Vaucher: »Die Hauptvenen verkalken; es bilden sich Nebenvenen, und wenn die platzen...«

Vaucher wurde nach dem Tod Edith Carolas depressiv, erzählt Jean Jacques Vaucher: »Neben allen menschlichen Verfehlungen und allem Suchen nach neuen Lebenspartnern – beidseitig – war die Liebe der beiden zueinander doch so stark, dass sie wieder zusammengekommen waren.« Er hatte sie zuletzt auch gepflegt. »Es muss irgendwo noch ein Gedicht geben, das er nach dem Tod meiner Mutter ge-

Originallegende ›Züri-Leu‹ (27.1.1972): »Mit einem ›Gourmet Happening‹ wurde der 70. Geburtstag eines grossen Wahlzürchers gefeiert: der Geburtstag von Charles F. ›Vauchi‹ Vaucher (auf unserem Bild mit Sohn Jean-Jacques). Sieben Meisterköche bereiteten dem Ehrenpräsidenten des ›Clubs Kochender Männer‹ ein Ehrenmahl...«

schrieben hat. Es hat mich sehr beeindruckt. Die haben ja kein harmonisches Leben gehabt, da sind schon ab und zu die Fetzen geflogen, aber als sie dann tot war, zeigte sich, wie sehr er diese Frau geliebt hat, trotz der vielen Streite, die sie hatten. Ich weiss nur noch, wie das Gedicht angefangen hat: ›Allein sein ist wie auf einem Bein sein...‹«

Vaucher selbst starb anderthalb Jahre später, am 28. Februar 1972. Zu seinem siebzigsten Geburtstag hatte am 19. Januar noch eine grosse Feier stattgefunden. Veranstaltet worden war sie von Kurt Markus Degen, der mit Vaucher 1971 den Gastronomieführer ›Zürcher Gourmet‹ herausgab. Vaucher hatte in dem Bändchen auch seinen ›Kulinarischen Entführer‹ untergebracht, der als Folge von Einzelartikeln im Gratisanzeiger ›Züri-Leu‹ erschienen war. Anneliese Wernecke hatte er am 3. Januar 1968 geschrieben: »Ich lasse mich in der Umgebung Zürichs bewirten und schreib dann darüber.« Die Bilder zeigen einen Vaucher, der, wenn er in die Kochtöpfe der anderen guckte, ganz bei der Sache war: »Eingang in diese Serie lässt sich nicht erkaufen«, wurde seitens der Zeitung unterstrichen: »Sie ist deshalb frei von jeder bezahlten Werbung.«

Seine Vermarktung als ›Der Feinschmecker Vaucher‹ war ihm manchmal zuwider. »›The big old man‹ trägt die Schau mit Würde, bedankt sich – oh, näi wiä nätt‹ – wie es sich gehört für die Ovationen und wäre eigentlich lieber bereits nach Hause gegangen. Um zu schlafen!« berichtete der ›Zürcher Oberländer‹. Neun Köche des ›Schweizerischen Clubs kochender Männer‹, dessen Ehrenpräsident er noch immer war, hatten am Geburtstagsbankett je sieben Gänge aufgetragen: »Ich wollt's still haben, abseits, gemütlich mit Freunden, und da kam so ein Reklamefritze und schlug mit meinem Siebzigsten die Werbepauke. Doppelseitiger Inseraten-Teil, 100 Gäste zum Essen plus Stadtpräsident, Radio-Fernsehen«, schrieb er Anneliese Wernekke (7.2.1972). Er wird wehmütig an seinen 65., seinen ›AHV‹-Geburtstag, zurückgedacht haben, als er seine erste Rente ohne jede steife Repräsentation, die nie seine Sache war, in eine Riesenparty steckte, die bis in den frühen Morgen dauerte und ihn nachher zu seinem Sohn sagen liess: »So müsste das Leben sein!«

Zuweilen dürfte er sich wirklich deplaziert vorgekommen sein, so als sitze er im falschen Film. In jenen Jahren ging eine Jugend auf die Strasse, die in teuren kulinarischen Genüssen nur eine besondere obszöne Form der Pervertiertheit einer Gesellschaft sah, welche so tat, als gäbe es in Vietnam keinen Krieg und als stürben in den wirtschaftlich abhängig gehaltenen und von Marionettenregierungen missbrauchten Ländern an der Peripherie der Wohlstandszonen keine Menschen an Hunger. Er selbst spürte die Revolte, die in der Luft lag, auch. Sie dürfte ihn nicht zuletzt an die eigene Politisierung Ende des Ersten Weltkrieges erinnert haben. Interviewt zur Frage, ob das politische Kabarett tot sei, erklärte er am 5.1.1972 im Schweizer Fernsehen: »Die sozialkritische Einstellung wäre heute in der Schweiz notwendiger denn je. Aber wer macht's? Die alten Schauspieler und Kabarettisten, die wir hatten, die ziehen es heute vor, mit, sagen wir, einer *einträglichen Kasse* unerträgliche Stücke zu spielen, die aber blosse Unterhaltung und dumme Unterhaltung ist. Also mit denen wäre sehr wahrscheinlich ein politisches Kabarett nicht zu machen. Wobei ich behaupten möchte, dass ein politisches Kabarett ja nicht stirbt, sondern es ist nur der Initiant, der Geist dazu, der bei uns in der Schweiz fehlt. Themen gäbe es genug.«

Und in einem anderen TV-Interview kurz nach seinem Geburtstag meinte er: Auf der Heimfahrt vom Bankett, wo er »tüchtig auf dem Altar der Propaganda geopfert worden« sei, habe im Car neben ihm »eine junge Frau gesessen und immer noch gesungen: ›Happy birthday to you, happy birthday usw.‹ Sie fiel mir schon ein bisschen auf die Nerven, als ich plötzlich dachte: Was ist eigentlich an diesem ›Birthday‹ so ›happy‹ gewesen? Und dann ist mir plötzlich eingefallen, dass ich ja vom Jahr 02, in dem ich geboren bin, bis zum Jahr 72 jedes Jahr mit einem Krieg ersetzen könnte. Was heisst mit einem? Mit einem, zwei, dreien! Das heisst: Millionen von Menschen, die kaputt gemacht worden sind, erschossen, zerfetzt, unter der Erde, über der Erde, im Himmel oben, dazu dann noch Misere, Hungersnot, Leute, die vergast, verbrannt worden sind. Und wozu? Wozu?! Das, sehen Sie, das wäre zum Beispiel eine Bilanz von meinen 70 Jahren.«

»Was ich mir wünschte«, fügte er damals hinzu, und es klingt bis heute nach, »ist in der Schweiz eine grössere Freizügigkeit, eine Freizügigkeit punkto unserem Asylrecht, punkto jener Leute, die in die Schweiz kommen und erzählen wollen, wie's in ihren Ländern aussieht, punkto Diktatur, dass man sie reden lässt und nicht wieder über die Grenze setzt.«

Wer ihn nach dem Tode Edith Carolas in seinem Haus über dem Zürichsee aufsuchte, konnte den Eindruck gewinnen, er sei »ganz versackt«, wie ein Schauspielerfreund sich ausdrückte. »Das Alleinsein dort oben in Herrliberg war ihm so zuwider«, erinnert sich auch Ulla Kasics: »Wie Edith Carola schon schlecht dran war, habe ich Gespräche mit ihm geführt, und da sagte er, es mache gar nichts, er habe diese Frau so lieb, er würde sie auch im Rollstuhl herumfahren, das sei ihm gleich. Er hatte das Gefühl, er werde sie behalten. Das war ein grosser Verlust für ihn.« Der Glauser-Biograph Gerhard Saner, der im August 1971 zu ihm kam, um ihn Briefe des 1938 verstorbenen Friedrich Glausers kommentieren zu lassen, vermerkte: »Und Vaucher studierte sie einen nach dem andern, aufmerksam zuerst, dann zwei, dreimal sich vergewissernd, wieviel denn noch zu lesen wäre, schwere Seufzer zwischenhinein, fast unhörbare. ›Hemingway vor seinem Tode‹, steht in meinen Gesprächsnotizen. ›Ein abgeräumtes Gesicht. Über Nacht ist hier etwas fortgenommen worden.‹ Es war, als horche der alte Mann über einen Felsen hinunter, über den eben jemand abgestürzt wäre.«

Auch Max Haufler, der schicksalsmässig mit ihm Verbundene, war seit Juni 1965 tot – hatte seinem Leben selbst ein Ende gesetzt, mit einem unvollendeten Werk im Kopf und dem peinigenden Wissen, dass so wenig gefehlt hätte, um es zu realisieren. Doch der Sprachwitz und der Schalk verliessen Vaucher auch in der schwärzesten Stimmung nie. Peter Surava, der um Vaucher besorgt war, überredete ihn, sich wegen der Depression in einer Klinik behandeln zu lassen. Widerwillig sagte Vaucher zu. »Schon am ersten Abend rief er mich aber wieder an«, erinnert sich Jean Jacques Vaucher, »und sagte: ›Komm mich sofort holen. Alles habe ich ertragen: Nicht mehr zu trinken, nicht mehr zu rauchen.‹ Unerträglich indessen seien die Tischgebete, die machten ihn nur noch depressiver: »Wenn du mich nicht holst, nagle ich mich selber ans Kreuz!«

»Er hatte auch seine Hochs und blühte zwischendurch zur alten Form auf, die er immer hatte«, erzählt Jean Jacques Vaucher weiter: »Noch in seiner Depression machte er sich lustig über sich.« So etwa als er nach sintflutartigen Regenfällen, die den Dachboden unter Wasser setzten, beim Aufwachen im Bett voll Gips vom abgebröckelten Verputz war: »Ich fühle mich nicht nur wie in einem Grab, jetzt fällt mir auch noch die Decke auf den Kopf...« Komik ist durchlittenes Leid, und so wurde nun auch er zum Anekdotenlieferanten. Von den »alten Stillen im Land«, den Freunden, »die den dornigen Fauchi kennen«, wie er Anneliese Wernecke am 7. Februar 1972 schrieb, gab es aber nur noch wenige. Robert Freitag erinnert sich noch, wie Vaucher ihm einmal nach dem Tod eines gemeinsamen Bekannten im Gedränge eines Zürcher Trams »über die Köpfe der Leute zurief: ›Von uns kommt jetzt dann einer nach dem andern dran!‹« Er trank zuviel Weisswein, wie er selber bekannte und alle wussten, »war manchmal launisch«, »wortkarg und entzog sich mürrisch jeder Gesellschaft (ausser der seines Sohnes)«, wie Peter Höltschi in einem Erinnerungsartikel festhielt: »Wenn er schlecht gelaunt war, mochte er niemandem etwas vorheucheln« (›Schweizer Illustrierte‹, 6.3.1972).

Die Werbetourneen für seine Auftragsfirma, »die Suppenfabrik«, wie er ironisch sagte, wurden ihm gegen Ende zur Plage. Mitleid hätte er sich aber vermutlich verbeten, vor allem wenn es sich in Moral gekleidet hätte, wie in jenem einen Nachruf, in dem es über ihn hiess: »Mit leichter Hand gab Vaucher einst sein Geld – es handelte sich immerhin um eine siebenstellige Summe – aus.« »Im Alter« wurde ihm »die Rechnung für ungezähmt in Freiheit genossene Jahrzehnte präsentiert: Er musste bis zur Sterbestunde arbeiten, um zu existieren.« Nein, so dachte er auch zum Schluss nie. Er war mit anderen Werten angetreten, und ihnen abzuschwören wäre ihm nicht eingefallen. Die Freiheit, die er sich genommen hatte, erschöpfte sich nicht im Genuss seeligen Nichtstuns. Es war ihm nie darum zu tun gewesen, einfach sein Schäfchen ins Trockene zu bringen, dann wäre er nicht der gewesen, der er war.

Zwei oder drei Tage vor seinem Tod brachte er Ulla Kasics, die am gleichen Tag wie er Geburtstag hatte, als verspätetes Geschenk zwei Bücher vorbei. Mit ihr und Tibor Kasics feierte er das Fest seit Jahren gemeinsam, sie waren auch am Bankett mit dabeigewesen: »Das war etwas ganz Eigenartiges gewesen. Er ist nie ohne Anmeldung gekommen. Im Febraur hat er nur kurz telefoniert: ›Seid ihr daheim? Ich komme jetzt zu Euch‹, und brachte mir ›Ansichten eines Clowns‹ von Böll und ›Der dressierte Mann‹ von Esther Vilar. Dann sass er da und wirkte ein wenig niedergeschlagen. Es sagte: ›Ich mag nüme. Es stinkt mir, am Morgen früh aufzustehen. Es ist jeden Tag das gleiche: Feuer machen, und alleine da herumsitzen und Kaffee kochen.‹ Was noch war: Er stand kurz vor einer neue Tournee für Maggi. Sie hätte in der darauffolgenden Woche beginnen sollen. Er fragte: ›Was kann ich tun, damit ich das nicht zu machen brauche?‹ Es war Winter, nicht Sommer, wo es schön ist, dass man gerne einfach loszieht. Dann sagte er: ›Jä also, ich gehe jetzt einmal zum Arzt, vielleicht findet der was, so dass es nicht sein muss.‹«

Der Arzt untersuchte ihn, nahm Proben und schien ganz unbesorgt. Vaucher verliess die Praxis. Nach fünf Minuten stürzte jemand rein und sagte zu dem Arzt: ›Sie, da liegt ein Herr vor Ihrer Türe, der ist scheinbar tot.‹ Es war C.F. Vaucher. Vor seinem Auto, in dem die Einkäufe für das Mittagessen lagen und sein Hund auf ihn wartete, war er leblos zusammengebrochen.

EPILOG

»C.F. Vaucher starb wenige Stunden, bevor er am Fernsehen kam«, schrieb die Boulevardzeitung ›Blick‹ (1.3.1972). An jenem Tag war im Deutschen Fernsehen in einer Wiederholung aus dem Jahr 1970 zufällig die Verfilmung von Max Frischs ›Biografie‹ über die Mattscheibe geflimmert – mit ihm in einer seiner letzten Rollen. Für seinen Nekrolog wünschte er sich eine Passage des griechischen Philosophen Plato: den Unsterblichkeitsbeweis. Religiös war er seit seiner frühen Jugend nicht mehr. Er verstand die Sache anders. Seinem Freund Eduard Fallet hatte er am 25. Mai 1920 geschrieben, dass er nicht an ein Weiterleben der ›Seele‹ glaube: »Ein fader, grundloser Ausdruck, dieses Wort Seele.« Doch er schien in einem gewissen Sinn an die Unsterblichkeit der Gefühle zu glauben: »Denn was anders als Gefühle nennen wir Seele.«

»Wenn ich jetzt, wo es doch vielleicht allmählich zur Neige geht, mein Leben im grossen und ganzen ansehe», meinte er 1964 am Radio, »war es auf alle Fälle nicht, was man ›une réussite‹ nennt, das heisst, ein Leben, das reüssierte mich irgendwie an die Spitze von irgendeinem Unternehmen gebracht hätte. Ich bin also keine repräsentative Gestalt geworden, aber ich fände es sehr eigenartig, ja falsch, nun plötzlich im jetzigen Alter anzufangen, mich dagegen aufzulehnen und zu sagen: ›Es ist alles verpfuscht gewesen‹. Nein, keineswegs, ich finde, ein Leben kann auch darin bestehen, dass man nicht unbedingt Sachwerte hinterlässt, seien es Vermögenswerte, seien es literarische Werke, in Bücher eingebunden, sondern ein Leben kann auch so bestehen, dass man innerlich wenigstens eine Persönlichkeit wird, eine Person, die sich rundet, die nach aussen hin allmählich ihre feststehenden Grundsätze hat – die nur solange feststehend sind, als keine neuen und besseren dazukommen. Und wenn ich Bilanz ziehe, so möchte ich eigentlich sagen, dass ich etwas geworden bin, das vielleicht einen schlechten Ruf hat aus der deutschen Literatur, vor allem aus der Goethe'schen: Ich bin ein Dilettant geblieben auf jedem Gebiet, sei's auf dem Theater, sei's in der Literatur, sei's am Radio, sei's sonstwo auf irgendeinem Gebiet, wo ich mich betätigte, aber zumindest ein sehr begabter Dilettant.«

»Und dann möchte ich etwas sagen. Eines der schönsten ›Güter‹, glaube ich, das man sich als reifer Mensch erwerben kann im Lauf des Lebens, das sind seine Freunde. Es nennt sich mancher ein Freund, aber wenn man so ein bewegtes Leben gehabt hat, wie ich eines gehabt habe, dann merkt man, dass man manchmal Freunde hat aus ganz anderem Anlass als aus dem, was die eigene Person oder sogar Persönlichkeit ausmacht. Ich erinnere mich, dass damals, als es zu meiner grossen Pleite kam – eben mit jenem Film –, dass sich damals sehr viele sogenannte Freunde, die heute vielleicht wieder zu mir halten, sich von mir abwendeten. Ein Freund ist ein Mensch, der durch alles hindurch zu einem hält. Es könnte ja zum Beispiel passieren, dass ich in meinem vorgerückten Alter noch einmal eine Mordsdummheit beginge und ins Gefängnis käme, warum, das steht für jeden offen, und da bin ich überzeugt, dass mindestens ein halbes Dutzend Leute, die ich heute kenne, an dem Tag, an dem ich meine Freiheit wieder zurückgewänne, vor dem Gefängnisportal stehen würden und zu mir sagten: »So, und jetzt gönd mir eine go schnappe und go guet ässe!« Das ist der Freund.

In einem seiner Texte zitierte Vaucher den Schriftsteller Alexander Roda-Roda: »Als Schweizer geboren zu werden, ist ein grosses Glück. Es ist auch schön, als Schweizer zu sterben. Aber was tut man dazwischen?« Seine Antwort gab Charles Ferdinand Vaucher, auf seine ganz persönliche Weise.

ANHANG

Danksagung

Ein ganz spezieller Dank geht an *Brigitte Walz-Richter, Peter Brunner, Albert Utiger, Anna Sicher und Ernst Heiniger* von der Stiftung Studienbibliothek zur Geschichte der Arbeiterbewegung, Zürich, wo der Nachlass C.F. Vauchers und Edith Carolas liegt; sowie an *Hans-Ueli von Allmen*, den Begründer des Schweizerischen Cabaret-, Chanson- und Pantomimen-Archiv, (Seewinkel 2, 3645 Gwatt/bei Thun); er hat einen besonderen Anteil am Informationswert dieses Buches, da er den umfangreichen Nachlass C.F. Vauchers und Edith Carolas an die Studienbibliothek vermittelte und mir zusammen mit seiner Mitarbeiterin *Verena Brüllhardt* zahlreiche Dokumente aus dem Fundus seines Archivs zukommen liess.
Ganz massgeblichen Anteil am Zustandekommen dieses Buches haben *Sabine und Jean Jacques Vaucher*. Zusammen mit *Brigitte Walz-Richter und Peter Brunner* von der Studienbibliothek besorgten sie das Lektorat und standen mir auch zur Unzeit unverdrossen mit ganz persönlichen Auskünften und Hilfeleistungen zur Verfügung. Unermüdlich und mir unersetzlich waren auch *Geri Balsiger* (Lektorat, Texterfassung), *Heinz Scheidegger* (Buchgestaltung, Umbruch), *Agnès Laube* (Umschlaggestaltung), *Neva Richoz* (Korrektorat) sowie *Rebekka Risi* (Planung der Buchpräsentation).
Frank Beat Keller sowie die Stiftung für kulturelle, soziale und humanitäre Experimente *(Regine Glass-Rösing, Daniel Glass)* halfen mir über einen sehr schwierigen Augenblick des Unternehmens hinweg.

Mein besonderer Dank gilt auch all jenen, die Edith Carola und C.F. Vaucher in der einen oder anderen Weise nahe standen und sich bereitwillig für Interviews und wichtige Auskünfte zur Verfügung stellten:
Elsie Attenhofer, Max Bächlin, Maria Becker, Alfred Bruggmann, Ettore Cella, Kurt Markus Degen, Mary Delpy, Olga Erlanger-Gebhardt, Edmund Fallet Castelberger, Robert Freitag, Selma Gessner-Bührer, Hans Gmür, Ruth Guggenheim, Ina Jenny, Ulla Kasics, Claire Kasper, Margrit Läubli, Max Lehmann, Peter Lesch, Rolf Lyssy, Walter Plüss, Roland Rasser, Walter Roderer, Max Rüeger, Elvira Schalcher, Irene Schelling, Peter W. Staub, H.U. Steger, Caspar Sulzbachner, Peter Surava (†), Susi

Trachsler-Lehmann, Beatrice Tschumi-Gutekunst, Jean Jacques Vaucher, Marlis Vetter, Jeannette Weiss, Rudolf Wullschleger, Laure Wyss.
Mit wertvollen fachlichen Hinweisen und Hilfeleistungen sind mir beigestanden: *unter anderen Ambrosius Humm, Julian Schütt, Salomo Fränkel, Bernhard Echte, Stefan Mächler, Ursula Pellaton, Alain Bernard, Franz Hohler und Oskar Reck.*
Grosse Unterstützung fand ich bei folgenden Stellen und Institutionen (neben anderen, die hier ungenannt bleiben müssen):
Arteba Galerie Zürich, Nachlass Robert Gessner *(Sonja Lüthi und Sybille Grieshaber-Reimann)*; Basler Denkmalpflege/Stadt- und Münstermuseum *(Dorothea Schwinn Schürmann)*; Cinémathèque Suisse; The Dance Experience, Basel *(Marianne Forster)*; Deutsches Tanzarchiv, Köln *(Frank-Manuel Peter)*; Einwohner-Meldeämter Basel, Fleurier/NE, Genf, Herrliberg, Interlaken und Zürich; Museo d'Arte, Mendrisio; Opernhaus, Dokumentation *(Markus Wyler)*; Ringier Dokumentation-Bild; Schweizerisches Bundesarchiv *(Daniel Bourgeois, Hans von Rütte, Martin Raeber, Christine Lauener, Carla Häusler, Hans Kohler u.a.)*; Schweizer Fernsehen DRS, Film- und Videodokumentation; Schweizerisches Institut für Kunstwissenschaften; Schweizerische Landesbibliothek *(Susanna Schumacher, Ove Dreyer, Emmanuel Tardan, Marc Kistler u.a.)*; Schweizer Radio DRS, Studio Zürich, Phonothek/Dokumentation *(Heinz Looser, Barbara Sorg, Margherita Meier, Rolf Fabris, Zenon Porodko, Elinor Burgauer, Edzard Schade u.a.)* und Studio Bern; Schweizerischer Schriftstellerinnen- und Schriftsteller-Verband *(Lou Pflüger, Verena Röthlisberger, Otto Böni)*, bei welchem C.F. Vaucher Mitglied war; Schweizerische Theatersammlung, Bern *(Christian Schneeberger u.a.)*; Staatsarchiv Basel-Stadt *(Josef Zwicker u.a.)*; Stadtarchiv Zürich *(Anna Pia Meissen, Barbara Schnetzler, Ruth Fink, Eduard Bietenholz u.a.)*; Stadtarchiv St. Gallen; Stiftung Langmatt, Sidney und Jenny Brown, Baden *(Silvia Siegenthaler)*; Universität Genf, Archiv *(Josette Wenger)*; Zentralbibliothek Zürich, Handschriftenabteilung (Nachlass R.J. Humm).
Wichtige praktische Hilfestellung leistete dankenswerterweise die EDMZ (Eidgenössische Drucksachen und Materialzentrale) durch die leihweise Zurverfügungstellung eines Wiedergabegerätes mit Fussschaltung zur Transkription der Vaucher-Sendungen und Interviews.

Textnachweis

(Titel, die in ›einfachen Anführungs- und Schlusszeichen‹ sind, stammen von C.F. Vaucher selber):

- *Prolog* – ›*Aus meiner linken Schublade*‹, Nachlass 17.20.01/2; abgedruckt in ›Elle‹, Nr. 13, 1.7.1962, S. 52.

- Kapitel I – Jahrhundertbeginn: Eine Kindheit in Basel; ›Die erweinten Rezepte‹; ›Liebe Lehrer!‹; Weltkrieg, der Erste; Die Wette: Montage aus verschiedenen Texten und Fragmenten C.F. Vauchers: 1. ›Curriculum vitae‹ ([einige wenige Zeilen, verbunden mit einem Kochrezept] 17.30.05/5); 2. ›Aus meinem Leben. Es erzählt C.F. Vaucher‹, Radio DRS [Archivnummern MG 19415/19418/19466], Sendungen vom 10.1.1964, 17.1.1964 und 24.1.1964 (Transkribiert und aus dem Schweizerdeutschen ins Hochdeutsche übertragen von Peter Kamber); 3. ›»Liebe Lehrer!« C.F. Vaucher erzählt aus seinen Schuljahren‹, Sendung Radio DRS [Archivrn. 14448/14], 22.1.1960 (transkr. und übertr. von P.K.); Zweitsendung im Rahmen der Gedenksendung ›Heiter wollen wir gedenken! Erinnerungen an C.F. Vaucher‹ von Max Rüeger (Radio DRS, 21.4.1972); 4. Textfragmente im Nachlass: 17.30.08/12 (Mutter Elsässerin, Elsässer Küche), 17.30.05/5 und /7 (›Meine Lehrer‹; Dialektfassung der Rektorgeschichte; ›Das Filet im Nachthemd‹ [eine der Versionen von ›Die erweinten Rezepte‹]), 17.30.04/4 (›Die Prämien der Liebe‹: eine andere Version von ›Die erweinten Rezepte‹); 17.30.05/5 (Dialektfassung ›Meine Lehrer‹); 5. ›Der Schritt ins Leben. Erinnerungen an den 1. Weltkrieg von C.F. Vaucher‹ Sendung Radio DRS vom 7.4.1963 [Archivnr. MG 17749]mit Erinnerungen in Prosa und Gedicht von Albert Ehrismann, Kurt Guggenheim, N.O Scarpi und C.F. Vaucher; Aufnahmedatum 5.4.1963 (transkr. und übertr. von P.K.); vgl. auch C.F. Vauchers Text ›E güeter bonjour! Von elsässischen Rezepten‹, Nachlass 17.30.08/12 (Verwicklung der Verwandten in den Ersten Weltkrieg sowohl auf Seiten Frankreichs wie auf Seiten Deutschlands; Schilderung der französischen Truppenparade nach Ende des Ersten Weltkriegs).

- Kapitel II – Theater und Leute: ›Wie ich das Ohrfeigen an einem Schwein erlernte‹: Nachlass 17.20.01/2; abgedruckt in ›Elle‹, Nr. 13, 1.7.1962, S. 52f.; *›Filet Rossini‹:* Nachlass 17.30.08/12; abgedruckt in ›Elle‹, Nr. 3, 1963, S. 29.

- Kapitel III – ›Unzeitgemässes zum Zeitgeschehen‹: ›Erinnerungen aus Algerien (1927)‹: Nachlass 17.20.01/2 (Vaucher schrieb den Text im Juli 1962).

- Kapitel IV – ›Bildnis meines Vaters‹: 17.20.01 (Niederschrift Februar 1933). (Anm. von P.K.: Das Fragment wurde nicht nach literaturwissenschaftlichen Kriterien ediert; gewählt wurde eine Maximalvariante; manche der von Vaucher wieder gestrichene Passagen wurden aus biographischen Gründen wieder in den Text hineingenommen und sind nicht als solche gekennzeichnet; bei der Rekonstruktion des Textes wurden die Textpassagen mit dem Ziel bestmöglicher

Lesbarkeit verbunden; einzelne Textblöcke, die auch anders hätten zusammengestellt werden können.

- *Kapitel V* – ›*Schwarz über die Grenze*‹: zusammengestellt aus: 1. ›Schwarz über die Grenze. C.F. Vaucher erzählt vom Menschenschmuggel aus Deutschland in den dreissiger Jahren‹, Sendung Radio DRS [Archivnr. MG 20132], 1. Mai 1964 (transkr. und übertr. von P.K.); 2. ›Aus meinem Leben. Es erzählt C.F. Vaucher‹, Radio DRS [Archivnummern MG 19415/19418/19466], Sendungen vom 10.1. 1964, 17.1.1964 und 24.1.1964. (PS: Die Chronologie, die in den Erzählungen Vauchers vage war, wurde historisch rekonstruiert).
- *Kapitel VI* – *Spanien, Bürgerkrieg, Hemingway:* ›*Feuertaufe in Madrid*‹: Nachlass 17.75.02; *Siesta auf amerikanisch:* Erschien unter dem Titel ›Spanische Begegnung mit Ernest Hemingway‹ am 7.7.1961 in der ›Zürcher Woche‹ (Artikel, 17.30.01/4; ich danke Ernst Heiniger und Anna Sicher, die in der Studienbibliothek das Zeitungsausschnitt-Archiv sowie die Personen- und Organisationen-Datei betreuen und diesen Artikel gefunden haben); ›*Die Tortilla*‹: Nachlass 30.04/4.
- *Kapitel VII* – *Krieg und* ›*Cornichon*‹: Gekürzte Fassung der siebenteiligen Serie ›C.F. Vaucher: Die Cornichon-Story‹, die vom 18. September bis zum 30. Oktober 1964 in der ›Zürcher Woche‹ erschien; die ersten drei kurzen Abschnitte des Unterkapitels ›Die Mobilisation‹ (bis und mit: »... war der Vaucher aus dem Dienst entlassen.«) sind ein Zusatz aus der Radiosendung ›Aus meinem Leben. Es erzählt C.F. Vaucher‹, 1964; vgl. auch die Paralleltexte ›Die Amsel‹ sowie einen unbetitelten Dialekttext über den Mai 1940 (Nachlass 17.75.03) sowie das Drehbuch ›Poste Seifenkistli. Film von den ersten Tagen der Mobilisation im Mai 1940‹ aus dem Jahre 1963 (17.50.08); die als Motto hinzugefügte Definition der Zensur stammt aus einer Radiosendung Vauchers (1958/59, Nachlass 17.30.05/5: ›More about Switzerland‹/›Kleinkunst‹).
- *Kapitel VIII* – *Geschichten aus dem Garten: Hungerkraut:* Radio-Text mit dem Titel ›Geschichte und Geschichten‹, Nachlass 17.30.08/6 (vgl. auch seine als Broschüre veröffentlichte kleine Geschichte des Sauerkrauts: C.F. Vaucher, Sauerkraut neu entdeckt, 1965 [Stadt- und Universitätsbibliothek Bern]); *Die nächsten Nachbarn:* Artikel mit dem Titel ›Holderküchlein‹ in ›Elle‹ Nr. 9, 1963, S. 51.
- *Kapitel IX* – *Tränen lachen:* ›*H.D.-Soldat Läppli*‹: Text Vauchers im Programmheft zum ›Demokrat Läppli‹ (Premiere 13.9.1947); ›*H.D.-Soldat Läppli*‹: ›National-Zeitung‹, 28.5.1967.
- *Kapitel X* – ›*Die Kunst, Ferien zu machen*‹: Nachlass 17.75.02; abgedruckt in ›Wir Brückenbauer‹, 13.7.1954, mit dem Untertitel: ›Reiseerinnerungen aus dem französischen Midi‹.

- *Kapitel XI* - ›*Mühsal und Musse*‹: Nachlass 17.30.08/4.
- *Kapitel XII* - *Liebesgeschichten: Frau in Perugia:* Nachlass 30.05/7; ›*Ein guter Auflauf*‹: Aus einer Rezeptsendung, Nachlass 17.30.06/3.

Fotonachweis

a) Fototeil

Die allermeisten Bilder stammen aus der Sammlung von C.F. Vaucher und Edith Carola (Sammlung Jean Jacques Vaucher, Zürich); ausser:
- Fototeil I, Seite 162 (unten links): Eduard M. Fallet-Castelberg, Thymian und Mauerpfeffer. Jugenderinnerungen (Privatdruck 1994), S. 27;
- Fototeil I, S. 168 (unten rechts): Nachlass Robert Gessner, Arbeba Galerie, Zürich;
- Fototeil I, S. 171 (unten): Deutsches Tanzarchiv, Köln;
- Fototeil I, S. 174/ Fototeil II, S. 335: Stadtarchiv Zürich;
- Fototeil II, S. 322 (unten): Elsie Attenhofer, Cornichon. Erinnerungen an ein Cabaret, Bern 1975, S. 273;
- Fototeil II, S. 324 (oben rechts) und S. 325 (oben): Nachlass Beatrice Stoll (von Susi Trachsler-Lehmann entdeckt; neu: Sammlung Jean Jacques Vaucher);
- Fototeil II, S. 327 (unten): Ringier Dokumentation-Bild;
- Fototeil II, S. 336: ›Schweizer Illustrierte‹, 6.3.1972 (Ringier Dokumentation-Bild);
- Fototeil II, S. 334: ›Femina‹, Nr. 23, 8.11.1963 (Schweizerisches Cabaret-Archiv, H.U. von Allmen).

b) Bilder im laufenden Text
- S. 30: Basler Denkmalpflege/Stadt und Münstermuseum;
- S. 53: Hervé Dumont, Geschichte des Schweizer Films, Lausanne 1987, S. 96;
- S. 57: Max Oppenheimer (MOPP) 1885-1954, Katalog Stiftung Langmatt, Sidney und Jenny Brown (hg. von Bernhard Echte), Baden 1995, S. 75;
- S. 58: ebenda, S. 97;
- S. 64: Beat Sulzer, Albert Müller (1897-1926) und die Basler Künstlergruppe Rot-Blau, Basel 1981, S. 222;
- S. 106: ebenda, S. 77;
- S. 107: Yvonne Höfliger-Griesser und MitautorInnen, Gruppe 33, Editions Galerie ›zem Specht‹, Bd. 6, Basel 1983, S. 145;
- S. 127: C.F. Vaucher, Polly, Zürich 1935;
- S. 135: Yvonne Höfliger, op. cit., S. 235, Abb. 7 (Privatbesitz Basel);

- S. 159: Hervé Dumont, op. cit., S. 229;
- S. 178: Nachlass Vaucher/Carola, 17.10.05/2;
- S. 221: Schweizer Spiegel, Januar 1944, Nr. 4, S. 20 (Zeichnung Hans Fischer);
- S. 226/227: Nachlass Vaucher/Carola Nr. 17.10.01/1 (Briefe Edith Carolas an C.F. Vaucher);
- S. 253: Karikatur H.U. Steger (Plakat der Ausstellung Galerie Römerhof, Zürich, Mai/Juni 1970);
- S. 255: Sammlung Jean Jacques Vaucher;
- S. 268: ›Grüner Heinrich‹, August 1945, S. 23;
- S. 271: Karikaturen H.U. Steger;
- S. 277: Karikatur H.U. Steger;
- S. 273: Karikatur H.U. Steger;
- S. 290: Foto: Peyer, Hamburg; Voli Geiler/Walter Morath, 1000 Gesichter (hg. von Willy Jäggi), Basilius Presse, Basel 1960, S. 51;
- S 295: Karikatur H.U. Steger;
- S. 309: Karikatur H.U. Steger;
- S. 340: Foto: Candid Lang; Sammlung Jean Jacques Vaucher
- S 344: ›Züri-Leu‹ (27.1.1972).

Schallplatten mit Nummern, zu denen C.F. Vaucher die Texte schrieb
- *Voli Geiler/Walter Morath:* ›(031) 61 11 11‹ (1960; Single, Columbia SEG/ 2018; Radio Studio Zürich, IP 4385/1);
- *Voli Geiler/Walter Morath:* ›Sur les bords du Léman‹ sowie ›Im Schrebergärtli‹ (Musik: Tibor Kasics), auf: Voli Geiler/Walter Morath, ›Sur les bords du Léman‹, Grammoclub Ex Libris, LP (1960; Radio Studio Zürich GC 508);
- *Voli Geiler/Walter Morath:* ›Neutral‹, auf: ›Voli Geiler/Walter Morath‹ (kleine LP; 1960; Columbia 33 ZS 1002; Studio Zürich IP 4385/2);
- *Margrit Rainer:* ›Kaibe schöni Schwiiz‹ (Musik: Werner Kruse), auf: Margrit Rainer, ›Kaibe schöni Schwiiz‹, Grammoclub Ex Libris, LP (1961);
- *Voli Geiler/Walter Morath:* ›Via Gottardo‹, Grammoclub Ex Libris (1962; Single, GC 520; Radio Studio Zürich IP 4393/5);
- *Voli Geiler/Walter Morath:* ›Taufe der Expo‹ (Musik: Tibor Kasics), auf: Voli Geiler/Walter Morath, ›Expo-Impo‹ (1965), LP, Columbia-Grammophon ZPX 1001 (Radio Studio Zürich IP 4463/3);
- *Voli Geiler/Walter Morath:* ›Comeback‹, ›Madame Reclamier‹, ›Konsultation‹, auf: Voli Geiler/Walter Mortath, ›Wir sind so frei‹ (Musik: Tibor Kasics; 1966; Polydor);

- *Alfred Rasser:* ›Grüzzi‹ (Musik: Hans Haug), auf: ›Alfred Rasser unter Zensur‹ (1973; Radio Studio Basel L 40266);
- *Ruedi Walter:* ›Glocken der Heimat‹, aus dem ›Embassy‹-Programm ›Ganz unverbindlich‹ (Aufnahme: 1954; Musik: Walter Baumgartner), auf: Ruedi Walter, Originalaufnahmen aus den Jahren 1952-1968, Gold Records (Oberrieden/ZH) 1985, LP 11 211
- *Voli Geiler/Walter Morath:* ›Madame Reclamier‹, auf: ›Voli Geiler/ Walter Mortath. Eine Cabaret-Legende. In Memoriam Voli Geiler Zum 80. Geburtstag‹, CD (1995; Activ Records AG, Dübendorf)

Die wichtigsten Radiosendungen Vauchers
- ›Der Freiheit eine Gasse‹. Der Kampf um die Menschenwürde in schweizerischen Dokumenten aus 7 Jahrhunderten (Zusammenstellung: C.F. Vaucher; Musik: Rolf Liebermann; Dirigent: Hermann Scherchen; Hörspielgruppe von Radio Zürich mit Heinrich Gretler; 1.5.1947; Mg 10519);
- ›A la carte‹. Eine kabarettistische Komödie von C.F. Vaucher mit Voli Geiler und Walter Morath (21.11.1953; Mg 2367);
- ›Nous irons à Oerlikon‹. Eine musikalische Komödie von C.F. Vaucher (Musik: Tibor Kasics; 1955; Mg 3544);
- ›Me isch au nümme de Jüngscht!‹ Zu Emil Hegetschweilers 70. Geburtstag (C.F. Vaucher und Tibor Kasics; 13.10.1957; Mg 6959)
- 14teiliges ›Kabarettisten-Album‹, in dem C.F. Vaucher die berühmtesten Nummern des Schweizer Kabaretts der 40er und 50er Jahre mit den Originalinterpretinnen und -interpreten einspielte und dieselben auch zu ihrem Leben befragte: mit Alfred Rasser (22.5.1959; Mg 9864, rsp. 9739), Voli Geiler/Walter Morath (19.6.1959; Mg 10077), Edith Carola (17.7.1959; Mg 10280), Emil Hegetschweiler (21.8.1959; Mg 10352), Elsie Attenhofer (18.9.1959; Mg 10588), Heinrich Gretler (23.10.1959; Mg 10763), Margrit Rainer (20.11.1959; Mg 10932), Zarlie Carigiet (18.12.1959; Mg 11096), Mathilde Danegger (o.D. [Aufnahmedatum 16.3.1960]; Mg 11571), Max Werner Lenz (6.5.1960; Mg 11312), Arnold Kübler (17.6.1960; Mg 12140), Walter Morath (22.7.1960; Mg 12093), Schaggi Streuli (19.8.1960; Mg 12439) und der Sendung ›Unser Kabarettisten-Album. Unser letztes Albumblatt‹ (16.9.1960; Mg 12583);
- ›Gourrama‹. Hörspiel von C.F. Vaucher nach dem gleichnamigen Roman von Friedrich Glauser (29.10.1959; Mg 10571);
- ›Das fliegende Klassenzimmer‹, Hörspiel von C.F. Vaucher nach dem gleichnamigen Buch von Erich Kästner (1960; Mg 13020);
- Interview C.F. Vauchers mit Heinrich Gretler (1962; 6 Min.; Mg 52152); ›Heinrich Gretler: Aus meinem Leben‹ (Heinrich Gretler

befragt von C.F. Vaucher, 60 Min,; Mg 52004);
- ›10 Jahre Schweizer Fernsehen. Ein Rückblick von C.F. Vaucher‹ (22.11.1963; Mg 19151);
- ›Voli Geiler/Walter Morath: Souvenirs‹. Ein vollständiges Cabaret-Programm (1968; Radio Studio Basel L 43624/01-03; Tell Records).

Weitere Cabaret-Nummern Vauchers in Sendungen am Radio:
- ›Cabaret Federal‹-Sendung ›Eus gaht's guet!‹ (10.3.1958; Mg 7802): ›Requiem auf den Schweizerfranken‹ (Peter W. Loosli, Cés Keiser, Walter Roderer);
- ›Made in Switzerland‹, Sendung von Guido Baumann (15.10.1955; Mg 4201): ›Hotelsalon‹ (Voli Geiler/Walter Morath), ›Madame Reclamier‹ (Voli Geiler/Walter Morath), ›Der Kranke‹ (Zarlie Carigiet/ Margrit Rainer).

Film
›Farinet/L'or dans la montagne‹: nach dem Roman von C.F. Ramuz; Max Haufler: Regie; C.F. Vaucher: Produktion, Drehbuchbearbeitung, Regie-Assistenz; Musik: Arthur Honegger/Arthur Hoérée; u.a. mit Jean-Louis Barrault als Farinet, Suzy Prim als Joséphine, Heinrich Gretler als Charrat, Walburga Gmür als Marie und C.F. Vaucher als Dorfbewohner; (Premiere: 9.2.1939 in Genf; Lausanne, 10.2.1939; Zürich, 10.3.1939; Basel: 28. April 1939; Paris: 12.5.1939).

Zeitungskritiken zum Film
(zu den Kritiken der Westschweizer Presse siehe Hervé Dumont in der Zeitschrift ›Travelling‹, Nr. 50 (Hiver 1977-78), S. 19f.)

›Neue Zürcher Nachrichten‹ (10. März 1939): »(...) Schweizerisches Kapital ermöglichte sein Entstehen, die Hauptdarsteller sind ungefähr zur Hälfte Schweizer, zur andern Hälfte Franzosen grössten Formats. Nicht zu vergessen die mit Leib und Seele mitwirkende einheimische Bevölkerung! (...) Die Kamera hat sich nichts von den idyllischen oder auch erhabenen Schönheiten der Gegenden um Sitten, Siders, Miège und Alp Louvie entgehen lassen. (...) Ganz so wie Jean Louis Barrault hatte man sich diesen Farinet doch vorgestellt! (...) Einzig die, zwar gut spielende, Joséphine will und will uns nicht in Milieu und Tracht passen. (...) Wer diesen prächtigen, wohl abgerundeten Film erlebt, erkennt erfreut, dass der Schweizer Film allerbeste Wege geht.«

›Weltwoche‹ (10. März 1939): »Das Filmereignis der kommenden Woche ist der Schweizerfilm ›Das Gold in den Bergen‹, den die Filmgilde im ›Bellevue‹ [Zürich] zeigen wird. Wir haben ihn gestern in einer Presse-Vorführung gesehen (...). Da es sich nämlich um den ausgeglichensten, gültigsten der bisherigen Schweizerfilme handelt, um ein Werk, das mehr als eine lokale Angelegenheit ist und seinen Weg im Ausland machen wird, gehört es sich, dass man sich eingehend mit ihm auseinandersetzt.«

›Tages-Anzeiger‹ (11. März 1939): »(...) Wenn das Schweizerkino einen Turm hätte, dann müsste man heute mit allen Glocken läuten; denn es ist ein ganz grosser Heimatfilm geboren worden, ein Film aus dem Wallis und zugleich aus dem Herzen der Schweiz; ein symbolischer und ein dichterischer Film! (...) Dieser Film ist, aus dem Gesichtswinkel der Gewohnheit gesehen, ein Wunder. Man sprach wenig von ihm, man erhoffte sich nichts Besonderes von ihm, er wurde in aller Stille geschaffen. Sah man jemals Ähnliches in der heimischen Produktion? Kaum. Es gab bis heute keinen schweizerischen Film, der mit solcher Geschlossenheit ein dichterisches Vermächtnis übermittelt. (...) Wenn etwa in den Pagnol-Filmen der Zauber Südfrankreichs lebt mit dem Pulsschlag seiner besonderen Menschen, dann lebt in diesem von dem bislang kaum bekannten Basler Maler-Regisseur Haufler geschaffenen Film die herbe Schönheit unseres Wallis' und seiner Bewohner, aufgezeigt an einem Freiheitsroman von grosser Wucht. Den Stoff für den Film erkannt zu haben, ist das Verdienst des ebenfalls unbekannten Drehbuchverfassers Charles Vaucher. (...) Braucht man noch zu sagen, dass dieser Schweizerfilm international ist wie keiner vor ihm? (...)«

›NZZ‹ (11. März 1939, Nr. 439): »(...) Der Farinet Ramuz' ist nicht bloss ein Falschmünzer, sondern so etwas wie eine mythische Figur eines sich aller gesellschaftlichen, sozialen und bürgerlichen Bindungen entledigenden Menschen. (...) Der Film aber macht aus einer absoluten Freiheit, die vielleicht nur in der poésie pure existieren kann, lediglich einen Freiheitsdrang eines urwüchsigen Burschen, der es nicht begreifen kann, dass man das Münzen seiner Goldstücke, die mehr Feingehalt als diejenigen des Staates haben, mit Strafe belegen will. (...) Bei Ramuz ist Farinet das in das Gefängnis des Gesetzlichen und Staatlichen eingekerkerte Elementargefühl schlechthin, im Film aber, der trotz den besten Absichten seiner Schöpfer alles in die ungeistigere Ebene des Versichtbarten herabzieht, wird Farinet recht eigentlich zu einem Anarchisten (...).«

›Die Tat‹ (24. März 1939): »(...) Die Personen stehen bei manchen Dialogszenen vielleicht etwas allzu unbeweglich im Profil der Kamera; aber wir ziehen diese Art der Regie allen Mätzchen vor, mit denen eitle Regisseure sich interessant machen (...). Aber alle diese Mängel sind bei ›Farinet‹ mit sehr viel Geschmack und sehr energischem Willen zu lebendiger Bildhaftigkeit ausgeglichen worden. Dabei wirkt es erfreulich, dass der Überreichtum an landschaftlichen Schönheiten die Kameraleute nicht dazu verführt hat, den Film mit ›Ansichtskarten‹ zu spicken; die Walliser Landschaft spricht im Film entscheidend mit, aber sie wirkt nie als leere, sinnlose Staffage. Auch damit haben die Schöpfer von ›Farinet‹ für den schweizerischen ›Freilichtfilm‹ Beispielhaftes geleistet.«

›Basler Nachrichten‹ (1. Mai 1939): »(...) ›Farinet‹ oder, wie der eigentliche Filmtitel lautet ›L'or dans la montagne‹ ist eine französischschweizerische Gemeinschaftsproduktion und hat als Film in allen Teilen von dem grossen Aufstieg des französischen Films profitiert. Wieviel darin französisch und wieviel schweizerisch ist, das ist im Augenblick nicht die entscheidende Frage. (...) Die Substanz von ›Farinet‹ ist schweizerisch. Die Bestimmtheit und Konzessionslosigkeit der Schöpfung von C.F. Ramuz und die Härte, die innere Kraft und die Verwurzelung seiner Menschen haben den Drehbuchautor C.F. Vaucher und den Regisseur Max Haufler ebensosehr in Bann geschlagen wie die wilde Schönheit des Wallis, seiner Dörfer, und aus der Achtung vor der Dichtung ihres Walliser Landsmanns haben die beiden Basler selber ein starkes Kunstwerk geschaffen, das um so mehr erstaunen macht, wenn man erfährt, dass ›Farinet‹ Max Hauflers erster Film ist. (...) Ein Erstlingswerk, das sich auch als solches ausgibt, wird man nicht messen dürfen, wie das Spätwerk eines bekannten Meisters. Und doch: auch ›absolut‹ gesehen ist ›Farinet‹ ein Film, der seinen Weg nicht nur in der Schweiz, sondern auch im Ausland, für das eine französische Firma den Vertrieb übernommen hat, machen wird. (...) Und durfte gerade auf Grund dieses Filmes eines Schweizer Dichters, dessen Drehbuchautor und Regisseur Basler sind und der mit rein baslerischer finanzieller Grundlage von einer Basler Produktionsgesellschaft geschaffen wurde, die Bitte an die Behörden zu richten, das schweizerische Filmschaffen zu unterstützen, und zwar in ähnlichem Sinne, wie man bisher die Industrie behandelt hat. ›Farinet‹ ist während eines Jahres aus privater Initiative und mit rein privaten Mitteln geschaffen worden. (...) ›Farinet‹ ist ein Anfang! Und ein Erfolg. Möge er nicht ungenützt bleiben!«

›National-Zeitung‹ (2. Mai 1939): »(...) Wir haben die Bedeutung dieses Filmes schon in unserer Film-Beilage ausführlich gewürdigt: hier ist in den vereinigten Anstrengungen von schweizerischen und französischen Künstlern, von schweizerischer Finanzkraft und französischer Verleihorganisation ein Werk entsprungen, das ohne weiteres neben die Produktionen des Auslands, neben die schönen Schöpfungen der Franzosen vor allem, gestellt werden darf und das doch seinen schweizerischen Charakter in keiner Weise verleugnet – eine Synthese, wie sie unserer aufstrebenden jungen Filmproduktion bisher noch niemals auch nur annähernd gelungen war. Der ›Füsilier Wipf‹ hat uns den nationalen Film geschenkt, auf den wir so lange haben warten müssen – und der Weg auf die grossen Filmmärkte blieb ihm verwehrt. ›L'or dans la montagne‹ zeigt den Weg zum schweizerischen Film internationaler Wirkung – und allein aus diesem Grunde müsste ihm in unserer Filmgeschichte ein Ehrenplatz zugewiesen werden; (...). (...) der Farinet-Film ist ein wahrhaft schöner Film (...). Dies alles anerkannt, wird man auch die Schwächen des Films nicht übersehen können – Schwächen, wie sie einem Erstlingswerk notwendig anhaften müssen. Eine gewisse technische Unbeholfenheit scheint uns dabei keineswegs bedenklich (...). Schwerer wiegt eine gewisse Gleichförmigkeit, die durchaus nicht dem epischen Rhythmus des Films entspringt, sondern eher dem Drehbuch zur Last fällt, das in der psychologischen Linienführung zu unklar und sprunghaft bleibt. (...)«

Hervé Dumont zu den Kritiken der Pariser Zeitungen (aus: ›Travelling‹, Nr. 50; hiver 1977-78, S. 19f.)
»Am 12. Mai 1939 kommt ›L'or dans la montagne‹ in die ›Ciné-Opéra‹ von Paris, wo er einen sehr mässigen Erfolg und enttäuschende Einnahmen hat. Der dreimonatige Rückstand auf die Schweizer Premiere verärgert die Verleiher, das Publikum schnödet und die blasierte französische Kritik schwankt zwischen einem etwas paternalistischen Wohlwollen und offener Zurückweisung. Die beabsichtigte Linearität dieser ›regionalistischen Produktion, welche die ausgetretenen Pfade verlässt‹, wie bemerkt wird, wird summarisch dem ›primitiven Schnitt‹ zugeschrieben: von der irritierenden Langsamkeit gehe Monotonie aus. ›Ein netter Liebhaberfilm‹, Frucht eines ›Regisseurs, der offensichtlich Neuling ist‹, folgert ›L'Echo de Paris‹ (17.5.1939). Zum höchsten wird gesagt, dass ›der gute Wille und vielleicht der Enthusiasmus, den man in der Arbeit von Max Haufler spürt, den Mangel an Handwerk nicht wettmachen können. Deshalb glückte die sympathische Anstrengung nicht ganz‹ (Le Peuple, 19.5.1939). Der ›Intransigeant‹ scheint der Wahrheit näher, wenn er schreibt: ›Trotz der äussersten Ungeschicklichkeit der Inszenierung und der Armseligkeit seiner Dialoge behält der Film selbst in seinen Fehlern eine Art ländliche Schönheit, die uns nicht gleichgültig lässt. Die Abwesenheit jeder cinematographischen Gesuchtheit – unbewusst oder gewollt – belässt diesem Werk seinen wilden und rauhen Charakter. Diese Bauern und diese Berge, die man uns zeigt, sind viel-

leicht wahrer so, als wenn sie sich mit photographischer und regielicher Kunstfertigkeit und der sprachlichen Fertigkeit eines Dialogautors wiedergefunden hätten, der zu gut schriebe.‹ (17. 5.1939)«

Anmerkungen
Zwischentext Prolog (S. 8-11)
Nachlass Vaucher/Carola: Studienbibliothek zur Geschichte der ArbeiterInnenbewegung, Zürich.
Gedicht ›Selbstporträt‹: Die satirische Zeitschrift ›Nebelspalter‹ schrieb am 22. März 1967 anlässlich des 65. Geburtstags über ihn: »Im Zürcher ›Podium 9‹ las Vaucher aus einer Commedia dell'Arte, die er geschrieben hat. Und aus einer losen Sammlung von unprätentiösen Gedichten. Eines davon hatte ursprünglich ›Der Künstler‹ geheissen; später änderte Vaucher den Titel: ›Selbstporträt‹«. Der ›Nebelspalter‹ zitierte nur die Schlussstrophe, das Gedicht selber ist nicht mehr aufzufinden.

Zwischentext Kapitel I (Seiten 29-41)
Frühe Gedichte Vauchers: Sammlung Eduard Fallet-Castelberg, in: Nachlass Vaucher 17.90/06.
Erstbesteigung: Brief vom 3.8.1919.
Matterhorn etc.: Briefe vom 17.6. und 23.7.1921.
Tagebuch: Erwähnt in Brief vom 20.10.1919.
Vaucher über seine Lehrer: »Wir hatten einen anderen, den ich ganz besonders gut mochte. Er begleitete mich durch alle vier Jahre und übte einen nicht geringen literarischen Einfluss auf mich aus. Er gab Deutsch und brachte uns die neuere Literatur näher. Er war damals gerade in seine Frau verliebt und las mit uns den ›Olympischen Frühling‹ von Spitteler. Er hiess Professor Wilhelm Altwegg.
Ich hatte eine ausgemacht negative Begabung, und die betraf die Mathematik. Mein Lehrer, Dr. Mautz, war ebenfalls ein Original, und er hat ganz richtig verstanden, dass Mathematik eine Begabung ist. Bis zur Matur, bis zu meinem 18., 19. Altersjahr, hat er mich auf sehr liebenswürdige Weise als mathematische Null traitiert, und mir, ohne meine Leistungen gross zu berücksichtigen, eine anständige Note gegeben, so dass ich immer durchgerutscht bin.« (Radiosendung ›Aus meinem Leben‹, 10.1., 17.1. und 24.1.1964; siehe Textnachweis).

Zwischentext Kapitel II (S. 52-70)
W.M. Diggelmann: Nachlass Diggelmann (Schweiz. Literaturarchiv, Landesbibliothek Bern), A II/09 und 13; Diggelmann veröffentlichte

diese Passagen mit geringen textlichen Abweichungen in seinem Nachruf auf C.F. Vaucher (›National-Zeitung‹, 2.3.1972).
Keine Jurakollegien mehr: Brief vom 10.2.1922.
›Schlafsucht‹, ›Überdruss‹: Brief vom 4.1.1922.
Schachturnier mit ›Mopp‹ Oppenheimer: Brief vom 5.6.1922.
›Da wo ich verliebt bin‹: Brief vom 4.8.1922.
›Jahr des Teufels 23‹: Brief vom 10.3.1923.
Zu Vauchers Lektüre als 21jähriger: Briefe vom 12.11., 19.11. und 1.12.1923 sowie 1.2.1925.
Vaucher anderswo über Pitoëff: Radiosendung ›Aus meinem Leben‹ (1964).
Blutsbrüderschaft mit Eduard Fallet: Eduard M. Fallet-Castelberg, Thymian und Mauerpfeffer. Jugenderinnerungen (Privatdruck 1994), S. 34.
Max Oppenheimer: Bernhard Echte (Hg.), Max Oppenheimer (MOPP) 1885-1954, Katalog Stiftung Langmatt, Sidney und Jenny Brown (hg. von Bernhard Echte), Baden 1995 (Ausstellung in Baden vom 8.6.-31.10.1995 und in München vom 9.11.1995-21.1.1996); sowie Bernd Echte, Zürich-Genf. Max Oppenheimers Jahre in der Schweiz, in: MOPP. Max Oppenheimer (1885-1954). Ausstellungskatalog Jüdisches Museum der Stadt Wien (Ausstellung 23.6.-18.9.1994).
Vaucher über Hermann Scherer: in: Schweizerkunst/L'Art Suisse, ›Baslerheft‹ (September 1928), S. 15-17; vgl. Beat Sulzer, Albert Müller (1897-1926) und die Basler Künstlergruppe Rot-Blau, Basel 1981, S. 65 ff und 73ff.
Tod von Scherer und Müller: Beat Sulzer, Albert Müller, op. cit., S. 111; L'espressionismo Rot-Blau nel Mendrisiotto, Katalog der Ausstellung im Museo d'arte in Mendrisio (31.3.- 23.6.1996), Bern 1996, S. 54.

Anmerkungen Kapitel III (S. 83-86)
tschechoslowakisches Pressebüro: Nachlass Diggelmann (Schweiz. Literaturarchiv, Landesbibliothek Bern), A II/09 und 13 sowie W.M. Diggelmanns Nachruf auf C.F. Vaucher (›National-Zeitung‹, 2.3.1972).
›pazifistische Bestrebungen‹: Brief C.F. Vauchers an die ›Zimmerspiele‹ Mainz vom 2.7.1954 (Nachlass 17.60.03/4).
›Bonsoir, Papa‹, Max Sulzbachner: Max Sulzbachner, vom Sulzbi verzellt, Basel 1973, S. 20ff.

Zwischentext Kapitel IV (S. 101-118)
›Konstruktion des bürgerlichen Menschen‹: Rudolf Trefzer, Die Konstruktion des bürgerlichen Menschen. Aufklärungspadagogik und Erziehung im ausgehenden 18. Jahrhundert am Beispiel Basel, Chronos Verlag, Zürich 1989.

Väterliche Bibliothek: C.F. Vaucher in: Voli Geiler/Walter Morath, 1000 Gesichter (hg. von Willy Jäggi), Basilius Presse, Basel 1960, S.17ff.
Vaucher/Camenisch: Artikel mit offenem Brief von Vaucher an Camenisch, in: ›Die Rot-Blauen. Aus ihrem Leben. Von ihrem Malen‹, Manuskript Nachlass 17.75.04.
Künstlergruppe Rot-Blau: Beat Stutzer, Alber Müller, op. cit.; L'espressionismo Rot-Blau nel Mendrisiotto, Katalog der Ausstellung im Museo d'arte in Mendrisio (31.3.- 23.6.1996), Bern 1996.
Brief Scherers an Müller: Beat Stutzer, Alber Müller, op. cit., S. 76f.
Scherers bolschewistische Reden: ebenda, S. 69.
Gruppe 33, ›Schmelztiegel‹: Yvonne Höfliger-Griesser und MitautorInnen, Gruppe 33, Editions Galerie ›zem Specht‹, Bd. 6, Basel 1983, S. 64.
Max Haufler: Hervé Dumont, Max Haufler, in: ›Travelling‹, Nr. 50 (Hiver 1977/78), S. 7; Haufler lernte 1926/27 im Tessin bei Müller und Camenisch malen, siehe: ›Texte zum Film‹, Max Haufler, Zürich 1982, S.26.
Von Beruf Schriftsteller: Auskunft des Staatsarchivs des Kantons Basel-Stadt (19.7.1995).
›Bauhaus‹-Konzept: Freundliche Auskunft von Caspar Sulzbachner.
Agitprop-Text Vauchers: Nachlass 17.75.04.
Vortrag in Basel: Ankündigung in: ›Der Rote Student‹, Nr. 1 (Sommersemester 1931, S. 6); freundliche Auskunft von Max Bächlin
Agit-Prop am 1. August: Komintern-Akten, Studienbibliothek, Bd. 5, Nr. 163 und Nr. 167.
Zu Katja Wulff: Frank-Manuel Peter in: Magazin ›tanzdrama‹, Heft 12, 3. Quartal 1990, S. 18-22; Harald Szeemann u.a., Monte Verità. Berg der Wahrheit, Kunsthaus Zürich 1978, S. 5, 128ff, 146, 155ff.; Nachruf Katja Wulffs auf Laban in ›Basler Nachrichten‹, 9.7.1958.
Interview Katja Wulff, Belege: H. Bolliger, G. Magnaguagno, R. Meyer (Hg.), Dada in Zürich, Kunsthaus Zürich (Sammlungsheft 11), Zürich 1985, S. 43ff sowie S. 90 und 93.
Hans Arp: Unsern täglichen Traum, Zürich 1955, S. 27.
Hugo Ball: Die Flucht aus der Zeit, Limmat Verlag, Zürich 1992, S. 149.
Richard Huelsenbeck: Harald Szeemann, Monte Verità, S. 155
›Noir Cacadou‹: H. Bolliger, G. Magnaguagno, R. Meyer (Hg.), Dada in Zürich, S.42 und 71 (Anm. 155) sowie ›tanzdrama‹, Heft 12, 3. Quartal 1990, S. 21 (Anm. 13).
Katja Wulff/Suzanne Perrottet: Suszanne Perrottet, Ein bewegtes Leben (Bearbeitung: Giorgio J. Wolfensberger), Bern 1989, S. 154.
Glauser in Ascona: Gerhard Saner, Friedrich Glauser, Zürich 1981, S.

113f; Brief an Max Müller (2.9.1926) in: Bernhard Echte/Manfred Papst (Hg.), Friedrich Glauser, Briefe I, Zürich 1988, S. 123.
Fünf Studienabende: ›Basler Nachrichten‹, 29./30.8.1970, S. 19.
Glauser über die Matinee: Briefe I, op.cit., S. 416 (an Gertrud Müller).
Vaucher über Wulff-Gruppe: Nachlass 17.60/07.
Brief an Georg Schmidt: Nachlass 17.60.07 (7.12.1932) ; das erste Heft der ›information‹, in der auch Ignazio Silone schrieb und Max Bill die Graphik besorgte, erschien im Juni 1932.
Strafgerichtsprotokolle: Staatsarchiv Basel-Stadt, Gerichts-Archiv EE 68 und 69 (1930 und 1931).
›*Cyankali‹:* In der Saalschlacht nach einer der beiden Aufführungen zerriss sich Max Haufler den Anzug: Hervé Dumont in: ›Travelling‹, Nr. 50 (Hiver 1977/78), S. 7.
›*Truppe der Gegenwart‹/Rasser:* Franz Rueb, Alfred Rasser, Zürich 1975, S. 51.
Haufler/Rasser im ›Club 33‹: Max Haufler-Band der ›Texte zum Schweizer Film‹, Zürich 1982, S. 25, 27, 50 (›Harfe‹); Hervé Dumont in: ›Travelling‹, Nr. 50 (Hiver 1977/78), S. 6. Rasser-Zitat: Franz Rueb, op. cit., S. 52.
Haufler im ›Federal‹: Cés Keiser, Herrliche Zeiten 1916-1976. 60 Jahre Cabaret in der Schweiz, Bern 1976, S. 92/96.

Anmerkungen zu Zwischentext Kapitel V (S. 126-139)
Vaucher an Humm: Zentralbibliothek Zürich, Nachlass Humm, 91.38.
Eifer der Zeit: Vaucher an Eduard Fallet, 22.11.1924.
C.F. Vaucher, ›Polly‹: Im Buch selber ist aus verlegerischen Gründen als Erscheinungsjahr 1935 vermerkt; Kritiken: Nachlass 17.40.01/3, u.a.: ›NZZ‹ (21.10.1934): »(...) aber an Breite und vor allem an Tiefe erscheint uns diese Arbeit noch allzu unverbindlich, als dass sich danach die schriftstellerischen Möglichkeiten, Grenzen und Gefahren des Verfassers allgemeinhin abschätzen liessen. Hier sehen wir ihn nur auf dem natürlichen Weg zur Eigenart, der durch die Eigen-Unarten führt, und es ist wohl das Fragezeichen, das jeder junge Künstler auf der Stirne trägt: ob er sein Talent herausretten wird aus dem Dikkicht der Manieren.«
›*Ual-Ual‹:* Vgl. Vaucher-Eintrag in: Schweizer Bühnenwerke des 20. Jahrhunderts, hg. vom Zürcher Forum, Zürich 1972, S. 37; Nachlass 17.60.03; vgl. Brief Vaucher an ›Zimmerspiele‹ Mainz (17.60.03/4); Brief von Gerhard Niezoldi vom Südwestfunk an Vaucher vom 5.1.1959 (Nachlass 17.10.02/6) sowie Tantiemenabrechnung 20.9.1960 (17.60.03/4); im Cabaret ›Cornichon‹ schrieb Walter Lesch das Pro-

gramm ›Gradus‹ eine ›Abessinische Litanei‹ (Premiere 16. September 1935), das mit den Zeilen begann: »An der Quelle von Ual-Ual/ gab es einen Zwischenfall.« Der Anfang des Schlussverses lautet: »Mit Granaten, Gift und Tod/ bring man uns das Morgenrot.« (zitiert nach Elsie Attenhofer, Cornichon. Erinnerungen an ein Cabaret, Bern 1975, S. 70.
Aleksandr Blok: Vauchers Übersetzungen Nachlass 17.60.02 und 17.90.01.
›*Piero Astrologo*‹, ›*Reise nach China*‹: Nachlass 17.60.02 und 17.60.01.
›*Revolte der Tiere*‹, ›*Der Hundetöter*‹: Nachlass 17.60.18.
Vauchers Theaterentwürfe: In der Spielzeit 1939/40 hätten Vauchers ›Commedia dell'arte‹ Stücke ursprünglich unter dem Titel ›Harlekiniade‹ am Schauspielhaus aufgeführt werden sollen; das Stück wurde an der offiziellen Pressekonferenz des Schauspielhauses mit all den anderen geplanten Aufführungen vorgestellt (Stadtarchiv Zürich, VII.200.3a.9), wie die ›National-Zeitung‹ vom 19./20.8.1939 zu berichten wusste, präsentiere sich Vaucher »mit drei sprachlich eigenwilligen Einaktern, die unter dem Titel ›Harlekiniade‹ zusammengefasst wurden, zum erstenmal als Dramatiker.« Weshalb es nicht zur Realisierung kam, ist nicht bekannt.
Glauser Briefe: Friedrich Glauser, Briefe II (Hg. Bernhard Echte), Zürich 1991.
Vaucher/Glauser: Glauser über die Spanienreportagen Vauchers, siehe Brief von Josef Halperin an Glauser vom 19.8.1937 (Briefe 2, S. 703); der von Josef Halperin darin erwähnte Brief Glausers an Vaucher ist verloren; im Nachlass Vaucher findet sich keine Spur von ihm.
Halperin/Glauser: Siehe den Erinnerungsband zur Friedrich Glauser-Ausstellung 1996 in der Schweizerischen Landesbibliothek (Friedrich Glauser. Erinnerungen, hg. von Heiner Spiess und Peter E. Erismann, Limmat Verlag, Zürich 1996).
Rudolf Jakob Humm: Bei uns im Rabenhaus. Aus dem literarischen Zürich der Dreissigerjahre, Zürich 1963, S. 77, 93.
›*ABC*‹, ›*Gourrama*‹: Die Zeitung erschien vom 18.2.1937 bis 25.3.1938; der Abdruck von Glausers Roman begann am 12.8.1937; in der gleichen Nummer veröffentlichte Vaucher die erste seiner drei Spanienreportagen.
›*eingerostete Remington*‹: Glauser an Halperin, 6.9.1937(Friedrich Glauser, Briefe 2, op. cit., S. 717).
Vaucher im ›ABC‹: Auch politische Gedichte Vauchers zum Spanischen Bürgerkrieg wurden von ihm in ABC veröffentlicht.
kleine Chansons, Sketche fürs Cornichon (1937): C.F. Vaucher erwähnt dies in der Sendung ›Aus meinem Leben‹.

Internationaler Schriftstellerkongress in Paris; André Gide: Unter den verschiedenen vorgegebenen Konferenzthemen wählte sich Vaucher für seinen Redebeitrag ›Die Rolle des Schriftstellers in der Gesellschaft‹ aus (Nachlass, 17.60.07). Im Laufe seiner Ausführungen wandte er sich gegen Louis Aragons »Forderung nach einem ›sozialistischen Realismus‹ in unseren Ländern«. »So wenig unser Arbeiter bei uns über die Produktion verfügt, so wenig unser Bauer auf seinem Lande frei ist, die Frau dem Manne gleichberechtigt zur Seite steht, so wenig kann der Schriftsteller ein Arbeitsprogramm aufstellen wollen, zu dessen Verwirklichung das wichtigste Faktum noch aussteht: die proletarische Revolution.« Daran anknüpfend äusserte Vaucher die Überzeugung: »Die Rolle des Schriftstellers in unserer Gesellschaft ist die Soldiaritätsaktion mit den Arbeitern und Bauern. Der Schriftsteller lebt wie diese unter der Knebelung einer auf beiden Seiten bereits wankenden Gesellschaftsklasse, die mit allen Mitteln und bis zur faschistischen Reaktion ihre Vormachtsstellung zu behaupten sucht. Die Frage nach der Kultur ist für uns heute gleichbedeutend mit den Existenzfragen der Arbeiter und Bauern überhaupt, das heisst mit der Vernichtung der Ausbeuterklasse durch den Kommunismus. Kultur haben wir zwar als Erbe, doch den Boden nicht. Unser kulturelles Erbe sichern heisst, ihm einen Boden erobern. Darin liegen für uns Schriftsteller die Anfänge einer neuen Kultur.« Mit Berufung auf den französischen Schriftsteller André Gide, dessen Gedankengänge er sich damals, vor dessen kritischen Äusserungen über die UdSSR, noch ganz zu eigen machte, schloss Vaucher sein fünfzehnminütiges Referat mit einem flammenden Bekenntnis: »Gide ist meines Wissens der einzige, der in seinem Referate über ›das Individuum‹ auch die Aufgabe des Schriftstellers in unserer gesellschaftlichen [F]ormation mit wenigen Worten eindeutig bezeichnet hat: nämlich in der ›Liebe zur Kultur‹, die uns dazu treiben soll, ›als erste Sorge diese Gesellschaftsform in eine andere umzuwandeln‹. Die heutigen Schriftsteller sind in der Mehrzahl bürgerlicher Abstammung. Das proletarische Milieu ist ihnen, wenn auch nicht fremd, so doch ungeläufig. Ihre Erlebnissphäre bis zur Schulentlassung, die für die meisten mit dem 25. Lebensjahr zusammenfällt, ist vom elterlichen, das heisst bürgerlichen Hause und von bürgerlichen Lehranstalten bestimmt gewesen. Der Vorstellungskreis, der bei ihrer schöpferischen Tätigkeit massgebend wird, wirkt sich notgedrungenerweise für oder gegen ihre Herkunft aus. Der revolutionäre Schriftsteller wird also die Motive, die während seiner Jugend bis zu seiner Reife Geltung hatten, in kritischer Wertung *gegen* seine Abstammungsklasse ins Feld führen. Er wird empfunden haben, dass ›alles, was er in sich trug, was

ihm ureigentlich, gültig und wert schien, in unmittelbarem Gegensatz mit den Sitten, Gebräuchen und Lügen seines Milieus steht‹ (Gide). Sein Werk wird, obschon thematisch unproletarisch, obschon die zu Grunde gelegte Handlung, die dramatische Situation sich vorwiegend im gegnerischen Lager bewegen wird, doch auf der Seite des Proletariats und der proletarischen Revolution durch die Preisgabe aller Werte bürgerlicher Konvenienz an die grosse Aufgabe der *Umgestaltung* der Gesellschaft in den *kommunistischen Staat,* stehn.«
Jewgenij B. Wachtangow, 1883-1922: Schüler Stanislawskijs; ein ›Wachtangow-Theater‹ gab es in Moskau seit 1926.
Aleksandr J. Tairow, 1885-1950: Gründer und Leiter des Moskauer ›Kammertheaters‹ und Gegenspieler Stanislawskijs; in seinem Buch ›Entfesseltes Theater‹ (1921) forderte er die Freiheit Regie gegenüber dem Text. An den Bühnenfestspielen zeigte er zu Musik von Prokofjew eine »Bühnenkomposition« mit dem Titel ›Ägyptische Nächte‹, die auf Texten von G.B. Shaw, Puschkin und Shakespeare beruhte. 1938, zur Zeit der Moskauer Prozesse, wurde sein Theater geschlossen.

Anmerkungen zum Kapitel VI (S. 146-179)
›*Spanish Earth*‹ *im Weissen Haus:* Roosevelt empfing Ivens und Hemingway am 8. Juli 1937 zur Filmvorführung.
Bild Hemingway, Ivens und Renn: Wolfgang Hartwig, Ernest Hemingway, Berlin 1989, S. 237.
Waffenlieferungen nach Spanien, sowjetischer militärischer Nachrichtendienst: vgl. Peter Kamber, Geschichte zweier Leben Wladimir Rosenbaum und Aline Valangin, Limmat Verlag, Zürich 1990, S. 201.
Daniel Haener: ›Mexikanische‹ Luftabwehrkanonen für Republikspanien, in: Unheimliche Geschäfte. Schweizer Rüstungsexporte nach Lateinamerika im 20. Jahrhundert, hg. von Walther L. Bernecker und Thomas Fischer, Chronos Verlag, Zürich 1991, S. 222 (Ich danke Albert Utiger von der Studienbibliothek für den freundlichen Hinweis); das auf französisch verfasste Schreiben von Eugène Broye (lettre n 19, 16.8.1938) befindet sich im Bundesarchiv, E 2001 (D); 1; Bd. 35 [nicht 42, wie bei Haener versehentlich steht].
Stellungnahme der französischen Regierung: Siehe ›Le temps‹, Paris (9.8.1938), und – als Meldung der Agentur ›Havas‹ vom 8.8.1938 – in der ›Gazette de Lausanne‹ (9.8.1938; Zeitungsausschnitte, Staatsarchiv, ebenda).
Humms offener Brief: Datiert vom 25.8.1936; erschien im ›Volksrecht‹ vom 27.8.1936 und in der ›Nation‹ Nr. 36 (3.9.1936); vgl. Peter Huber, Stalins Schatten in die Schweiz, Zürch 1994, S. 70 (Anm. 16 und

17 auf S. 504); ›zwischen Stuhl und Bank‹: Peter Huber, Stalins Schatten, op. cit., S. 67.
›Ketzergericht‹: R.J. Humm, Bei uns im Rabenhaus, op. cit., S. 97ff. sowie Zentralbibliothek Zürich, Nachlass Humm 51.2 (›Ketzergericht‹) mit der Einladungskarte (9.10.1936) und Humms ›Theoretischer Erwiderung an Mühlestein und Vaucher‹ (datiert vom 14.10.1936), Materialien zum Sinowjew-Schauprozess; mit dabei an der Sitzung und Humms Argumenten gegenüber »zugänglich« waren, Bernhard Echte zufolge (Friedrich Glauser, Briefe II, op. cit., S. 753): Albin Zollinger, Albert Ehrismann, Paul Adolf Brenner, Théo Chopard, Elisabeth Thommen und Rudolf Lämmel mit Gattin.
Briefe Bührers: Nachlass R.J. Humm, 66.14 (Jakob Bührer an Humm).
Humm an Vaucher: Nachlass R.J. Humm, 91.38 (11.10.1936); Vaucher schrieb Humm danach am 2.11.1936 (ebenda), im Zusammenhang mit einem »Manuskript« von Humm, das Vaucher »mit Freuden gelesen« hat und durch »Hirschfeld, der heute nach Zürich zurückfährt«, Humm zurückbringen lässt: »Über die Beantwortung unserer Repliken und der darin enthaltenen Probleme lässt sich vielleicht später einmal diskutieren. Bis dahin wird sich manches geändert haben u. das Nebensächliche sich von der Hauptsache wohl klarer als heute abheben.«
Gibt es einen Zusammenhang zwischen der Gide-Debatte und dem Eingehen der Zeitschrift ›ABC‹?: ›ABC‹ (erste Nummer: 18.2.1937) stellte das Erscheinen für die LeserInnen überraschend ein, die letzte Nummer erschien am 25.3.1938. »Hauptgrund waren die Verluste, die – vor allem auch wegen völlig ungenügenden Inserateneinnahmen – von Nummer zu Nummer anwuchsen«, wie mir Rudolf Wullschleger, der damals gegen Schluss noch zur Redaktion stiess, am 8.6.1996 in einem Telefoninterview erzählte. Der Herausgeber Harry Gmür, der sehr viel Geld »hineingebuttert« habe, sei – »nicht zuletzt auch unter dem Schock, den im März 1938 der Anschluss Österreichs an Hitlerdeutschland (13.3.1938) ausgelöst hat« – zur Überzeugung gelangt, dass es »aussichtslos war, die Zeitung auf die Länge zu halten«. Gmürs Ehefrau, erzählt Wullschleger, war Jüdin. In einem Brief vom 2.7.1996 verfasste Rudolf Wullschleger eine Kurzbiographie von Harry Gmür (abgelegt in Nachlass Vaucher/Carola, 17.30.01/5). Gmürs Lebensgeschichte weist einige Parallelen zu derjenigen Vauchers auf. Er wurde in Bern geboren und entstammte wie dieser der ›Oberschicht‹. Sein Vater war Jurist und verunglückte 1923 tödlich. Seine Mutter gehörte zum »Berner Patriziat«. Die Zeitung ›ABC‹ finanzierte er 1937 mit dem ihm ausbezahlten Erbe. Ende der 30er Jahre wurde er auf einer SP-Liste in den Zürcher Gemeinderat gewählt. In

369

der SP gehörte er zur linken Opposition und war später Vizepräsident der PdA und zeitweilig Redaktor beim ›Vorwärts‹.
Film Paul Schmids: Hervé Dumont, Geschichte des Schweizer Films, Lausanne 1987, S. 177/195.
Dumont über René Guggenheim: ebenda, S. 198 und 200.
Frobenius AG: In der Monatszeitschrift ›Der Geistesarbeiter‹, dem ›offiziellen Organ‹ des Schweizerischen Schriftstellervereins und der Gesellschaft schweizerischer Dramatiker veröffentlichte die ›Tonfilm Frobenius AG‹ im November 1937 einen Aufruf (›Scenario für einen Schweizer Spielfilm‹), der mit den Worten begann: »Wir suchen einen Schweizer Spielfilmstoff. In unseren neuen Studio-Anlagen in Münchenstein haben wir die notwendigen Voraussetzungen für eine auf internationalem Niveau stehende Spielfilmproduktion geschaffen.« Vorgestellt hatten sich die Verantwortlichen »einen schweizerischen Stoff (...), der die schweizerische Wesensart dem Ausland nicht unter dem Aspekt von Fahnenschwingen und Alphorn, sondern in moderner filmgerechter Form nahe bringt.« Das Kino war unter Schweizer SchriftstellerInnen definitiv ein Thema geworden. Im ›Geistesarbeiter‹ vom August 1937 war die Botschaft des Bundesrats über die Schaffung einer schweizerischen Filmkammer vom 13.7.1937 wörtlich abgedruckt worden, und im März 1938 sowie Februar 1939 veröffentlichte Marcel Gero zwei Grundsatzartikel über ›Das Filmmanuskript‹ und die Frage ›Schriftsteller und Film‹ (siehe auch den Aufsatz von Hans Richter vom April 1938 über das Thema ›Kulturfilm als Kunst‹).
Clarté Filmgemeinschaft, Cinéastenkreis: Felix Aeppli. Der Schweizer Film 1929-1964. Die Schweiz als Ritual, Bd. 2, Materialien, S. 285; Hervé Dumont, op. cit., S. 226.
Dumont über Haufler: ›Travelling‹, Nr. 50, hiver 1977/78, S. 10 (PS: in Hervé Dumonts biographischer Skizze C.F. Vauchers auf S. 7 stehen einige unzutreffende Dinge).
Ascona, Remarque: Interview von Hervé Dumont mit Otto Ritter, in: ›Travelling‹, Nr. 50, S. 58f.
Roettges und Ramuz: Schweiz. Literaturarchiv, Nachlass Diggelmann, A II/09 und 13, S. 11.
Ankündigung der Clarté: Dumont, ›travelling‹, Nr. 50, S. 10.
›Friede den Hütten‹: Dumont, ›travelling‹, Nr. 50, S. 10f; Hervé Dumont, Geschichte des Schweizer Films, Lausanne 1987, S. 231.
Dumonts Analyse des ›Farinet‹-Films: ›travelling‹, Nr. 50, S. 12ff; Geschichte des Schweizer Films, S. 228.
›Farinet‹ am Fernsehen: vgl. Korrespondenz Vauchers (9.6.1957), Nachlass 17.10.02/6.

Tandem Haufler/Vaucher: Noch im Juli 1940 hatten Vaucher und Haufler gehofft, mit ›Ein Mann auf der Fahrt‹ einen kleineren, rein schweizerischen Film zu drehen. Heinrich Gretler hätte einen biederen Lokomotivführer gespielt, der sich im Tessin verliebt und aus der durch Familie und Moral diktierten Ordnung ausbricht. Doch es war überhaupt kein Geld mehr da (Martin Schlappner, in: Max Haufler, Texte zum Schweizer Film, Zürich 1982, S. 101f.).

Anmerkungen zum Kapitel VII (S. 220-230):
Edith Carola im Stadttheater (Opernhaus): Stadtarchiv Zürich (Jahrbücher des Stadt-Theaters; Zeitungskritiken); briefliche Auskunft von Ursula Pellaton, 8309 Nürensdorf (15.11.1995).
Trudi Schoop: Hadassa K. Moscovici, Vor Freude tanzen, vor Jammer in Stücke gehn. Pionierinnen der Körpertherapie, Frankfurt a.M. 1989, S. 163f; Ursula Pellaton, Utopie der Ganzheitlichkeit. Ausdruckstanz in der Schweiz, in: ›NZZ‹, 5./6.3.1994 (Nr. 54); Ursula Pellaton, Tanzfrauen und Frauentanz in Zürich, in: Chratz & Quer. Sieben Frauenstadtrundgänge in Zürich (hg.von diversen Autorinnen), Limmat Verlag, Zürich 1995, S. 131 sowie 140ff; Auftritt im Cabaret ›Krater‹: Cés Keiser, Herrliche Zeiten 1916-1976. 60 Jahre Cabaret in der Schweiz, Bern 1976, S. 30; Biographie: Interview von Claudia Wilke mit Trudi Schoop, in: Tanzdrama, Nr. 6 (1. Quartal 1989); ›Die Eroberung der Leere‹, Dokumentarfilm von Claudia Wilke, 46 Min. (Claudia Wilke Filmproduktion, Hamburg, 1992; Rezension: Basler Zeitung, 29.4.1993); Zeitungsausschnitte der ›Schweizerischen Theatersammlung‹, Bern.
Fridolin unterwegs: Am Wettbewerb in Paris wurde Ihnen »begeistert zugejubelt«. Kaum zwei Monate später, bei einem Gastspiel im »Casino de Paris«, vor einem Publikum, das Damentanz erwartete und sie für Deutsche hielt, waren es dann Pfiffe und Hohnrufe, wie Trudi Schoop in einer eindringlichen Reportage schilderte (NZZ, 24.8. 1932); Programm zur Aufführung vom 1.11.1932 im Schauspielhaus Zürich, wo Trudi Schoop bereits 1920 als 17jährige als Solotänzerin einen ersten Auftritt hatte.
Trudi Schoop, Gastspiele in Zürich dreissiger Jahre: Auftritte der Tanzgruppe: im Schauspielhaus am 1.11.1932, im Stadttheater am 13.1.1933 (›Tänze‹); im gleichen Jahr entstand eine aus mehreren Tanzstücken bestehende Produktion (u.a ›Ringelreihen 1933‹) : »Eindrücke unserer Zeit, von der Strasse, aus verschwiegenen Wohnungen, aus Zeitungszeilen herausgelesen, herausgefühlt und mit tiefstem Anteil, mit leisem Lächeln, mit Steigerung und scharfem Zeichnen zu Tänzen geformt«, wie die ›Zürcher Illustrierte‹ (Nr. 48,

1.12.1933) zur Nummer ›Klage einsamer Frauen‹ schrieb (Aufführungen: 21.11, 27.11. und 12.12.1933); mit dem Ballett des Stadttheaters trat sie am 25.2.1934 an einer Matinee auf; sie hatte damals einen einjährigen Vertrag mit dem Stadttheater, »samt der von ihr selbst zu bildenden ›Tanzgruppe Schoop‹« (Stadtarchiv Zürich); erneut im Stadttheater zeigte sie mit ihrer Truppe am 5.2.1935 ›Fridolin 1. und 2. Teil‹ und die Nummer ›Annoncenaufgabe‹; im ›Corso‹ in Zürich fand am 15.5.1936 ein Festabend mit breiter Würdigung ihres Schaffens und weitere Aufführungen der Tänze ›Annoncenaufgabe‹ und ›Fridolin unterwegs‹ statt (NZZ 17.5.1936); im Stadttheater wurde danach am 26.10.1936, 2. und 3.10.1936 ›Die blonde Marie‹ gezeigt (NZZ, 27.10.1936, Nr. 1851; sowie ›Zürcher Illustrierte‹ vom 30.10.1936: »Diese Tanzkomödie in zehn Bildern schildert den Aufstieg eben der blonden Marie vom Dienstmädchen zum Bühnenstern und zur glücklichen reifen Frau. Es wimmelt auf diesem Lebensweg von kauzigen Gestalten aller Art, von Gästen, Freiern, Künsltern und Philistern [...]. Bild: Trudi Schoop hat als blonde Marie grossen Streit mit der Herrschaft, verlässt die Stellung, gleich hinterher beginnt ihr Aufstieg.«); zu einer Wiederholung des Stücks kam es im ›Corso‹ (NZZ, 10.12.1936); wiederum im Stadttheater erfolgte die Premiere von ›Alles aus Liebe‹ am 6.12.1937 (NZZ 8.12.1937); diese Liste (Dokumentation Opernhaus, Zürich; Schweizerische Theatersammlung, Bern) ist ziemlich sicher unvollständig, gibt aber einen Eindruck von der überragenden künstlerischen Präsenz Trudi Schoops und ihrer Truppe in Zürich während der 30er Jahre.

Robert S. Gessner: Eugen Gomringer, ›Robert S. Gessner. Der Zürcher Künstler im Spannungsfeld der Konkreten Kunst‹. Mit Beiträgen von Max Frisch, Gottfried Honegger und Willy Rotzler, Zürich 1991; der Nachlass und die Werke Robert S. Gessners werden von der Galerie Arteba betreut (Zeltweg 27, 8032 Zürich).

Selma Gessner-Bührer und Robert S. Gessner: vgl. Selma Gessner-Bührer, »Fräulein, Sie sind vielseitig«. Die Lebensgeschichte einer Zürcherin, Zürich 1993.

Paul Schoop: ›Tages-Anzeiger‹, 17.11.1951.

Katja Wulff/R.J. Humm: Die Briefe Katja Humms liegen in der Zentralbibliothek Zürich (Nachlass Humm, Mappe 93, Nr. 30); der Nachlass von Katja Wulff wird im Deutschen Tanzarchiv Köln aufbewahrt.

Briefe Edith Carolas: Nachlass Vaucher, 17.10.01/1.

Vaucher in Zürich: Gemäss Einwohnerregister lebte er 1942 zunächst ein halbes Jahr an der Forchstrasse 34, dann drei Monate an der Seefeldstrasse 285. Im September 1942 zog er nach Herrliberg.

Vauchers Brief an Katja Wulff (Ende Juni 1942): Katja Wulff zitiert den erwähnten Satz in ihrem Brief an Humm vom 30.6.1942 (»ein guter Brief von V.«)

Anmerkungen Kapitel VIII (S. 236-255)
»Mir Zircher«. Auf den Spuren von Heimweh- und anderen Baslern in Zürich: Sendung von C.F. Vaucher Radiostudio Zürich, 18.2.1961 (57'00»; MG 13 447).
Vaucher, Schauspielhaus: Die weiteren Stücke, in denen er auftrat: ›Verschwörung des Fiesco zu Genua‹ (Schiller, 1942/43), ›Revisor‹ (Gogol, 1942/43), , ›Der Turm‹ (Hofmannsthal, 1942/43), ›Und das Licht leuchtet in der Finsternis‹ (Tolstoi, 1943/44), ›Königin Christine‹ (Strindberg, 1943/44), ›Der Mond ging unter‹ (John Steinbeck, 1943/44), ›Land ohne Himmel‹ (Cäsar von Arc) und ›Was kam denn da ins Haus?‹ (Lope de Vega, 1943/44); zur geplanten Aufführung von Vaucher drei Einaktern ›Harlekiniade‹ in der Spielzeit 1939/40 siehe Stadtarchiv, Schauspielhaus VI.200.3a.9, Pressekonferenzen 1939/40 sowie National-Zeitung, 19./20.8.1939; Volksrecht, 24.8. 1939; zur Aufführung vorgesehen war in der Spielzeit 1940/41 ebenfalls ›Gute Ratschläge Eine Schweizer Revue‹ von dem Verfassertrio Hermann Schneider, Max Werner Lenz und C.F. Vaucher (NZZ, Nr. 1193, 1940); scheinbar wurde die Revue aber verschoben und mit Brief vom 1.12.1942 zog sich Lenz schliesslich zurück: »Leider kann ich bei der geplanten Revue nicht mitmachen, wegen anderweitiger Arbeitsbelastung. Ich bedaure es sehr, da ich meine Beziehungen zum Schauspielhaus gern wieder etwas enger geknüpft hätte. Ich hoffe auf eine günstigere Gelegenheit für später (...).« (Stadtarchiv, Schauspielhaus, VII.200.3a.1, Akten des Künstlerischen Direktors).
Vaucher als Schriftsteller: Seit 1936 war Vaucher Mitglied des – heutigen – Schweizerischen Schriftstellerinnen- und Schriftsteller-Verbands. C.F.Vauchers Rücktritt erfolgte an der Sitzung vom 30.4.1942: »Ich bin, zum Teil der Not dieser Zeit gehorchend, vom eigentlichen Schriftstellerstand abgerückt« begründete er diesen Schritt in einem Brief vom 28.4.1942; der Austritt aus dem Verband, der damals noch ›Schweiz. Schriftsteller-Verein‹ hiess, erfolgte mit Brief vom 7.3.1945 (»Da ich kaum mehr im Sinne eines Schriftstellers tätig bin [...].«) In einem Brief von Ostern 1965 nahm Vaucher rückblickend noch einmal Stellung zu den Gründen seines Austritts, bringt darin jedoch die bekannte Affäre um eine mögliche Mitgliedschaft des SSV beim ›Reichsverband Deutscher Schriftsteller‹ irrtümlicherweise statt mit dem Jahr 1933 mit den Jahren 1941/42 in Zusammenhang (vgl. Otto Böni, in: Literatur geht nach Brot. Die Geschichte des Schweizerischen Schriftsteller-Verbandes, Zürich 1987, S. 57ff).

Vortrag über Giraudoux: Abgedruckt in einem Programmheft des Schauspielhauses zur Spielzeit 1943/44 (Nachlass Vaucher, 17.75.01).
Vergebliche Versuche, zum Film zurückzukehren: Im September 1940 arbeitete Vaucher im Auftrag der kurzlebigen ›Allianz Film AG Zürich‹ mit Oskar K. Eberle und Walter Lesch an einem Drehbuch zu einem nie realisierten ›Wilhelm Tell‹-Film mit (Hervé Dumont, Geschichte des Schweizer Films, Lausanne 1987, S. 238). Was Haufler betrifft, so drehte der 1941 für die 1940 gegründete ›Gloriafilm A.G.‹ und deren Leiter Günther Stapenhorst die risikolose Komödie ›Emil, mer mues halt rede mitenand!‹ Zweiter Film der ›Gloriafilm‹ sollte auf Hauflers Anregung ›Gotthardexpress 41‹ nach einem Roman von Emilio Geiler werden (Hervé Dumont, Geschichte des Schweizer Films, S. 319; H. Dumont, in: ›Travelling‹, Nr. 50, S. 24; Martin Schlappner, in: Max Haufler, Texte zum Schweizer Film, Zürich 1982, S. 102). Mit Haufler und Fritz Butz verfasste Vaucher dazu das Drehbuch. Erzählt wird die Verschüttung eines vollbesetzten Zuges in einem Gotthardtunnel. Rettungsequippe und Verschüttete standen als Sinnbild für eine Gesellschaft im grossen, die Krisen und Katastrophen nur übersteht, wenn kleinliches und selbstbezogenes Verhalten überwunden wird. Noch vor Aufnahme der Dreharbeiten wurde die Produktion aber 1942 vom EMD gestoppt, wie sich Kameramann Otto Ritter gegenüber Hervé Dumont erinnerte (H. Dumont, in: ›Travelling‹, Nr. 50, S. 62). Ausschlaggebend waren seitens der Armee weniger Geheimhaltungsgründe – die ›Réduit‹-Festungen wären nicht gefilmt worden –, sondern, wie ihnen mündlich von einem Major dargelegt wurde, Rücksichten auf die Motivation der Wache stehenden Soldaten. Die Verteidigung des Gotthards und ein so eitles Unternehmen wie ein Film waren angeblich unvereinbar. Selbst einem Film wie ›Der letzte Postillon vom St. Gotthard‹ (Edmund Heuberger, 1941) waren vom Waffenplatzkommando der St. Gotthardbefestigungen und vom Kommando der 9. Division allergrösste Hindernisse in den Weg gelegt worden (Bundesarchiv, E 4450, 5813 A; Juni/Juli 1940). Ebenfalls für die Gloriafilm hatte Haufler inzwischen 1941/42 noch den Zirkusfilm ›Mensch, die vorüberziehen‹ nach dem Theaterstück ›Katharina Knie‹ von Carl Zuckmayer gedreht und noch einmal seine grosse Begabung unter Beweis gestellt. Haufler, der Regisseur mit dem Blick eines Malers, und Vaucher, der wegen des ›Farinet‹-Debakels als »dürftiger Geschäftsführer« (Hervé Dumont) in die Filmgeschichte einging, machte der Krieg einen dikken Strich durch die Rechnung – aber natürlich nicht nur ihnen.
Türe zuschlagender Vaucher: Interview von Hervé Dumont mit dem Kameramann Otto Ritter, Travelling Nr. 50, S. 62f.

Beifallsstürme für Rasser im ›Cornichon‹: Vgl. Elsie Attenhofer, ›Cornichon. Erinnerungen an ein Cabaret‹, Benteli Verlag, Bern 1975, S. 88 und 120ff; Franz Rueb, Alfred Rasser. Eine Monographie. Zürich 1975, S. 62 und 68ff.
Alfred Rasser, Konflikt mit dem ›Cornichon‹: Franz Rueb, Alfred Rasser, S. 83f; vgl. auch Brief Leschs an Vaucher vom 25.1.1941(Nachlass Vaucher, 17.10.02/1). Von »Widerborstigkeiten und Rivalitäten« am ›Cornichon‹ spricht auch Elsie Attenhofer in dem von ihr herausgegebenen, vorzüglich recherchierten Buch (›Cornichon. Erinnerungen an ein Cabaret‹, Benteli Verlag, Bern 1975, S. 276); diese internen Spannungen deutet sie jedoch nur an (zur fraglichen Zeit war sie nicht mehr beim ›Cornichon‹, trat aber im Sommer 1942 nochmals auf; Lenz hielt sie immer informiert).
Zwistigkeiten: vgl. Brief Leschs an Vaucher vom 25.11.1942 (Nachlass Vaucher, 17.10.02/1): »Was wir von Dir für uns (und für Dich selbst) wollen, ist klar: Deine echte, möglichst nützliche Mitarbeit. Wir brauchen Deine Einfälle, Deinen Stil, Deine Person. Nicht nur dieses eine, unglückliche Mal bei diesem Programm [›Grün ist die Hoffnung‹, Premiere 14.11.1942], auch schon früher, war die Erfüllung Deiner Gesamtfunktion jedoch eine halbe. Dass Weissert und ich keine alten Juden sind [Anm. des Verf.: es ist bemerkenswert, dass solche alten, antijüdischen Redensarten unbedacht sogar noch im antifaschistischen ›Cornichon‹ geäussert wurden], die Dir das Pfund Fleisch aus dem Leibe schneiden wollen, weisst Du. Und dass Deine Sorgen und Schwierigkeiten uns mitbewegen, darf ich mit gutem Gewissen voranstellen.« Anfangs 1941 war Vaucher auch einmal wegen Beinbruch ein paar Monate als Regisseur ausgefallen. Ein Brief des Bühnenbildners Hans Fischer an Vaucher vom 6.4.1941 beleuchtet die dadurch entstandenen Schwierigkeiten auf humorvolle Weise (Nachlass Vaucher, 17.10.2/1).
›Prachts-Team‹ (National-Zeitung, 17.4.1942): Zitiert nach ›Cabaret Cornichon. Erinnerungen an ein Cabaret‹, hg. von Elsie Attenhofer, Bern 1975, S. 219.
Trudie Schoop, ›Sterbender Schwan‹: Trudi Schoop, Komm und tanz mit mir, Zürich 1981, S. 18 (Originalausgabe: ›Won't you join the Dance‹, 1974); wahre Begeisterungsstürme entfesselte Trudi Schoops ›neutrality walk‹ mit Zarli Carigiet an der Premiere des Programms ›Plaudereien am Kaminfeuer‹ im ›Gambrinus‹ in Basel (28.3.1942). Über diese neutralitätskritische Pantomimen-Nummer mit dem Titel ›Coco and Lewis‹ schrieb die ›National-Zeitung‹ (30.3.1942, Nr. 149), Trudi Schoop und Zarli Carigiet seien »unübertrefflich in ihrem ›Schweizer Neutralitäts-Walk‹ (...). Da blieb buchstäblich kein

Auge trocken.« Die ›Basler Nachrichten‹ (30.3.1942) meldeten: »Coco and Lewis. Ein modernes Tanzpaar. Trudi Schoop ist die Partnerin in der Szene und die Führerin in der Bewegung. Sie persiflieren die Allerweltstänzer der Bars und Dancings, reizende Parodie einer Akrobatikkreation. Aber das ist nur die Einleitung zum grossen Wurf: zum neutrality walk. Harmlose Allerweltsgebärden reissen Hintergründe auf, die Gesten des Tages sprechen, tänzerische Bewegungen machen sich selbständig und erhalten politischen Sinn. Eine erhobene Hand ladet schüchtern zum Gruss, zwei erhobene Hände signalisieren Kapitulation – es ist eine meisterhafte Umsetzung von Meinungen in Tanz, von Ideen in Rhythmen. Mimische Plaudereien.«
Politische Akten und Polizei-Akten Cornichon: Elsie Attenhofer bekam während den Vorarbeiten für ihr Buch ›Cornichon. Erinnerungen an ein Cabaret‹, Bern 1975, als erste Einsicht in die Akten der schweizerischen Bundesanwaltschaft und des deutschen Auswärtigen Amtes; einige der Dokumente druckte sie ab; sämtliche Kopien, die sie damals erhielt, liegen im ›Archiv Elsie Attenhofer‹ im Stadtarchiv Zürich, VII. 228.1.5 (Schachtel 5: Dokumente betr. Überwachung des Cabaret Cornichon); eine Auswahl von Dokumenten aus dem Staatsarchiv Zürich (Polizei-Akten Cornichon) befindet sich im Schweizerischen Cabaret-, Chanson- und Pantomimen-Archiv von H.U. von Allmen (Seewinkel 2, 3645 Gwatt/Thun); die schweizerischen Akten sind unterdessen auch direkt im Schweizerischen Bundesarchiv einsehbar: a) Nachlass Dr. Heinrich Rothmund, 4800 (A)/1, Schachtel 6 (Korrespondenz mit Dr. W. Lesch), 4450/6152 (Deutsche Pressepolemik), 4450/6153 (Cabaret Cornichon); b) Bundesanwaltschaftsakten Cabaret Cornichon, 4320, 1974/47, Bd. 186
Zensur: Sie machte es auch der Zeitungskritik nicht leicht. So schrieb das Schweiz. Kaufmännische Zentralblatt am 28.11.1941 am Schluss einer Besprechung des Programms ›Vogel Strauss‹ (Premiere 13.11.1941): »Es fehlt der Platz, auf die vielen Glanzpunkte des neuen Cornichonprogrammes und seiner, von Vaucher und Streuli verfassten, bissigen Conférence einzugehen. Aber schliesslich wird ja im Hirschen gesprochen und gespielt, was sowieso nicht *ge*schrieben und *be*schrieben werden kann (...).«
›Zarte Beziehungen‹; »Dr. X«: Die Nummer entstammte dem Programm ›Grün ist die Hoffnung‹ (Premiere 14.11.1942); laut einer Aktennotiz der Eidg. Bundesanwaltschaft vom 11.12.1942 (Bundesarchiv Bern, 4320, 1974/47, Bd. 186) sahen sich »die Zürcher Behörden« ursprünglich »nicht veranlasst (...), gegen das laufende Programm des ›Cornichon‹ einzuschreiten«. Der Sekretär der Kant. Polizeidirektion, Dr. Altdorfer, vertrat die Auffassung, Polizeisoldat

Maurer, Zürich, der einen kritischen Bericht verfasst hatte, »habe das Programm doch allzusehr nur mit der Polizeibrille betrachtet«; es »sei der Massstab gegenüber dem satirisch-humoristischen Cabaret weiter zu fassen als gegenüber der Presse.« Die Bundesanwaltschaft setzte sich aber gegen die zu einer liberaleren Haltung neigende Zürcher Polizei durch und erwirkte eine Änderung des ›Gesandten‹-Sketchs (Bundesanwaltschaft an Regierungsrat des Kantons Zürich, 23.12.1942; Bundesarchiv, 4320, 1974/47, Bd. 186); siehe auch Korrespondenz Archiv Elsie Attenhofer, Stadtarchiv Zürich, VII. 228.1.5 (Schachtel 5: Kantonspolizei Zürich): Schweiz. Bundesanwaltschaft an Bundesrat Eduard v. Steiger (11.12.1942); Bundesanwaltschaft an Polizeidirektion des Kantons Zürich (23.12.1942); Dir. der Polizei des Kt.s Zürich an ›Cornichon‹ (5.1.1943); Vollzugsmeldungen: Dir. der Polizei des Kt.s ZH an Schweiz. Bundesanwaltschaft (15.1.1943: »Die Leitung des Cabaret Cornichon hat uns davon Kenntnis gegeben, dass sie die beanstandete Szene ›Zärtliche Beziehungen‹ dahin abgeändert hat, dass darin an Stelle des deutschen Gesandten nunmehr lediglich ein deutscher Journalist (›Dr. X‹) auftritt. Damit ist den geäusserten Bedenken Rechnung getragen.«); Schweiz. Bundesanwaltschaft, Polizeidienst, an Bundesrat v. Steiger (27.1.1943: »Genehmigen Sie, Herr Bundesrat, die Versicherung unserer ausgezeichneten Hochachtung.«)

Walter Lesch (1908-1958): Er wurde in Zürich geboren, wo er auch studierte und über Gerhart Hauptmann doktorierte; danach reiste er jahrelang umher; laut Auskunft seines Sohnes Peter Lesch (Zürich) war er unter anderem auch einmal Marmorverkäufer in Carrara/Italien; in Deutschland versuchte er als Schriftsteller zu leben und übte verschiedene Gelegenheitsberufe aus; in Berlin betätigte er sich als Filmautor, Regisseur und Dramaturg; er schrieb Theaterstücke und einen unveröffentlicht gebliebenen Roman; 1932 kehrte er nach Zürich zurück und wurde Autor und Regisseur bei der Praesens-Film; 1934 gründete er mit Weissert das ›Cornichon‹ und war bis zu dessen Auflösung 1951 dessen künstlerischer Leiter; in dieser Zeit verfasste er unzählige Chansons und Sketche; danach war er freier Schriftsteller und schrieb mit Paul Burkhard die ›Kleine Niederdorfoper‹, die am Silvester 1951 im Zürcher Schauspielhaus ihre Uraufführung erlebte (Max Rüeger und Werner Wollenberger schrieben später eine Neufassung, die am 31.12.1959 unter dem Titel ›Kleine Niederdorf-Oper‹ ebenfalls im Schauspielhaus aufgeführt und am 24. August 1978 im ›Corso‹ noch einmal aufgenommen wurde; die Urfassung wurde schliesslich im Februar 1995 im Theater am Hechtplatz wiederaufgeführt); eine Auswahl der Kabarett-Texte Leschs fin-

det sich in ›Cornichons. Verse aus dem Cabaret Cornichon‹ (Hg. von Walter Lesch, Volksverlag, Elgg 1936; 3. verb. Aufl. 1938), im ›Cornichon-Buch 1934-1944‹ (Hg. von Otto Weissert, Holbein-Verlag Basel 1945) und bei E. Attenhofer (Hg.), ›Cornichon. Erinnerungen an ein Cabaret‹ (Benteli Verlag Bern 1975); viele ungedruckte Nummern und Chansons von Lesch liegen im Nachlass Vaucher, Studienbibliothek Zürich [17.80.03, vor allem 17.80.03/6 und 17.80.03/13]. In einem kurzen Beitrag mit dem Titel ›Gutes Kabarett‹ schrieb Walter Lesch in ›Der Geistesarbeiter‹, der Zeitschrift des Schweizerischen Schriftstellervereins: »Das gute Kabarett setzt den ganzen Reichtum der Mittel ein, es wagt jeden Stil, jeden Ton, jede Maske. Vom philosophischen Lehrsatz bis zur Blödelei, formal ist alles recht, wenn die Substanz vorhanden ist. Alle Kunst jedoch ist unnütz, wenn in der Form nichts steckt. (...) *Der Humorist, der nicht ein Moralist bleibt, wird zum Possenreisser und Geschäftemacher.*«
Max Werner Lenz (1887-1973): Er wurde 1887 in Kreuzlingen/TG geboren; an der Gewerbeschule in St. Gallen wurde er Stickerei-Entwerfer, liess sich dann 1916/17 in Zürich privat zum Schauspieler ausbilden; 1917-20 spielte er im Stadttheater und dem Pfauentheater, dem späteren Schauspielhaus; 1920-1931 hatte er Engagements in Frankfurt a.M., Dessau, am Deutschen Theater in Rumänien und in München (Schauspielhaus; Kammerspiele); 1931 begann er auch für die Bühne zu schreiben und kehrte in die Schweiz zurück; 1934-1945 war er Darsteller, Regisseur, Conferencier und Texter am ›Cornichon‹; Vaucher wurde 1940 ans ›Cornichon‹ geholt, um ihn als Regisseur abzulösen; von 1945 an war er der wichtigste Texter für Elsie Attenhofer, 1950-1953 wurde er Mitarbeiter am ›Cabaret Federal‹;1958 führte er an der ›SAFFA‹ auf Schweizerdeutsch eine aktualisierte Fassung des Stücks ›Lysistrate‹ von Aristophanes auf (Musik: Rudolf Spira) – einem Lebenslauf von ihm zufolge (Nachlass Vaucher, 17.50.05) zentriert auf: »Ehestreik der Frauen, bis das Stimmrecht für sie bewilligt wird.«); gedruckt liegen von ihm vor: ›Heil dir Helvetia‹ (Dialektkomödie, Volksverlag Elgg 1932), ›Fahrerin Scherrer‹ (Roman, Büchergilde Gutenberg 1947), ›Lyrische Reise‹ (Gedichte, Artemis-Verlag, Zürich 1949)‹, ›Möckli und die Frauen‹ (Artemis Verlag, Zürich 1954), ›Die Urschweiz‹ (Kabarettistisches Reisebuch, mit Zeichnungen von Elsie Attenhofer, Stuttgart 1954); eine Auswahl seiner Kabarett-Nummern finden sich in den drei ›Cornichon‹-Erinnerungsbüchern *(siehe Anmerkung Walter Lesch).*
›*Signal‹:* Sketch ›Einersiits, andrersiits‹ im Nachlass Vaucher (Studienbibliothek 17.80.03/2); der Text der Ansage ist teilweise abgedruckt in Elsie Attenhofer, ›Cornichon. Erinnerungen an ein Caba-

ret‹, Bern 1975, S. 210; Bericht Willerich, in: ›Archiv Elsie Attenhofer‹ (Stadtarchiv Zürich, VII. 228.1.5; Schachtel 5: Akten zur deutschen auswärtigen Politik); in der Radiosendung ›Cabaretisten-Album, 3‹ (14.7.1959; Mg10280) mit Nummern, die von Edith Carola gesungen wurden, unterhielt sich C.F. Vaucher mit dem ehemaligen ›Cornichon‹-Kollegen Karl Meier über diese Conférence; Karl Meier erzählt, Schaggi Streuli habe die Szene »improvisiert«; es ist sehr bezeichnend für die Legendenbildung und die Begrenztheit der ›Oral History‹, dass 1959 Meier unter Beipflichtung C.F. Vauchers am Radio behauptete, die »Behörden hätten sich grossartig benommen«: »So viele Proteste auch ›gelaufen‹ sind nach Bern, diese [Proteste] sind immer so lange hinausgezögert worden, bis das nächste Programm wieder gelaufen ist, und der alte Text ist unter Protest einfach weitergespielt worden.« Es sei dies eine »List« der Behörden gewesen, »damit das ›Cornichon‹ frei amten und frei leben konnte, denn die Behörden haben genau gewusst, das ist ein Ventil, und ein sehr gesundes politisches Ventil, das unser Volk braucht.« Diese Äusserung klingt so, als hätten Meier und Vaucher durch eine kleine ›Geschichtsfälschung‹ fast unbewusst den Behörden des Jahres 1959 – es herrschte Kalter Krieg – zu verstehen geben wollen: Seht, damals im Krieg waren eure Vorgänger viel liberaler als ihr heute selbst seid!

Aktennotiz Zürcher Kantonspolizei: Schweiz. Cabaret-Archiv (Dokumente aus dem Staatsarchiv Zürich; Polizei-Akten Cornichon), Lt. Hammer, 8.5.1942.

Bundesrat Pilet-Golaz: Bundesarchiv Bern, Nachlass Rothmund, 4450/6153 (28.5.1942).

›Zürcher Singstudenten‹: Schreiben Rothmunds an Bundesrat Eduard v. Steiger vom 1.7.1942, in welchem er die Freundschaft offenlegte (Archiv E. Attenhofer, Stadtarchiv Zürich, VII.228.1.5; Schachtel 5; Bundesanwaltschaft Bern; oder auch Bundesarchiv Bern, Bundesanwaltschaftsakten ›Cabaret Cornichon‹ 4320 1974/47, Bd. 186).

Lesch, Rothmund, Cornichon: Darüber hinaus war Lesch im Vorfeld der Schweizerischen Landesausstellung mit der Planung der Theateraufführungen auf dem Festgelände betraut worden – und da hatte Rothmund es nicht versäumt, diesem in einem Schreiben vom 14. Juni 1938 seine Frau, die als Choreographin tätig war, in Erinnerung zu rufen. Ob sich daraus ein Engagement ergab ist nicht bekannt, Tatsache aber ist, dass Rothmund das ›Cornichon‹ während des Krieges ein Stück weit deckte. Schon 1934 hatte er auf Bitte Leschs für den als ›Cornichon‹-Direktor vorgesehenen »Ausländer« Otto Weissert »persönlich« bei der Zürcher Fremdenpolizei »interveniert«, wie Rothmund am 1.7.1942 in einem Schreiben an seinen Chef, Bundesrat von

Steiger, rekapitulierte, und zwar nach späterer Aussage »mehrfach«, »damit dieser in der Schweiz bleiben konnte«. Rothmund war im Juli 1940 von Lesch auch in groben Zügen in das erste Kriegs-Programm ›Limmat-Athen‹ eingeweiht worden und hatte dessen Anfrage, ob er dieses »für tragbar und erwünscht halte«, grundsätzlich bejaht. Er legte dafür allerdings gleichzeitig eine enge Grenze fest: »(...) jeder Hieb auf den deutschen Nationalsozialismus oder auf den italienischen Fasc[h]ismus, direkt oder auch nur indirekt, muss unterlassen werden. Man ist in diesen Ländern, besonders in Berlin, heute ausserordentlich empfindlich (...). Dies ist sehr ernst zu nehmen, so dass kein Tröpflein Öl ins Feuer gegossen werden darf, wenn wir nicht eine riesige Unklugheit begehen wollen.« (25.7.1940) Vom deutschen Gesandten Otto Carl Köcher war Rothmund im Mai 1942 anlässlich eines von der Gesandtschaft organisierten offiziellen Mittagessens auf die ›Signal‹-Affäre angesprochen und gefragt worden, »ob eigentlich das ›Cornichon‹ eine jüdische Angelegenheit und ob namentlich der Leiter ein Jude sei. Ich habe ihm«, schrieb Rothmund seinem Vorgesetzten Bundesrat v. Steiger, ohne sich von der Nazibegrifflichkeit, die offenbar gar nicht mehr weiter auffiel, zu distanzieren, »ganz trocken geantwortet: nein, nein, Dr. Walter Lesch ist Schweizer, Arier, und ein Freund von mir, worauf das Gespräch nicht weitergeführt wurde.« (1.7.1942) Die von Seiten der Bundesanwaltschaft gegenüber dem ›Cornichon‹ ins Auge gefasste Androhung einer »Vorzensur« scheint ebenfalls Rothmund verhindert zu haben.

Otto Weissert (1903-1969): Weissert studierte in Mannheim, Heidelberg und München, ja sogar, wie seinem Lebenslauf zu entnehmen ist (Nachlass Vaucher, 17.50.05), eine Weile an der ETH Zürich; 1926 doktorierte er über Ludwig Tieck; als Dramaturg, Schauspieler und Komponist von Bühnenmusik arbeitete er 1922-24 am Schauspielhaus München; 1926-27 war er Dramaturg am Landestheater Oldenburg; dann wurde er 1927-1929 Dramaturg und Sekretär der Generaldirektion des Schauspielhauses Zürich, war danach 1929-32 im Deutschen Theater in Berlin administrativ tätig; von 1932-1934 war er Verwaltungsdirektor des Opernhauses und des Neuen Schauspielhauses Königsberg; 1934-1947 war er geschäftlicher Leiter und Textkomponist im ›Cornichon‹; 1939 Direktor des ›Modetheaters‹ an der Landesausstellung; 1949 bis 1961 Gründer und Leiter des ›Cabaret Federal‹; 1959-61 Pächter und Leiter des Theater am Hechtplatz in Zürich und von 1959 bis zu seinem Tod Kaufmännischer Leiter des Schauspielhauses Zürich.

Intervention Rothmunds für Otto Weissert: Rothmund an Bundesrat von Steiger 1.7.1942 (Archiv E. Attenhofer, Stadtarchiv Zürich,

VII.228.1.5; Schachtel 5).
Diskutierte Vorzensur: Bundesarchiv, Nachlass Rothmund, 4450/6153 (Arbeitspapier von Armin Riesen, Sachbearbeiter und späterer Adjunkt der Polizeiabteilung des EJPD, für Bundesrat v. Steiger, 1.7.42.)
Dürrenmatts ›Dr. Blauhals‹: Der Text ist abgedruckt in: Friedrich Dürrenmatt, Hörspiele und Kabarett (Diogenes Taschenbuch 20847, Zürich 1986, S. 127-135); im selben Band ist auch die im gleichen ›Cornichon‹-Programm aufgeführte Kabarettnummer ›Der Erfinder‹ zum Thema Atombombe abgedruckt (S. 136-151), die in manchen Punkten bereits auf ›Die Physiker‹ (1962) verweist. In der ›Weltwoche‹ (5.5.1948) setzte es aber einen bösen Verriss: »(...) die sadistische Schindluderei, die da vor sich geht, führt zum vollkommenen Anti-Kabarett. Dass man den bernischen ›Kleist des Pubertären‹ noch für eine makabre, mit billigen Mätzchen arbeitende Atombomben-Nummer verpflichtet hat, begreife ich nicht.«
Spätere Aussage Rothmunds, rückblickend: Schreiben Rothmunds an ›Cabaret Cornichon‹ vom 19.5.1948 (Bundesarchiv, Nachlass Rothmund, 4800 (A)/, Schachtel 6); vgl. auch Schreiben Rothmunds an Lesch vom 26.5. 1948: »Kannst Du Dich erinnern (...) dass Du während des Krieges mehrfach bei mir warst, dass ich Dich bei der politischen Polizei eingeführt habe, die Beschwerden der offiziellen deutschen Vertretung gegen das Cornichon zu bearbeiten hatte, dass Du nach der Besprechung nachhause [sic] gehen konntest mit dem Gefühl, die massgeblichen eidgenössischen Stellen beschränkten die pflichtgemässe Einmischung auf eine väterliche Warnung zu etwelcher Vorsicht, um gewissen Leuten keinen Vorwand zu schweren Eingriffen gegenüber der Schweiz zu liefern. Habe ich Dir nicht auch erzählt, dass der deutsche Gesandte anlässlich einer Einladung auf der Gesandtschaft im Beisein mehrerer seiner Mitarbeiter eine giftige Frage über das Cornichon und deren Leiter an mich gerichtet hatte und dass ich ihm spontan antwortete, der Leiter des Cornichon, Dr. Walter Lesch, sei ein persönlicher Freund von mir und das sei schon recht.« (Die von Rothmund erwähnte Einladung fand zur Ehrung von Minister Dr. Peter Anton Feldscher, der dem Eidg. Politisches Departement angehörte, statt.)
Rothmund und Lesch: Bundesarchiv, Nachlass Rothmund, 4450/6153. In dem erwähnten Schreiben vom 25.7.1942 hatte Rothmund seinem ›Singstudenten‹-Bekannten Lesch auch einige ganz freundschaftlich verstandene Anregungen, die sehr genaue Rückschlüsse auf seinen eigenen politischen Standort zulassen, gegeben. In ›Limmat-Athen‹ ging es ja darum, die Lage der von Nazideutschland umschlossenen Schweiz am Beispiel des von Sparta bedrohen klassischen Athen zu

illustrieren. Rothmund schrieb Lesch: »Wenn Du nicht die positive Seite des ›Spartaners‹ gegenüber den verweichlichten ›Athenern‹ ohne Spott herausheben könntest, so dürfte das beabsichtigte Programm nicht tragbar sein. Sollte es Dir aber möglich sein, dies irgendwie zu tun und Dich darauf zu beschränken, den ›Athener‹ in seiner momentanen Hilflosigkeit zu verspotten und ihn zugleich auf den richtigen Weg zu weisen, auf dem er eben doch Spartanisches braucht, ohne die athenische Kultur aufgeben zu müssen, so hättest Du meines Erachtens ein Betätigungsfeld, das nicht nur tragbar, sondern meines Erachtens sogar sehr erwünscht wäre. Ich glaube auch nicht dass das ›Cornichon‹ dadurch des Umfalls geziehen werden könnte, besonders dann nicht, wenn Du das Schlagwort vom Umlernen usw. gehörig brandmarkst und diese Leute auf den richtigen Weg führst.« Zu Rothmunds antisemitischer Politik vgl. Jacues Picard: Die Schweiz und die Juden. 1933-1945, Chronos Verlag Zürich 1994.

Lesch, Regierungsrat Briner und Kantonspolizei Zürich: Bericht von der ›Direktion der Polizei‹, Zürich, 8.10.1941 (Archiv Elsie Attenhofer, Stadtarchiv Zürich, VII. 228.1.5, Schachtel 5; Kopie der Bundesanwaltschaft Bern). Attackiert worden waren im damaligen Programm ›Geduld, Geduld!‹ ein Sketch von Lesch selber (›Die Geprüften‹) und zwei von Vaucher: ›Die drei Musketiere‹ und die ›Führer‹-Parodie ›Es isch en Schwyzer gsi‹, in der ein Lokomotivführer den einzigen Fahrgast des Zuges mit – in ihrer Bedrohlichkeit – damals sehr vertraut klingender Perfidie verscheuchte. Des weiteren angegriffen wurden zwei Conférences. In der einen hatte Vaucher ein Chanson von Lesch über das Aufputschmittel Pervitin u.a. mit dem Satz angesagt: »Augenblicklich wird dieses Pervitin an ganze Armeen verteilt, damit diese frisch-fröhlich kriegen können.« (zit. nach Nachlass Vaucher, 17.80.03/1). Das wurde dem ›Cornichon‹ als »Verhöhnung der deutschen Armee« ausgelegt. Lesch bestritt diese Deutung gegenüber Regierungsrat Briner und wollte es »im Gegenteil als bittere Ironie« verstanden wissen: »Das Cornichon will die Leute aufrütteln«, paraphrasierte der Polizeiberichterstatter, »und sie auf das Grauenhafte dieses Krieges aufmerksam machen. Um allfälligen Missverständnissen vorzubeugen, erklärt sich Dr. Lesch bereit, ab heute diesen Passus aus der Conférence zu streichen« (8.10.1942).

Tells zweiter Pfeil; zweite Front: Es handelt sich um die Conférence zum Sketch ›Reif oder nicht reif‹ (Abschrift: Archiv Elsie Attenhofer, Akten Kantonspolizei Zürich, Stadtarchiv Zürich VII. 228.1.5, Schachtel 5); zur damaligen Diskussion um die Schaffung einer ›zweiten Front‹ vgl. etwa ›Volksrecht‹, 1.4.1942 (Titelseite).

›Ciceros Klagerede (69 v.Chr.) gegen Gaius Verres‹: Die Conférence lei-

tete Walter Leschs Chanson ›Au revoir!‹ über französische Ferienkinder in der Schweiz und deren Kriegserfahrungen ein; es wurde von Margrit Rainer gesungen (vgl. Vaucher-Text in Kapitel VII sowie E. Attenhofer, Cornichon, S. 227); die Ansage oder Conférence dazu stammt mit an Sicherheit grenzender Wahrscheinlichkeit von Vaucher (Dialektfärbung des Textes; Sprachduktus; Themenspektrum).

Vauchers ›gespielte Gleichgültigkeit und die erregende Nonchalance‹: Zur Premiere von ›Plaudereien am Kaminfeuer‹ am 28.3.1942 in Basel schrieb die ›National-Zeitung‹ (30.3.1942, Nr. 149): »Bei der Conférence vermissen wir diesmal das lächelnde Gesicht C.F. Vauchers, der offenbar als Regisseur alle Hände voll zu tun hat und sich erst am Schlusse des Programms dem drängenden Publikum auf der Bühne zeigte.« Die ›Basler Nachrichten‹ (30.3.1942) schrieben zur selben Vorstellung: »Bedeutungsvoll in Inhalt wie Form, wenn auch am problematischsten, gibt sich Vauchers Sketch ›Dokter Friedli‹. (...) Zwei Menschen unterhalten sich da, und jeder spricht eigentlich nur von seiner Sache. Und dennoch trifft der eine den andern. Es ist eine Demonstration der Logik der Unlogik, der Verflechtung aller Daseinsäusserungen. Ein Jonglieren mit Gedanken und mit Worten. Das ist Vauchers Stärke (deutlich spürbar auch in den Conférences) und auch seine Gefahr.« Der erwähnte Sketch (Nachlass Vaucher, 17.80.03/2) bringt zwei Witwer auf die Bühne; die Tochter des einen ist eine ruppige FHD-Unteroffizierin (Voli Geiler); mit einer Kasernenhofstimme hat sie zu Hause das Regiment übernommen: »Ich verbitte mir die Zivilistensprach. (...) S'Muul zue, suscht duen ich sie schliffe (...)! (...) Liegen! (...) Ich han liegen gsait. Und do het en Soldat abzliege, wo's grad ischt, au im grösste Pflotsch! (...) Machet sie keini blöde Witz!« Die Militärkritik des Sketchs liefert den Vorwand zu einer Frauenschelte. Die Nummer leidet daran, dass die beiden als eingefleischte ›Ehe- und Frauenfeinde‹ dargestellten alten Männer am Schluss über die uniformierte Tochter triumphieren: Hatte die soeben noch den einen Witwer in die Küche zum Kochen abkommandiert, kehrt dieser in einer alten Feldweibeluniform zurück und stellt so die alte Hierarchie wieder her – die Frau wird an den Herd zurückgeschickt: »So, jetzt machet sie, dass sie sich tarne und zwar mit eme Kuchischurz und eme Kochlöffel (...)!« Die Nummer ist nur noch von Interesse, weil sie sehr präzis den Militärjargon der Zeit wiedergibt und beispielhaft das damals geltende und durch den Krieg vorübergehend zugunsten der Frau verschobene Machtverhältnis zwischen den Geschlechtern markiert.

›geschmacklos‹: Polizeibericht vom 20.9.1943 über die ›Salem aleikum!‹-Premiere (16.9.1943); die Nummer mit dem Titel ›Die Rose

383

von Stambul‹ (August 1943) befindet sich im Nachlass Vaucher (17.80.03/11). Es war ein Sketch voller Anspielungen auf die Verhaftung Mussolinis: »Gestern noch auf stolzen Rossen – heute durch eine Sitzung ausgeschlossen«, spricht eine Frau namens ›Fatime‹, die auf der Terrasse des »Hotel Bospor au Lac« in »Helvetistan« vergeblich auf ihren »Khan« wartet, den sie über eine Kontaktanzeige kennengelernt hat und nun zum ersten Mal treffen will. Als er nicht kommt, gesteht ihr ein Kellner mit Namen ›Abdullah‹: »Wo-n-ich hüt die Nachricht ghört ha, isch es mir gsi, wie wenn ich vor e me grosse Gfängnis stah würdi! Uf zmol hät sich das Gfängnistor g'öffnet und dr erschte Ströfling, wo entlah worde-n-ischt, bin ich selber gsi.« Die Nummer wurde kurz nach der Premiere wieder abgesetzt, nachdem die Deutschen am 10. August Rom besetzt und Mussolini am 12. August auf dem Gran Sasso aus der Gefangenschaft befreit hatten. Die ›NZZ‹ (17.9.1943; Nr. 1449) schrieb: »Das neue Programm nach Texten von Walter Lesch, M.W. Lenz und – in einem Fall – von Vaucher ist auf aussen- und innenpolitische Aktualitäten spezialisiert und dies in einem Masse, dass zu befürchten ist, der Weltlauf zwinge zu fortwährender Revision der Nummern.« Auch der ›Tages-Anzeiger‹ (18.9.1943) vermerkte: »Die politischen Rosse traben schneller als die Federn der Bühnenautoren.«

›*Und sie bewegt sich doch...! Beitrag zur Pressefreiheit*‹: Sketch von C.F. Vaucher (September 1943), Nachlass Vaucher (Studienbibliothek Zürich), 17.80.03/2 (Texte Cabaret Cornichon; Mäppchen Programm ›Salem Aleikum!‹ [Premiere 16.9.1943]); der Titel ›Und sie bewegt sich doch...!‹ bezieht sich auf den Schluss des Sketchs: Die ›Pascha‹-Zensoren nehmen sich da der Frage der Sprachregelung für ›das Zeitungswesen in Helvetistan‹ im allgemeinen an, da ›die kriegerischen Ereignisse‹ wieder einmal ›ins Stadium der Bewegung gelangt seien‹. In einer absurden Diskussion über die relative Bewegung von Sonne und Erde – bei der es unausgesprochen um die Frage geht, ob sich die ›Front‹ nun bewege oder nicht – mit anderen Worten: sich die deutsche Armee in Russland auf dem Rückmarsch befinde oder nicht – endet der Text in der fröhlichen Feststellung: »Kriegsmeldungen: Sowohl im Osten wie im Süden allgemeines freundliches Entgegenkommen auf der ganzen Linie!« Prognosen über den Kriegsverlauf und Kommentierung der deutschen Kriegsberichterstattung waren der deutschen Gesandtschaft und den Zensurbehörden ein Dorn im Auge.

Churchill; ›Wenn die Blätter fallen‹: Vgl. Franz Rueb, Alfred Rasser, S. 85. Vermutlich ebenfalls nie aufgeführt wurde ein Sketch Vauchers, den er im Januar 1940 zu Papier brachte (abgelegt ist er im Mäppchen zum Programm ›Plaudereien am Kaminfeuer‹ [Premiere 28.3.1942]; Nachlass Vaucher, 17.80.03/2): Zwei Balljongleure wirbeln in ihren Versen die bereits vom Dritten Reich eroberten, ehemals neutralen Staaten und die noch freien durcheinander; darauf folgt eine Messerwerfernummer und schliesslich tritt ein Schluckakrobat auf.

›Aufzeichnung der deutschen Gesandtschaft‹: Das Eidg. Politische Departement übermittelte dem Eidg. Justiz- und Polizeidepartement den genannten Bericht am 16.10.1943 (Archiv Elsie Attenhofer, Stadtarchiv Zürich, VII.228.1.5, Schachtel 5: Akten zur deutschen auswärtigen Politik); vgl. auch den ganzen Schriftverkehr zum Programm ›Salem aleikum!‹ im Bundesanwaltschaftsdossier zum ›Cornichon‹ (Bundesarchiv, 4320, 1974/47, Bd. 186).

›Dämpfungen‹; inskünftig keine ›aussenpolitischen‹ Nummern mehr: Lesch an Kantonspolizei Zürich (8.19.1943), wörtlich zitiert in Schreiben der Direktion der Polizei des Kt.s ZH an Bundesrat von Steiger (EJPD) vom 25.10.1943, in welchem es unter anderem auch heisst: »Dr. Lesch hat sich bereit erklärt, das gegenwärtige Programm im Sinne meiner Wünsche zu bereinigen und vor allem das nächste Programm so aufzubauen, dass von Anfang an kein Anlass zu Beanstandungen mehr vorhanden sein könne.« In einer Aktennotiz eines juristischen Beamten der Bundesanwaltschaft (Kurt Gysi) vom 28.10.1943 heisst es dementsprechend: »Auf meine Tf.-Anfrage in Zürich (Dr. Altorfer, Direktion der Polizei) wird mir mitgeteilt, dass Dr. Lesch vom Cabaret ›Cornichon‹ auf das Unhaltbare seines gegenwärtigen Programms hingewiesen worden sei, mit dem Verlangen, dass die entsprechenden und zu Beanstandungen Anlass gebenden Stellen aus dem Programm gestrichen werden müssten. Dr. Lesch habe sich bereit erklärt dies zu tun und habe gleichzeitig versprochen, inskünftig keine ›aussenpolitische[n]‹ Nummern mehr in sein Programm aufzunehmen.«

dt. Konsulat befriedigt: Bundesarchiv, 4320 1974/47, Bd. 186 (25.10.1943).

Cabaret ›Kaktus‹: Vgl. Franz Rueb, Alfred Rasser, Zürich 1975, S. 85ff und S. 275.

›Wenn die Blätter fallen‹: Rasser und Vaucher wurden in Zürich »auf das Büro des ND [Nachrichtendienst des Polizeikommandos des Kantons Zürich] citiert.« Die Chansonzeile »doch auf den Rausch, da folgen sich die Knaxe,/ und es bersten Rad, und es bersten Stahl und Achse« hatten sie schon Ende Oktober 1943 auf Intervention der Basler Polizei streichen müssen (Bundesarchiv, 4320, 1974/47, Bd. 56; Abschrift sig. Müller, 29.10.1943/2.11.1943.

dt. Generalkonsulat: Bericht der Politischen Abteilung des Polizeide-

partements des Kantons Basel-Stadt (26.10.1943; Bundesarchiv, Bundesanwaltschaftsakten über das Cabaret ›Kaktus‹, 4320, 1974/47, Bd. 56).
›*sachbezüglich einvernommen*‹: Geht aus einer späteren Erklärung Vauchers und Rassers gegenüber der Kantonspolizei Zürich hervor (Bericht, 17.1.1944; Bundesarchiv, 4320, 1974/47, Bd. 56).
›*S'Finele vo Häsige*‹: Abdruck bei Franz Rueb, Alfred Rasser, Zürich 1975, S. 87ff; zu den gestrichenen Passagen: Bundesarchiv, 4320, 1974/47, Bd. 56.
»*gsii*«: Chef der Politischen Abteilung, Polizeidept. des Kt.s Basel-Stadt, Müller (2.11.1943). Auf Veranlassung der Bundesanwaltschaft wurden Rasser, der seinen Wohnsitz in Zürich hatte, mit Vaucher wegen den »als deutschfeindlich zu bezeichnenden Äusserungen« des Programms, »welche (...) den Missmut von Vertretern der deutschen Gesandtschaft erregten«, dann aber noch einmal vom »Büro des Nachrichtendienstes« der Kantonspolizei Zürich einvernommen. Rasser hatte damals seinen Wohnsitz in der Stadt Zürich (Bericht »Polizeikommando des Kantons Zürich« vom 17.1.1944; Bundesarchiv, 4320, 1974/47, Bd. 56); die Bundesanwaltschaft prüfte damals die Frage »einer nachträglichen Verwarnung Rassers«; davon wurde letztlich nur wegen des positiven Basler Berichts Abstand genommen (vgl. Aktennotiz der Bundesanwaltschaft [Kurt Gysi] vom 13.3.1944; Bundesarchiv, 4320, 1974/47, Bd. 56); umgekehrt verlangte nicht zuletzt die Presse ein Kabarett, das den allgemeinen Erwartungen an Satire gerecht wurde; als das Cabaret ›Kaktus‹ während des zweiten Berner Gastspiels auf die Nummer mit der Elsässer Marktfrau verzichtete – »wohlweislich«, wie die Bundesanwaltschaft in einer Aktennotiz (o.D., mit Stempel vom 22.4.1944; ebenda) bemerken zu müssen glaubte – schrieb die Tageszeitung ›Der Bund‹ (13.3.1944) in Anspielung auf das Zürcher Konkurrenzunternehmen sowie das ehemalige Kabarett von Erika Mann, »dass ein Cornichon würziger, eine Pfeffermühle pfeffriger ist«: »Das Ganze ist nett, ohne gross zu sein.«
Ergriffenheit Rassers: ›... alias Alfred Rasser. Eine Sendung zum 60. Geburtstag einer helvetischen Institution, mit dem Jubilar und vielen prominenten Gratulanten‹, Radio DRS (Studio Zürich: Manuskript/Leitung: Werner Wollenberger), 29.5.1967 (40 Min.); Alfred Rasser vertraute auch seinem Biographen Rueb an, bei dieser Nummer jeweils selbst »ergriffen« gewesen zu sein: »Nie vorher und nachher war er den Tränen auf der Bühne so nahe wie als *Finälä vo Häsige.*« (Franz Rueb, Alfred Rasser, Zürich 1975, S. 87)
›*Der Maquisard*‹: Nachlass Vaucher 7.80.04/5.
Blick in die Garderobe: Autor des Artikels war Munke Schütz; von

ihm stammte auch ein längerer Artikel über die Schweizer Kabarettgeschichte (›Grosse Kunst auf kleinen Bühnen‹ im Berner Tagblatt vom 23.11.1944).

Hans Weigel, andere Texter im ›Kaktus‹: Neben Rasser und Vaucher war Hans Weigel der einzige, der regelmässig Nummern für den ›Kaktus‹ – schrieb wegen Arbeitsverbot und Verbot politischer Betätigung aber nicht unter seinem Namen; sein im Programm ausgedrucktes Pseudonym war, Susi Trachsler-Lehmann zufolge, Hermann Kind; nach 1945 kehrte er nach Wien zurück; im Nachlass Vaucher gibt's noch einige Briefe aus der unmittelbaren Nachkriegszeit; mit zu den Texten gehörte damals auch Walter Bernays; er schrieb z.B. ›die Vaterläuse‹ im Programm ›Eile mit Weile‹ (15.2.1945) und – zusammen mit Rasser – ›Good Bye G.I.‹ im Programm ›Vorwiegend heiter‹ (4.10.1945); mit einzelnen Nummern erschienen Kurd E. Heyne, Jean Petri, Kurt Brunner und »Bolo« Mäglin.

Bühnenbilder, Musik: Bühnenbildner waren Max Sulzbachner, Charles Hindenlang und Fritz Butz; die musikalischen Kompositionen stammten von Tibor Kasics, Walter Baumgartner, Werner Kruse, Hans Haug, Konrad Mayer, Bernhard Kellermeier.

Schaupielerinnen, Schauspieler im ›Kaktus‹: Bei der Gründung zählten Ali Graeter, Simone Petitpierre – die spätere zweite Frau Alfred Rassers, die unter diesem Künstlerinnennamen auftrat, aber eigentlich Ninette Rosselat hiess –, Beatrice Stoll, Emil Gerber, Alfred Rasser und Ruedi Walter zum Ensemble; sehr rasch wechselte die Besetzung: Edith Carola, die zu Beginn noch Mutterschaftsurlaub hatte, stiess hinzu, und neu Olga Gebhardt und Susi Lehmann; Neuling auf Männerseite neben Ruedi Walter und Rasser war Frederic Bucher; 1945/6 trat auch ›Michel Simon jun.‹ (François Simon) im Ensemble auf; anders als im ›Cornichon‹ spielte Vaucher im ›Kaktus‹ gelegentlich ebenfalls mit: »(...) noch sind Alfred Rasser und Edith Carola die beiden strahlenden Sonnen, neben denen die übrigen Darsteller, Olga Gebhardt, Susi Lehmann und C.V. Vaucher (dessen Licht anderswo leuchtet), als Sterne zweiter Grösse verblassen, während Rudolf Walter in sehr unterschiedlichen Leistungen flimmert«, befand ›Die Tat‹ (20.9.1944) nach der Premiere von ›Jetz isch gange!‹ (14.9.1944).

Läppli: Franz Rueb, Alfred Rasser, Zürich 1975, S. 106ff.

Schweijk auf dem Theater: Aufführungen der Fassung von Max Brod und Hans Reimann im Stadttheater Basel (Datenbank der Schweizerischen Theatersammlung, Bern): Gastspiel Max Pallenberg mit Ensemble (Premiere 2.6.1929); unter der Regie von Karl Skraup (Premiere 13.1.1933).

›Der brave Soldat Schweizer‹: Nachlass Vaucher, 17.10.02/1 (3.1.1942).

Anmerkungen Kapitel IX (S. 261-274)
›*offiziell*‹/*inoffiziell; Regie Brechts am Schauspielhaus 1948:* Vortrag von Hans Mayer in Zürich (Theater am Neumarkt), 12.6.1996; vgl. auch Hans Mayer, Erinnerungen an Brecht, Frankfurt a.M 1996, S. 61.
Flugblatt zu ›*Galileo Galilei*‹*:* Nachlass Vaucher, Studienbibliothek Zürich, 17.75.01 (September 1943).
Zürich als Brecht-Stadt: Vor allem dank dem Verdienst des Schauspielhaus-Dramaturgen Kurt Hirschfeld: siehe Hans Mayer, op. cit., S. 50;
offenes Haus: Auch der Sohn von James Joyce, der alkoholabhängige Bariton-Sänger George sei einmal bei ihnen gewesen, erzählt Jean Jacques Vaucher. In der Mansarde, die an den Jean-Pierre Gerwig untervermietet war, habe er übernachtet. Gerwig und er hätten ziemlich getrunken, scheinbar, und am anderen Morgen habe der Stadtmensch George Joyce dort zum Fenster rausgeschaut und tief melancholisch gesagt: ›Nix als Prärie!‹
›*Antigone*‹*-Inszenierung von Brecht:* NZZ, 16.3.1948 (Nr. 565).
Gitermann an Bundesanwaltschaft: Gitermann hielt in einem kurzen Dankesschreiben an die Bundesanwaltschaft fest: »Von der Direktion des Zürcher Schauspielhauses habe ich kürzlich gehört, dass Brecht in der Presse der ostdeutschen Zone heftig und äusserst massiv angegriffen werde. Ich sehe darin eine Bestätigung meines Eindrucks, dass er als Dichter in eine sehr unvorteilhafte, seine Äusserungsfreiheit beschränkende Lage geriete, falls er genötigt würde, in Deutschland (gleichgültig, ob im Westen oder im Osten) Wohnsitz zu nehmen.« (21.4.1949)
Überwachung Brechts: Sie wurde in einem Telgramm der Bundesanwaltschaft an die Zürcher Kantonspolizei vom 10.1.1948 angeordnet: »Es wird uns berichtet, dass sich der bekannte Kommunist und dramatische Schriftsteller Brecht Berthold (...) in Feldmeilen aufhalte. Wir bitten Sie höflich um Anordnung von dringenden diskreten Erhebungen.« (sig. Fatzer) Ein erster Bericht der kantonalen »Polizeistation Meilen II« vom 12.1.1948 hielt fest, dass Brecht »mit seiner Familie« am 5. November 1947 einreiste; zuerst kamen er bei Leo Reiss an der Gartenstrasse 38, Zürich, und Helene Weigel mit Tochter bei Krauer, Weinplatz 1, ebenfalls Zürich, unter. Vom 25. November 1947 an wohnten sie an der Bünishoferstrasse in Feldmeilen. Am 21.11.1947 hatte Brecht »um Erteilung einer Toleranz-Bewilligung nachgesucht und hiezu den Fragebogen (...) ausgefüllt eingereicht. Als Grund seines Hierseins gab er darin an: Theaterproben und Verhandlungen mit dem Schauspielhaus in Zürich. (...) Brecht ist bis heute in Meilen nicht näher in Erscheinung getreten und es konnte auch nicht festgestellt werden, ob und was er arbeitet.«.

österreichische Staatsbürgerschaft: vgl. die Meldung in der Zürcher Tageszeitung ›Die Tat‹ vom 6.10.1951; ein paar Tage zuvor war im ›Vorwärts‹ (2.10.51) unter dem Titel »Karthago war noch bewohnbar nach dem zweiten Krieg« ein ›Offener Brief‹ Brechts nachgedruckt worden, der zuvor in ostdeutschen Zeitungen erschienen war. Brecht trat darin dafür ein, »die Wiedervereinigung auf friedlichem Wege herbeizuführen«: »Das grosse Karthago führte drei Kriege. Es war noch mächtig nach dem ersten, noch bewohnbar nach dem zweiten. Es war nicht mehr auffindbar nach dem dritten.« (Dossier Bundesanwaltschaft, 4320 (B), 1978/121, Bd. 25)
Bundesrat von Steiger: Er hielt sich zwar im Hintergrund; aber seine Rolle geht indirekt aus dem Schreiben der Bundesanwaltschaft an die ›Sektion Papier und Cellulose des KIAA‹ (Kriegs-Industrie- und -Arbeits-Amt) vom 23.5.1945 hervor (Dossier Bundesanwaltschaft, a.a.O.).
Leumundsbericht: Die Bundesanwaltschaft bat (»mit der Bitte«) das Polizeidepartement des Kantons Basel-Stadt am 22.3.1945 »um Durchführung der polizeilichen Ermittlungen« und »um Stellungnahme im Sinne unseres Kreisschreibens vom 14. Januar 1942 betr. Neugründung von Zeitungen und Zeitschriften.« Die Staatsanwaltschaft des Kantons Basel-Stadt schrieb in ihrem Bericht (27.3.1945): »Vaucher ist als anständiger, fähiger und gutgesinnter Mann bekannt. Er dürfte politisch stark links orientiert sein, ohne indessen parteipolitisch gebunden zu sein. Er betätigt sich als Textdichter der Cabarets ›Cornichon‹ und ›Kaktus‹, sowie als Regisseur. Von sehr zuverlässiger Seite wird Vaucher als ausgezeichneter Soldat und qualifizierter Feldwebel bezeichnet. Im Jahre 1937 ist er in Basel als Redner an einer Feier des Arbeiter-Fussballclubs ›Grashoppers‹ [nicht zu verwechseln mit den Zürcher Verein ›Grasshopper‹; der Verf.] aufgetreten und hat über seine Eindrücke in Regierungsspanien gesprochen. Im selben Jahre sprach er über das gleiche Thema in Lausanne anlässlich einer Veranstaltung der ›Roten Hilfe‹, und an einer Kundgebung in Basel zur Feier des 20jährigen Bestehens der Sowjetunion. Seither ist er nicht mehr als politischer Redner aufgetreten.« Das Polizeidepartement ersuchte die Bundesanwaltschaft am 3.4.1945 und noch einmal mit deutlicheren Worten am 30.5.1945, den ›Grünen Heinrich‹ zu bewilligen. (Bundesanwaltschaftsakten ›Grüner Heinrich‹, Bundesarchiv 4320 (B), 1991/69, Bd. 81)
Besprechung bei der Bundesanwaltschaft; aus ›Misstrauen‹: Der Anwalt des ›Grünen Heinrich‹, Dr. iur. Walter Wellauer, kündigte laut Aktennotiz der Bundesanwaltschaft (7.5.1945) an, »dass die Zeitschrift mit oder ohne Bewilligung in Kürze erscheinen werde«, eine Beschlagnahmung »würde für die Zeitschrift höchstens Reklame machen«, er

empfehle »den Behörden, sich die Blamage zu ersparen, zuerst mit Verboten gegen etwas vorzugehen, das doch und auf alle Fälle bewilligt werden müsse.« Vaucher hielt sich eher zurück und verwies auf die Mitarbeit vieler Künstler am geplanten Satireblatt, welche die Unterstützung verdienten. Dr. Dick von der Bundesanwaltschaft wies »den Vorwurf der Verschleppung zurück« und berief sich auf den Presseerlass vom 30. Dezember 1941 (siehe Anm. weiter unten: *Knapp am Verbot vorbei*), demzufolge der Bundesrat nicht nur »über die pressepolizeiliche Bewilligung, sondern auch über das allfällige notwendige Papierkontingent« entschied. In einem internen Bericht vom 1.8.1945 an Bundesrat von Steiger gab die Bundesanwaltschaft die Verschleppung jedoch zu: »Ein öffentliches Bedürfnis für die nachgesuchte Zeitschrift hätte gemäss der gelockerten Praxis bejaht werden können und eine Gefährdung der Landesinteressen war nach den von Dr. Wellauer abgegebenen Erklärungen nicht anzunehmen. Trotzdem bestand nach wie vor ein Misstrauen gegen das geplante Unternehmen und die Bundesanwaltschaft hielt mit der Antragstellung zurück. (...) Die erschienene Werbenummer hat nun gezeigt, dass das Misstrauen der Bundesanwaltschaft mehr als gerechtfertigt war.« Wie im Falle Brecht bleibt also im historischen Rückblick die Feststellung zu treffen: Die Schweizerische Bundesanwaltschaft masste sich eine kulturpolitische Aufsichtsfunktion an und setzte diese an allen demokratischen Kontrollinstitutionen vorbei mit bürokratischen und polizeilichen Mitteln auch durch.

redaktionelle Verantwortung Vauchers: Peter Surava, der administrative Leiter des ›Grünen Heinrich‹ erklärte mir am 14.7.1995 in einem Telefoninterview: »Wir hatten überhaupt keine sture Hierarchie in der Redaktion. Der Max Sulzbachner, der Vaucher und ich haben einfach jeweils freundschaftlich den Text besprochen. Der Max Sulzbachner musste es ja lesen, weil er für die Illustrationen sorgen musste. Ich möchte schon sagen: Der Vaucher war schon der entscheidende Mann, der gesagt hat, was er bringen möchte, und der dieses Material auch beschafft hat von den den Leuten, die er kannte. Ich war Verlagsleiter.«

Verschleppungsvorwurf: Die Bundesanwaltschaft bezeichnete am 7. Juni 1945 den Vorwurf der Sabotierung« für »ungerechtfertigt«.

Papierkontingentierung: Surava im erwähnten Interview: »Die war ein sehr bequemes Mittel gewesen. Mit dieser hat man eben Neugründungen und Neuausgaben von Zeitungen, die missliebig waren, unterbinden können. Man hat einfach gesagt: ›Es hat kein Papier!‹ Die Papierknappheit ist benützt worden, dabei haben die grossen Zeitungen immer genug Papier gehabt. Ist halt so.«

Bundesanwalt an Bundesrat von Steiger: Schreiben vom 23. Juli 1945 (die für August datierte, Nr 1 erschien bereits im Laufe des Juli 1945).
Knapp am Verbot vorbei: Die Bundesanwaltschaft betonte dies im erwähnten Bericht an Bundesrat von Steiger (1.8.1945); die gesetzliche Grundlage war der ›Bundesratsbeschluss über die Neugründung von Zeitungen, Zeitschriften, sowie von Presse- und Nachrichtenagenturen vom 30. Dezember 1941‹ (Eidg. Gesetzessammlung, Bd. 57, 1941, S. 1556ff). Er lautete: »Die Neugründung von politischen Zeitungen und Zeitschriften ist verboten. Der Bundesrat kann ausnahmsweise die Neugründung bewilligen, wenn 1. das neue Organ einem öffentlichen Bedürfnis entspricht und die Landesinteressen in keiner Weise gefährdet werden, 2. (...)« (Artikel 1). »Bewilligungen können jederzeit von der Bewilligungsbehörde [Eidg. Justiz- und Polizeidepartement] zurückgezogen werden, wenn die Voraussetzungen, unter denen sie erteilt worden sind, nicht mehr vorhanden sind, wenn sich erweist, dass diese Voraussetzungen nicht vorhanden waren oder wenn eine Bedingung nicht erfüllt wird.« (Artikel 5)
›Hans und Heiri‹-Dialoge: Diese satirischen Dialoge zwischen einem ›Hans‹ und einem ›Heiri‹ verfassten Vaucher und Surava schon für den ›Grünen Heinrich‹. Surava: »Die haben wir gemeinsam geschrieben. Wir sind einfach an den Tisch gehockt, und er ist der ›Heiri‹ gewesen und ich der ›Hans‹ oder umgekehrt, was weiss ich. Dann haben wir improvisiert und das aufgeschrieben. Das ist gut gegangen. Wir haben dann nachher dem ›Vorwärts‹ eine Seite abgetrotzt, die hiess ›Das rote Tuch‹. Dort haben der Vaucher, der Sulbi [Max Sulzbachner] und ich weitergemacht, die Seite gestaltet. Die ist dann aber auch verschwunden. Die PdA fiel ja dann auseinander: In dem Sinn, wie wir sie gesehen hatten, wie wir hätten mitarbeiten können, hat sie plötzlich nicht mehr existiert.«
Verhaftung Suravas: Als Peter Surava Mitte Mai 1946 auf Betreiben der Bundesanwaltschaft verhaftet wurde, diente neben der nichtigen Klage der Herausgeber der ›Nation‹ auch der Konkurs des ›Grünen Heinrich‹ als Anlass. Da ursprünglich geplant gewesen war, für die Zeitschrift eine Aktiengesellschaft zu gründen, hatte Surava am Bürogebäude bei der Haustüre ein Schild anbringen lassen, auf welchem das ›AG‹ schon verzeichnet war: »Die AG war aber noch gar nicht gegründet und wurde auch nicht gegründet. Und das wurde mir zum Verhängnis. (...) Ein Gläubiger, der vergeblich auf sein Geld wartete, hatte die Nerven verloren und klagte (...) wegen Betrug. Es ist nämlich verboten, an die Haustüre ›AG‹ zu schreiben, wenn diese AG noch gar nicht gegründet und nicht im Handelsregister eingetragen ist.« (›Die Tat‹, 9.7.1948)

Brief Vauchers an Surava: Nachlass Surava (Mappe mit Solidaritätsschreiben), Institut für Zeitgeschichte, ETHZ.
gemeinsame Bekannte: Es handelte sich um Anneliese Wernecke. Wiederaufgefunden hat diese Briefe Erich Schmid.
Brief 1966: ohne Datum.
Gerichtsprosa: Aus der ›Klagebeantwortung‹ des Anwalts Dr. Walter Wellauer(15.1.1947).

Anmerkungen Kapitel X (S. 283-295)
›*Ein Narr über andere Narren*‹*:* Nachlass 17.30.08/4 (späte 50er, frühe 60er Jahre; vermutlich für das Radio verfasst).
Vertrag zwischen Rasser und Vaucher: Brief Rassers an den Anwalt von Vaucher vom 7.7.1947 (Nachlass 17.10.02/3).
Gerichtliches Nachspiel: Nachlass Vaucher 17.10.02/3 (Mai 1947)
Bundesrat Etter, Carl Spitteler: Jonas Fränkel, der von Carl Spitteler als Herausgeber eingesetzt worden war, wurde von Etter kaltgestellt. Im Nachlass Vauchers gibt es einen Briefwechsel zwischen Fränkel und Vaucher. Vaucher veröffentlichte auch zwei Artikel in der Frage, ›Vorwärts‹, 15.5.1946 (Rubrik ›diese verfluchten Wahrheiten‹: ›vorweggenommener Nekrolog‹); ›Extra-Post‹, Locarno, Nr. 3, 1947 (›Erbschleicherei im Nationalrat‹); vgl. Germanistik und Politik, Schweizer Literaturwissenschaft in der Zeit des Nationalsozialismus, Julian Schütt, Chronos Verlag Zürich, Herbst 1996.
In Aussicht genommenes Kabarett-Programm: Mitteilung Rassers an den Thuner Notar Walter Roost (Schreiben Roosts an Vaucher vom 23.2.1948) sowie von Vaucher verfasste Vorschau mit dem Januar 1949 als Termin der Uraufführung – geplant war eine Revue des ganzen ›Kaktus‹-Ensembles mit Texten von Arnold Kübler und Vaucher (ein Blatt, Manuskript, Nachlass 17.50.05).
Rasser, Vaucher, Ende des ›Kaktus‹: Franz Rueb, Alfred Rasser, Zürich 1975, S. 114-121.
Vaucher nicht kreditwürdig: Schreiben der Bank vom 14.7.1948: »Die Beschlüsse unserer Bank sind stets definitiv.« (Nachlass Vaucher 17.10.02/4)
Fredy Scheim: Titel des Stücks: ›Ski-Heil‹ (August 1949).
Radiosendungen Vauchers: Siehe Verzeichnis im Anhang (Nachlass Vaucher 17.10.07/2 und 17.30.05).
›*Neue Bühne*‹*:* Programm im Nachlass 17.10.02/4. Vgl. die Autobiographie von Robert Freitag, Es wollt mir behagen, mit Lachen die Wahrheit zu sagen, Pendo-Verlag, Zürich 1994.
›*ganz unverbindlich!*‹*:* Besprechung in ›Die Tat‹ (23.9.1950; Nachlass 17.80.06).

Voli Geiler und Walter Morath im ›Embassy‹: Nachlass Vaucher 17.80.06.
Matinee: 1. Jg., Heft 2 (Februar 1954), S. 29f (Nachlass 17.75.03); ungekürztes Manuskript des Artikels siehe Nachlass 17.75.2; der Artikel ist Voli Geiler und Walter Morath gewidmet
›ungefeierter Hofautor‹ von Geiler-Morath: In »Vom Saft der ›Gelben Rüben‹«, einem Text über das Cabaret ›Rüeblisaft‹ (Nachlass 17.10.2/6)
Neumarktinszenierung: ›Die Tat‹, 25.9.1952, ›NZZ‹, 29.9.1952 und ›National-Zeitung‹ 29.1952.
Auftragsarbeiten, Werbung: Nachlass 17.70.02 sowie 17.10.02/5.
Wedekind: Hartmut Vinçon (Hg.), Frank Wedekinds Maggi-Zeit. Reklamen, Reiseberichte, Briefe. Darmstadt 1992; zur Geschichte Maggis: Hans Peter Treichler, Die stillen Revolutionen. Arbeitswelt und Häuslichkeit im Umbruch (1880-1900), Zürich 1992.
Basler Mustermesse: Brief von Kasics an Vaucher (1.1.1950, Nachlass 17.10.02/5).
Alfred Rasser als Fernsehpionier: ›Radio‹, Nr. 35, 30.8-5.9.1953, S. 9 (Bild); vgl. auch 13.9.1953; mit von der Partie zur Vertretung des kabarettistischen Fachs waren auch Emil Hegetschweiler als ›Herr Tämperli‹ (1.9. und 7.9.1953) sowie Margrit Rainer und Ruedi Walter (2.9.1953).
›Thymian und Rosmarin‹: Erste Sendung 18.12.1958; schon im Magazin ›Notiers und probiers‹ (6.10.1958) war C.F. Vaucher mit einem Rezept aufgetreten.
›Edith träumt vom Kochen‹: Als ›Wir Brückenbauer‹ in einer Jubiläumsnummer den Mitwirkenden Gelegenheit gab, sich persönlich vorzustellen, schwindelte Vaucher als ›Edith‹ sich zumindest in die Nähe ›ihrer‹ Wahrheit, als er schrieb: »Mein Mann war jahrelang Junggeselle gewesen, viel herumgereist und ein ganz ansehnlicher Koch geworden. Nebenberuflich natürlich. ›Wenn du gut kochen willst‹, so lehrte er mich, ›musst du dich zuerst verlieben: in ein Schweinskotelett, in zarte Karotten, in den goldgelben Mais.‹ Die Hausfrauen machen es meist lätz. Die gehen mit einem vorgefassten Menü in den Laden und kaufen sich Dinge zusammen, zu denen sie gar keine Lust haben. Wenn er kochte, pflegte er (...) sich die Auslagen vorerst anzusehen, wie ein Museumsbesucher wertvolle alte Stiche. Und plötzlich griff er, zum Beispiel einen Kohlkopf, hielt ihn mir unter die Nase und rief aus: ›Schmeckst du, wie der riecht! Nach einer Füllung mit Speck, feingehacktem Zervelat, milchgetunktem Weissbrot und ganz leicht nach Thymian gewürzt!‹ Und er begann zu schlucken, und ich schluckte mit, weil uns das Wasser im Mund

zusammenlief. Und so lernte ich kochen. Aus Liebe. Und natürlich mit ein paar Rezepten. Aber was nützen alle Rezepte, wenn die Liebe nicht da ist. In der Ehe wie in der Küche.« (15.8.1952)
Saffa 1958: ›Auftragserteilung‹ im Nachlass Vaucher 17.10.02/6 (Honorar: Fr. 100.– pro Abend).
›*Club kochender Männer*‹*:* Vgl. ›Sie und Er‹, Nr. 12, 35. Jg., 193.1959, sowie den Artikel des privat agierenden Club-Initianten (und Maggi-Mitarbeiters) Eugen Naef, Kempttal (Nachlass Vaucher, 17.30.05/3, ca. 1962; ungenannte Zeitschrift); Dattelsauce: Rezept Nachlass Vaucher 17.30.06/3.

Anmerkungen Kapitel XI (S. 304-314)
Robert Gessner: ›Leise Geschichte‹ (Manuskript 1933; Nachlass Gessner, Arteba Galerie, Zürich).
›*Brief an eine Freundin, 19.11.1950*‹*:* Nachlass Vaucher 17.10.01/4.
Brief Walter Moraths: Nachlass Vaucher 17.10.02/6.
›*Ha kä Zyt*‹*:* Nachlass 17.80.05/1 (ohne Angabe des Zeitungstitels)
Rassers China-Reise, ›*Läppli*‹*-Film:*Franz Rueb, Alfred Rasser, Zürich 1975, S. 235ff, 162ff.
›*Millionär Läppli*‹ *(Premiere 26.12.1958,* ›*Casino*‹ *Basel):* Rueb, S. 121; Kritiken mit Erwähnung, aber ohne Hervorhebung der Regie Vauchers: ›National-Zeitung‹ (29.12.1958), ›Basler Nachrichten‹ (27./28.12.1958).
Korrespondenz ›*Läppli*‹*-Film:* Nachlass Vaucher 17.10.02/6.
Verfilmung des Originals: ›Der brave Soldat Schwejk‹, 1960; (Produktion: Artur Brauner; Regie: Axel von Ambesser).
Margrit Rainer und Ruedi Walter: Auftrag von E. Grabowsky vom 2.7.1959; Absage von Margrit Rainer und Ruedi Walter vom 20.9.1959.
Vauchers ›*Rotstift*‹ *als Regisseur Rassers:* Brief Vaucher an den Berliner Produzenten Artur Brauner (21.6.1956).
›*Nebelspalter*‹*,* ›*Weltwoche*‹*:* Franz Rueb, Alfred Rasser, S. 165/167.

Anmerkungen Kapitel XII (S. 318-348)
Bernhard-Theater: Das Stück war von Rudolf Eger und hiess ›Mein Name ist Kägi!‹ (Premiere 28.12.1955).
Hans Prüfer: Erwin Parker, Prüfi. Verlag Ernst Heimeran, München 1963, S. 52 und 95.
Briefe an Anneliese Wernecke: Nachlass Vaucher 17.10.01/4 (Peter Surava hatte nach Vauchers Tod bei gemeinsamen Bekannten nach Briefen geforscht, um sie eventuell herauszugeben; Erich Schmid fand sie in seinem Nachlass und stellte sie freundlicherweise der Studienbibliothek zur Verfügung).

Karfreitagswetter, ›leidige Nieren‹: Brief Vauchers an Anneliese Wernecke, ca. 1966.
›Der wiedergespiegelte Mensch‹: Nachlass Vaucher 17.30.04/2.
Kurt Bürgin über die ›Unzuverlässigkeit‹ Vauchers: Brief von Emil Birrer (›Migger‹) vom 2.7.1966 an Vaucher, in dem er diesen Ausspruch zitiert (Nachlass 17.10.02/7
Kündigung beim Radio: Nachlass 17.10.02/7 (Briefe des Direktors von Radio Zürich vom 9.7.1966, Brief Vauchers vom 27.7.1966, Kündigung des Vertrags durch den Direktor mit Brief vom 23.9.1966).
Briefbeantworter: Die erste Sendung vom 4.10.1969 hiess ›Geehrtes Radio! C.F. Vaucher kommentiert Hörerbriefe‹; die nachfolgenden wurden mit ›Geehrtes Radio! Hörerbriefe unter der Lupe‹ überschrieben; Ausspruch Vauchers zitiert in ›Zürichsee-Zeitung‹, 19.1.1972; Peter Höltschi hielt nach Vauchers Tod in der ›Schweizer Illustrierte‹ (6.3.1972) fest: »Dass er sich immer wieder ebenso heftig wie sensibel engagierte gegen jede Ungerechtigkeit und gegen jede Überheblichkeit, gegen falsche Autorität und gegen antiquierte Ansichten, das erfuhren die Schweizer jeden Samstag über Mittag, wenn C.F. Vaucher am Radio Hörerbriefe beantwortete. In dieser seiner letzten Karriere sagte er manche Wahrheit, die sonst von niemandem und nirgends so klar gesagt wurde.«
Ehrengabe: Protokoll des Regierungsrates des Kantons Zürich, 23.12.1971.
Telewisel, Brief an die Direktion: 19.6.1966 (Nachlass 17.10.02/7).
›Chanson einer Tänzerin‹: Nachlass Vaucher 17.80.03/2.
›Züri-Leu‹, ›Kulinarischer Entführer‹: Zit. nach der Ausgabe vom 12.1.1968.
Geburtstagsbankett: ›Tages-Anzeiger‹, 24.1.1972; ›Zürcher Oberländer‹, 24.1.1972.
Politisches Kabarett: Tatsächlich suchte das neuentstehende politische Kabarett damals aber auch eine neue Formensprache und orientierte sich nicht mehr am alten »Ensemble-Cabaret« (vgl. Franz Hohler im Nachwort zu César Keiser, Herrliche Zeiten 1916-1976. 60 Jahre Cabaret in der Schweiz, Bern 1976, S. 138). So gesehen ist es kein Zufall, dass sich die Wege gerade etwa eines Franz Hohlers nicht mit denen C. F. Vauchers kreuzten: »Ich kannte ihn nicht persönlich«, erklärt Franz Hohler, »hab auch keinen Kontakt gesucht, da ich mich in meinen Anfängen in Opposition zum bestehenden Kabarett fühlte, in dem er zum Beispiel als Texter von Geiler/Morath auch gehörte.« (Karte an den Verfasser vom 17.1.1996).
›Hemingway vor seinem Tode‹: Gerhard Saner, Friedrich Glauser. Eine Biographie, Zürich 1981, S. 283 (PS: Die Glauser-Briefe, die Sa-

ner Vaucher zur Ansicht hinterliess und die nach seinem Tode vorübergehend verschollen waren, wie er nach der zitierten Stelle erwähnt, tauchten später wieder auf und figurieren alle im von Bernd Echtes herausgegebenen Briefwechsel Glausers (Bd. 2, Zürich 1991).
›*Suppenfabrik*‹*:* Siehe Radiosendung ›Aus meinem Leben‹ (1964).
›*mit leichter Hand*‹*,* ›*ungezähmte Freiheit*‹*:* ›Tages-Anzeiger‹, 1.3.1972.
Ulla Kasics: vgl. Sabine Gisiger, Sandra Jorio, Ursula [Ulla] Kasics, Bewegungen. Tanz und Gymnastik in der Schweiz 1939-89, Chronos Verlag 1989.

Anmerkungen Epilog
Zitat von Roda-Roda: Sendetext zu einer Kochsendung am Radio (ca. 1958/59) mit dem Titel ›Punkt – pünktlicher – am pünktlichsten‹ (Nachlass 17.30.05/5).

REGISTER

›ABC‹ 133f, 136ff, 152f, 155
Abel, Heidi 339
Abtr 114ff
Afrika 112
Agit-Prop 107ff, 116
AHV 345
Algerien 71ff, 156
Alkohol 38, 62, 154, 250, 279, 304ff, 343
Alliierte 218, 242
Alter 341, 350
Amiet, Cuno 105
Anarchismus 57, 144, 149, 158
Anbauschlacht 209, 231
Andrejew, Leonid N. 45, 52
Angst 99, 249, 305
Anouilh, Jean 52
›Annabelle‹ 337
Antifaschismus 106
Antisemitismus 213f, 245, 287
Apathie 58
Arbeiterbewegung 32
Ariernachweis 155
Aristophanes 203, 206
Aristoteles 233
Armee 160, 184ff, 263
Arp, Hans 57, 105, 110f
Artaria, Paul 106, 121
Ascona 110f, 154, 224, 230
Astrologie 114, 228
Asyl 211, 346
Äthiopien 129
Athen 203, 205
Attenhofer, Elsie 182, 311
Auberjonois, René 105
Aubry, Blanche 307
Autobiographie 8f, 86, 101, 337

Baden 57
Bahnhof 99
Ball, Hugo 111
Ballett 109, 112, 222f, 251
Balsiger, Werner 241
Bank 229, 286, 304
Barcelona 148
Bard, Jean 54, 70, 83
Barrault, Jean-Louis 156ff, 160, 177
Barrikaden 193f, 202
Basel 10f, 14, 21, 23f, 27ff, 32, 36, 54, 58, 64f, 68, 70, 83, 84f, 101, 105ff, 111ff 119ff, 126, 155ff, 178, 184,ff 192ff, 220, 228ff, 236ff, 246ff, 258, 265, 292
Basler Kammerorchester 112
Basler Stadttheater 115
Bauhaus 107, 126
Baumgartner, Walter 252, 287
Becker, Maria 261, 287, 304, 320
Beethoven, Ludwig van 117
Begierde 57
Behörden 217f, 220, 236f, 239ff, 247, 266
Behrens, Eduard 155
Belgien 192
Benesch, Eduard 84
Bentham, Jeremy 261
Berchtesgaden 192
›Berger, Marianne‹ 312, 338
Berlin 57, 105, 115, 124, 151, 221, 223, 251, 265, 310
Bern 112, 116, 204, 211, 241, 256, 265, 289
Bernhard, Rudolf 154
Bernhard-Theater 313, 318f

Betreibung 284
Bibliothek 103f
Bibra, Freiherr von 240
Bildhauerei 64, 105, 112
Bildungsbürgertum 101f, 104
Bill, Max 223
›Blick‹ 349
Blickensdorfer, Walter 248
Blok, Aleksandr 130
Böcklin, Arnold 11, 86
Böll, Heinrich 348
Blum, Robert 183
Bohème 261, 306
Bolschewismus 105, 116
Bombenangriff 178
Bratislava 110
Brecht, Bertolt 236, 253, 263ff, 341
Brod, Max 253
Brodmann, Roman 337
Broye, Eugène 148
›Brückenbauer‹ 292f
Buben 146, 245, 1236ff
Bucher, Frederic 2513
Bühnenbildnerei 85, 182, 221
Bührer, Jakob 150f
›Bührle-Waffen‹ 146ff
Bürger, Gottfried August 102
Bürgerhäuser, Bürgertum 11, 15f, 32, 37, 61, 69, 101, 115, 221
›bürgerlicher Mensch‹ 101
Bürgin, Kurt 320, 339
Bundesanwaltschaft 240ff, 245, 248, 263ff, 266f, 269
Bundesrat 139, 148, 204, 211ff, 216, 239, 241, 243, 245, 266, 269, 283, 289
Butz, Fritz 183

Cabaret 7, 101f, 104, 185, 191, 207f, 237, 240, 249f, 251, 262, 288, 306, 310, 345

Cabaret ›Bärentatze‹ 136
Cabaret ›Cornichon‹ 118, 135f, 180ff, 203ff, 206, 212, 214f, 217f, 220, 223, 225, 229, 236ff, 242ff, 247, 249, 287ff, 305, 310
Cabaret ›Embassy‹ 287, 289
Cabaret ›Federal‹ 118, 289, 292
Cabaret ›Kaktus‹ 230, 246ff, 283ff, 306
Cabaret ›Katakombe‹ 223
Cabaret ›Krater‹ 223
Cabaret ›Resslirytti‹ 118, 153
Cabaret ›Rüeblisaft‹ 309
Cabaret ›Voltaire‹ 57, 110
Camenisch, Paul 85, 104f
›Cantus helveticus‹ 236, 286
Carigiet, Alois 181, 183, 221
Carigiet, Zarli 182, 210, 239, 311
Carola, Edith 9, 32, 209, 220ff, 235, 237ff, 246, 250f, 261, 270ff, 275ff, 284, 2876, 292f, 304ff, 313f, 318, 341ff, 346
Cato der Ältere 233
Cella, Ettore 286f, 291
Central-Film 292
Chamberlain, Arthur Neville 160, 190
Chaos 55
Chaplin, Charles 156, 318
China 131ff, 232
Churchill, Winston 245
Cicero 243
Cinémathèque 179
Clarté-Film 154, 156f, 177f
›Club 33‹ 106, 118, 126, 153f
›Club kochender Männer‹ 294, 345
Cocteau, Jean 52, 107, 112
Coghuf 85
Columbus 234
Commedia dell'Arte 102ff, 109, 128ff

Conférence 212, 215f, 239ff, 243, 246, 283, 292
Corvin, Michel 52
›Cyancali‹ 115

Dada 110ff
Dänemark 190
Daladier, Edourd 190
Danegger, Mathilde 181f, 214, 310
Davos 64
Defresne, August 292
Delacroix, Eugène 135
Delpy, Mary 109, 307
Degen, Kurt Markus 344
Demokratie 70, 181, 204, 209, 242f, 291
›Demokrat Läppli‹ 258, 284f, 314
Depression 40, 343, 347
Deutsche Botschaft bzw. Gesandtschaft 186, 216, 237, 240, 245ff
Deutsche Schweiz 23, 25
Deutschland 23ff, 111, 119ff, 129ff, 139, 147, 150, 155f, 178, 184, 210, 213, 217f, 222, 232, 245ff, 264f
Diabetes 341
Dienstbotinnen 11f, 145f, 167f
Diggelmann, Walter Matthias 2830, 526, 8492, 15468, 15670
Diktatur des Proletariats 15165
Dresden 112, 139ittes Reich 169, 181, 186
Drittes Reich 155, 183, 188
Drôle de Guerre 190
Dschingis-Chan 232
Dumas, Alexandre (der Ältere) 9
Dumont Hervé 154, 158, 160, 177, 236
Durand et Huguenin S.A. 11
Dürrenmatt, Friedrich 241, 341

Echte, Bernhard 57
Ehe 220f, 224f, 271
Ehrismann, Albert 337
Ehrung 244, 339
Eidg. Justiz- und Polizeidept. 216, 240, 246, 264, 266
Einladungen 16
Einsamkeit 159, 220
El Alamein 215
›Elle‹ 320
Elsass 11, 13, 16, 25, 248f, 252
Eltern 9ff, 59, 62, 85f, 95, 100
›Endlösung‹ 213
England 178, 190
Entnazifizierung 251
Erbe 86, 107, 170
Erinnerung 9
Essen 112
ETH Zürich 197
Etter, Philipp 284
Eulenspiegel, Till 318
Euripides 203
Expressionismus 63f

Falkenberg, Paul 157
Fallet-Castelberg, Eduard 10, 29 32, 35, 54ff, 60ff, 67, 70, 105
Familienstiftung 86, 107
Farinet, Joseph Samuel 157
›Farinet‹-Film 157ff, 177ff, 314
Fasnacht 267
Feldmeilen 265
›Femina‹ 320, 337, 341
Ferien 48, 275ff, 296ff, 337
Fernsehapparat 305
Fernsehen 8, 9, 179, 293ff, 310, 337, 345, 349
Feste 105, 271ff, 274, 282, 285, 345
Fickel, Max 225
Fiktion 101
Film 8, 154ff, 177, 236

399

Filmgeschichte 177
Fischer, Hans 183, 221
Fischerei 279
Fleurier 10
Fliegeralarm 220
Flüchtlinge 119ff, 213f, 242
Fragment 101
Franco 140, 148, 161
Frank, André 52
Frankfurt 285
Frankreich 23ff, 147, 156, 184, 190, 204f, 248, 250, 252, 275ff
Fratellini 118
Frauenbild 39, 67f, 159, 293f
Freiheit 29, 157, 182
Freiraum 243
Freitag, Robert 261, 287, 304, 347
Fremdenpolizei 264
Freundschaft 269, 342f, 349f
Frieden 18
Frisch, Max 349
Fröbel, Hannes 272ff
Frobenius AG 154f
Fronten 204, 206, 242
Früh, Huldreich Georg 183, 214

Galerie Dada 111
Galileo Galilei 236, 263
Gambrinus 246
Garbo, Greta 182
Gebhardt, Olga 251f
Geburtstag 228, 285, 344f, 347
Gedächtnis 10
Gedichte 9, 31, 33, 55, 59, 135, 343
Gefühle 249
Geigy 194, 311
Geiler, Voli 102, 186, 209, 213, 218, 286ff, 309ff
Geld 32, 54, 61ff, 160, 179, 284ff, 288, 290, 292, 304, 312f, 315

Gellhorn, Martha 146
Generalstreik 31
Genf 36f, 40, 42ff, 52, 57, 59, 83f, 107, 175, 177, 303
George, Stefan 31
Germaine 58f
Gertsch, Max 183
Gerüchte 196
Gerwig, Jean-Pierre 261f, 270f, 273f, 285, 288, 339f
Geschichte 9
Geschlecht 113
Gesicht 9, 91f, 101, 305, 341
Gessner, Robert S. 224f, 251
Gessner-Bührer, Selma 225, 228
Gide, André 52, 140, 152ff
Giraudoux, Jean 107, 236
Gitermann, Valentin 264
Glarus 222
Glauser, Friedrich 57, 111, 113, 128, 132ff, 153f, 310, 346
Glied 95, 285
Gmür, Hans 310
Goethe, Johann Wolfgang 31, 152, 201, 318, 349
Goldbaum, Peter 320
Goldoni, Carlo 104
Göring, Hermann 210
›Grausamkeit auf Vorrat‹ 214
Gretler, Heinrich 154, 156, 158, 182
Griechenland 109, 204
›Gruppe 33‹ 106, 118
›Grüner Heinrich‹ 266ff
Grock 118
Guernica 147
Guggenheim, Kurt 337
Guggenheim, René 154ff
Guisan, Henri 211
Gutekunst, Trix 109, 112f

›HD Läppli‹ 252ff, 256f, 312ff
Haener, Daniel 148
Häfelfinger, Eugen 183
Halperin, Josef 133, 135, 153
Hamburg 109
Hartmannsweilerkopf 32
Hasek, Jaroslav 253f, 312
Hass, 24, 33, 97
Haufler, Max 105f, 118, 153f, 157ff, 177ff, 236, 272ff, 310, 313f, 346
Havrlik, Els 112
Hegetschweiler, Emil 182, 241, 310
Heine, Heinrich 152
Hemingway, Ernest 140ff, 146, 154, 346
›Herd Du meine Güte!‹ 261, 337
Herrliberg 229, 237, 261ff, 269ff, 284, 318, 342
Hesse, Hermann 230
Hindenburg 24
Hindenlang, Charles 85
›Hirschen‹ 185, 208, 215, 217, 288f, 319
Hirschfeld, Kurt 263
Hitler 140, 148, 152, 186 190, 204, 205, 212, 239
Hochzeit 271
Hodler, Ferdinand 29
Höfliger-Griesser, Yvonne 106
Hölderlin, Friedrich 263
Höltschi, Peter 338, 347
Höngg 29, 60
Hofmaier, Karl 266f, 269
Holiday, Billie 310
Holland 192
Holunder 234
Horoskop 114, 228
Huber, Peter 151
Hugo, Victor 152
Huelsenbeck, Richard 110

Humm, Rudolf Jakob 83, 126, 133ff, 149ff, 153, 159, 177, 220, 228ff
Humm, Lili 228ff
Humor 37

Ibsen, Henrik 44
I Ging 228
Improvisation 241, 252
Inspektion 263
Intellektuelle 107, 141
Interlaken 222
Inzest 131
Ironie 292
Israel 291
Italien 112, 129, 139, 147, 186, 204, 218, 220, 315f
Ivens, Joris 146

Janvier, Jean Jérôme 114
Japan 218
Jarry, Alfred 129
Jelmoli 311
Jouvet, Louis 54, 107
Juden 213ff, 220, 245, 287
Jugendliche 11, 24, 27, 30, 38, 102, 126ff
Jurist, Jurisprudenz 35ff, 42, 54f, 66, 69f

Kabarett (siehe Cabaret)
Kägi, Werner 313f
Kälte 102
Kästner, Erich 310, 319
Kafka, Franz 59
Kakerlaken 252
Kalter Krieg 9, 19, 312
Kandinsky, Wassily 105
Kapitalismus 284
›Kapitalistensohn‹ 61
Kasics, Tibor 183, 218, 223, 229, 273, 287, 310, 347

Kasics, Ulla, 346f
Kasper, Claire 271, 273
Keats, John 152
Kindheit 12ff, 94
Kirche 282
Kirchner, Ernst Ludwig 64, 105
Kleinkunst 191
Kleist, Heinrich von 154
Klettern 29, 30
Klopstock, Friedrich Gottlieb 102
Klöti, Emil 186f
Köchin Luise 11, 15, 83
Kochno, Boris 114
›Kokain‹ 342
Kokoschka, Oskar 105
Kollektiv 292
Kolonialismus 71ff
Komik 347
Kominternakten 108
Kommunistische Partei 107, 116, 139, 147, 149
Konkubinatsverbot 220
Kopfschmerzen 26, 29, 306, 319
Krankenkasse 284, 304
Kreis, Marie-Eve 112ff, 154, 223
Kreuzworträtsel 320
Krieg 8, 11, 18, 21f, 32, 101, 110, 129, 132, 136ff, 179, 192, 225, 232, 242, 337, 346
Krieg, Nordahl 136
Krise (Weltwirtschafts-) 101, 130, 224f
Kruse, Werner 183, 223
Kübler, Arnold 183
Küchlin-Theater 106, 114, 116, 258, 283
Kulinarisches (Küche) 13f, 48ff, 218, 261, 293f, 300ff, 315ff
Kultur 102
Kunst, Künstler 64, 67, 101f, 104f, 106, 108, 111, 152, 221

›Kunsthalle‹ 105
Küsnacht 271

Laban, Rudolf von 9, 110ff
Lachen und Weinen 248
Lang, Harro 287
Lang, Walter 183
Langhoff, Wolfgang 120ff
›Läppli‹ 252ff, 256ff, 284ff, 312ff
Lapaire, Leo 155
Lausanne 52, 84, 177
Le Corbusier 105
Lehmann, Susi 225, 230, 251f, 254, 283ff, 306f
Lehrer 17ff
Leiden 24, 58, 347
Le Locle 70
Lena 68f, 105
Lenin, Wladimir I. 108, 152
Lenormand, Henri-René 52, 54
Lenz, Max Werner 135, 181f, 186f, 191, 239, 342
Lesch, Walter 135, 180f, 183f, 186f, 204, 212, 214, 217, 238ff, 242f, 246, 270, 272f, 289, 341
Leukerbad 230
Leuppi, Leo 183
Levy, Mathilde 220
Liebe 36ff, 58f, 67f, 92, 102, 115, 158, 220, 319
Liebermann, Rolf 286
Liebeskummer 29, 36ff, 58, 68
›Liebesverrat‹ (Peter von Matt) 158, 229
›Limmat-Athen‹ 203ff, 208, 220
Lindi (Karikaturist, Maler) 183
Literatur 35, 63, 66, 69, 86, 102, 349
Litten, Rainer 319
Locarno 220
London 210
Loosli, Carl Albert 286

Lübcke, Emma (Grossmutter Edith Carolas) 222, 225
Lübcke, Karoline (Mutter Edith Carolas) 222, 225
Lüge 190f
Lugano 251
Lund, Sigward 136
Luxemburg, Rosa 108
Lyssy, Rolf 343

›Macbeth‹ 44
Madrid 136ff, 140ff, 146, 154
Maggi 292, 319, 338, 348
Maginot-Linie 184, 190
Mahler, Gustav 56
Mai 1940 191ff, 201ff
Mainz 128
Malaria 83
Malerei 56, 60, 64ff, 85, 112 154
Malraux, André 136, 140
Männerbild, Männergeschichte 38f, 67f, 159, 293ff, 341
Mangold, Elena 319
Mann, Heinrich 57, 140
Mann, Klaus 127
Mann, Thomas 57, 140, 264
Marx, Karl 151f
Marxismus 108f
Massaker 136f
Maugham, Somerset 320
Maupassant, Guy de 66
Meier, Karl 182, 216, 240
Meili, Max 236
Meinungsfreiheit 246
Melancholie 55
Memoiren (siehe Autobiographie)
Meniskus 304
Mexiko 139, 146
Meyenburg, Mariette von 112ff, 220
Meyer, Raymund 110f

Migros 292f, 317
Militär 25ff, 31, 33
›Millionär Läppli‹ 313
Mimik 91, 260
Misogynismus 39, 67f
Mobilisation 184, 192
Moderne 10, 101f, 112
Mol, Albert 291
Molière 70, 104, 283
Molotow 205
Montevideo 309
Moral 70
Morath, Walter 102, 286, 290f, 309f, 319
Morphium 39, 133
Moskau 11, 136
Moskauer Prozesse 149ff
Moskovici, Hadassa K. 222f
Motorrad 83, 272, 274
Motta, Giuseppe 148
Mühlestein, Hans 150ff
Mülhausen 11, 249
Müller, Anna 106
Müller, Albert 64f, 67, 86, 105f
München 110, 112
Münchenstein 155ff
Münchner Abkommen 160
Münster (Basler) 20f, 27, 30
Muller, Germain 287
Munch, Edvard 105
Museum 104
Musik 56, 62, 112
Mussolini 140, 148, 152, 186, 205, 244
›Mustermesse‹ 292
Mutschelknaus, Lisa 112f
Mutter von C.F. Vaucher 11, 13, 83, 85, 102, 156, 236
Mythos 113

Nachbarn 234f
Nachlass 8, 254

403

Nachruf 8, 29, 84, 338
Nadolny Annemarie 112f
›Die Nation‹ 155, 266
Nationalsozialismus 119ff, 204
›Neue Presse‹ 337
Neumarkt-Theater 288f, 292
Neutralität 23, 239
New York 57
Nexö, Andersen 140
Niedermann (Metzgerei) 261
Nierenstein 341
Nordafrika 70ff
Normandie 218
Norwegen 190
Notariat 84
NZZ u.a. 244, 287, 289, 292

O'Casey, Sean 117
Österreich 23, 242
Onkel C.F. Vauchers 70f, 156
Opernhaus 222ff
Oppenheimer, Max (Mopp) 56ff
Oprecht, Hans 264
Opium 94
Optalidon 306f, 318
Orient, Vorderer 109

›Paillasse‹, Possenreisser 28, 70, 292
Paris 52, 54, 107, 136 148, 150, 157f, 160, 177ff
Parker, Erwin 318
Pazifismus 85
PdA 266f, 269
Pellaton, Ursula 222
Perrottet, Suzanne 110ff
Philosophie 39, 55, 63, 104, 234
Perugia 315
Phidias 203
Picabia, Francis 112f
›Piero Astrologo‹ 130
Pilet-Golaz, Marcel 211, 240

Pirandello, Luigi 54
Piscator, Erwin 253
Pitoëff, Georges 44ff, 52ff, 112
Pitoëff, Ludmilla 44, 53
Plato 55, 349
Plinius 233
Plüss, Walter 294f
Polen 190
Politik 24ff, 32, 37, 160
›Polly‹ 60, 126ff, 134f
Port-Bou 146
›Prawda‹ 153
Presse 185, 206, 214, 239, 243f, 269, 289
Prisma-Films SA 155
Privates 101
Proletarier 32, 116, 130
›Proletarische Dichtung‹ 108, 152
Propaganda 152
Prüfer, Hans 318
PTT 265
Pubertät 127f
Pythagoras 233

›Qualitätsfilm‹ 154, 178

Racine, Jean 152
Radio 7f, 10, 107, 136, 178, 192, 269, 286, 293, 310, 312, 319f, 339, 349
Rainer, Margrit 180, 209, 218, 243, 287ff, 311, 313
Ramuz, Charles Ferdinand 154, 156ff
Rasser, Alfred 117f, 153f, 182, 209, 237f, 246ff, 252ff, 256ff, 283ff, 293, 312f
Rasser, Ninette 260
Rasser, Roland 248
Rationierung 185, 232
Reimann, Hans 253

›Reise nach China‹ 141ff
Reisen 100, 109, 275ff, 296ff
Reiss, Kurt 253
Reklame (siehe Werbung)
Rekrutenschule 33
Rektor 27, 36
Remarque, Erich Maria 154
Renn, Ludwig 124ff, 136, 139f, 146
Revolte 8, 101, 309
›Revolte der Tiere‹ 130
Rezepte 16, 50, 145, 235, 261, 281, 294, 316, 337, 305
Rhein 28, 34, 104, 191ff
Richter, Hans 111
Rieti, Vittorio 114
Rilke, Rainer Maria 53
Ringelnatz, Joachim 105
Ritter, Fritz 116f
Ritter, Otto 154, 236
Rockefeller, John D. 117
Roderer, Walter 285
Rodin, Auguste 63
Rösli 36ff, 67
Roettges, Willy 154, 156
Roman 86
Rossini, Gioacchino 50
Rot-Blau (Künstlergruppe) 65, 85, 104f, 116
›Rote Bühne‹ 108
Roten, Iris von 293
Rothmund, Heinrich 241f
Rotterdam 192, 343
Rueb, Franz 117, 237f, 252, 284, 314
Rüeger, Max 310
Rühmann, Heinz 313
Rührung 97
russische Zwangsarbeiterinnen 248
Russland 11, 12f, 53, 132, 150ff

Sabrenno 105
Sacher, Paul 112
Saffa 293
Sandoz 307
Saner, Gerhard 346
Sarasin, Dietrich 154f
Sarine 24
Sartre, Jean-Paul 135
Satie, Eric 112
Satire 10, 244, 289, 310, 339
Sauerkraut 231ff
SBB 63
Scarpi, N.O. 337
Schach 56
Schauspielhaus 223, 236, 318, 320, 341
Scheidung 220, 225, 230, 308
Scheim, Fredy 287
Scherer, Hermann 64ff, 69, 86, 105f
Schiller, Friedrich 31, 245, 320
Schmerz 83, 97, 158, 307
Schmid, Erich 269
Schmid, Paul 153
Schmidt, Georg 106, 113
Schnitzler, Arthur 57
Schönberg, Arnold 57
Schoop, Paul 225
Schoop, Trudi 9, 212, 222ff, 238f
Schublade 7f, 320
Schule 14, 17ff, 29, 31, 35f, 38, 55, 70, 102
Schwarzenbach, Annemarie 153
Schweiz 23, 24, 119, 139, 142, 147f, 156, 193, 204, 210f, 214, 244, 251, 264, 289, 345
Schweizergeschichte 236
Schweizerische Filmkammer 237
›Schweizer Illustrierte‹ 238
Schweiz. Literaturarchiv 157
Schwejk 253f, 313, 318
Seele 349

405

Sekles, Bernhard 222
Selbstmordgedanken 37, 40
›Sexualität‹ 95, 102
Shakespeare 44, 152
Shaw, George Bernard 54, 236, 238, 287
›Sie und Er‹ 337
Simon, Michel 42ff, 53, 156
Sinowjew, Grigorij J. 150
Sokrates 203f
Soldaten 33
Sophokles 203, 263
Spanien 134ff, 146ff, 160
Spanischer Bürgerkrieg 136ff
Sparta 203, 205
Spiess, Heiner 136
Spionage 198
Spitteler, Carl 284
Spitzel 215
Spott 31
Sprache 10, 19
Staatsarchiv Basel-Stadt 115
Stadler, Edmund 52
Stadt 98
Stadttheater (siehe Opernhaus)
Staiger, Otto 85
Stalin 150ff
Stalingrad 215, 217
Stanislawskij, Konstantin S. 53
Stapenhorst, Günther 236f
Staub, Peter W. 241
Steckel, Leonard 256, 274f
Steger, H.U. 271ff
Steiger, Eduard von 214, 240f, 246, 266f
Steiger, Ernst 270
Steiner, Jörg 310
St. Gallen 112, 222, 234
Stocker, Hans 85
Strafgerichtsprotokolle 115
Strasbourg 252, 287
Strawinsky, Igor 53, 222

Streuli, Schaggi 216, 240
St. Tropez 237
Studienbibliothek 108
Studium 35, 60, 64, 66, 69f, 127
Stuttgart 223
Stutzer, Beat 105
Sulzbachner, Max 85, 105, 107, 120, 183, 192, 266
Surava, Peter 224, 266ff, 305, 308, 346
Swing 213
Swissair 311
Szeemann, Harald 110

Taeuber, Sophie 110f
Tagebuch 29
›Tages-Anzeiger‹, u.a. 287
Tairow, Aleksandr J. 136
Tandem 178
Tanner Berta 114
Tanz 9, 109ff, 225
›Die Tat‹, u.a. 266
Tela 311
›Tell‹ 31, 236, 242
›Telewisel‹ 339
Tessin 23, 39, 105, 220
Theater 42ff, 52ff, 70, 83f, 92, 99, 108, 115ff, 128, 136, 185, 204, 257, 262f, 287, 304ff, 318, 349
Thomas, Robert 319
›Till Eulenspiegel‹ 302
Tod 8, 85, 87, 99, 107, 109, 115, 134, 156, 343f, 346
Tolstoi, Aleksei 140
Tolstoi, Leo 140
Trachsler-Lehmann, Susi (siehe Lehmann, Susi)
Tragik 99, 113
Trauer 55, 58
Trefzer, Rudolf 101
Trennungen, Trennungsschmerz 29ff, 58, 68, 225, 228ff

›Truppe der Gegenwart‹ 117
Truppenparade 25, 29
Tschechoslowakei 84, 313
Tschumi, Otto 109
Tschumi-Gutekunst, Beatrice, siehe Gutekunst, Trix
Tucholsky, Kurt 135
Tzara, Tristan 111

›Ual-Ual‹ 128
Übersetzungen 54, 84, 283, 286, 298, 313
Ungarn-Aufstand 292
United Artists Corp. 156
Universität 44, 54, 64, 108, 137
›Untreue‹ 40
›Unzuverlässigkeit‹ 313, 320
USA 220, 223ff, 251, 264, 343
Utrillo, Maurice 104

Valencia 136, 151
Valentin, Karl 318
Varlin 153
Vater von C.F. Vaucher 10ff, 24f, 32, 35, 54, 59, 70, 83, 85ff, 101, 103, 107f, 115, 157, 236, 292, 311, 341
Vaucher, C.F., als:
- Bildhauer 105
- Cabaret-Autor 136, 191, 203ff, 242ff, 287, 305
- Conférencier 242f, 292
- Dolmetscher 54
- Drehbuchautor 156, 158f, 236, 286, 320
- Filmproduzent 156ff
- Feldweibel 263
- Fernsehkoch 261, 293f
- Hörspielautor 310, 319
- Journalist 16, 114, 126, 134f, 144, 155, 337, 343
- Jurist 85, 126
- Kochbuchautor 261, 338
- Komödienautor 291, 310
- Radiokoch 261, 293
- Regisseur 8, 54, 107, 118, 184, 191, 203ff, 208, 220, 241, 284ff, 292, 305f, 312f
- Schauspieler 8, 44, 54, 107, 319f
- Schriftsteller 7, 9, 35, 54, 63, 66, 69, 86, 107, 126ff, 136ff, 140ff, 320f, 343
- Student 35ff, 42
- Tänzer 8, 109ff, 114
- Übersetzer 54, 84, 286, 313
Vaucher, C.F.:
- im Span. Bürgerkrieg 136ff
- in politischen Geheimoperationen 119ff, 146ff
Vaucher, Jean Jacques 32, 85, 147f, 179, 221, 225, 231, 262f, 265, 270, 287ff, 304ff, 318f, 342, 347
›Vauchi‹ 8, 105
Venedig 177
Verbrechen 158
Versicherung 178
Verwandtschaft 96
Vetter, Marlis 261, 306, 319
Vilar, Esther 348
Vita, Helen 287
Völkerbund 54, 84
›Volksgemeinschaft‹ 189
›Volksrecht‹ 292
von Matt, Peter 101, 158
›Vorwärts‹ 266f

Waadtland 296ff
Wachtangow, Jewgenij B. 136
Wälterlin, Oskar 130
Wallis 157ff
Walter, Ruedi 246, 252, 287, 290, 313
Warschau 212
Webern, Anton von 57

407

Wedekind, Frank, 292
Weigel, Hans 251
Weigel, Helene 264
Weilenmann, Bill 181
Wein 49ff, 86, 93, 147, 279, 296ff, 307, 311, 341, 347
Weinen 50f, 97, 248
Weissert, Otto 180f, 184, 204, 206, 238, 254, 289
Welschland 23
›Weltbürger Läppli‹ 286
Weltkrieg, Erster 9, 23ff, 31, 32, 53, 65, 70, 110f, 126
Weltkrieg, Zweiter 9, 23f, 128, 139, 147, 177, 183, 190ff, 225, 231
›Weltwoche‹ 239, 244
Werbung 7, 292, 311
Wernecke, Anneliese 318f, 338, 340, 342ff, 347
Wernecke, Karl (Vater von Edith Carola) 222
Wette 27
Wieland, Christoph Martin 102
Wien 57, 223f
Wigman, Mary 110, 112
Wil/SG 222

Wittfogel, Karl A. 108
Witz 241
›Wohlstand‹ 289
Wolf, Friedrich 116f
Wollenberger, Werner 291, 314, 339
Wulff, Katja, 9, 109ff, 118, 126, 128, 149, 158ff, 177, 220, 228ff, 229f
Wydler, Doris 294
Wyss, Laure 294

Xenophon 19

Zensur 180, 185f, 239ff, 244, 340
Zinder, Hannes 283
Zola, Emile 154
›Zürcher Gourmet‹ 344
›Zürcher Woche‹ 337, 339
›Züri-Leu‹ 344
Zürich 29, 32f, 64, 68, 110ff, 133 180ff, 185, 197, 211, 220, 222ff, 228ff, 236f, 242, 246, 256, 265, 287, 289, 339, 342
›Zürichsee. Zeitung‹ 337
›Zweihundert‹ 204